U0709867

章太炎年谱长编

（增订本）

下册

汤志钧 编

中華書局

《章太炎年谱长编补编》序

《章太炎年谱长编》(下简称《章谱》),自1979年出版至今,已经三十年了。随着改革开放的进展,我对《章谱》也陆续进行了修补。

就在《章谱》出版那年,我和王仲荦教授相约,在成都参加历史学规划会议之后,同往苏州,拜访章夫人汤国梨女士及其长子章导先生,商议章氏遗著的搜集、整理、出版事宜。章夫人很高兴,将所编《章氏丛书序例》和目录见告,还将未刊稿《七略别录佚文征》、《致报刊书》等手稿出示。此后,又在北京、四川、山东、湖南、湖北、江苏等省看到一些过去未曾寓目的书札。

章太炎在辛亥革命前曾三赴日本,一去台湾;民国成立后,又北任巡边使,南下新加坡,不实地调查,征询耆老,终感不安。于是趁两次赴日讲学、研究的机会,在日本外务省档案馆、日本国会图书馆、东洋文库、东京大学明治文库、京都大学人文科学研究所看到了不少可贵档卷、佚文、手札;还到守屋图书馆查阅了《台湾日日新报》。在新加坡看到了《天南新报》、《振南报》等报刊、函札。在美国斯丹福大学图书馆、美国国会图书馆看到不少海外出版物。在台湾和港、澳地区也时有所获。

这些资料的获得和本书的撰成,得到国内外许多先生的帮助,章氏弟子潘景郑、王仲荦、李希泌、徐复、沈延国等先生,或送赠书稿,或赐告线索,上海图书馆顾廷龙先生更时时关注,函电相询。还有一些同志抄寄相赠,我在引用后曾附注说明,这里就不一一列举了。日本、美国、新加坡多位教授、博士或者提供线索,或者惠赠资料。谨此表示由衷的感谢!

香港的王德昭、赵令扬、陈万雄诸先生也关怀、支持本书的出版。

1992年、1997年我在台湾讲学时,台湾的历史语言研究所、近代史研究所、中国文哲研究所以及台湾大学、东海大学、台湾政治大学、大东文化大学诸先生对本书也很关注,并致谢忱。

2010年1月5日

章太炎年谱长编补编　卷一

1868 年—1894 年

光绪十年甲申(1884 年)　十七岁

自称:“年十六七,则诵古文历史,慕辛弃疾为人,盖已知满洲支那之所以分而日本支那之所以合,是故虽乐文采而未尝一日应试于其校。”(章太炎:《正疆论》,《台湾日日新报》1899 年 1 月 1 日。)

光绪十七年辛卯(1891 年)　二十四岁

光绪十八年壬辰(1892 年)　二十五岁

《膏兰室札记》,四册,稿本,佚一册,今存三册。据潘景郑先生面告:抗战爆发,苏州沦陷,遗稿藏穹窿山宁邦寺,旋被盗,《札记》等散在沪市,潘购得《札记》一卷,(按:即《年谱长编》所录。)并抄录一份见赠。馀二册,藏章氏长子章导处。据潘藏第一册卷首,有《札记》题端,右有“时辛卯仲春梅叔署于膏兰室”一行。(下称卷一。)章导所藏,其一卷首右有“时壬辰夏至梅叔署于膏兰室”一行,并有“静涵书屋”长方朱印;(下称卷二。)其二右有“刘子政私淑弟子”长方朱印,未署年月。(下称卷三。)查卷二《五藏所属同异》下,章氏自注:“以下癸巳十月下旬记。”是《札记》为辛卯、壬辰、癸巳三年肄业诂经精舍时所抄录。

卷一凡二三一条,已录入《年谱长编》,卷二为壬辰、癸巳所录。本年凡七十七条,即《深衣》、《适子不得后大宗议》、《而何其血之流杵也》、《朋友恩重于族人》、《朱张》、《寤梦》,《星名同异》、《谓之尹吉》、《迎将》、《驳宋彲园释服》、《诸布诸严诸逐》,《姓氏》、《抑若扬兮》、《或失则易或失则止》、《杜预左氏集解》、《伊尹出空桑辨》、《河汉为微星积成说》、《平簟》、《先论》、《僄弃》、《熊席》、《天下之动贞夫一者也》、《蝼蒌》、《需不进也》、《扶首》、《默》、《乡为田烛》、《御衡不迷》、《且其匪色必似鸣矣》、《论周平王之冤》、《斋祭》、《民》、《宰士》、《菌》、《晋》、《经首》、《衰不当物》、《即乎无门》、《驳书古微》、《步庶》、《傍害》、《尝步于射术》、《三家诗互相是非》、《如彼栖苴》、《小人毒其正》、《貍首》、《言语》、《狼跋》、《羌亥》、《禘喾禘舜》、《秦中》、《白生》、《驺虞》、《仲氏任只》、《夔,后夔》、《齐诗商颂》、《删诗申义》、《积思》、《诗大泽之博》、《郁夷、柳縠》、《蹇劫》、《案往旧造说谓之五行》、《有由辟焉》、《今世上党无人参说》、《周狗》、《光宅天下》、《荣光汨河》、《其人天且劓》、《应上公》、《琅鸟》、《不寁故也,不寁好也》、《于我归处》、《是故谋闭而不兴》、《广韵分合失当》、《宋人读唐韵》、《艳妻煽方处》、《五藏所属同异》。其中《诸布诸严诸逐》,收入《太炎文录》初编,题《诸布诸严诸逐说》;《案往旧造说谓之五行》,收入《太炎文录》初编,题《子思孟轲五行说》,均有润改。

光绪十九年癸巳(1893 年)　二十六岁

《膏兰室札记》卷二《五藏所属同异》下自注:"以下癸巳十月下旬记",自此以下以及卷三,宜为本年所记,凡一百六十五条,其目为:"《则民事接劳而不谋》、《不义不顾》、《飞蓬之问不在所宾》、《黄金一镒百乘一宿之尽也》、《名卿》、《曲均》、《刑则交寒害鈦,刑则烧交疆郊》、《壶士以为亡资》、《主盛处贤》、《好迩而训于礼》、《举财长工以止民用》、《钩弦之造》、《诡陈之行》、《沈疑》、《不以伤年》、《犹傶则疏之,犹疏则数之》、《父系而伏之》、《辱举其死》、《聚宗以朝杀》、《吾君故取夷吾谓普》、《使君亲之察同索属故也》、《前后不慈》、《应国之称号亦更矣》、《鼠应广之实,阴阳之数也,华若落之名,祭之号也》、《三曾》、《善心安爱》、《臣使官无满其礼三强》、《刑振以丰,丰振以刻》、《而上不调淫》、《水可扼而使东西南北及高》、《五种无不宜,其立后而手实》、《各有谷造》、《其人夷姤》、《太惢》、《凡首》、《扶台》、《天子三百领》、《地之东西二万八千里,南北二万六千里》、《其贾中纯万泉也》、《溪谷报上之水》、《谢》、《外凿二十宙,楪十七湛》、《开国闭辱知其缘地之利者,奈其毕辱知神次者》、《椽能逾则椽于逾》、《栈台》、《鹿台》、《天堇》、《自妾之身之不为人持接也》、《不以逐于伤义》、《行忿速遂,没法贼发》、《进退若雷电而无所疑匮》、《萧何九章》、《殂落而死》、《穷蝉》、《冯夷》、《化益》、《大备》、《羿》、《锱坛之宫》、《论近世古文家不识字》、《明填,填章,稹章》、《解〈论语〉宰予昼寝事》、《信宫》、《子柳,子硕》、《束矢》、《白矢参连》、《边璋》、《兴迷乱于政》、《学有缉熙于光明》、《叶公之顾命》、《匡坐》、《万年梓》、《盖云归哉》、《论县丞典史之称》、《鲁子》、《兰陵人喜字卿善为学》、《列子为伪书》、《后稷为司马》。(以上卷二。)《复食》、《牢》、《狂魄》、《地塞以形》、《或素或青,夏造殷因》、《成相》、《论古诗字同音同而义异,及用其篇题而取义异者》、《管子服绨说》、《颛顼之虚》、《始作翕如也,从之纯如也,皦如也,绎如也以成》、《仅》、《笺布》、《不麾蚤》、《髡者使守积》、《进旅退旅》、《拱稽》、《蔿爰》、《秋驾》、《宋子》、《禽艾》、《碉字应作雕》、《足以为奇伟偃却之属》、《胜书》、《礼仪卒度笑话卒获》、《造人说》、《历物疏证》、《附辩者与惠施相应光学三条》、《青宁生程生马马生人说》、《无秋毫之微、芦萑之厚,四达无境,通于无圻》、《天先成而地后定》、《积阳之热气生火》、《日夏至而流黄泽石精出》、《阖四海之内,东西二万八千里,南北二万六千里》、《呼而无向》、《窦生海人至肖形而蕃》、《禁民无刈兰以染毋烧灰》、《火爁炎而不灭》、《积芦灰以止淫水》、《而求之乎浣准》、《若菌》、《云平而雨不甚》、《问运至野者》、《化物多者莫多于日月》、《诸生之淡也》、《集于天地至文理明著》、《昔黄帝至其常》、《地员二十五土》、《内于大麓》、《风后》、《张燧千百年眼论古人文辞》、《读史丛说》、《穆天子传丛说》、《女嫛》、《孝经本夏法说》、《格物说》、《獏皮》、《彭祖》、《孤男》、《辟除民害逐共工》、《蹇捕庸脯》、《宾柴》、《脜羞豆赐》、《儿夷同字说》、《西旅献獒》,《大夫五祀三祀说》、《论蒙雅之荒陋》、《玉函山房辑佚书时有谬误》、《汉人用佛经语》、《古西里》、《天地非匹偶》、《唐人正义不列学官者》、《挖昧》、《郁》、《孔子改削古书》、《孔子撰诗书》、《天》、《庆既令居》、《蒙水》、《拘羑里》、《少连大连》、《威姓》、《雩兑》、《非而谒楹》、《令吾》、《许由》、《五行傅孝说》、《逸礼》、《一人冕执刘》。”其中《束矢》、《髡者使守积》、《西旅献獒》、收入《诂经精舍课艺》第八集,有关《管子》、《庄子》考证,后曾收入《管子馀义》及《庄子解故》中。《或素或青,夏造殷因》、《大夫五祀三祀说》、《孝经本夏法说》、《宾柴》、《禽艾》、《拱稽》,均收入《太炎文录》初编,除《孝经本夏法说》外,标题改为:《夏用青说》、《大夫五祀三祀辩》、《宾柴说》、《禽艾说》、《说稽》;《束矢》、《白矢参连》,合为《说束矢白矢》。

从《札记》中可知章氏在诂经精舍除潜研古籍外,对西学也已涉猎。如《历物疏证》“小引”:“算术积世愈精,然欧几里生周末,《几何原本》遂为百世学者所宗,是算理固备于二千年前矣”,提到希腊数学家欧几里得的《几何原本》。《问运至野者》,引英人雷侠儿(Charles Lyell,今译赖尔)《地学浅说》。《火爁炎而不灭》,引西人韦廉臣(Alexander Willamson)《格物探原》。《化物多者莫多于日月》,引侯夫勒(J. F. W. Hershel,今译赫舍尔)《谈天》和赫士(W. M. Hayes)译《天文揭要》。知章氏这时已接触西学。他自己虽说:“自从甲午以后,略看东西各国的书籍,才有学理收拾起来。”(《东京留学生欢迎会演说辞》。)实际上在此以前已治西学了。查 1896 年章氏致谭献书云:“麟前论《管子》、《淮南》诸篇,近引西书,旁傅诸子,未审大楚人士以世父目之否?顷览严周《天下篇》,得惠施诸辩论,既题以历物之意,历实训算,傅以西学,正如闭门造车,不得合辙。分曹疏证,得十许条,较前说为简明确凿矣。”(手迹,光绪二十二年七月十日,上海图书馆藏。)

引西学以释《管子》、《淮南》诸条,如上揭《问运至野者》引《地学浅释》以释《管子·侈靡》,如上揭《化物多者莫多于日月》,引《天文揭要》以释《管子·白心》,《火爁炎而不灭》引《格物探源》以释《淮南·览冥训》;又如释《淮南子·天文训》、《淮南子·坠形训》诸条,也明显地采用西说。这些篇文,都存于《膏兰室札记》卷三,是本年作品,也就是说,他已在本年治西学了。章氏老师俞樾于 1897 年写的《诂经精舍课艺》八集《序》说:“此三年中,时局一变,风会大开,人人争言西学矣,而余与精舍诸君子犹硁硁与抱遗经而究终世,此叔孙通所谓鄙儒不通时变者也。虽然,当今之世,虽孟子复生,无他说焉。为当世计,不过曰盍亦反其本矣。为吾党计,不过曰守先生之道以待后之学者。”他也感到甲午至丙申三年间的“风会大开”,其实在此之前,“硁硁焉抱遗经而究终世”的章太炎,却早已研读西学了。

章太炎年谱长编补编　卷二

1895年—1905年

光绪二十一年乙未(1895年)　二十八岁

九月初二日(10月19日),宋恕《乙未日记》:"始闻穗卿谈及吴铁桥通佛、章枚叔通《左氏》。"(胡珠生《宋恕日记摘要笺证》,见《中国哲学》第十一辑,1984年人民出版社版。)吴铁桥,吴樵,四川达县人。

十月以后,康有为设上海强学会,章氏曾寓书有为,康称:"曩在强学会,辱承赐书,良深感仰。即以大雅之才、经术之懿告卓如。"(康有为:《复章太炎书》,光绪二十四年十一月十五日,《台湾日日新报》,1899年1月13日《康氏复书》。)

光绪二十二年丙申(1896年)　二十九岁

撰《驳箴膏肓评》。按手稿封面有"摄提格夏日"。"摄提格"为"寅",致有人谓撰于"壬寅"(1902年),我以为思想内容与《春秋左传读》相近,应撰于"丙申",而题署则为"壬寅"补写。

本年十二月十七日(1897年1月19日),与宋恕在沪相识。查宋恕《乙未日记》九月初二日(1895年10月19日)记:"始闻穗卿谈及吴铁桥通佛、章枚叔通《左氏》。"(胡珠生编:《宋恕集》935页,中华书局1993年版)。吴铁桥,吴樵,德潇之子,曾列名上海强学会,至是相识。宋恕《丙申日记》是日记:"始识枚叔于时务报馆,又始识马通伯。"(同上,第938页。)

光绪二十三年丁酉(1897年)　三十岁

三月初二日(4月3日),章氏访见宋恕,宋恕《丁酉日记》是日记:"浏阳来,枚叔是日始来访。"(《宋恕集》第938页。)十五日(16日)又记:"枚叔辞时务报馆。"

七月初五日(8月2日),《经世报》创刊,旬刊,章氏任撰述,并在第一册至第四册连续发表《变法箴言》、《平等论》、《读管子书后》、《东方盛衰》诸文,《年谱长编》曾予记录,但对创始源起、章氏任撰述前后尚待补充。

《经世报》的创始人,据陈虬、宋恕所撰《经世报叙》,是山阴胡钟生(道南)、新昌童也韩(学琦)。本年二月(3月),胡钟生、童也韩"亲送"宋恕"关书",约请办报,宋恕感到"贵报宗旨大异俗报,两公志趣大异俗士之故,乐于从命"。并提出意见。略谓:"恕现未敢受主笔二字之名,亦未敢任主笔二字之实,暂自名曰'权主笔'"。"每期必奉交拙论清稿一篇或数篇"。"每期若有拙白交登贵报,请贵总理切嘱印工即印"。"不论何人送交登报文字,贵总理若垂询佳恶,不敢不贡其直。至登否则悉请贵总理自酌,恕决不敢稍侵微权"。"应期拙论,贵总理以为然,尚须股中、股外阅报诸公以为然者多,方于贵报有益。拙论出数期后,倘以为然者多,自当遵去'权'字,正名主笔。倘不以为然者多,报册因之滞销,请贵总理切勿拘牵常例、忍待来年,必须早行直告,以便避席让贤,免碍报业。此恕不肯相负之忱,乃生平稍异于人之处。"(见《宋恕集》第569—572页,中华书局1993年版,下同。)

按六月上旬(7月上旬),章太炎复书宋恕,录如下:

"麟,鄙人也。于经术、文章未有一得。昨见手札,过蒙藻饰,许以俞门第一流。惴惴自惧,力小任重,久将覆悚。顾既与康党相左,亦有骑虎难下之势。非得君之规诲,异时一有蹉跌,一身不足惜,亦为浙学贻羞。君纵不爱二君,于麟应少加怜愍;纵不爱麟,当亦为浙学大局起见。今日适得仲容来书,于廓清康学不遗馀力,度君亦有同志。顷二君既竭悃款,悬榻以待;麟则尤每饭不忘。昔粤寇时江、浙遗老日夜望曾文正一来,麟之重君,盖亦如是。"(《宋恕集》第573—574页。)

"俞门",章氏与宋恕同为俞樾门人,同为浙江人。"二君",据注:"指胡道南、童学琦二人。"所谓与"康党相左",指与康门弟子争议,退出《时务报》,见《年谱长编》。宋恕复书称"别帐时馆之事"指此。宋函并谓:"今得胡、童两君同声相应,实天之未绝斯文,恕虽久怠,岂愿自外"。"执事欲振浙学,与恕盖有同情。然非开学会不可,非请曲园师领袖其事不可。鄙意欲俟此馆既开,拟一《浙学会章程》,邀集同门雅士,公请曲园师出名领袖。倘蒙师允,即将章程登报,立总会于此馆,渐立支会于各府县城,期于大昌梨洲之学、德清之道,方能于浙人吐气。"(《宋恕集》第572—573页。)

宋恕对章氏甚为推誉,自称:"今日海内治经学能免于李青莲'堕烟雾'之讥者,老辈止有曲园师,同辈止有章枚叔,难哉难哉!"(《又复胡、童书》,《宋恕集》第578页。)又曰:"拙文自知高古不如枚叔,然胜康长素师徒则远甚。"(《又复胡、童书》,《宋恕集》第581页。)竭力介绍章氏进入《经世报》。章应其请,《经世报》第三册"本馆编译诸君名氏"即署:

撰　述　　馀杭章太炎炳麟　乐清陈志三虬

摄著论　　古瓯宋燕生恕

馆外撰述　宝山瞿鸿汀昂来　秀水董伯骙祖寿

译英报　　曾游英岛客

译法报　　寿萱室主

章氏和董祖寿、连文澂等浙籍人士又在杭州发起组织兴浙学会。查《兴浙学会叙》和《兴浙学会章程》,载《经世报》第二、三册,过去我曾怀疑出自章氏之手,因为第一,它表彰刘基、于谦、王守仁、黄宗羲、张煌言五位"浙人",而这五人正是章氏当时所称道的。第二,《章程》提出“经世之学,曰法后王”,又说:“至荀子则入圣域,固仲尼后一人,推衡诸子,舍兰陵其谁哉!”章氏这时撰有《后圣》,说是“至荀子则入圣域,固仲尼后一人,持衡诸子,舍兰陵其谁哉!”又说:“同乎荀卿者与孔子同,异乎荀卿者与孔子异。”旋撰成《尊荀》,与章氏当时思想一致。第三,文字风格与章氏相同。第四,《经世报》第三册,有《兴浙会题名》,列秀水董伯骙祖寿(廪生)、钱塘连孟清文澂(贡生)、馀杭章枚叔炳麟(监生)三人,章氏为“题名”三人之一,他又是《经世报》撰述,《叙》和《章程》即载此报,可知他是兴浙会最早发起人之一,撰《叙》当属可能。(见拙撰《戊戌时期的学会和报刊》第503—504 页,台湾商务印书馆,1993 年 12 月版。)今在童亦韩、胡钟生本年十月八日致宋恕书中谓:“迭接友人书,均以枚公《兴浙学会序》欠含蓄,因之入室者少。”(《宋恕集》第 586 页)可以确证此文出自章氏之手,因将《兴浙会叙》和《章程》(原载《经世报》第二、三册。)录如下:

兴浙会叙

浙江于东南为上腴,其民好学蹈礼,又被文弱之名,谓之非用武之国。然句践以甲楯五千,起于会稽,北覆大吴,臣仆齐、晋。権其方略,可谓星耀而玄运,鬼出而电入矣。分江东流至富春,则吴武皇于是生,桓王、大帝继之,参割赤县,鼎足而居,虽建都秣陵,势不系浙,则亦与汤、文之岐、亳等。钱镠,一贩盐盗耳,当四方扰攘,突起海滨,抚有全越。虽北迫江、淮,南摩瓯、闽,西遏天汉,卒能总揽英豪,善交邻国,无麾城撕邑之迹,而亦不受人侮。由是观之,浙人非儒,浙士非不可用。

往者中东之役,群儒上书,以钓名誉,而顽顿者以浙人不与为大诟。乌呼!虚桥之战,以抵诬疆臣,而谋臣则未尝责其妄言不雠,且承其风旨以谄事之,是实同时上书者之耻,而浙人适足以自豪也。吾尝观于朱育之对濮阳兴,其张会稽也,盖可观哉!不敢企其主者,而思效其次,辅翼世主,削平寇盗。潢池既靖,遂其初志。盖秉狼弧之威,致击胡酋,使肉食之兽,窜身橧窟,华夏故鼎,反于磨室,论功最高,盖若刘文成。宗稷既危,援立奥主,戈铤所指,北虏震栗,钩日于悲泉、蒙谷,而反之于榑桑,尊攘之绩,莫若于忠肃。探赜索隐,定天下之吉凶,成天下之亹亹。神阉不能螫,逆藩不能触,终戮刑天,以奠王室,若王文成者,学与政兼之矣。有师文成之学,而丁时不淑,功不得成。知君相之道犹守令与丞簿,不敢效便嬖臧获之殉身其主,于是比迹箕子,以阐大同。斯虽不足以存明社,而能使导于明者,亦不能久存其社。乌呼伟欤!吾未见圣智摹虑如黄太冲者也。乃夫支天所坏,功则身歼,而后世尤悲其志者,则莫如张忠烈。当是时,金华屠,嘉兴残,二郡之间,僵尸蔽野,流血顷亩。嗟我浙人,盖无罪于天,而王师一至,芟夷斯艾,如草木焉。大哉圣人之除暴而吊民也,忠烈提数千之卒,崎岖限岛,匿形浮屠,双猿失律,束手就戕。功虽不就,使浙人之不忘隐痛者,实赖斯人。乌呼!如四公者,环地球之师也,如忠烈者,盖浙江一部之师也。抑其与太冲或死或生,可以比三仁矣。

方今浙江之俗,稍益选懦,而隐臣求志者,盖时见于山樊。然或讼言时务,而不能深探其本,或以旧学为城堞,其学不足以经世。离群涣处,莫相切厉,卒迷阳而不返。

悲夫！别于地球而为亚细亚,别于亚细亚而为震旦,别于震旦而为浙江,斯其在赤道、二极间,则犹毫末之于马体也。恒星未伏,白水未涸,太行、华、岱未萌弛,人发其愤,震旦犹可兴。抑不能兴震旦而言兴亚细亚,不能兴一部而兴震旦,则夸严之谈已。吾胎萌于浙,虑从其近,是以树兴浙会。有能从吾盍簪者,焞褩五公之言行,则洞通乎时事,庸距知不湔文弱之名,而号之用武之国也。

乃有吴、楚、岭南,学会盖彬彬矣。如兴浙会者,其意趣不同,而名实或少异焉。嗟乎！有知吾之兴浙之志者,可无著言于竹帛矣。

兴浙会章程

一,学问之道,有教无类。刘、于、王、黄、张五公文学勋业,风节行谊,于浙中为特著,而时代亦最近,故学之为职志。非谓学者当墨守诸公之藩篱,不必博览群书也。

一,浙学旧有永嘉、金华二派,一流为夸诞,一失诸迂阔。不逮阳明、梨洲远甚。然独至之论,多可寻绎。素传是学者,由此见道,亦一涂径,惟不可终守筦钥,遂忘进取。

一,《七略》著目,恢韬群籍。百家馀裔,流别滋繁。学者各以性情所近,然必当知其要义。大抵经以《周礼》、两《戴记》为最要,由训诂通大义,足以致用。史以三史、《隋书》、《新唐书》为最要,所谓五经之庙,可以观怪。子以管、墨为最要。至荀子则入圣域,固仲尼后一人。持衡诸子,舍兰陵其谁哉！若凌杂米盐,博而寡要,则当思反约矣。

一,经世之学,曰"法后王"。虽当代掌故,稍远者亦刍狗也。格致诸艺,专门名家,声光电化,为用无限。而学者或苦于研精覃思,用心过躁,卒无所成。二敖八足,惟寄蛇穴,斯可惧矣。大抵精敏者宜学格致,驱迈者宜学政法。官制、兵学、公法、商务,三年有成,无待淬掌。且急则治标,斯为当务。若自揣资性与艺学相远,当急以政法学为趋向。

一,方舆之学,中外共之。近如《地理全志》等书,胪列颇详,而厄塞险要所在,卒不可知。坤舆方图之属,徒著其形,未明其说。则阅者亦擿埴索涂尔。至中国舆图,殊鲜善本。文忠所刻,犹有讹舛,两人测绘,腹地未详。参伍考核,是在志士。然浙人所保,桑梓尤急。驰骋六合,竱志一州,苟问以两浙战守之要而不知,则虽凌厉九州何益矣。

一,文弱之邦,惟体操足以变化气质。德国军制,寓兵于农,文武自将。吾党之责,不习体操,何以从事武备？天岂以熊经鸟伸,空言导引哉！奔命纾死,忧患同之,是固不容少缓矣。

一,同志有入会者,或入会,或捐资,均于每次报末,将姓名爵里刊入题名,以通声气。至捐资几何,各从其意,不立程限。

一,全浙幅员,虽非寥廓,温、处等州,则亦距省千里。若预刻会期,徒滋繁扰。拟以暇时聚集,赴省者会于省,赴郡者会于郡,声气既通,亦免跋涉。

一,两浙人才,以千万数。入会既众,虽创建会藏,亦难遍给。然或载书五车,或仅盈箧衍,多寡相悬,则通借至为要事。大约十人中以三人藏庋万卷为率,足以周流无滞矣。

一,本会以兴浙题名,当实事求是,令可见之施行,非徒如杨国忠所谓口打贼者。平日宜各抒所见,及出著述、日记,邮政同人,互相论难。会时抗辩忿争,亦无不可。若乃嚾呶谑浪,佻达城关,则非所敢知。

一,本会拟设会长二人、会董二人,皆以平等对待。会长必取博综古今、通达经济者,会董必取敏练庶务、综核名实者,疑义难质,则询之会长;办理庶事,则司之会董。

一,会董常驻省城。凡撰述佳者,既经同人平议,复取决会长,乃由会董刊为报章,每月一册(其资即以捐项充之),分政法、艺事、商务、舆地四类。必近切时事、上通经史诸子之微言,方为入格。刊报既竣,仍以原著分归作者。其报由会董发售,所以羡馀,即为会中捐资者之公产。

一,会中每岁动用几何,由会董刊刻清单,附于报末以昭信实。

一,以上所拟章程,有未善处,犹冀大雅君子扶偏救弊,以匡不逮。

丁酉五月,同人拟定。

九月初一日(9月26日),章氏在《实学报》第四册发表《异术》。内称:"乌虖!物之不齐,物之情也。黄帝与蚩尤以水火相挤者,道术殊出。道生于五德,德生于色,色生于统。三统迭建,王各自为政。仲尼以春王正月莫络之,而损益备矣。"在此以前,章氏在《实学报》第二册发表《后圣》,谓:"乌虖!斯其制作也,则迴乎三统,竟乎文祖地祇之㕙,是故《礼经》以键六经,《正名》以键《春秋》之隐义。"均言"三统"。这时,章氏与康有为、梁启超的政治改革主张表示同情,撰著中也略及今文。但《实学报》总理王仁俊接连在《实学报》发表《民主驳义》、《改制驳义》,攻击康、梁"改制",《实学报》第五册以后,遂不见章氏论文。

十月十四日(11月8日),与宋恕(燕生)午访孙宝瑄。(孙氏,字仲玙,浙江钱塘人,日记手稿藏上海图书馆,上海古籍出版社1983年4月出版。)《忘山庐日记》是日记:"过午,燕生、枚叔偕来访,作竟日谈,上烛乃去。枚叔云:'三代上,授田法行,故其民自称食毛践土,以皆其君所开辟,而民安享之也。北魏、唐初,虽亦授田,而地非所辟,故其君自称衣租食税。自是而降,直为君者,践民之土,食民之毛而已。反以是误责吾民,不亦傎乎!'与余意不谋而合。论水火之原,余谓太虚中不过流定二质而已,水成于气之相合,火生于物之相摩,是水原于流质,火原于定质无疑。"(《忘山庐日记》第143页。)

十一月二十九日(12月22日),招孙宝瑄饮,《忘山庐日记》是日记:"枚叔招饮,坐中恪士。谈次谓:'相传国朝世祖出家之说,有数证可信。其一,吴梅村《清凉山赞佛诗》:汉皇好神仙,妻子思脱屣。而吴诗为当时禁书,今始得见也。其二,五台山与本朝创业事无与,而自圣祖、世宗数君屡幸五台,此不可解。可知当日文网方密,有多轶事不敢纪载者,后人无由得闻。'"(同上第154页。)

十二月初七日(12月30日),访孙宝瑄,《忘山庐日记》是日记:"初七日,雨。枚叔过谈,夜深乃去。枚叔谓:‘治格物家有言,世间无所谓化生者,蚊蚋之类亦有卵,但细微,且不能见耳,或云:蚊乃水变,实不然。’愚谓此知其一,不知其二也。夫所谓化生者,盖以此种变他种,如雀入大水为蛤,沙鱼化鹿,蚕变蛾,此类是也。蚊未必有卵,盖皆水中微生物所变,故谓化生。若湿生者恐即为水质所变,亦未可知。《楞严经》注云:湿以合感,化以离应。离者即以此化彼之谓也。合者当为两种质相配而成。谓之湿生,殆水气之分质也。愚谓宋、明儒之讲空理多,有空而无理,然亦能妙绪环起者,不过善绘其空之状态而已,反近于词章。彼则刻镂,此则白描。近人多称汉人引经义断狱,其实不过世儒阿媚法家傅会经义,非果以经治狱也。而近儒大抵以断狱之法治经,则百喙不能辩。世辄推许《石头记》一书,专言一家事,以为古今创格。余曰:是不奇。历朝史鉴,何尝非专言一家事。枚叔大笑。枚叔云:‘古时有火官,曰祝融,专司火政,疑当时之视火,犹今人之视电。盖火初为格物家测出,而取之不易,必需若许质料,非凡民所能自备,故必设官,如公司者,以给万民之用也。’”(《忘山庐日记》第156—157页。)

本年,与孙诒让开始通问,孙孟晋:《孙征君籀庼公年谱》卷五“光绪二十三年丁酉,公五十岁”记:“贻书馀杭章枚叔先生,论及康有为所著《新学伪经考》,力斥其谬,公与先生互相通问自此始。”(稿本,孙延钊撰,后辑入《温州文献丛书》第一批,名曰《孙衣言孙诒让父子年谱》,上海社会科学院出版社2003年7月版。查孙诒让戊戌十一月天正望日《致汪康年书》谓:“康氏学术之谬,数年前即深斥之,去年致章枚叔孝廉书亦曾及之。”)

本年,《自定年谱》记:“平子以浏阳谭嗣同所著《仁学》见示,余怪其杂糅,不甚许也。”有人认为:“《仁学》完成于1897年元月,赠诗作于1896年9月,完全是两回事。”这关涉到《仁学》撰期和《自定年谱》是否记述有误等问题,特就此再抒己见。

《仁学》是谭嗣同的代表作,它酝酿于1896年,而写成则在1897年春。

1896年10月(九月),谭嗣同由江苏回到湖北时,曾致书唐才常,提到撰述《仁学》事。他说:“若夫近日所自治,则有更精于此者,颇思共相发明,别开一种冲决网罗之学,亦拟还县一游,日期又急不能定,大要归则甚速耳。”(《谭嗣同全集》第251页,中华书局1981年1月版,下简称《全集》。)考虑“斯事体大,未敢率尔,且亦不暇”(同上第493页。)当时还未写出。

1897年2月19日(光绪二十三年正月十八日),谭嗣同《致汪康年书》说:“近始操觚为之,孤心万端,触绪纷出。非精探性天之大原,不能写出此数千年之祸象,与今日宜扫荡桎梏冲决网罗之故,便觉剌剌不能休,已得数十篇矣。少迟当寄上。”(同上。)那么,2月中旬,谭嗣同已写出《仁学》数十篇。(谭嗣同《仁学自叙》:“成书凡五十篇,分为二卷,首界说二十七条。”)

《仁学》写出,虽未公开印行,但谭嗣同曾“以示一二同志”。(《新民丛报》创刊号〔光绪二十八年正月初一日出版〕载有《仁学》广告,谓:“著成后,恐骇流俗,故仅以示一二同志,秘未出世。”)谭嗣同友朋中,看到《仁学》原稿的,有梁启超、唐才常、章太炎、宋恕等人。《宋恕日记》本日载:“浏阳来,枚叔是日始来访。”

1897年4月(三月),梁启超给严复的信说:“侪辈之中,见有浏阳谭君复生者,其慧不让穗卿(夏曾佑),而力过之,真异才也,著《仁学》三卷,仅见其上卷,已为中国旧学所无矣。"(见《饮冰室合集·文集》第 1 册第 110 页。)当时,梁启超在上海任《时务报》主编,谭嗣同也时常往来沪、宁。

1897 年 4 月 14 日(三月十四日),谭嗣同给唐才常的信中说:"嗣同蒿目时艰,止期直达所见,未暇弥纶群言,不免有所漏耳。"(《全集》第 528 页。)也是指的《仁学》。唐才常受其影响,在这年 6 月(五月)出版的第四——七期《湘学报》上,发表《质点配成万物说》加以引用。谭嗣同读后,于同年 8 月(七月),又致书唐才常:"得此则嗣同之《仁学》殆欲无作,乃足下于《湘学报》一则曰'绵《仁学》之公理',再则曰'《仁学》之真诠',三则曰'《仁学》大兴',四则曰'宅于《仁学》',五则曰'积《仁学》以融机械之心',六则曰'《仁学》大昌',转令嗣同惭惶,虑《仁学》虚有其表,复何以副足下之重许?然近依《仁学》之理衍之,则读经不难,迎刃而解,且日出新义焉。"(同上第 262 页。)知唐才常看到《仁学》,且受影响。

章太炎看到《仁学》,由宋恕"见示"。此外知道《仁学》的,还有沈兆祉(小沂)和吴嘉瑞(雁舟),谭嗣同自称:沈兆祉来信,"言于《时务报》见嗣同著有《仁学》,为梁启超所称,不知中作何等语?"(《与唐绂丞书》,同上第 266 页。)又谭氏《答梁启超》:"昔雁舟先生说心法于上海。"(同上第 518 页。)前引《致汪康年书》也说:"去年(1896 年),吴雁翁到金陵,述卓如兄言,有韩无首大善知识,将为香港《民报》,属嗣同畅演宗风,敷陈大义,斯事体大,未敢率尔,且亦不暇也。"(同上第 493 页。)从谭嗣同友朋听到、看到《仁学》的资料中,知 1896 年,吴嘉瑞请谭嗣同"畅演宗风"。9 月,他们在上海相晤。在上海,谭嗣同又与宋恕唱和。10 月,谭嗣同写信给唐才常,考虑撰写《仁学》。他这时已想发明"一种冲决网罗之学",酝酿写作《仁学》。但因"斯事体大,未敢率尔,且亦不暇",至 1897 年春始写出。《自定年谱》系于本年,"平子以浏阳谭嗣同所著《仁学》见示",是可能的。

附记:孙宝瑄《忘山庐日记》光绪二十四年六月初四日日记:"向午,枚叔走谈,论谭甫生《仁学》,有云男女媾合事,因其所合之具生于隐曲处,故人以为差,若生颅顶间,则虽朝会燕飨时,犹可一试。余谓此好为新说,而未潜思夫理也。男女之事生于爱力,爱力生于对待。自无明风动妄认为人我,于是有世界,有众生,有对待。有对待则有爱有拒,拒之极至于相杀,爱之极至于相淫,圣人不能遽禁其淫且杀,以返于无对待之境。于是为之节制,许烹杀禽兽,以泄其杀之机;许娶妻置妾,以泄其淫之机。有所泄,斯有所止,乃能有所不杀不淫者,以仁相接,以礼相限,而世界可少安。然由斯渐进,公理日明,必期于淫杀尽去,爱拒悉化,返于无对待而后已。故知肉食娶妻,实据乱不得已之法,而非天理中本有也。是故闻声于庖厨者恻然,男女结缡而色觍然,皆天理微发露者。若如甫生言,媾合之具若生颅顶则不足羞,如是岂尽人可以淫乎?而淫遂足为天理乎?尽人可淫,则亦尽人可杀矣。但淫者,秽垢之事也,性体贵净,故非所当有,岂交合于顶颅者遂不秽亵耶?以口相交,谓之接吻,西人惟夫妇行之,不避人,亦不施于他人也。中国人犹视为秽亵,而讥之曰夷礼。可知即生颅顶,而终以为秽垢事,亦不可行于广众间也。"(《忘山庐日记》第235页。)是章太炎、孙宝瑄对谭氏《仁学》且曾论议,此时,章、孙与宋恕时相往还,那么,知《仁学》者,除章、宋外,还有孙宝瑄。

光绪二十四年戊戌(1898年)　三十一岁

正月二十七(2月17日),章氏由杭至沪后,本日,《忘山庐日记》记:"晡,枚叔至自杭。"(原件藏上海图书馆,见上海古籍出版社第172页,1983年版,下同。)

二月初三日(2月23日),访孙宝瑄,"争灵魂之有无"。《忘山庐日记》本日记:"枚叔过谈终日,与争灵魂之有无,久之不能决。枚叔谓:'灵魂不能离质点而存,如电气之因摩擦而见在质点之中,无质点斯无电气,灵魂亦然。其始也,因男女精血相摩而生,成形之后,复因血脉流动相摩而存。血脉停滞,则无相摩,遂无灵魂,而人死矣。'言似有理,余骤未能难也。"(《忘山庐日记》第175页。)

二月初四日(2月24日),在上海译书公会,晤孙宝瑄,《忘山庐日记》本日记:"过午,出街,诣蒙学报馆与浩吾谈。俄至时务报馆,购得《国闻汇编》。又至译书公会晤枚叔,晚归。"(《忘山庐日记》第175页。)浩吾,叶瀚。

二月二十二日(3月14日),访孙宝瑄。《忘山庐日记》本日记:"枚叔过,小谈即去。"(《忘山庐日记》第182页。)

三月初二日(3月23日),访孙宝瑄。《忘山庐日记》本日记:"枚叔过谈,谓皇侃《论语义疏》,其于'颜渊死,子哭之恸'注,称圣人本无哀乐。其哀乐也,盖从众而不骇俗之意。为斯语者,疑别有见。"又曰:"枚叔又云:'《大学》物格而后知致,知致而后意诚数语,今益验矣。如内典所言,自格致家出而皆征实,征实则知所言不虚,而信力坚定,非意诚矣。'"(《忘山庐日记》第185页。)

三月初七日(3月28日),应张之洞之聘"乘轮西上"。《忘山庐日记》三月十四日记:"枚叔于月初七日应鄂督张香涛之聘,乘轮西上,濒行未话别,故以诗见寄也。"又曰:"晚归,见枚叔《九江舟中寄怀》五律一首,录之云:'灵均哀郢土,而我独西驰。江树隔云远,沙禽飞雨迟。帝阍终不见,毛羽复谁施。回首一惆怅,孙登长啸时。'"(《忘山庐日记》第187页。)孙宝瑄于闰三月初二日和诗一首:"晚,成《章枚叔见寄五律一首,步原韵》云:'古义频相勖,良朋忽远驰。云霞识面晚,江海寄书迟。论事不回屈,谈经得寸施。高怀章友直,莫负定交时。'"(同上第192页。)

又章太炎到武昌谒见张之洞事,《章炳麟褒扬传记资料》,谓由陈衍、钱恂介绍罗致,略曰:"之洞恢廓有意量,能汲引天下士,见炳麟所为《左氏春秋》,故谓有大才可治事,其幕客侯官陈衍又方为言。之洞曰:'此君信才士,然文字谲怪,余生平论文最恶六朝,盖南北朝乃兵戈分裂,道丧文敝之世,效之何为?凡文章无根柢,词华而号称六朝,以纤灰拗涩字句强凑成篇者必斥之,书法不谙笔势,结字而隶楷杂糅,假托包派者亦然。嗟嗟此辈,诡异险怪欺世乱俗,习为愁惨之象,举世无宁宇矣。'衍力为解曰:

'虽然,终是能读书人。'因属其乡人钱恂罗致,索得炳麟上海。而炳麟方在时务报馆……炳麟意气甚盛,竟为高睨大谈,与之洞幕客朱某言革命,朱以告武昌守梁鼎芬。一日鼎芬晤之,问曰:'人传康祖诒欲为皇帝,有诸?'炳麟曰:'我闻其欲为教皇,未闻皇帝也。其实帝王思想人皆有之,而以教皇自居,未免想入非非矣。'鼎芬闻之大骇,将系而榜之,炳麟闻,仓皇逃走之上海,遗书别陈衍告其事,且曰之洞非英雄也。"(1936 年 7 月,中国第二历史档案馆藏。)此传记资料撰于章氏逝世不久,系归"国史馆典藏",刘成禺《世载堂杂忆》言"章太炎被杖",疑源于此。

又,章氏于政变不久,旅居台湾,言及在湖北与梁鼎芬等"评骘"康氏异同,以及他自己的看法。他说:"曩客鄂中,时番禺梁鼎芬、吴王仁俊、秀水朱克柔皆在幕府,人谓其与余同术,亦未甚分泾渭也。既数子者,或谈许、郑,或述关、洛,正经兴庶举以自任。聆其言论,洋洋满耳;及叩其指归,脔卷逡巡,卒成乡愿,则始欲割席矣。嗣数子以康氏异同就余评骘,并其大义,亦加诋毁,余则抗唇力争,声震廊庑,举室愕眙,谓余变故,而余故未尝变也。及革政难起,而前此自任正学之数公者,乃皆垂头阘翼,丧其所守,非直不能建明高义,并其夙所诵习,若云阳尊阴卑,子当制母者,亦若瞠焉忘之。呜呼!张茂先有言,变音声以顺旨,思摧翮而为庸。今之自任正学,而终于脂韦突梯者,吾见其若是矣。由是观之,学无所谓异同,徒有邪正枉直焉耳。持正如工部,余何暇与论师法之异同乎?"(章太炎《康氏复书》,写于光绪二十四年"阴历十二月朔",载《台湾日日新报》,1899 年 1 月 13 日。)

闰三月二十五日(5 月 15 日),章氏于闰三月二十四日由武汉返沪后,今日访晤孙宝瑄。《忘山庐日记》本日记:"雨,枚叔来,余尚卧,闻之始披衣下楼,盖伊于昨日由鄂归也。纵谈至晡,枚叔方去。"(《忘山庐日记》第 201 页。)

闰三月二十六日(5 月 16 日),孙宝瑄回访章氏,《忘山庐日记》本日记:"过午,访枚叔谈,燕生俄至,纵论古今。枚叔谓:'伯夷近杨,伊尹近墨。孟子尊伯夷、伊尹而辟杨、墨者,因杨、墨以是立教,则惧有流弊。若独行其是,斯皆有坚卓独到之境,非不可贵也。'燕生又云:'五代时冯道,其行事最近柳下惠。盖无论其君为伯夷,为禽兽,皆可屈节以事之。其志第欲保全善类,为吾所欲为而已。'枚叔又云:'杨子所谓拔一毛弗为者,非吝财之谓也。墨子所谓摩顶放踵为之者,非殉身之谓也。杨子志在励己,损己之节以救人,不为也。墨子志在救世,故虽污己之名,亦为之。孟子盖以节操言,而取喻于身体也。'"(《忘山庐日记》第 201—202 页。)燕生,宋恕。

闰三月二十八日(5 月 18 日),访孙宝瑄,并招宋恕。《忘山庐日记》本日记:"枚叔来作竟日谈,折简招燕生,俄亦至,纵论酣畅。枚叔于国朝古文家最折服恽子居、汪容甫;于人品最折服李穆堂、孙文定。其所痛恶者方望溪之文、李安溪之为人,盖实有卓见也。晡,枚叔索酒饭,遂命苍头市一壶至。时案头芍药盛开,三人于花下对酌,意兴豪美。"(《忘山庐日记》第 202 页。)

闰三月二十九日(5 月 19 日),孙宝瑄招章氏、宋恕、陈黻辰谈宴,《忘山庐日记》本日记:"过午,燕生偕一温州志士陈介石过谈。介石主持阳明、梨州之学者。晚雨,招枚叔及燕生、介石谈宴于西酒楼。枚叔谓:'曹孟德于中国非无功,惜其弑伏后、杀皇子也。'余谓:'孟德子孙如不篡汉;即日本之丰太阁,亦当血食百世也。'"(《忘山庐日记》第202页。)介石,陈黻辰。

四月初二日(5月21日),在上海格致书院晤孙宝瑄等,《忘山庐日记》本日记:"复访介石,同至格致书院听浩吾宣论。枚叔、燕生皆在。俄偕登五层楼茗话。"(《忘山庐日记》第203页。)

四月二十九日(6月17日),孙宝瑄访章,《忘山庐日记》本日记:"是日晨,访枚叔。"(《忘山庐日记》第212页。)

五月二十六日(7月14日),访问孙宝瑄,《忘山庐日记》本日记:"过午,枚叔来谈。"(《忘山庐日记》第231页。)

五月二十八日(7月16日),孙宝瑄邀至张园,《忘山庐日记》本日记:"晡,诣枚叔谈,偕至张园。夜观烟火,奇妙。"(《忘山庐日记》第232页。)

六月初十日(7月28日),与宋恕争议商鞅,宋恕《戊戌日记》本日记:"与枚叔争商鞅及鄂帅不合,大辩攻。"(《宋恕集》第941页。)两日后(7月30日),宋恕《答章枚叔书》称:"君守节忤献忠,可为品合吾宗之据,心交其终古乎!虽然,论交则有不敢不告绝者。夫献忠,兽也,君所斥诸人虽可斥乎,然皆人也。夫人也而君抑下之兽,此尊见之大离吾宗者一也。商鞅灭文学,禁仁孝,以便独夫,祸万世,此最仆所切齿痛恨,而君乃有取焉,此尊见之大离吾宗者又一也。"(《宋恕集》第590页。)献忠,指张之洞,言章氏赴鄂与张之洞争辩事。章氏此时撰《商鞅》。《章氏丛书·检论》九《商鞅》云:"商鞅之中于谗诽也二千年,而今世尤甚。某说以为自汉以降,抑夺民权,使人君纵恣者,皆商鞅法家之说为之倡。呜呼!是惑于淫说也甚矣……乃若夫挽近之言新法者,以父子异财为宪典,是则法乎鞅之秕稗者也。宝其秕稗而于其善政则放绝之,人言之戾也,一至是哉!"(写于1898年8月。)即针对宋恕痛斥商鞅而发。当时争辩激烈,至于"暂绝论交"。宋恕与章氏同为俞樾弟子,以章氏所论"大离吾宗",曾上书俞樾:"枚叔频见,师谕已先后紬示。此君持论颇有明于理而昧于势之病,然其志行之高、文章之雅,风尘物色,难得其伦。刻入昌言报馆,未卜能久居否?"(《宋恕集》第592页,谓写于9月14日前数天。)

六月十二日(7月30日),宋恕有《答章枚叔书》,谈及赴武汉与张之洞交谈事,函中"献忠",即指张之洞。又章氏《艾如张董逃歌序》谓:"以示宋恕,宋恕阳为发狂不省。"此信可参阅,录如下:

"来书敬悉!仆交区三:曰论交,曰心交,曰迹交。论交以见,心交以品,迹交以事。见离吾宗则绝论交,品离吾宗则绝心交,是仆外交之私律也。

"君守节忤献忠,可为品合吾宗之据,心交其终古乎!虽然,论交则有不敢不告绝者。夫献忠,兽也,君所斥诸人虽可斥乎,然皆人也。夫人也而君抑下之兽,此尊见之大离吾宗者一也。商鞅灭文学,禁仁孝,以便独夫,祸万世,此最仆所切齿痛恨,而君乃有取焉,此尊见之大离吾宗者又一也。

“君高文博学，素讲仁孝，意前言岂戏耶？钝根疑上乘，庸耳惑咸池耶？暂绝论交，勉卒心交，其可矣。

“抑更有忠告者：仆壮志久灰，飘零江海，憔悴孤危，苟全性命，栖神净域，断梦神州；君著述等身，兼通百氏，实斋、容甫，把臂无惭，然涉今太浅，观势似昧。今何时也？白种诸雄，分据要害，利权任夺，民贼仰护，献忠之俦，纵横先驱，天方授白，黄种尽奴，坚冰共睹，非复履霜，而君犹比例莘、渭，庶几子、姬，不已愚乎！徒自苦耳。愿君速捐妄想，择术娱生，若必难忘情，则慎闭乃口，深谈缄臆，抑其次也。

“已矣章子，以芳洁品，居险诈群，战战兢兢，且惧不免，矧乃脱略忌讳，不惮四坐，泰山鸿毛，轻重宜审，勤诵明远《行难》之篇，毋蹈次公往覆之辙，论交虽绝，心交依然，区区之忠，幸鉴不宣。宋恕顿首。

“廖氏书送仲玙阅过璧上。”(《宋恕集》上册第590—591页。)

“献忠”，指张之洞。廖氏，廖平。章氏谓宋恕“阳为发狂不省”，对章氏言论，存有不满。

六月十三日(7月31日)，访孙宝瑄，《忘山庐日记》本日记：“晴。枚叔过谈，燕生亦至，论事又不合。”(《忘山庐日记》第238页。)

六月十六日(8月3日)，访孙宝瑄，《忘山庐日记》本日记：“过午，枚叔来谈。”(同上第238页。)

六月二十二日(8月9日)，《忘山庐日记》本日记：“襄孙使人送融斋书院课卷来，属枚叔阅者。”(同上第240页。)

六月二十四日(8月11日)，访孙宝瑄，《忘山庐日记》本日记：“晴。枚叔过谈终日。夜，同车游愚园，登西偏之小楼茗话，热甚，无风。”(《忘山庐日记》第241页。)

七月初三日(8月19日)，夜访孙宝瑄，《忘山庐日记》本日记：“夜，枚叔过谈。余谓中国今日如不图富强，但开议院、修内政，或可自强卫国。枚叔谓然。”(《忘山庐日记》244页。)

七月初五日(8月21日)，在时务报馆晤孙宝瑄。《忘山庐日记》本日记：“晡，视次申返，至时务报馆，晤穰卿、枚叔。”(《忘山庐日记》第245页)次日，“晴。枚叔过谈。”(同上。)

七月十四日(8月30日)，在格致书院，《忘山庐日记》本日记：“晡，诣格致书院，杏孙、枚叔、稷塍、仲巽皆在，为议《蒙学报政章》事。”(同上。)稷塍，姚文倬；仲巽，胡惟志。

七月十八日(9月3日)，《忘山庐日记》本日记：“晡访蛰仙，晤童亦韩及枚叔。”(同上249页。)

八月初八日(9月23日)，午，访孙宝瑄，《忘山庐日记》本日记：“过午，枚叔来，登楼视余，余邪感犹未尽也。枚叔告余以骇人之语，谓得京电云云，不敢信。”(《忘山庐日记》第259页。)“骇人之语”，指政变发生。

八月十三日(9月28日)，在昌言报社晤孙宝瑄。《忘山庐日记》本日记：“十三日。诣昌言报馆,晤枚叔。"次日,孙宝瑄"闻奉旨康广仁、谭嗣同等六人,皆于是日正法。"(《忘山庐日记》第260页。)

八月(9月),政变起,章氏闻耗,拟在上海设奠,撰《祭维新六贤文》,自称:"《祭六贤文》,即八月闻耗时作,当时欲与□□□设奠黄埔,因作是篇以待。复笙枢至上海,遍访船步及湖南会馆,皆莫知所在,自馀诸君并未知其何时归葬,逾月遂至台湾,斯举不果,盖既其文未既其实也。"(章太炎《答梁卓如书》,光绪二十四年十二月二十二日,《台湾日日新报》1899年2月5日。)

八月十九日(10月4日),访孙宝瑄,又访宋恕,《忘山庐日记》本日记:"日中,枚叔过谈,偕诣燕生,病不能见。俄至昌言报馆,闻上复有不讳之信。"(《忘山庐日记》第261页。)

九月二十四日(11月7日),访孙宝瑄,《忘山庐日记》谓"枚叔过谈"。(《忘山庐日记》第272页。)

九月二十九日(11月12日),见孙宝瑄,《忘山庐日记》本日记:"晡,见枚叔。"(《忘山庐日记》第273页。)

十月初二日(11月15日),途见孙宝瑄。《忘山庐日记》本日记:"晚归,途见枚叔、凌霄、介石、燕生四人偕行,下车询之,知相约来访,遂同至余斋,围坐茗谈,二鼓始各散。所谈多奇理,不胜记。余赠枚叔以'寒梅独鹤'四字,肖其性格。枚叔赠介石曰'崩崖坠石'。余又谓凌霄如鹰,枚叔如鹤,燕生如雁。"(《忘山庐日记》第273页。)

十月二十一日(12月4日),抵台北。(《致汪康年书三》,见《汪穰卿先生师友手札》,上海图书馆藏,下同。)应台湾日日新报社聘,为该报撰文,《台湾日日新报》明治三十一年(1898年)12月7日《社员添聘》:"此次本社添聘浙江文士章炳麟,号枚淑,经于一昨日从上海买棹安抵台湾,现已入社整顿寓庐矣。"

十月二十八日(12月11日),《台湾日日新报》载章氏《祭维新六贤文》,署"章炳麟",即《清议报》第七册所载。

十一月初四日(12月16日),《台湾日日新报》载章氏《清廷侦获逋臣论》,署"菿汉阁主稿",系阅报载慈禧太后"密谕驻扎东京公使,令谋缚康有为,若不能,亦必设法杀之"而撰。谓:"吾不意圣神文武自比于补天之神娲者,而竟为此穿窬草窃之行也。夫有为之功罪,天下异议,而凡毗于后党者,则固欲得而甘心,此无足论者。独以公法论之,彼既遁于日本矣,将声罪致讨而执之乎?抑将诱而执之乎?其声罪致讨而执之也,则出国门一步,而有司之治,已不能假借于我,公使虽智勇绝人,其能抗违公法,以阑入邻国所治之域哉!以其诱而执之也,必绐之陷入使馆,而后公使得施其全权,刲之割之炮之炙之,可以惟吾所欲为。虽然,往者龚照瑗之于孙文,尝有是举矣,而卒为英人所迫胁,索之生还。夫孙文以医药小技,鼓动黔、粤之民,一旦果能揭竿而起,其有益于中国与否,尚未可知,而英人已护之如是。今有为柄用,百日之政,粲然见于记载,中外贤哲,莫不喁喁想望风采,其与夫孙文者,岂直舆薪秋毫之比哉!苟可赎也,人百其身,为日人者,将竟听其陷入于阱获而弗之救耶?是又不可得之数也。二者皆不可得,而为设法杀之之计。以清室之文母,为异国之荆轲,事果可成,受盗贼之名何害。吾特恐纪纲整饬之国,徼巡警柝,皆不若中国之疏。狙击未成,而身先受盗贼之戮。辞所连染,则且以长信詹事为渠魁,其为邻国观笑,岂有既哉!”末谓:“为有为者,其亦慎所进止,以保万民倚赖之身哉!”

同日,《台湾日日新报》“文苑”栏载籾山衣洲《将发东京诸公送到新桥赋此以呈》诗:“烟波久慕海鸥群,暂入南美岂足云。孤客抽身尘漠漠,诸公握手意殷殷。名都风月几时见,绝域寒暄从此分。老大犹存千里志,莫言徒为策诗勋。”章氏批曰:“缠绵悱恻,中仍有云水苍茫之感,是合王摩诘、李义山为一手者。”又批:“音节苍凉,字句亮响,极见工夫深诣。”

十一月初六日(12 月 18 日),《台湾日日新报》“文苑”栏载籾山衣洲《美人粽》小说刊毕,章氏批曰:“缭绕骫曲,奇而不诡,尤妙在僧去翁时,不经说破,而阅者无不知为异物,神味咀嚼不尽。”

十一月初六日(12 月 18 日),《台湾日日新报》载章氏文三篇,《台湾设书藏议》(署“章炳麟”)、《论清旗田》、《谆劝垂纶》(两文均署“菿汉阁主”)。《台湾设书藏议》谓:“民之智愚,穷岛与大陆均也,然而或为僻壤,或为文明之国者,何哉?天地以江海之峡分町畦,处乎一畦者,其礼俗风教,老身长子,而不与比邻相迥达,是以智民伏匿,椎愚之萌窗卷而无所寤。虽然,化其偏者,则视乎土宜,因乎民俗,操剂量而致之中和也已矣。台湾者,闽南之大屿也。……台失教百年,曩版图未易,法度弛顿,尚归咎于学官之失职;今违乱国,而之治世,犹自安朴僿,不与偕大道,其诸锢于习俗而未之脱乎?其必非吾台民之始愿可知也。余以鄙生效铨材,讽说于禹域,遭时不淑,党锢祸起,同志婴戮,仓皇南走,负绁沪尾,甫解维进其里,父老与语民气之刚柔,法禁之缓急,稍稍得大略。比入阛堞,则东国小学之塾,亦宾然成行列,以教童龀而不以造成人,意稍嗛之。”“今台之民,皆漳、泉旧民也,虽越海而处,询其故俗,有黄幼平氏之遗学焉。中据赤嵌,又舜水朱氏之所以发德音也。其与夫筚路蓝缕,而腾踔于枳棘之间者,其亦远矣。苟建书藏,时有所假贷移录,将皃躁以承之,薰祓以诵之,于翟以儛之,不过三年,而其气足以大遂,人宵天地,夫何远哉!乃若其书,则取于和、汉者各半,姑缓西文焉。于二国之籍,简其要言,而去其华辞,先其普通,而后其专门之学。以三万卷为率,使能者为之目录,分别部居,而撮举其大旨,以为缀学者涂径。”

《论清旗田》谓:“满洲入关以来,以近京五百里民地圈给八旗,而田之者皆汉人,秋冬输租,以庄头主其事,而此数十万不士不农不工不商之游民,乃安坐而食之,生齿日繁,啖食不给,于是有质之汉人者。”“古者或头会箕敛,以饱枝官,乃英主黩武,则亦横征于下,未有虚郡国仓廪以养旧京百族之民者。夫一夫不耕,或受其饥;一妇不织,或受其寒。于是业剧财匮,而屯田之议起……今绿营将改为练军,而八旗之素餐如故。呜呼!其优恤过于丰沛父老矣。乃者索伦东海诸部蚕食于俄罗斯,为八旗子弟者,宜以屯田兼兵事,为汉人纾生计,为国家效死力。及今营之,犹以七年之病,求三年之艾,而枋政者或护惜之。故曰乾鹊之爱其子也,哺之稻粱,不使高飞,以为回翔槽巢之间,虽有智者,不能与我争也,鹏鹗至攫而食之,又焉得故巢一寸也。”

《谆劝垂纶》则为《台湾日日新报》的“献芹微言”,下注:“凡议之论有关政得治失、风俗隆污之项,其稿或出于投寄,或出于道听途说者,皆系之于此。”章氏此论,以为台湾“土膏愤盈,称为富饶”,而“地利未尽,抑亦呰窳偷生之效也。即渔钓一端,已可概见。所愿稍忍劳苦,从事垂纶,则饭稻羹鱼之乐,必有甲于南洋群岛者”。

十一月上旬,曾上书康有为,“其稿为同人持去,业登报章”。惜原书未见,康氏复书见本年“十二月初二日”条。

十一月十二日(12月24日),《台湾日日新报》“文艺”栏载籾山衣洲《秋怀》四首,章氏批曰:“吐属名隽,词旨神禫,而其中仍有不忘斯世之感,第三章尤见圭角,盖自元亮、道州而进薄太冲矣。”查《秋怀》第三章为“芳菊生烟砌,鲜鲜异凡种。低首若有愁,非关风露重。戚戚斯心劳,莽莽吾道壅。孤高持晚节,敢见群小拥。趋舍宜及时,轻进岂云勇。”

十一月十三日(12月25日),《台湾日日新报》载章氏《书清慈禧太后事》,署“菿汉阁主稿”。谓:“革政之狱,世或以斩断果贼,愕眙于慈禧太后,谓其始仁恕而终阴鸷,岂晚节之堕耶?呜呼!为是说者,其可谓以蠡测地,以锥视文,终身陷其埃壒之中而不悟矣。夫女戎召祸,残害不辜,自古以然,而慈禧太后之恶直丑正,尤其天性然也。始听政则有肃顺之狱,将反政则有朝鲜大院君之狱,复出训政则有康有为、谭嗣同之狱,一人之身而齿牙为猾,以殄戮志节之臣者至于三数,而犹谓其晚节之堕,是犹以粘牡哺肝,叹惜于盗跖而怪阳虎以不当窃宝玉大弓也,岂不远哉!”“然后知古之惇史,以外家蛊容为戒者,其立言果非迂阔而远于事情也。三十年以来,肃顺诛是应。囚至今日,则谭嗣同等六人又以龂龁荣禄至同日伏尸市曹,康有为虽脱,亦几几不得自免,岂女主任事,则其祸必至于是耶?抑慈禧太后之志则可谓始终不渝,而非其堕于晚节也已?”

十一月十五日(12月27日),《台湾日日新报》“文苑”栏载章氏《寄梁启超》,即《清议报》第八册所刊《泰风一首寄赠卓如》,(此诗收入《文录》,题《艾如张董逃歌序》。又《台湾诗钞》卷十三录《台湾诗荟》亦有此诗。)诗后有籾山逸批:“异情流露,切于层一层,(原刊如此。)吾辈读之,亦为黯然,况启超其人乎?其如《诗品》,则锵然古调,断不在晋宋以下。末段悲愤填胸,惟见泪痕,而不见墨痕矣。”

十一月十六日(12月28日),《台湾日日新报》载章氏《俳谐录》署“菿汉阁主”。以亚非利加沙漠之驼鸟为喻,谓鸩鹊笑其不能“以意进止”而为人役,云:“今以子之奇才高足……而甘为人服乘,载重而不怒,出跨下而不耻,伈伈伣伣,惟鞭箠是惧者何也?”驼鸟应之曰:“子不见夫橐驼者耶?其形之肥硕魁巨,盖十倍于虎豹,然而终日垂头于辎车之下,非爱辎车也,欲以得其重也。今吾效彼之所为,既得其饵而又窃其重,斯一受服乘而利吾身者二焉,虽长策在前,利镊在后,奚恶矣。虽然,吾忸矣,不可以见亚非利加之凡鸟矣。”于是驼鸟“振翮而去,至乎支那,化形于河洛之间,为汉冀州牧本初之裔,果得大将。”本初,隐指袁世凯,讥其“既得其饵而又窃其重”,向慈禧、荣禄告密,破坏新政事。

十一月十九日(12**月**31**日**),《台湾日日新报》载章氏《饯岁》诗,下题"玉山吟社席上课题分韵"。诗曰:"不作彭殇念,吾犹恋椭球。短长看日及,身世等蜉蝣。残鬓睢阳恨,馀生逝水浮。青阳东国早,春又满蛉洲。"又一首为:"唾壶击破转心惊,弹指苍茫景物更。满地江湖吾尚在,棋枰声里俟河清。"玉山吟社为来台日籍人士二十馀人组织的诗社,也有少数华人参加,月开一次吟会。《台湾日日新报》同时载出《饯岁》分韵诗的作者有日下峰莲、籾山衣洲。诗后有籾山逸识:"是日细雨萧条,风物尤凄,而诸公云集,诗酒酬酢,洵极一时之盛。席上诸作,虽未必无微瑕,姑登之报,以示世之同好者。"署"戊戌除夕前一日"。查此诗载于12月31日,则除夕宜指公元。又诗二首均辑入《台湾诗钞》卷十三,但前一首五律题《饯岁》,后一首七绝题《玉山吟社席上即事》。

十一月二十日(1899**年**1**月**1**日**),《台湾日日新报》载章氏《正疆论》,署"菿汉阁主"。略谓:"《春秋》之义,复仇者至于九世,是故吾支那之与满洲,不共戴天,不共履后土。然而爱新觉罗第十一之变法,失志见囚,吾华民犹为之愤痛者,曰:《春秋》有临天下之言焉,有临一国之言焉。临天下则支那之壤固不与满洲共处,临一国则爱新觉罗第十一者,固满洲之令主,且其志亦为齐州而未尝有私于北虏,是则亦元魏之孝文也。是故痛其幽禁而为之感慨不平,从其通俗,以光绪纪元,以爱新觉罗第十一称共主,其例则与宁人、太冲之著书等。若夫为薄海计,则满洲者,固吾之世仇。……今年已三十一矣。会遭党锢,自窜台北,其志则以访延平郑氏之遗迹,亦未尝隶籍为日本土著,非有私于瀛洲员峤之民也。然而以支那与日本较,则吾亲支那;以日本与满洲较,则吾宁亲日本。全台之民,荀抚其衣冠,讨其册籍,而思夫故国之思怨,则其视满洲与日本,必有辨也。其视延平郑王与夫洪承畴、李光地者,亦必辨也。"

十一月二十三日(1899**年**1**月**4**日**),致书汪康年,告以在台情况,并及馆森鸿。查馆森鸿,字子渐,通称万平,号袖海,生于文久三年(清同治二年癸亥,公元1863年)12月3日,卒于昭和十七年(1942年)12月24日。日本陆前国本吉郡松岩村人,馆森古道(通称与右卫门,号卧云)之长子。日本照例馆森鸿应继承为馆森家第十一代家长,但他想上京学习,把家产让给姐婿通喜。馆森鸿上京以后,在冈鹿门(名千仞,字振衣,通称敬助,号鹿门,萨摩藩士,江户昌平黉毕业的汉学家)和重野成斋(名安绎,字子德,通称厚之丞,号成斋,萨摩藩士,是在江户昌平黉与冈鹿门同时的汉学家,后来研究历史,当东京帝国大学文科大学教授、文学博士)两个学者的私塾学习过。馆森鸿私塾毕业后,明治三十年代的后半到台湾,当台北一个初中的教师,在台湾总督府工作过,居住台湾二十年,大正十三年(1924年)回到日本。他回国后,在日本大学当教授(在高等师范科国汉部教书),在圣心女学院也教过书。

馆森,原姓藤原,后叫斋藤,最后叫馆森。他家先信儒教,后来改信神道,所以馆森鸿的坟墓也按神道的规定修了。墓碑题:"昭和十七年12月24日逝去,年龄八十岁,藤原鸿翁之命。"("命"这个字,于神道来说,是神的意思。)墓址在日本气仙沼市赤岩馆森高原山。(以上据日本关西大学水田纪久教授1981年8月18日函中开示,并蒙日本京都大学森时彦先生译成汉文。)

章氏和馆森鸿"时相接见",商讨学术,"乃以文字订交"。馆森鸿说:"杭州章君枚叔高才能文,与余相善。去年冬,载书数车入台疆,乃以文字订交。"(《送章枚叔序》,《拙存园丛稿》卷一第十一叶,日本大正八年己未八月铅字排印本。)

十一月二十四日(1899年1月5日),《台湾日日新报》"文苑"栏载水尾晚翠诗二首,其一《戊戌岁晚书怀》:"此地无冰雪,三冬草木荣。微暄医病骨,薄醉破愁城。岂叹青云远,唯怜白发生。轮蹄销日月,碌碌老南征。"章氏注曰:"意有感慨,终是盛世元音,所谓得气之春者,拟之高岑名作,殆无以辨。"其二《己亥元旦》:"凤历今朝又一新,光阴如水两迎春。菲才处世虽无补,恩锡于吾辄免贫。旭影入杯浮瑞色,鸟声绕槛报佳辰。岁初依例役吟笔,拟颂王正寄故人。"章氏批:"措词得体,虚实兼到,非仅作九天阊阖万国衣冠语也。"

十一月二十六日(1899年1月7日),《台湾日日新报》载章氏《正月朏日即事》:"长松鬖髿下,酒人襟相摩。四壁发清商,奇响闻韩娥。而我独何为,餔糟徒养疴。忆昔遭阳九,凌霄戒矰苐。东来期赁舂,赁舂毛已皤。扬袂望何鼓,迢迢隔银河。恨无鲁阳公,同挥虞渊戈。腐儒生乾坤,哀乐何其多。醉卧且勿觉,辚辚高轩过。"下有籾山逸批:"一肚皮不合时宜,兴怀所触,往往作不平体脏之语。然细嚼玩味,自有安于所适之意,所谓怨而不诽,深得古人之遗。己亥夏日。"

十一月二十七日(1899年1月8日),《台湾日日新报》"文苑"栏载籾山衣洲《平乐园谯集赠赠同座诸公》五古一首,中谓"吾本东都士,孤介久迍邅。今作南荒客,未免为酒颠。忆哉龙门子,橐笔度大川。贤愚虽敻异,倾心岂偶然。九原如可作,愿吾长执鞭。"诗后有章氏批:"冲和微穆,独鹤于飞,通首不见盛气语,而言外之旨,自能使人领略,知其于陶、谢诸家之折肱矣。"另有粘舜音、翁林煌批。末后籾山逸附识"是夕余微醉,走笔作之,诸公误为击节,其语颇涉过褒。然知己之言,不忍割爱,并此收载。读者其冒椟返珠而可"。

同日,《台湾日日新报》载章氏《平矿论》,谓:"今潢池未息,警柝日闻,重以饥馑,民食不半菽,尽瘁殚思,为之谋生聚,犹恐其无所归也。而又头会箕敛,激之使日涣散,其不弄兵以从东陵之盗者几希。吾闻西方之法,厂主于役人或有苛虐,知政府以其事下于议院,使平其科则,而宜示之以为法守。是以工商辑睦,民无怨讟。今当事苟能闵黔庶之无依,而思夫靖寇止奸之术,则其于此必有含也。且国家所恃,虽在富商大贾,而尤患乎贫富之不均,不均则有余者裂绨锦以饰圊厕,而贫者犹不完短褐,其势非攘夺则不止。"

同日,《台湾日日新报》载章氏《视天论》,署"菿汉阁主",即《清议报》连载《儒术真论》所附。

十一月三十日(1899年1月11日),《台湾日日新报》载章氏《刻包氏〈齐民四术〉第二十五卷序》,署"菿汉阁主稿"。以为台湾"以饫东南,天下称其膏腴,惜乎濒于仆璞之野”。“余虽旅人,欲弗讨论,吾舌将不忍挢,将使陇亩日辟,而收获且数倍。于古有区田,于西方之书事农学者且数十百种”。“端居深念,发箧衍而读之,得包氏《齐民四术》第二十五卷,其言农事,虽不逮泰西,而较略可知。其馀园圃虞衡薮牧之教,大端略具。书不盈三万言,顾切实可施于闾井,于是错镂其藉以饷台民,以备劭农者省览”。“包氏书就相土以知肥棘,择种以识蕃变,纠士大夫以讲利病,占江臬河濒以立地著,广之桑麻厄茜以供服御,綦之渔猎刍牧以备委输,吾知台岛之民,虽遇康年,必无菜色矣。天下事虽至纤微,不专不成,不讨论不进……苟以吾为刍荛,而发包氏之藉以读之,循除陟廉以达欧洲农学之隩,虽忧菜色,必无康年矣。夫其于沃土也,则必不与赤道之民同类而共诮也”。

十二月初二日(1899 年 1 月 13 日),《台湾日日新报》载《康氏复书》,首为章炳麟附识,写于十二月初一日;末为康有为来书,写于十一月十五日。章氏附识云:“余于十一月上旬驰书长素工部,其稿为同人持去,业登报章。数旬以来,屏居枯坐,戚戚寡欢。念夙好之凋零,悲天纲之溃决,疢怀中夜,不能奋飞。昨者晨起,殷忧填膈,忽得工部报书,眉宇盱扬,阳气顿发,盖不啻百金良药也。书中称誉,不无过情,然工部非妄有阿借者。至其自述怀抱,卓诡切至,语不缴绕,而入人肝脾,志士诵之,靡不按剑。故录其原稿,登之报章,以备贤哲省览焉。”

“或曰:‘子与工部,学问涂径,故有不同。往者平议经术,不异升、元,今何相昵之深也。’余曰:‘子不见夫水心、晦庵之事乎?彼其陈说经义,判若冰炭,及人以伪学朋党攻晦庵,时水心在朝,乃痛言小人诬妄,以斥其谬。何者?论学虽殊,而行谊政术自合也。余于工部,亦若是已矣。’近世与工部争学派者,有朱给谏一新。然给谏尝以劾李莲英罢官,使其今日犹在朝列,则移宫之役,有不与工部同谋耶?余自顾学术,尚未若给谏之墨宋,所与工部论辩者,特《左氏》、《公羊》门户师法之间耳。至于黜周王鲁、改制革命,则亦未尝少异也。(余紬绎周秦、西汉诸书,知《左氏》大义,与此数语吻合。)况旋乾转坤,以成既济之业乎?若夫拘儒鄙生,餔餟糟粕,其黠者则且以迂言自盖,而诗礼发冢,无所不至。如孔光、胡广者,余何暇引为同学也哉!曩客鄂中,时番禺梁鼎芬、吴王仁俊、秀水朱克柔皆在幕府,人谓其与余同术,亦未甚分泾渭也。既数子者,或谈许、郑,或述关、洛,正经兴庶,举以自任。聆其言论,洋洋满耳。及叩其指归,脔卷逡巡,卒成乡愿,则始欲割席矣。嗣数子以康氏异同就余评骘,并其大义亦加诋毁,余则抗唇力争,声震廊庑,举室愕眙,谓余变故,而余故未尝变也。及革政难起,而前此自任正学之数公者,乃皆垂头阘翼,丧其所守,非直不能建明高义,并其夙所诵习,若云阳尊阴卑,子当制母者,亦若瞠焉忘之。呜呼!张茂先有言,变音声以顺旨,思摧翮而为庸,今之自任正学,而终于脂韦突梯者,吾见其若是矣。由是观之,学无所谓异同,徒有邪正枉直焉耳。持正如工部,余何暇与论师法之异同乎?阴历十二月朔,支那章炳麟识。”附识历述和康有为学术虽有异同,而“黜周王鲁、改制革命,则亦未尝少异”。可知章氏这时政治上还是同情康、梁的。稍后,章氏更撰《翼教丛编书后》,重予申说,并对“腐儒”在变法失败后妄肆讥刺,严加驳议。

康有为来书是:“枚叔先生仁兄执事,曩在强学会,辱承赐书,良深感仰,即以大雅之才、经术之懿告卓如。顷者政变,仆为戮人,而足下乃拳拳持正议,又辱书教之,何其识之绝出寻常,而亲爱之深耶?台湾瘴气,岂大君子久居之所,切望捧手,得尽怀抱,驰骋欧美,乃仆夙愿,特有待耳。兼容并包,教诲切至,此事至易明。仆岂不知而抱此区区,盖别有措置也。神州陆沉,尧台幽囚,惟冀多得志士,相与扶之。横睇豪杰,非足下谁与?惟望激昂同志,救此沦胥,为道自爱,书不尽言。十一月十五日,有为再拜。”

十二月初三日(1899 年 1 月 14 日),《台湾日日新报》“文苑”栏载殷守黑《摸鱼儿·用稼轩先生晚春原韵,送枚叔东渡》诗:“骇啼鹃,洛城春尽,徐郎求药东去。古来三岛栖真所,骑鹤啸俦知数。留客住,秋不到琪花瑶草蓬瀛路。临岐无语,愿勉把前尘,姒悲姚恨,付与一天絮。 人间世,好事千龄几误。黄龙高会天妒,声声白雁兰成赋,哀怨两猿谁诉?休起舞,君不见故乡钱赵空抔土,林荒雾苦,莫复忆西湖。伤心极目,先辈射潮处。”章氏识曰:“殷君参贯天人,于哲学、经世学,皆能道其究意〔竟〕,而性喜黄老,言今日支那,无可为者。送余东渡,复拳拳以钳口结舌相勉,是篇即其寓意也。余志磨顶踵,与殷君宗旨绝殊,而坐谈名理,鲜不移晷,既崇山、嵇之好,复感其以至言相勋,鸣弦倚响,常裴回不置云。”

十二月初十日(1899 年 1 月 21 日),宋恕上书俞樾,告以章氏已赴台北,函曰:“枚叔孤怀高论,与世不谐,负累千金,无计偿补。近应东人之聘,笔削台北官报,闻府主意气颇投,与谋开大书藏以辟人荒。”(《又上俞师书》,《宋恕集》第 586 页。)

十二月十一日(1899 年 1 月 22 日),《台湾日日新报》载章氏《答学究》,即《清议报》第十四册所载。

十二月十三日(1899 年 1 月 24 日),《台湾日日新报》载章氏《人定论》,署“支那章炳麟”。谓:“乘猋风而薄乎玄云之上,视苍苍之天者,其果能为人世祸福乎?抑亡乎?曰:夫柳子厚者,固以痈痔果蓏拟之矣。余则曰:浮游乎空虚之中,百昌生物,以息相吹,并痈痔果蓏而亦未尝有也。借曰有之,禨祥之说,则上古愚人所以自惑,而圣人因其诬妄,以为劝戒,亦犹蚩尤之作五刑,而圣人因之,以为黥墨劓刖而已矣。夫愚人之无识也,盖较蚩尤为尤甚。如京房、刘更生诸公,推迹五行,极陈灾异,以效忠于人主,其所救正,诚有足多者,而害亦自此始。何者?不数见之事,以忤人为灾,则必以其合人为瑞,是故天有甘露,地有河清,木有连理,草有紫芝,鸟有爰居,兽有角瑞,总是数者而得其一,则皆以为合符于上帝。凡所以烦有司,谒财赋,兴征调,尽民力者,且不可胜数。由是观之,始以为劝戒,而终以致败亡”。“实验之学不出,而上古愚人之惑,亘千世而不解。是故前乎子厚者有王仲任,后乎子厚者有王介甫,其所立说,盖并以天变为不足畏,而迫于流俗,犹时时蒙其讪议。自今之世,有实验也,而其惑始足以淘汰”。“人固乐温泉而憎火山地震矣。使天果欲以火山地震示祸于人,则曷为又以温泉媚之?震之甚者,崩崖折栋,以压覆居人,是可忧耳。苟无是祸,而忧其兆兵于异日,使异日复忧其异日,噫!言若是越哉!天地之间,爱恶相构,而情伪相攻,苟为人害,虽蚊虻之微可畏也,苟不能为人害,虽天地之大勿畏也。吾先师荀子有言曰:日月之有食,风雨之不时,怪星之党见,是无世而不有之。上明而政平,虽并世起无伤;上暗而政险,虽无一至无益。呜呼圣矣!台人方耸于地震之祸,趯趯然若将兄禆灶而父柏常骞也,余故作《人定论》以释之。"

十二月十八日(1899年1月29日),《台湾日日新报》载章氏《论亚东三十年中之形势》,署"支那章炳麟"。略谓:"观于旅顺、胶州之举,措黄海以北,其趋于俄、德也明矣"。"支那自宫禁之变,贤才阮屠,王化陵迟,宇内鱼烂,将使苏丘之上满人不亡,而夏子之胄亡矣"。"知旧堤之必败,而弁其堤者不可以保其陇亩;知北方之必不能与俄争,而弁其北方者亦不可以守其南部。江左之刘裕、宋之岳飞,其所经略,及于关中河北,而后可以处吴越。故曰:知其不可奈何而安之者,命也;知其不可奈何而必不能安之者,亦命也。亚东之究极,虽定于南非,得恢卓雄略之士以征抚朔漠者,其能为南部雄伯乎哉!"

同日,《台湾日日新报》载章氏《党碑误凿》,署"菿汉阁主"。谓:"顷观东京《朝日报》以支那改革派推刘坤一、张之洞为领袖,此说误也。刘固湘军宿将,处事持重,不骛声华,与新进之士锐志变法者相左。而移宫狱起,清流被祸,乃反赖其维持。汉高以厚重少文许周勃,而谓安刘氏者必在斯人,坤一殆其亚矣。若张之洞则外托维新,而其志不过养交恃宠,凡所经画,縻帑无数,卒无一成,此或才力不逮,君子犹恕。乃自八月政变,张反倒戈新党,凡七发密电至京,谄谀长信,无所不至,比之杜钦、谷永,盖犹有其罪而无其功焉。其《劝学篇》一种,颇足以欺世盗名。要之外篇所说时有可采,而内篇则皆模稜语。今乃谓其苦心筹画,不欲与满人立异,则□其所欺尔。果具此心,但当颂扬祖德,教民尽忠可矣。今于周秦诸子无不丑诋,并西汉今文学派亦皆愤如仇敌,是其发源之地,固以孔光谨慎、胡公中庸为正鹄。盖新党立论,大近狂狷,容有未合中行者,而驳之者则为路粹之告孔融矣。"末谓张之洞"闻见杂博而不晓师法,不知家数,于经学则不能分别古今,于小学则但知校勘字句,于古文则不知别裁伪体之当斥"。"原其学术,高则为翰苑清流,下则为应试好手而已。乃既盗文学之称,遂抗颜以经济自诩,而所成卒至如是。噫!纪文达吾不得而见之矣,得见毕秋帆斯可矣"。

同日,《台湾日日新报》载章氏《儿玉爵帅以帝国名胜图见赠,赋呈一律》:"萝图浩渺古蛉洲,上将多情许卧游。徐市一行知不返,羡门老去亦何求。忽看羁绁身非故,漫卷铅黄涕欲流。荆棘满涂惟怖鸽,蓬莱无路问浮鸥。"籾山逸批:"笔如融风彩露,一结点入身生之感,却觉通体皆灵。"籾山亦有《谒儿玉爵帅于公馆,恭赋七律一章》:"粉墙画戟晓云中,信步盘桓兴不穷。双屐香生花径雨,一堂绿度竹阴风。巡边旌旆蛮夷仰,晏老壶觞耄耋同。燕寝且延林下士,驰驱笔阵气如虹。"章氏批曰:"芊绵葱秀中自有雍客气象,较之沈、宋,则神韵自遒,比于王、孟,则体格更壮。是合四家为一家,那得不推巨手。"

十二月二十三日(1899年2月3日),《台湾日日新报》载有章氏《论学校不宜专校语言文字》,署"支那章炳麟"。略谓:"今之求国际而设学者,授以语言,而勿授之以所以言,是将使之终于为葛卢、鹦鹉也。教育之则物理之分,政事之法,此所以言也。习其文者,辄勿能译其义,非直其义,细者至于名物亦不能宣诸其口。""今使学者徒从事于口耳觚牍之间,而勿覃思,于是吾见后生之冥冥若擿埴以求涂径无□也。"

十二月二十五日(1899年2月5日),《台湾日日新报》载章氏《答梁卓如书》,署"支那章炳麟"。系梁启超"手书两缄,一夕沓至"而答。书曰:"东人杖义,多在社会,积精自刚,要不能速。然迟之又久,则支那士民锐气顿挫,并为臣仆。共此阘茸,斯亦可长虑者。开濬民智,以为招携怀远之具,犹奔者之布远,势终当收效,然吾身能见与否,则不敢知。君子立言,固不为一瞚计。来教谓译述政书为第一义,如青田退著《郁离》,他日因自试惠我禹域,幸甚幸甚。鄙意哲学家言高语进步退化之义者,虽清眇阔疏,如谈坚白,然能使圆颅方趾,知吾身之所以贵,盖亦未始不急也"。"然则儒者之说固不必道,及无色界天无间地狱而后可作民气也"。"南海在东,想尚须羁留数月,《泰风》一章,重为呈览,《祭六贤文》,即八月闻耗时作。当时欲与□□□设奠黄浦,因作是篇。以待复笙柩至上海,遍访船步及湖南会馆,皆莫知所在,自馀诸君,并未知其何时归葬,逾月遂至台湾,斯举不果。盖既其文未既其实也。亦重录附上,即希察览。近有新作,幸许惠示。复笙遗著,弟惟《寥天一阁》文一册,其馀多未及见,友人中亦有箧藏者乎?罗网满天,珍重是幸。"此书写于十二月二十二日,《泰风》,指《泰风一首寄赠卓如》,载《清议报》第八册,署"台湾旅客",即《文录》卷二所收《艾如张》;《祭维新六贤文》,载《清议报》第七册,署名"台湾旅客"。知两文都在本月寄交旅居日本的梁启超。

同日,孙宝瑄见章氏自台湾寓书,《忘山庐日记》本日记:"燕公持来枚叔寓穰卿、燕生及余三人书,阅之,略知台北情形,谓台民愚蠢,百物翔贵。日人为创学校及藏书楼,纵人入观,台民其渐辟知识乎?"又宋恕除夕《致汪康年书》亦曰:"枚函本当早呈,惟前则未知阁下已返自金陵,近则尚留仲玙处,故送阅迟迟。开正晤玙,即问取呈不误。"(《宋恕集》第598页。)

十二月二十七日(1899年2月7日),《台湾日日新报》载章氏《绝颂》,署"支那章炳麟"。谓:"谄谀之美名谓之颂。古者之有颂,其注威盛德,足以高世,故受之而无所忸。且非其臣子,固莫为言者。然大小雅至百篇,而颂特三十一章,亦吝惜其词矣。自尊主抑臣之论作,而谄谀取容之士以颂自效。然法家之真者,固未尝以颂为韪"。"然后知后世之为颂,垂头悲鸣,以觊旦夕之廪禄者,特人主迫之,使必出于是也。且夫有颜异反唇之诛,则惮之者不得不作封禅以求活。柳宗元之贞符,自以不牵图谶,不举瑞应,贤于汉人远甚。然其为夸词以求贷罪,则未有以异于彼。夫人主不能迫其臣以直言极谏,而迫之使垂头高鸣,以觊旦夕之廪禄,则颂者乃适以自彰其过,而非以自彰其美也。至于今世,则虽有成、康之德,而周颂亦不得作,又非直汉、唐以来夸词之当绝也"。"今者四邻之国,皆文明矣。伐有可旌,德有可录,必无不著之豪素以颂其美者,有邻人之颂而臣子复自颂之,是不足于市人之称誉,而复以其美自衒,斯则适以取疑,而非以取信也。由是言之,颂之当绝,岂不信哉!"末谓:"今之饰小言美辞以干县令,而觊其旦夕之廪禄者,又何其多也。”

十二月(1899年1—2月上旬),章氏将过去所撰和新写的论政、论学文字编订为《訄书》,叙目为五十篇。

本年,章氏旅居台湾后,尚有佚事、佚文,今录如下:

“一日,撰文抨击日本官僚擅作威福,压制台人。因此,守屋社长大受督府斥责,悻悻地回到旅社,令工人去唤太炎。太炎不理他,写一张条子,令该工人送交守屋。书曰:‘何不唤守屋来?他不知士前有慕势、王前为趋士者乎?’守屋忍无可忍,亲到太炎处咆哮一场,责他‘傲慢无理’、‘不解事理’,并下逐客令说:‘如果你不愿在本报操觚,就辞职归去吧。’太炎于守屋去后,安静的自语着:‘名善兵卫,竟是恶兵卫,礼貌衰,则去之,何用逐?’于是,经过数日,有便轮出口赴沪,遂携夫人回去。”(文澜:《章太炎寓台轶事》,台北《中央日报》,1952年7月29日。)守屋,守屋善兵卫,《台湾日日新报》社长,《台湾日日新报》原系台湾总督儿玉源太郎、民政长官后藤新平为控制台湾舆论而设,章氏来台,经日本驻沪领事介绍予后藤新平,聘为该报“社友”。这段见闻,据称得自该报另外两名中文记者谢汝铨、李书,当有所据。至谓“便轮出口赴沪”,则不确,因章氏是“发自基隆”,直抵神户的,没有经过上海。

又据《章太炎文墨在台湾》云:

“昔吾尝怪殷之少师,与其徒抱磬而入仓海。夫以瞽师之寂寞也,杖策相牵而不陷于波涛,幸欤?其天之哀夫瞽欤?章炳麟曰:‘噫!天亦不可以久幸矣。瞽于形者,丘陵草木之缗而勿睹也。今以智瞽则奈何!’章炳麟又曰:‘古之射御者,必教之金目。自吾入台湾,未见其目也。虽郡郁铁之士,其目固少也,屡愬愬也。’石坂庄作曰:‘嘻!孰有离朱、师旷,而不可以相觅者乎?庄作在也,斯金目在矣。’作《台岛踏查实记》。章炳麟闻之,作《台岛踏查实记序》。图南先生作是记已,属作弁言,及我,而剞劂已就,不及补印,仅印律诗一章于卷首。己亥三月,余将西归,图南复以便面属书,遂移书此书以籑。余之不文,偶有所作,亦山鸡之舞,候虫之吟而已。时孔子降生二千四百五十年支那章炳麟书于台北旅邸。”(林藜:《章太炎文墨在台湾》,台北《中央日报》1960年10月10日。)石坂庄作,日本名记者,为章氏所重。

光绪二十五年己亥(1899年)　三十二岁

正月初一日(2月10日),《台湾日日新报》载章氏《书原君篇后》,署“支那章炳麟”。略谓:“黄太冲发民贵之义,绌官天下之旨,而曰天子之于辅相,犹县令之于丞簿,非夐高无等,如天之不可以阶级升也。晚近五洲诸大国,或立民主,或崇宪政,则一人之尊,日以骞损,而境内日治。太冲发之于二百年之前,而征信于二百年之后,圣夫!抑予以为议论之于政法,犹药之于疢疾也。趣效而已”。“夫妄人之所以荼生民、复宗稷者,其行迹乃多与官天下相似,岂特以天子为军吏也耶?”

正月初五日(2月14日),《台湾日日新报》“文苑”栏载籾山衣洲《儿玉爵帅新移樱花于前庭,鲜红可爱,陪观之馀,卒赋一绝,以呈左右》:"不信京城雪万堆,微风扇暖早樱开。莫讶红颊含羞涩,移向相思树畔栽。"章氏批曰:"忽为绮丽之词,亦觉媚媚可爱。末句尤似飞卿唱和,数旬见君诗,多冲淡一派,今乃换笔矣。"

正月初七日(2月16日),《台湾日日新报》载章氏《台湾祀郑延平议》,署"支那章炳麟"。略谓:"当明隆武、永历之际,王师尽熠,崎岖岭海,而同仇之士如蝟毛而集,其间以王号胙封者,盖十数。然或出于草窃亡命,既无远略,或且挟乘舆出走,劫夺从官,焚掠廥藏,与寇盗无以异。求其忠节雄略之士,得二人焉,于前曰何中湘,于后曰郑延平"。"延平当永历之亡,犹奉其年号,握玺勿坠,未尝以岛国之主自与。呜呼!其贤于吴也远矣。台湾南北故王所蓄番攘剔于义宜祁。然自克塽之降,改葬南安,表墓之典,盖弗可及矣。寝庙之设,乃间见于台南,里社祠杓,农牧奔走,不足以称盛德。愚以政府宜为建祠,立之主祏,无为偶像,使有司主其祭,以章志节雄略之士,及因国之无主后者。"

同日,《台湾日日新报》载章氏《摘〈楞严经〉不合物理学两条》,署"支那章炳麟"。谓:"穷万物之性质,辨人天之境界,与哲学相出入者,盖莫尚于佛经。然专崇理想,而未凭实验,故亦有违悟之义错出其间,因是以论身心,而毫厘之差,谬千里者有之矣。余于《楞严》,盖夙所耽说,以为惠施雄辩之流也。及参以物理,乃知其有未惬事情者。"因为"摘正"。未完。

正月初十日(2月19日),致宋恕书,言及《仁学》及"读佛书":

"噫!吾今知禘之说矣,原始返终,而知幽明之故矣!复笙《仁学》,今见于《清议报》,其说以以脱为灵魂,不生不灭,故无生死;原质托始,故无尔我。其义可以振怯死之气,而泯小智之私,诚骜桀矣!惜天末相思,汨罗不出,不能与辩于梦寐之中,使果有此,则仆将自裂其说。今未见复笙,则参以实验,而知灵魂之未尝有也。

"夫分体而生,两精相抟,而神明出焉,及其精既遒尽,则神亦无存。此尚非两物相磨而生电气之比。盖电气于未磨之前,已在金类之中,特隐藏不出,非磨之而始有电也!精之生神,则犹两水相触而生浪,两味相和而生隽永,及水平则无所谓浪,两味化分则无所谓隽永矣。安有复入他质而终古长存者乎?

"佛学言六道,饿鬼止居其一,而亦有胎生,故宗密《原人论》言人死不尽为鬼。由此言之,佛之言鬼,盖亦权辞,且亦有不得已也。彼言离身之后,真者有如来藏,则不得不言妄者有鬼。

"要之,以以脱喻性海,虽貌有相似,而实有不同。盖以脱不过传光气,能过玻璃实质,而红、紫、青、黄各光,其气浪之传,即有迟速,是非无尺寸可量,与所谓性海者终隔一间。而舍以脱而言性海,则真空无物,亦不能言如来藏矣。

"仆则谓构精生神,故知识虽尽,尚在子姓,此人之所以必本于中阴,而不得言父母外有神识也。然即此身之流定各质,固亦不生不灭,所谓有者不能灭之使无也。固不必有阿赖耶识,亦不必有如来藏,内外四大,精粗秽净,何一有生灭者耶?各质所生,皆本于日,然则异澜同波,即此亦可以无尔我矣。

“要之,轮回者,身之盐、铁、炭、钙各质耳,其神识则既已寂灭,不能轮回。而神识轮回之说可以使人蹈汤火、入鼎镬而无所畏,其有益于世道则固不浅,是以权辞或未可绝也。虽然,有改良、退化之说,而人或可以为禽兽,禽兽亦可以为人矣。吾之知识既传其子姓,而世习污下,则子姓将为脊骨之禽,是亦使吾之神识为禽也。此则与轮回异义,而其警人则或过之,何者?今世虽有佛说,然人之爱其未来之身终不如爱其子姓,以此因势利导,未尝不可以为功,则亦何必舍实验不言而故作权辞耶?

“足下来书云:专读佛书,仆以为牟尼之智,其过于基督、穆罕默德诚不止数万倍。如《华严》、《宝积》等经,尤于格致独邃,然究少实验,未观世界迹层,不知草木鱼鸟人类之渐化,则虚想此灵魂或有渐化之理,盖亦通人之一蔽矣!

“太史公云:‘学者多言无鬼神,然言有物。’此为西汉古义,近观公孟、子舆、墨子相难,亦有是语,诚不自《无鬼论》始。盖仲尼所以埽尽尧、舜、文、周之障而为儒术者只此事。而世间颇有目睹鬼神之事,群籍记载不可尽诬,吾生所遇亦有数端。盖其妄者则为目眚,而其真者则太史所言“有物”,山神木魅是也,以是为鬼神则娱矣!质之正法眼以为何似?愿更与仲玙详之。仆近虽与对山、仲鸾通书,而精神所注则在此事。夜半前席,不问苍生,亦可笑也。西狩祝予顿首。正月十日。”

手札,温州博物馆藏,三叶。“复笙《仁学》今见于《清议报》”,“复笙”,谭嗣同,《仁学》最早发表在梁启超在日本横滨发行的《清议报》,自第二册起(光绪二十四年十一月二十一日,即 1899 年 1 月 2 日)开始登出,直至第一百册(光绪二十七年十一月十一日,即 1901 年 12 月 21 日)刊完,共登载十三次,历时近三载。(《清议报》第十四册以后,隔了三十册再行续登;第四十四册以后,登了三册,隔了五十五期再行续登。)

正月十二日(2 月 21 日),《台湾日日新报》续载章氏《摘〈楞严经〉不合物理学两条》。末谓:“此则释迦早知光浪,似已高出奈端,信乎耶稣、穆罕默德诸子,不足当其芥子也。”

正月二十四日(3 月 5 日),《台湾日日新报》载章氏《非岛属美利害论》,署“支那章炳麟”。认为“世以菲律宾群岛之属美为有害于亚东者,余尝笑之”。

正月二十七日(3 月 8 日),《台湾日日新报》载章氏《论医师不宜休息》,署“支那章炳麟”,谓:“余独以医师为不宜休息者”。“夫医事之急,岂独救饥尔乎?丸以陷胸,液以抵当,其于以济急,盖无以异于入海而御波涛也。苟拟以二事,而方其缓急,则医之不宜休息也章矣。然则上之设院者,必重其廪,而下之求活者,必厚其糈,以庚偿其劳也,斯亦勿可以已者也。”

正月,为馆森鸿《拙存园丛稿》作序。《拙存园丛稿》,日本大正八年己未八月铅字排印本,线装,八卷,三册,是馆森鸿关于中国经史论文、札记,以及书札、碑传、游记、序跋等文编。书中不但有章氏所撰序文,且在有些文篇之后,章氏缀以跋语;在馆森鸿的文篇中,也时载与章氏交往情况,是研究章氏早期思想和活动有重要参考价值之书。

查章氏赴台后,与馆森鸿“以文字订交”,他们的“相善”,主要因馆森鸿也治中国儒家经籍,并推崇清代复兴的古文经学,对顾炎武尤其敬重,“自谓当初启其迷蒙者,实亭林也"。(罗秀惠:《拙存园丛稿序》,下简称《丛稿》。)馆森鸿自己也说:"少好经术文章,颇自刻苦,而无所得,神志荒惑,一日读《顾亭林集》,慨然自起,虽奔走忧患,心耿耿未下,亭林其发我者欤?"(《答铃木清音书》,《丛稿》卷五第六叶。)他以为顾炎武"器识最高","负经纶之才,求礼教于遗经,发愤著书,为后世虑者深矣"。(同上第七叶。)

馆森鸿对清代古文经学"皖派"的开创者戴震也很钦佩,对友人讥笑他读《东原遗书》加以驳斥,对一些人以为戴震之长只是历算、舆地、考据之学的看法持有异议。他认为戴震"虽主考据,其以道自任,真与孟子不异"。他的著作"精心孤诣,实事求是,盖千五百年无与比伦"。(《与人书》,《丛稿》卷五第十、十一叶。)不能"指其一二","妄加讥评"。他对王念孙、引之父子的"训诂确深",也以为"千古无两"。(罗秀惠:《拙存园丛稿序》。)

章太炎少时就佩服顾炎武之为人,并改名为绛,号太炎,以示钦佩。对顾炎武开创的清代古文经学也服膺勿替。他对戴震也很推重。当看到馆森鸿文稿中《与人书》论戴震时,章氏即加长跋,曰:"推重东原,与鄙意最合。明季社会之佻达,西河、竹垞之武断,望溪、海峰之迂阔,迭胜迭负,难为雌雄。自东原出,而三种气息,皆渐次肃清。即专以考证言,实事求是,亦一变至道矣。况其发明性善,实与路索自由之说东西并峙耶?东原云:'宋儒以理杀人,死矣,无可救矣。'骤观几为吐舌。及细思之,所谓'饿死事小,失节事大',及《离骚》不甚怨君等说,皆出自宋儒。大氐揭橥三纲,使卑贱不得一豪自便者,实始于此。周、孔、孟、荀未有斯义也。以此为理,致人人失其自由,而禹域人心腐败,遂至此极,所谓瘴气性者非耶?东原主张性善,不免偏于尊孟,而欲彗扫瘴气,则非此固不为功。噫!使东原之说早行,吾国亦当人人知自由矣。旻天不淑,斯编尚覆酱瓿,其亦如智井之心史哉!"(《与人书》后章氏《跋》,《丛稿》卷五第十一叶。)可知章太炎与馆森鸿的"相善","以文字订交",是因为彼此在治学方法上有其共同点。

章太炎是在戊戌变法后认识馆森鸿的,戊戌变法又是主张仿效日本明治维新的,馆森鸿"阐明经义,表章人物",(后藤新平:《拙存园丛稿序》。)对日本主张维新的人物每为立传,如开始注重"西洋学",说"荷兰书"的青木敦书;通西学,明医术,晓天文舆地,著《俄国志》,译《万国图说》、《地球全图并图说》的桂川国瑞;专攻西洋医学的杉田翼;以至杉田信等都为撰传。馆森鸿又汇维新人物为《先正传》,自称明治维新时,西乡隆盛,大久保利通,吉田矩方,木户孝允等,"其所趋向,虽有同异,要之前后辈出,从时势所变迁,备尝艰苦,或殉国泯身以立大功于天下,向所谓王政维新之业成者,数君子之力为多,余心仪久之"。于是"搜访当时轶事遗闻"为《先正传》(《先正传序》,《丛稿》卷一第九叶。)章太炎以为馆森鸿"叙述中兴诸贤,尤酣恣沉痛"。(《拙存园丛稿序》,见下。)馆森鸿也以章氏"忧国势骫骳不披,与诸同人讲明天下之大计以规时事",而"一见如旧相识"。从而章太炎既将其文稿五十首给馆森鸿看。馆森鸿也以为章的《上李鸿章》"论时宜书,指画详明,议论精切,洵足以济时矣。独是其言不行,其身中道颠踬,亦无有力者援手,其志可悲也"。(《儒术真论序》,《丛稿》卷一第一、二叶。)又读其《訄书》,认为"议论驱迈,骨采雄丽,其论时务,最精最警,而往往证我维新事例以讥切时政”,从而“十分推服”。(《送章枚叔序》,《丛稿》卷一第十一叶。)说章虽避居台湾,但他“倡天下之大义,风励一世,以图国家维新,事虽不成,兆朕已启,则今日所谓不幸不遇者,安知非他日润泽天下之资哉!”(同上第十一叶。)正因为章太炎这时主张“革政”,他和馆森鸿在“维新”这一点上,彼此有相同处,所以“订交”。

章氏《拙存园丛稿序》,原文为:“展诵大著,澹雅绝俗,与方、姚诸大家訢合无间,而叙述中兴诸贤,尤酣恣沉痛,又在梅厓、伯韩之间,斯不可专以家数论矣。抑闻修辞立诚,首贵峻洁,灵皋论文,亦有数禁,其谓不得用汉赋板重语,实帖括习气,未足为训。而诗赋绮言,在所宜禁,则诚无以易之。由绮言类推,每下愈况,则有笔札恒语用成言以代实义者,此最为笔墨之累。袁简斋所以终身未窥门径,实坐斯病。上之易堂九子,亦或不免。大著于俳言藻词,淘汰已尽,而间或引用成言,斯未免玙璠之微玷。若浣濯净尽,岂特灭除瘢垢,直可自成一家。僭易数语,愧非匠石,辄斫幔人,深恐运斤伤鼻,宏达君子,有以谅之。己亥孟春,支那章炳麟识于台北旅邸。”(《丛稿》序第四、五叶。)

又,馆森鸿曾收日本照井全都遗著,章氏撰《照井氏遗书序》,署“孔子二千四百五十年”,当光绪二十五年,疑亦撰于是时。序曰:“仲尼不死,荀卿不作。荀卿作,孟氏不得不敛衽。程、朱、陆、王之横出,推孟子袒之于明堂,而荀学不得不为虚厉。顾、阎起于西,物太宰起于东,稍崇汉学,则心性始绌,然逡遁不敢背孟子,虽异宋儒,其害则入其桎梏之间者也。呜呼!照井全都者,其有忧患乎!著书由樊,独弦哀歌,而人莫举其名者,独安井衡尝一见之,曰:自毛、郑之殂落,子无匹偶矣。卒立槁以死,而人复莫举其名者,余友馆森子渐始得其遗书,其礼乐、汤武、封建诸论,矩则荀子,最为闳深,以是洞通古义,而捃注九家,以说《庄子》,以训《四书》,不易其轨。盖自嬴吕以至于今,有照井全都,然后荀子由孽于东海。”又曰:“呜呼!当西汉之朔,传荀学者,独伏、贾、董、韩诸明哲耳。其后若没若灭,陵夷至于宋明耗矣。日本之有文字,昉于应神,而当晋太康,是时荀学则已失其纲纪。全都生千四百纪以后,独能高厉长驾,引其微纶,钓既沉之九鼎,而出之绝渊,其学术虽在伏、贾、董、韩间,其功则踰远矣。抑吾闻之,圣人之不当位者,必在林麓之间,非直无官禄也,十室以外,乃不能识其须麋。当明之季,有王夫之者,窜于衡山,而为《黄书》、《噩梦》几矣,今全都又迈之。余东游暮,不得见全都,而识其弟子太田代恒德,其为《荀子论》,亦卓荦绝流俗,然今几七十矣,莘处而鷇食,完发以居,人亦无止其门者也。虽然,三统七始,仲尼、子弓之所遗者,昔在荀子,而今在全都之徒也,可以南面矣。”(开仪一郎编:《日本儒林丛书》第六卷所收照井一宅《庄子解》卷首,昭和四年版。)章氏又《题封建礼乐等四论之后》曰:“太史列传,孟、荀并称,汉人亦多言之。自唐以来,兰陵之学,渐尔坠地,虽有程、朱、陆、王之争,汉学、宋学之辨,终不能出孟氏范围。先生生二千年后,独能抗希大儒,仔肩绝学,信秦汉后一人哉!封建、礼乐等篇,力与唐儒相角,其旨似近迂阔,而精微独到,迥非韩、柳所能言。明季王船山始创崇重藩镇之议,与先生所说若合符节,汤武一篇,全取荀子《正论》之意,而与梨洲《原君篇》亦彼此神契,论《庄子》尤能超出俗见,且论德非论道一语,郭子玄、成玄英皆不能发,蒙吏有知,其当张目于九泉矣。”(同上。)

二月初一日(3月12日),《台湾日日新报》载章氏《客帝论》,即《清议报》第十五册所载。

二月初八日(3月19日),《台湾日日新报》载章氏《三门割属意国论》,署"支那章炳麟"。略谓意占三门,"英人赞之,而俄人出死力以阻之。俄之阻,非助中国也,将以伸法人之权于浙海;英之赞,自为其利权,亦非助中国也,而中国未尝不被其利。是故观英俄之一阻一赞,而吾之当割与否可知也。且使俄人而不阻,则犹可缓割尔;今俄人既出而阻其成矣,我听其议,则彼内伸高卢之权于浙海,而外反示德色于我,其所以求偿者,岂直三门山之比哉!故莫若阳从俄谋,而阴听意人之请,所请既成,则俄人以不得伸权为大耻,而意人亦有喜赂怒顽之念,若是则英、意之与俄、法,其愤疾忿深,其扞御愈力,而后江、浙、闽、粤之海可淡也。孰与秉得失于弹丸黑子,而使瞵睆其旁者,反得逞志于他日乎?故曰:三门山者,吾以瓦石视之也"。

二月二十二日(4月2日),《台湾日日新报》载章氏《究移植论》,署"章炳麟稿"。略曰:"桀亡于汤,而淳维入匈奴,秦亡于楚,而弓月入日本,使黄种不幸被逼迫,则遁逃伏窜者,何地之依?薛叔耘揣之曰,澳洲之域,今华人居者户口数十万,他日移种,必王于斯土。夫南洋群岛与中国传近若肘腋,轮舰所抵,或昧爽而发,见星而达,任力役于是者以兆计,叔耘皆无取,顾独有取于大隃之澳洲者何也"。"虽然,叔耘不取于一隅,而独取于南服者,则以为避俄而已矣。然则秘鲁、墨西哥诸国,其在西半球,亦居南部,而为屏蔽,其政令条教,盖畔喭无可观者,安知黄种移植之不在于彼也。

"难者曰:天下有遁逃伏窜,而能抚有他人之国者乎?曰:含血之伦,必有精锐之气,精锐之气蛰伏于胸中,若水之有隐热,非淬之厉之磨之□之则不足以发,故自古常有亡国败家,而其人材什倍于平世者,飞廉之遁逃伏窜于霍太山,而《小戎》之诗继之以作,其子孙遂足以复六雄;帖木儿之遁逃伏窜于撒马尔罕,而能北入俄罗斯,南屠印度,西灭土耳其。其殷之遗孽,元之遗孽,其骁健足以有为也如此,而况上哲哉。是故黄种之移植,其或在澳洲欤?或在秘鲁、墨西哥,未可知也。其移植之必在于南部,则既可知也。天地之道,日中而还,月盈而匡,田鼠之上腾,或为飞鴽,积灰废炭之在原野,或足以生蝇蚋。盛衰文明之限,固无有一成而不可变者。是故圣人尽其阳节,守其阴节,顺民之所为,而降命于山川,以殽大地。"(《究移植论》,章氏返里后,又投寄沈小沂,见本年九月初八日《致汪康年书七》,但《五洲时事汇编》未见刊出。)

二月二十三日(4月3日),宋恕《上曲园师书》:"沪滨居民百有馀万,枚叔一去,学者几绝。独钱塘孙仲玙部属(宝瑄)芳洁轶伦,闭户蠹古,时相过从。"(《宋恕集》第598页。)

二月二十五日(4月5日),《台湾日日新报》载章氏《失机论》,署"章炳麟稿"。略曰:"呜呼!以支那今日之制于满洲,益之以盗臣,拥五军以自卫,四邻勿能讨,草泽勿能起,为督抚者,其遂无意乎?""吾尝谓曾文正之克金陵也,豪俊之士,杂沓云合,龙骧虎步,高下在心,不以此时建号金陵,而俯首下心,以事辫发之羼胡,其昧于大义,而为中国遗无穷之患也亦甚矣。或谓是时西有骆文忠,南有左文襄,各拥旄节,皆非肯相附者。然文襄与官文,贸首之仇也。使曾公于佛尔图春许奏之顷,激厉将士,西出惜黄,以讨官文之罪,则文襄不待移檄而自附尔,骆公虽贤,固倚文襄为左右手,文襄苟附,骆公将焉往。失此良机,而甘以通侯宰相臣仆异类。呜呼!曾静一匹夫耳,犹志在蹈海,不欲为满洲民庶,如文正者,其亦愧于宗族之贤哉。盖自康熙以来,李光地、张廷玉之徒,以经史文学羁縻士人,士人之尝其饵者,惟以模棱两可之学自溺,苟得利禄,亡廉丧耻而无所顾。故其上者,忠君之忿重,而爱国之情轻,其下者,保宠之愿深,而立名之志浅。使今日天下皆曾文正,犹伈伈伣伣,不足以复汉、唐之旧宇,而况疲荼呰窳若张公者乎?斯古之论世者,所以叹息于傅燮皇甫嵩也。"可知章氏这时对汉族地方官僚,尚存幻想,故本年有《藩镇论》之作。(见《五洲时事汇编》,第四册。)

二月二十六日(4 月 6 日)起,《台湾日日新报》连载章氏《东方格致》,首谓:"晚近说者,或谓泰西格致之学皆出东方,盖自张自牧《瀛海论》创之。彼于希腊、巴比伦之说,未尝目睹,而以此张大其词,矫诬实甚。且所引亢仓子等,半属伪书,不足以为左证。余以闭门造车,出则合辙,见有冥符,而学非亲授,观夫欧几里氏,生丁周末,几何原本,已为算学大宗,斯亦孰授之者,而惠施仕梁,其时代亦相先后,荐雄之辩,见于《庄子》。人第以名家缴绕目之,乃其根极理要,实与几何之学相符,声光电化,亦有玄契。往者利艾初东,李之藻译其《名理探》一书,余尝见之,坚白同异,不尽可燎。要之知此则无诮于臧三牙矣。近人刘岳昭者,尝以管、墨诸子推衍格致,而不及惠氏,余甚恨之。因取其见于《天下篇》者,就为疏证。"下即为《天下篇》惠氏之言疏证。二十七日(4 月 7 日)、二十八日(4 月 8 日)、二十九日(4 月 9 日)续载。

二月二十九日(4 月 9 日),《台湾日日新报》续载章氏《东方格致》疏证惠施之言既毕,又曰:"淮南王书,向列杂家,故九流异言,莫不采摭,神仙方技,亦或间见。其书深明格致,而不同抱朴之矫诬,万毕术一种,今已沦亡,唐、宋类书,时有称引,要之犁靬幻人,吞刀吐火之技,亦杂糅其中。意者八公著作,多得异闻,且既私交南越,则波斯、印度诸书,或有自海舶流入者欤?今世所见完书,惟《鸿烈》二十篇,许、高两注,亦难区别,爰就其中精研物理之语,摘举数条,以泰西新义为之证明。若乃黄埃白澒,足传化学,掇芥引铁,斯征电气,昔人已言,无为疣赘,概从刊落,惟取己意云尔。"下录《淮南子》中"精研物理之语"加以"疏证"。

三月初二日(4 月 11 日)、初三日(12 日)、初四日(13 日)、初五日(14 日)、初六日(15 日)、初七日(16 日)、十一日(20 日)、十二日(21 日)、十六日(25 日),《台湾日日新报》续载章氏《东方格致》,录《淮南子》中"精研物理之语"而疏证之。十六日(25 日)文末,又引《管子·侈靡》"云平而雨不甚,无委云雨则速已"而疏证之。

三月初七日(4 月 16 日),康有为抵加拿大温哥华。十一日(20 日),在乌喊士晚士吋埠演说,认为:"三十年来之积弱,我四百兆同胞兄弟之涂炭,皆由西后一人不愿变法之故。皇上名虽为皇帝,而大权一切在西后。皇上虽极明西法,极欲维新,而无可如何。故在位二十馀年,而无一日之权,所有割地鬻民之事,皆西后为之,而外人不知,多归咎于皇上,此天下古今大不直之事。"呼吁"齐心发愤,救我皇上”。(康有为:《在乌喊士晚士町埠演说》,《清议报》第十七、十八册,光绪二十五年五月初一日出版。)

四月(5月),康有为抵伦敦,企图通过英国前海军大臣柏丽斯辉子爵运动英国政府干涉中国内政,扶助光绪帝重掌政权,未能实现。旋渡大西洋,重到加拿大。

四月十九日(5月28日),《台湾日日新报》“词华”栏载馆森鸿《送章枚叔序》,后辑《拙存园丛稿》。

四月二十一日(5月30日),《台湾日日新报》“文苑”栏载章氏《玉山吟社雅集分韵得冬》:“雨中折角笑林宗,联袂芳皋自策筇。春水游鱼窥钓客,隔江啼鸟唤诗佣。狮球叠翠朝开爽,貂岭层云暮荡胸。风景不殊山水异,夕阳亭畔梅乘墉。”署名“章枚叔”。同期刊载参加“雅集分韵”的有李逸涛、木下大东、加藤雪窗、清藤秋窗。

五月初三日(6月10日),《台湾日日新报》“文苑”栏载加藤雪窗《将东归赋此以留别诸同人》:“白首犹为万里游,短衣长铗客涂秋。分明昨夜还家梦,依旧荒园松菊稠。”馆森袖海同题:“自客天南五历年,今朝赋别协缠绵。名山难托千秋笔,又驾东风万里船。”籾山衣洲次韵:“客里论交未半年,愁从暂别忽缠绵。风雨一灯孤馆梦,同上蓬莱采药船。”章又赋诗:“白衣祖饯若为邻,变徵声中一盏醺。听乐东陵悲朔气,求仙徐市爱东云。一身微末巢栖鹦,九死仓皇山负蝨。碧海鲸鱼增壮趣,弃繻应不笑终军。”

五月(6日),渡日本。初三日(6月10日),“发基隆,初七日(6月14日),步上神户”。(见下。)“初十日(6月17日),发大津趋名古屋”。(《游西京记》,《亚东时报》第十七号,光绪二十五年十月十八日出版,署名“菿汉阁主”。)查章氏在台湾居住半年,救国之念不衰,馆森鸿也以为“政变以来,法网綦严,若不戒陷阱,虽縻顶踵何益,因劝东游。余亦将乞假归京。”(《送章枚叔序》,《拙存园丛稿》卷一第十一叶。)章氏在馆森鸿的陪同下,至日本神户、西京、马关、大津等地观赏,写《游西京记》以记其事。

五月初七日(6月14日),章氏由馆森鸿等陪同,乘“横滨丸”到达神户,下午即去东京。日本兵库县知事大森致外务大臣青木的报告云:

“清国流亡者章炳麟(字枚叔,三十二岁)本月十四日上午乘横滨丸,由我国人馆森鸿(住台湾总督官舍)、藤重信(住东京麻布区新纲町二丁目五十四番地)等陪同一起到达神户,在海岸通二丁目广业公所(由神户侨居的广东人组织的俱乐部团体),稍事休息,下午一时五十二分与馆森一起乘由三宫车站开出的列车前往东京,途中似曾于京都下车。据闻该人原籍浙江省,为该国改革派之著名人物,与梁启超交游甚厚,特此报告。”(日本外务省档案《各国内政杂纂·支那之部·关于革命党》,兵发秘字第二〇〇号,《清国流亡派来往》,明治三十二年六月十七日—六月十九日。)

六月十三日(7月20日),康有为和李福基等在加拿大组织保皇会,亦称中国维新会(Chinese Empire Reform Association)。

六月二十八日(8月4日),康有为等在美洲祝光绪帝三十“圣寿”,“北望行礼”,“载笑载忧”。(《美洲祝圣寿记》,《清议报》第二十七册,光绪二十五年八月十一日出版。)

七月十一日(8 月 16 日),章氏由横滨乘轮往神户。次日,会晤留日监督钱恂后回国。日本警视总监致外务大臣青木的报告说:

"清国流亡者章炳麟昨天下午由横滨乘轮船往神户。今天上午六时在该地同新桥前来的清国留学生监督钱恂会面,后回国,特此报告。"(日本外务省档案《各国内政杂纂·支那之部·关于革命党》,甲秘字第一八三号,《清国流亡者回国》,明治三十二年八月十七日。)

八月初,章氏由沪转浙。**九日(9 月 13 日)**,《致夏曾佑书》曰:"寻检废簏,得《四益馆丛书》一袭(计七本)。轮舶中,波涛冲激,朱黄迸散,宛若红勒帛矣。季平专任𡿺气,少营目治。微言大义,诚足愉快;弇鄙貤缪,亦难更仆。壬老恨其读书太少,不虚也。检出呈览。前存《生殖器新书》、《催眠说》及《太玄》、《大云》四种,请还付纪纲。弟亦当于望后策蹇观浙江涛时再握手。休神家衖,邑犬群吠,终难久蛰。沪江亦无以营饩饘。君言渤海乐,实获鄙怀。东游时,任公曾作诗抵幼陵,宅曰:'君可为南山之竹,复施括羽乎?'"(手迹,北京大学图书馆藏。)宋恕本月日记亦载:"枚叔由日本同念劬同来,与穗卿同回杭。"(《宋恕集》第 944 页。)念劬,钱恂;穗卿,夏曾佑。

九月初旬(10 月 5—14 日),来沪。宋恕《己亥日记》:"九月初旬……公恪下旬续娶,枚叔又应山根之招来沪。"(《宋恕集》第 944 页。)山根,山根虎臣。

十月二十九日(12 月 1 日),馆森鸿由台湾出发。旋经广东、福建来上海,"首访章枚叔"。馆森云:"枚叔在文网中,不得归里,海上重晤,握力感喜。曰:'去年贤师惠赐《怀风藻》,既具函拜盛意。今烦子候贤师健饭否?'偕登一楼,剧谈入夜,即赋七律一章见示。沉痛凄楚,不觉悲从中来也。"(馆森鸿:《上成斋先生书》一,《拙存园丛稿》卷五第二叶。)馆森鸿并"因章枚叔知宋平子、汪穰卿"。又至苏州访章氏之师俞樾请教。俞樾说:"八十衰翁,学问荒落,不足当高贤一笑也。""问近日著作",俞樾谦逊地说:"所著之书,皆是迂疏无用之学,刻成四百七十馀卷,虽已流传人间,实亦不足言学问。今老矣,无所添益。"并"手书七律二章"以赠。重野成斋曾对章氏说过:"贤师八十,读书不用眼镜;仆将八十,亦不用眼镜,惟此一事可及"云。(《上成斋先生书》二,同上第三叶。)

冬,保皇会刊发《保救大清皇帝会例》。说是"专以救皇上,以变法救中国救黄种为主";"凡我四万万同胞,有忠君爱国救种之心者,皆为会中同志。"准备在美洲、南洋、港澳、日本各埠设会,推举总理,总部设于澳门,以《知新报》和横滨《清议报》为宣传机关。会中捐款作宣传、通讯、办报之用,并拟集资作铁路,开矿股份。说是:"苟救得皇上复会,会中帝党诸臣,必将出力捐款之人,奏请<照>军功例,破格优奖";"凡救驾有功者,布衣可至将相。"(《保救大清皇帝序例》,光绪二十五年己亥冬铅字排印本;又见《亚东时报》第二十一册,光绪二十六年三月二十九日出版。)

孟冬,夏曾佑尝劝章氏北游天津,至是成行。夏氏作《己亥孟冬送太炎仁者游天津》诗二首,其一为:"我从北海君东海,浩荡江湖幸一逢。零雨凄风秋正苦,疏灯草具酒将空。一生宏誓沉吟久,数着残棋万变中。世界果然无作者,殷勤重为拭青锋。"其二为:"拔剑高歌望友生,强施枉策助长征。神经孤寄孙刘上,世法兼持老墨衡。四海何时归倦羽,一声自爱尽生平。筌篌唱遍风波恶,远望孤云一怆情。”(《警钟日报》1904年6月21日,署名“碎佛”。)

十一月初五(12月7日),宋恕《己亥日记》谓:“下旬,往东馆,始知枚叔与立庵相争一事。是月下旬,汪穰卿送《正气会章程》来,我不敢入会。”(《宋恕集》第944页。)

十二月初二日(1900年1月2日),宋恕本日日记谓章氏已迁居:“送胡馨吾出洋之行。晤萧敬甫、徐冶舟,枚叔已移寓胡处就胡氏明年之馆。是日,闻枚叔谈及强甫,重诬渠并及我之事,为之惊惧,而枚叔犹与次舟力争经谊,大犯忌讳,于是怕渠甚,而不敢多与往来矣。”(同上第945页。)

十二月十二日(1900年1月12日),在上海昌言报社晤见孙宝瑄、叶瀚等谈“康党”。孙宝瑄《日益斋日记》十二日记:“诣昌言报馆,枚叔、浩吾咸在,问傅相作何语,傅相自云:‘奉懿旨捕康、梁。’且曰:‘如获此二人,功甚大,过于平发、捻矣,吾当进爵。’语毕大笑。傅相询余是否康党,余答曰:‘是康党。’相曰:‘不畏捕否?’曰:‘不畏,中堂擒康党,先执余可也。’相曰:‘吾安能执汝,吾亦康党也。濒陛辞时,有人劾余为康党。’枚叔等闻皆大笑曰:‘奇事。康以六品官而宰相为之党,未之前闻。’余曰:‘合肥在都逢人辄语云:康有为吾不如也,废立制义事,吾欲为数十年而不能,彼竟能之,吾深愧焉。故都人多目为康党。’比召对,太后以弹章示之曰:‘有人谗尔为康党。’合肥曰:‘臣实是康党,废立之事,臣不与闻,六部诚可废,若旧法能富强,中国之强久矣,何待今日。主张变法者即指为康党,臣不可逃,实是康党。’太后默然。”这段手稿,上海图书馆藏,《忘山庐日记》无。

十二月二十六日(1900年1月26日),经元善领衔发出上海绅商反对“己亥建储”的《上总署转奏电》,章氏列名其中,录如下:

“昨日卑局奉到二十四日电旨,沪上人心沸腾,探闻各国有调兵干预之说,务求王爷、中堂大人公忠体国,奏请圣上力疾监御,勿存退位之思,上以慰太后之忧勤,下以弭中外之反侧,宗社幸甚,天下幸甚。卑府经元善暨寓沪各省绅商士民叶瀚、张通典、王季烈、贺良朴、欧阳柱、戈忠、袁纯熙、邱震、汤鞠荣、王文濡、严大经、施锡圭、马裕藻、金兴祥、俞镜澂、许家惺、黄受谦、章炳麟、汪贻年、祝秉纲、丁惠康、吴涛、王宏纲、万鹏程、沈克诚、郑慧江、黄孔光、李岳蘅、傅玉瑨、杨概、庄濬孙、陈嶷、张通煜、沈明翰、沈士孙、唐才常、沈兆袆、欧阳弁元、陈洁、祝海、王庆长、陆浩、周藻、张栋、魏树春、罗以孝、经亨颐、冯镜德、曹伯藩、经亨沐等一千二百三十一人合词电禀。”

录自《苏报》光绪二十五年十二月二十七日,首曰“昨日卑局奉到二十四日电旨”,“昨日”,十二月二十六日,当1900年。

光绪二十六年庚子(1900年)　三十三岁

二月二十日(3月20日),《与梁鼎芬书》,谓:“仆曩者以经氏之狱,絓陷文网,同时逮捕者数人,固委身以待累绁,不欲处复壁为苟活计也。会友人汤蛰仙自绍兴至,闻党祸方亟,蹙蹙为同类不怡,使使走告曰:‘君特为他人妄署,致狱为无名,盍亦驰书梁节厂,冀为藩援?何弁急不肯一通乎?’仆答曰:‘经氏妄署有之。昔顾宁人在狱中,犹不欲虞山为解脱,况未入狱耶?若事触天下不韪,亦令后世留遗议,虽体解不为也。’逾数日见蛰仙,则言已驰书抵节厂。乍闻为错愕变色。其书虽自蛰仙署名,然叩其力说,乃谓仆于节厂虽远离,犹敬爱饬尽。彼其体曲为朋友谋,诚谊士,抑远离乎爱人以德者矣。节厂自戊戌以后,掩诬反复,跖、跻不忍为,自粗知维纲者,不欲与衔杯酒。如仆则又何说?仆于节厂,固尝啁谇弹讦,征于态度,著于篇什,何爱敬饬尽之与有?夫天下固有始睽而终合者矣,虽仆处交游间,亦未尝无一二可数者也。然其始睽,即以学术不同;其终合,则顾其志节可尚尔。视其外若有所变者,由吾心言,则先后固非殊轨也。今彼节厂者,独何人耶?若仆,亦何如人也。违志忍垢,以求免祸,虽材质驽下,亦稍闻昆山之遗风矣。宁人尝榻书通衢,以明己志。今书斯牍,亦欲使见者知吾意也。”(《章太炎文钞》,《当代八家文钞》石印本。)经氏,经元善。指 1900 年 1 月 25 日,经元善联合寓沪各省绅商一千二百馀人电呈清政府反对“立储”,又发布《上海布告各省公启》等,拥护光绪帝执政事。“蛰仙”,汤寿潜;“节厂”,梁鼎芬;“虞山”,钱谦益。

三月初八日(4 月 7 日),致新加坡丘菽园书:“曩见大著及去岁南洋各电,已心仪足下为人。顷在唐君绂丞所复得遥觌小影,瑰琦纵佚,得未曾见。益叹逢萌戴盆、郇谟麻发,勿能仿佛万一。同国有骜骏,乃得比肩重溟之外,其乐足以忘死。板荡以来,爟心再易,兰茝荃蕙,化而不芳,其能始终不渝者仅数人耳。独赖诸君倡义海外遥为声援,使槁骨尚能奋起。鄙人每念改革之事,非伏尸盈市,无以激发。日本维新,正赖井伊直弼屠戮志士,成此跃力。今岁党狱,西人出为扶持,并得全腰领,宗巢卵,然未以为幸也。程婴、杵臼之分职,谭复笙已言之。诸君托地异域,贤杰响会,积精自刚,足申同气,斯固程婴之地也。仆辈屏迹宇内,力绵兴寡,譬之敝箅,能救盐池之咸哉!故当骈首阙下,为君等预伏跃力耳。然卒以优游网外,惜哉!惜哉!迩来政府疾视欧美人,形于辞色,复阴倚义和团匪,冀以发难。湘中大吏且得言日本为我世仇,此则旧党自亡之兆,日中必彗,意在斯乎?足下主持清议,冠弁髦杰,其必筹之审矣。临楮神驰,敬颂万福。附上南海一函,伏望代致。”(手迹,新加坡丘菽园家属珍藏。)查本函末署“三月初八日”,中称:“今岁党狱”,似写于光绪二十四年政变发生不久,但又称“顷在唐君绂丞所复得遥觌小影”。按唐才常于光绪二十四年,得谭嗣同电邀,参知政事,甫抵汉口,政变发生,折回湖南,旋游香港、新加坡,二十五年正月返湘,二月抵沪,主持《亚东时报》,二十五年秋,经香港、南洋重赴日本,冬,组织正气会于沪。则章氏于唐处“见小影”,应在光绪二十五年以后,故系于此。

三月十五日(4 月 14 日),《致夏曾佑》:“比在穰公所,得见手札,乃知释迦尚未能为一阐提信服。梅铜一骑将,涤生乃老兵,皆尝建屯斯土,南面自王。如今乃不免箠楚尘埃之职,宜哉庄生仅为漆园吏也。黄山密迩,林篁纡深,山县虽无可谈者,比竹众窍,宜可晨夕增感。又陵观察来沪,示步君原韵二章,托体非常,有刘越石气体,于公诚若常枞、老聃矣。鄙人乞食海上,时作清谈,苦无大匠为施绳削。又陵适至,乃以拙著二种示之,必当有所纠正,亦庶几嵇康之遇孙登也。近日树一宗旨,以为交友之道,宜远交近攻。顷岁荃蕙化茅,海滨同志,百不二三。惟浩公贞固执拗,有荆公三不足畏气象。其他夒相之圃,仅有存者,乃不得不效狝吽牙语。仓庚之鸣,终在远道。又陵既至,益信斯语不诬。他日南荣趎之求老聃,终当借庚桑楚旧教也。"(手迹,北京大学图书馆藏。)穰公,汪康年。又陵,严复。时章氏寓沪。夏曾佑则于本年二月赴安徽祁门县知县任,函中"黄山密迩,林篁纡深"云云指此。严复"步"夏曾佑"原韵二章",章氏曾手书,其一曰:"男儿贵自我,安用五车书?老聃岂不云,先王有蘧庐!日月贵常新,光景乃足娱。东鲁彼何人?两马从一车。凤皇日以远,河水不出图。临流叹洋洋,作计讵尔疏。接舆兴狂歌,疾去不为徐。安知非微旨,信宿更难居!峨冠读黄唐,田陇成丘虚。坐令三千载,民气郁不舒。吾方骋雄辔,高步天演衢。努力追来者,剿说供驱除。回头视东鲁,微茫存有无。"其二为:"微尘如奭国,治具有不张。闭门谢宾友,偃息常在床。遥闻鶗鴂叫,百草惨不芳。境孤心已莞,道屈神难王。颇同净名意,吾疾非膏肓。恨不插两翅,倒景倒风翔。举头叱星辰,遵彼汉成行。炮烹群龙孽,煮海使为汤。纤微去人害,噆血靡蚊虻。愚公进一篑,夸父走且僵。皇人各受彀,容成弹清商。惜哉钧天舞,上帝亦淫荒。弱丧苦不归,安用歌履霜。金泥与玉检,求彼名士藏。至道不终隐,逝将发其光。"

章氏函中"又陵适至,乃以拙著二种示之",据章氏家藏本年三月十八日严复《致章太炎书》,系《訄书》和《儒术真论》。严复函曰:"前后承赐读《訄书》及《儒术真论》,尚未卒业。昨复得古诗五章,陈义奥美,以激昂壮烈之韵,掩之使幽,抑之使悠,此诣非独非一辈时贤所及,即求之古人,晋、宋以下,可多得耶?仆此次来海上,得士为不鲜。苟自所可见者言之,则好学竺义,用情恳恻,吾敬张菊生;知类通达,闻善必迁,吾敬汪穰卿;湛厚质重,可与立权,吾推张伯纯;黾勉事功,蔚为时栋,吾爱唐后丞;左矩右规,好善确固,吾服丁叔雅;深躬尔雅,自振风规,吾见吴彦复;渊种埋照,种德俟时,吾敬沈小宜(沂);慕道乐善,能自得师,吾推胡仲巽;天资开明,乐游胜己,吾望狄楚青;至于寒寒孜孜,自辟天蹊,不可以俗之轻重为取舍,则舍先生吾谁与归乎?有是老仆之首俯至地也。大作五章,结韵推奖逾量,岂所敢当。以上品藻,容有未尽,他日晤面,尚冀有以化我也。手此述诚。脱有清兴,尚当有以和佳章耳。"

六月二十日(7月16日),康有为《致各埠保皇会公函》略谓:"大举在即,万事交迫,饷械二事,尤为浩繁。无饷不可以用人,无械不足以应敌"。"明知诸君高义弥地塞天,屡电屡函,自形烦数,而以中国黄种之故,用敢流涕为四万万同胞乞饷也。"说是"我南方勤王义勇已分布数路,不日将起,既成方面,可与外国订约,行西律西法,一面分兵北上勤王,助外人攻团匪以救上"。(冯自由:《中华民国开国前革命史》上编第十一章《庚子唐才常汉口之役》。)他们认为慈禧、荣禄利用过义和团,八国联军又乘机武装干涉,这是反击后党,"决救皇上"的大好时机,从而宣传:"顷者拳匪作乱,杀害各国人民,因及公使,祸酷无道,闻之愤怒,令人发指,此皆由西太后、端王、庆王、荣禄、刚毅通联拳匪之所为也,其所以结通拳匪,出此下策者,为废弑皇上,绝其根株起也。"(康有为:

《致濮兰德书》,1900 年 7—8 月间,手迹底稿,上海博物馆藏。)“欲拳之平,非去主使拳匪,任用拳匪之人不可;主使任用拳匪之人为何,则那拉后、端王为首,而庆王、荣禄、刚毅、赵舒翘为其辅也。”(《拳匪头王培佑升京尹说》,1900 年,同上。)主张“先订和约以保南疆,次牵劲旅以讨北贼。”(康有为:《上粤督李鸿章书二》,《知新报》第一二六册,光绪二十六年八月十五日出版。)说是光绪复位就能“辑睦邦交”,“中国可安,亿兆可保。”(康有为:《托英公使交李鸿章代递折》,《知新报》第一三三册,光绪二十六年十二月一日出版。)酝酿“讨贼勤王”。

七月初一日(7 月 26 日),参加唐才常在上海召开的中国议会。

又致夏曾佑书,略谓:“海上党锢,欲建国会。然所执不同,与日本尊攘异矣。或欲迎跸,或欲□□,斯固水火。就迎跸言,信国欲借力东西,铸万欲翁、陈坐镇,梁公欲密召昆仑,文言欲借资鄂帅。志士既少,离心复甚,事可知也。”(未署年月,当撰于 1900 年,载《中国哲学》第六辑。)“国会”,指七月一日(7 月 26 日)唐才常在上海召开的中国议会,“鄂帅”,张之洞。则此函当写于七月一日后。

七月十四日(8 月 8 日),致书香港《中国旬报》编者,并附《请严拒满蒙人入国会状》、《解辫发说》。书曰:“去岁流寓,于□□□君座中,得望风采,先生天人也。鄙人束发读书,始见《东华录》,即深疾满洲,誓以犁庭扫闾为事。自顾藐然一书生,未能为此,海内又鲜同志。数年以来,闻先生名,乃知海外自有夷吾,廓清华夏,非斯莫属。去岁幸一识面,稠人广众中,不暇深谈宗旨,甚怅怅也。

“今者满政府狂悖恣行,益无人理,联军进攻,将及国门,覆亡之兆,不待蓍蔡。南方各省犹与西人立约通好。鄙人曾上书刘、李二帅,劝其明绝诏书,自建帅府,皆不见听。东南大局,亦复岌岌。友人乃立中国议会于上海,推□□君为会长,□君天资伉爽,耄益精明,诚支那有数人物。而同会诸君,贤者则以保皇为念,不肖者则以保爵位为念,莫不尊奉满洲,如戴师保,九世之仇,相忘江湖,嘻亦甚矣!

“鄙人先作一状,请严拒满、蒙人入会,会友皆不谓然,愤激蹈厉,遽断辫发,以明不臣满洲之志,亦即移书出会。

“方今支那士人,日益阘茸,背弃同族,愿为奴隶,言保皇者十得八九,言复汉者十无二三,鄙人偶抒孤愤,逢彼之怒,固其宜也。兹将《拒满蒙入会状》及《解辫发说》篇寄呈左右,所望登之贵报,以示同志。虽词义鄙浅,傥足以激发意气乎?□□处知□□有意连衡,初闻喜甚,既知复以猜疑见阻,为之惘然。然时遭阳九,天下事尚有可为,惟为四万万人珍摄。”(《来书》,《中国旬报》第十九期,庚子七月十五日出版,中山大学图书馆藏。)

《请严拒满蒙人入国会状》曰:“章炳麟白,为请严拒满蒙人入会事:窃以东胡贱种,狼子野心。今之满洲,明时号野人女真,烝报残杀,是其天性。自多尔衮入关以后,盗我疆土,戕我人民,扬州之屠,江阴之屠,嘉定之屠,金华之屠,广州之屠,流血没胫,积骸成阜,枕戈之耻,衔骨之痛,可遽忘乎?其后任用谄佞,以圣谕愚黔首,以括帖束士夫,租税则半供驻防,原野则籍为圈地,斯仇不复,何以自立?今幸宵小在朝,自取覆灭,攻昧侮亡,天道应尔。本会为拯救支那,不为拯救建虏;为振起汉族,不为振起东胡;为保全兆民,不为保全孤偾。是故联合志士,只取汉人东西诸贤可备顾问。若满人则必不容其阑入也。或谓十室之邑,必有忠信,虽在满洲,岂无材智逾众如寿富、金梁其人者,不知非我族类,其心必异,愈材则忌汉之心愈深,愈智则制汉之术愈狡。口言大同,而心欲食人;阳称平权,而阴求专制。今所拒绝,正在此辈。岂为昏庸躁妄之人言耶?且如玄烨、胤祯等辈,若狂暴失德,专为淫虐,则不祟朝而歼于汉人矣,岂能制我黔黎至三百年之久哉!

"今诸君既具人人自立之志,上念夙仇,下思后患,如有满人入会,必能严加拒绝,蒙古准此。今特具说帖,请与诸君歃血而盟,既盟之后,如有引蒙满人入会者,同会共击之。若模棱两可,阴有所觊,徒托斗智斗力之辞,坐忘畏首畏尾之害,则国非吾国,民非吾民,虽保安全壤,仍与曾、胡之徒同符共轨,则鄙人请先出会,以遂素志,此上同会诸君子鉴。"(同上。)

《解辫发说》,即《訄书》重印本《解辫发》第六十三,后经修改,如"桑门衣",原作"浮屠衣";"共和二千七百四十一年",原作"庚子";"戕虐朝士",原作"戕虐贤骏"。末句"乌虖!余惟支那四百兆人,而振刷是耻者,亿不盈一,钦念哉!"下原有:"永历亡后二百三十九年,七月初九日,馀杭章炳麟书"一句。(同上。)

查"中国议会"开会两次,第一次为七月一日,孙宝瑄《日益斋日记》记:"是日海上同志八十馀人,大会于愚园之南新厅,群以次列坐北向。浩吾权充主席,宣读今日联会之意:一,不认通匪矫诏之伪政府;二,联络外交;三,平内乱;四,保全中国自立;五,推广支那未来之文明进化。定名曰中国议会。令大众议为然者举手。举手者过半,议遂定。乃投票公举正副会长,令人各以小纸自书心中所欲之正副姓名,交书记者。书记者收齐点数,凡举正会长以举容纯甫为最多,计四十二人;举副会长以严又陵为最多,计十五人。于是容、严二公入座,容公向大众宣讲宗旨,声如洪钟。在会人意气奋发,鼓掌雷动。"(稿本,上海图书馆藏。)浩吾,叶瀚;容纯甫,容闳;严又陵,严复。第二次开会为七月初四日(7 月 29 日),孙宝瑄是日记:"诸同志在愚园第二次开会,到者六十馀人,题名者五十馀人。容公命余及菊生掌会计,余及菊生皆辞,遂改佛尘权理其事。俄定掌书记者三人:叶浩吾、邱公恪、汪子健。掌干事者十人:郑陶斋、唐佛尘、沈小沂、汪穰卿、汪剑斋、丁叔雅、吴彦复、赵仲宣、胡仲巽、孙仲玙。议既定,始以次散。"(同上。)章氏《请严拒满蒙人入会事》,末署"阴历七月初四日",知为第二次开会时所提。《解辫发说》末署"七月初九日",知为第二次开会,章氏"请严拒满蒙人入会","会友皆不谓然"后写,则其"断发"应为七月九日前,旋又于七月十四日交《中国旬报》一并刊出。

又据日本东京大学明治文库藏《井上雅二日记》明治三十一年七月二十六日记"在沪各人士之中国国会"记:"汪康年、唐才常等一个月以前提出的所谓国会,今天终于在愚园召开了。出席者五十二人,均为民间人士。前美国公使容闳为主席,严复为副主席,决定二十九日再次开会,但章程等尚未制定。"(见拙撰:《乘桴新获》第 353 页,江苏古籍出版社版。)又记初四日(29 日)第二次会谓:"出席者六十多人。一,保全中国疆土与一切自主之权;二,力图更新,日进文明;三,保全中外交涉和平之局;四,入会之人专以联邦交、靖匪乱为责任。此不认现在通匪诸矫传之伪命。大多数人决定在此宗旨之下,实行以下三点:尊光绪帝;不认端王、刚毅等;力讲明新政法而谋实施之。但并不一定排除满人。会中极少数人如章炳麟主张,不允许满人入会,救出光绪帝为平民。从而与其他人意见不一致,却与孙文的意见接近。”(同上,第355页。)井上雅二于1898年7月,以东亚会干事资格到中国旅行,经上海、杭州、苏州、武汉、南京、天津而入北京,到北京没有几天,政变发生,协助梁启超、王照脱逃。1899年任东亚同文会上海支部干事,经营《同文沪报》。1900年,参预唐才常自立军起义,所记原始可靠,如两次会议时间为七月初一、初四日,会议地点为上海愚园,均可纠正旧传开会时日及地点,(过去相沿为“张园国会”,实为“愚园”。)且有议会的章程、宗旨、自立会纲领和檄文(英文原件。)等,不失为研究自立会的重要资料。

《中国旬报》在刊登“来书”和所附两文后,附志说明:“章君炳麟,馀杭人也。蕴结孤愤,发为罪言,霹雳半天,壮者失色。长枪大戟,一往无前。有清以来,士气之壮,文字之痛,当推此次为第一。隶此野蛮政府之下,迫而思及前明,耿耿寸心,当已屡碎矣。君以此稿封寄前来,求登诸报。世之深于世味者,读此文,当有短其过激否耶?本馆哀君之苦衷,用应其请,刊而揭之,俾此文之是非,得天下读者之公断,此则本馆之私意已。本馆志。”(《中国旬报》第十九期。)

又,《中国旬报》为兴中会在香港所办,(香港中环士丹利街第二十四号门牌。)由“陈少白承刊”,章氏“来书”,谓:“去岁流寓,于□□君座中,得望风采,先生天人也。”又谓:“数年以来,闻先生名,乃知海外自有夷吾,廓清华夏,非斯莫属。”对之期望甚高。查光绪二十五年正月初七日《致汪康年书四》谓:“东人言及公名,肃然起敬;而谬者或以逸仙并称,则妄矣。”(《汪穰卿先生师友手札》,上海图书馆藏。)尚以孙中山为不能与汪康年“并称”。但五月东渡日本,在横滨由梁启超介绍,与孙中山相晤,即受启发,“相与谈论排满方略,极为相得”。(《中华民国开国前革命史》第十四章《壬寅支那亡国纪念会》。)六月初十日《致汪康年书五》即谓:“兴公亦在横滨,自署中山樵,尝一见之,聆其议论,谓不瓜分,不足以恢复,斯言即浴血之意,可谓卓识。”(《汪穰卿先生师友手札》。)则“来书”所谓“于□□君座中”,□□似指梁启超,而是写给孙中山的。又,章氏自称:光绪二十三年见上海报载孙中山伦敦遇难事,曾“询孙于梁氏(启超)。梁曰:‘孙氏主张革命,陈胜、吴广流也。’余曰:‘果主张革命,则不必论其人才之优劣也。’”(《民国光复》讲演。)则章氏在“数年以来”闻孙中山名。此书似系投寄孙中山刊发。

七月,章氏又《致夏曾佑书》也谈到“中国议会”事,书曰:“仆在谷,君在麓,河鱼不能上,驾鹅亦畏风之劲也。得《札朴》,再命之曰‘麟角’。潢池日扰,圣人之资。政府佑盗,欧刀将赤。独恐复辟之政,成于亚相,挟西为重,事益坏烂。海上党锢,欲建国会。然所执不同,与日本尊攘异矣。或欲迎跸,或欲□□,斯固水火。就迎跸言,信国欲借力东西,铸万欲翁、陈坐镇,梁公欲密召昆仑,文言欲借资鄂帅。志士既少,离心复甚,事可知也。彻帘复辟,近在目中。政出英华,得马非福。天都太宰,幸不讥烦。夜叉章炳麟顿首。”(手迹,北京大学图书馆藏。)信国,文天祥,这里指文廷式;“借力东西”,指其对日本、英国存有幻想;铸万,唐甄,这里指唐才常;“翁、陈坐镇”,指翁同龢、陈宝箴。梁公欲密召昆仑,谭嗣同有“去留肝胆两昆仑”句,载梁撰《谭嗣同传》,有人谓昆仑,一指康有为,疑指梁启超想请康有为返国“指挥”,梁于七月返国,见狄楚青《任公逸事》,未及与会,或为别人陈述梁氏之意;文言,原为《周易》十翼之一,释乾、坤二卦,严复初名体乾,或指此。可见“张园国会”对拥护光绪复辟问题上曾有争议。

闰八月初八日(10月1日),致宋恕书:略谓:

“归时未及过别,目击道存,亦不在于迹也。里中无可与语,日对古纸,聊以拌弄精神。……前对君言:‘识其小则考冠服,皆为有用。’今特尽心于此,而暇时仍以古子史洒其襟抱。考证人表,亦氏族之附庸。观《夏本纪》言‘咎繇之后或封于许’,而知许繇即是咎繇。《夏纪》有‘禹荐咎繇于天’之文,故传讹为‘尧让天下于许繇’也。观《说文》囮或作圝,明‘化’、‘繇’为一声之转。伯益或作化益者,‘化’正‘繇’字之借,益为咎繇子,故以父名为氏,犹春秋时以王父字为氏之例,古者不讳,或名而不字也。观《穆天子传》河宗之子孙鄘柏(即伯)絮即河伯冯夷之后,乃考《汉书·周緤传》鄘城侯,师古引《楚汉春秋》作冯城侯,而知‘冯’、‘鄘’古通,冯夷本为鄘夷,鄘则其国,夷则其名,自是古诸侯,非鬼神也。此三事,自谓得未曾见,惜近世无共学者。”

录自《中国哲学》第九辑,末署“知拉夫顿首,闰月初八日”,当“闰八月初八”,即1900年10月1日。

十二月十四日(1901年2月2日),在上海送别馆森鸿,“且谓明日归里”。馆森鸿《姑苏记游》:“明治三十四年一月十七日,发台北;二十三日,抵上海,寓文监师路逆旅。连日雨雪缤纷,至二月一日始晴。山根立庵劝予游苏州,遂择次日发程。”又曰:“二月二日,友人章枚叔来送予行,且谓明日归里,乃别。”(《拙存园丛稿》卷一第十六叶。)

馆森鸿在沪时,章氏谈起吴君遂,馆森鸿乃偕山根立庵访吴,上海图书馆藏有馆森鸿和吴君遂笔谈记录原件,录供参考:

(馆森鸿)　鄙人姓馆森,名鸿,字子渐,与山根君为石交。日前章枚叔能说吴先生之事,切欲往谒左右,领手教。刻山根君谓偕访之,因叩高扉。鄙人日域晚生,有志于贵国圣人之学者,倘能得领教,幸矣。贵国竹添先生文字,下走极其佩服,未知公以为何如?竹添文字稍有神韵,然无骨力,不能为大家。敝国近代安井息轩笔力苍老可喜,行箧中不有此书。枚叔藏有息轩所著《论语集说》,其学识文章足见一斑矣。

(馆森鸿)　仆欲得先生墨迹二三叶为家宝,未识能许否?

(馆森鸿)　先生传桐城正脉者,可与萧、吴诸公并驰矣。仆不肖,亦尝学此一派,有记文二三篇,兹呈教。(壁间瞥见濂亭先生墨迹)阁下曾游濂亭之门乎?先生传桐城正脉者,仆尝一阅其集,佩服莫名。闻挚甫氏为后劲,又有萧君穆者,桐城大家也,果然否?此往年由美国至敝国,独访向山黄村,不见其他文士,匆匆回去。仆见此君致徐少芝之文,其于文字确有真谛,殊可敬服。

(吴君遂) 敝师颇好桐城一派,洎黎公驻东京,以文章相交,若其送序,宛然憯惜矣。仆遵师训学之,然实则非所好也。拟他日以鄙稿呈教,莫鄙弃为幸。

又,笔录后有《和辍笔》、《和断莹》、《和传家》、《和祈死》和《无题》五首诗,系章氏笔迹。查章氏于光绪二十七年辛丑正月十三日(1901 年 3 月 3 日),拟由杭来沪,因无"下榻处",曾分函汪康年、吴君遂。旋"复出上海",寓梅福里吴君遂寓,时距馆森鸿访吴仅月馀,当为章氏寓吴宅时信笔所写,而由吴君遂汇装一起的。五首诗《文录》未载,特附于后:

和辍笔

瓜谷先知吾道穷,马肝莫食数彪蒙。不疑蜀郡玄成白,竟使端门鸟化虹。三折人终思铁擿,大鸣吾尚叩金钟。羽琌册府真灰烬,珍重阳秋寄慕容。

和断莹

闻道天门诛荡开,鬗鬗血拇怒康回。牺牲爪鬋悲何及,鬲鈛群飞悔可追。百六之间胎卵一,大千无量触蛮猜。过江禁脔如能彻,对案方知万石怀。

和传家

克家旧有贤孙子,老洫如缄愈善藏。簿领渐疏思更寂,林簃无事乐渠央。家书北海怀通德,院政东方感法皇。成相一篇留谲谏,杜根何事困缣囊。

和祈死

窦公一百八十岁,再睹元黄变色天。殇子可齐空物论,少君若遇尚丁年。化胡未怀恒沙劫,断臂终存忍辱仙。鹏鸟龙蛇如听讲,早知退舍与潜渊。

无 题

四海文章一正平,凤兮安适独伤情。多蝇楚国连城弃,匪兕儒家旷野征。赤石难为悲此日,紫芝得识幸吾生。闲云五色何时雨,汾曲先庐且隐名。(手迹,上海图书馆藏。)

十二月二十二日(1901 **年** 2 **月** 10 **日**)

"归后复治《通典》,夕诵《宗教学》以宣其气。鄙人固欲为历史哲学者,非复虚灵派所能掣曳也。读《氏族论》毕,思古蓄念起若奔瀑,因是为《太子晋神仙辩》、《说大连小连》各一首,里党中无足与语者,亟以生纸移录,寄五百里外示君。

"《周书》太子晋解不得其义,即语皆肤末无条贯。若徒以设难相穷为职志,又非若《东方朔传》之谲觚也。今知其为违难而发,然后单文瓻语皆得所指。旷晋固滑稽之雄哉! 君取《周书》校之,当信吾言不妄也。"

录自《中国哲学》第九辑。末署"绛再拜上。十二月廿二日",当 1901 年 2 月 10 日。

光绪二十七年辛丑(1901 年)　三十四岁

二月(3—4 月),撰《七略别录佚文征序》,即《訄书》重印本《征七略》第五十七,惟后经修改。原序末段为:"余性好《春秋》古文之学,既为《左传读》及《贾子》校正,复董理刘氏书,撰用《北堂书钞》、《艺文类聚》、《初学记》、诸经释文正义释疏、《文选注》、《太平御览》,为《佚文征》一卷。以其父子同业,不可割异,故仍题《七略别录》(原注:他书或引向,或引歆,或引《七略别录》,或引刘向《七略》,或引刘歆《别录》,既糅杂不可分,故不更加标识。)凡《艺文志》所录书目,及其子注,非班氏省出新入,其馀皆刘氏旧文,与《管》、《晏》、《列》、《荀》、《山海经》、《说苑》诸书叙录具在者,虽他书征引皆不疏录,独取韦昭、颜籀所引与佚文当举书目,以起本者,始一二移书之。自省嵬琐,多有阙略,过而存之,以俟乐谞多闻之君子。"(手稿,苏州章氏家藏。)与重印本不同。重印本"盖淮南王安为《离骚传》,太史公尝直举其文,以传屈原,在古有征"和注文,为原序所无,当为后来增添。

又,据《序》文,撰于"辛丑二月",当光绪二十七年。查光绪二十六年庚子,唐才常自立军失败,章氏被追捕,他"以素非同谋,不甚恇惧",(《自定年谱》。)乃"归乡里度岁",把印出的《訄书》重行校订。在他手校的《訄书》前面,有章氏亲笔重拟目录,第五十一篇为《征 <七> 略》。(上海图书馆藏。)那么,章氏在光绪二十六年已有酝釀。又查光绪二十七年正月初一日,吴君遂派人来杭,告以"踪迹者且至矣,亟行"。章氏"避之僧寺"。正月十三日,由杭来沪,寓吴君遂家,"卜居梅福里"。三月,有赠吴君遂诗,(章士钊:《孤桐杂记》,见《甲寅周刊》第一卷第一号。)则此序应为寓沪时作。《七略别录佚文征》章氏生前未刊,稿为章氏家藏,据《艺文志》编次,辑征佚文。

二月(3—4 月),赴苏州东吴大学任教。查章氏赴苏任教,《自编年谱》有记录。据《东吴六志》引东吴国文教员徐某云,"春季学期,孙公(东吴首任校长孙乐文。)礼聘馀杭章炳麟枚叔先生教授国学"。东吴大学"春季学期"为 3 月 20 日开学,章氏到校,当为开学后不久。

三月初四日(4 月 22 日),在上海,晤孙宝瑄。《忘山庐日记》本日记:"晡,易便服,访黄韫甫,遂至中外报馆。未入门,有人拍余肩,视之枚叔也。因偕入登楼,见穰卿、信侪。宗仰禅师来访穰卿,遂同下至客室纵谈。宗仰欲创僧徒学校,与诸人商酌,尚无成议。"(《忘山庐日记》第 307—308 页。)宗仰,黄宗仰。

三月初六日(4 月 24 日),晤孙宝瑄,《忘山庐日记》本日记:"枚叔、彦复、子言三君来访。"(《忘山庐日记》第 328 页。)彦复,吴保初;子言,陈子言。

四月初二日(5 月 19 日),孙宝瑄为章氏书扇。《忘山庐日记》是日记:"余是日为枚叔书扇'元规尘污人'五大字。"(同上第 340 页。)

五月初四日(6 月 18 日),与吴保初、孙宝瑄谈。《忘山庐日记》本日记:"诣彦复及枚叔谈。余尝论史分五种:曰国史,曰年史,曰政史,曰事史,曰人史。枚叔于政史之下,为增学史。彦复于国史之上为增地史。合为七史,史学该备矣。"(同上第350 页。)

八月初二日(9 月 14 日),孙宝瑄以为章氏"深于小学",以小学辨种族。《忘山庐日记》是日记:"枚叔深于小学,力持逐满之议,以夷狄为非人类,谓《说文》西羌从羊,南蛮从虫,北狄从犬,东貉从豸,而豸部以貉为北方,段氏又以为东北方,究不知在何所。然向来人多称东夷、西羌、南蛮、北狄,称东貉者殊少。如以东夷而论,则《说文》夷从大,大,人也,不得与羊犬虫相比。又云:'夷俗仁,仁者寿,有君子不死之国。'《后汉书·东夷传》云:仁而好生,天性柔顺,易以道御,有君子不死之国焉。满洲处东方,正是东夷,则自古称仁人,称君子,岂在当逐之列乎? 余素无种族之见,因枚叔善言小学,严种类之辨,故即据小学与之争。"(《忘山庐日记》第 393 页。)

九月十七日(10 月 28 日),有"逐满论",为吴彦复所毁,孙宝瑄是日记:"晚,叔雅招饮一家春,坐有彦复。闻枚叔有书复我,为彦复所毁,不以示余。是夕谈及,有逐满人,甘十族,盍赠之,邻为壑之语,皆三字句,颇含怒意。夜,枕上忽思所以答之,得四字句云:'扶桑一姓,开国至今,谈革命者,犹所不禁。宗旨不同,各行其志,伍员包胥,不闻绝交,前言戏之,公毋怒我。枚叔足下,孙渐顿首。'"(《忘山庐日记》第 413 页。)

光绪二十八年壬寅(1902 年)　三十五岁

正月初一日(2 月 8 日),"吴君遂又遣力走赴余宅曰:'闻君在东吴大学,言论恣肆。江苏巡抚恩铭赴学寻问,教士辞已归,惧有变。亟往日本避之。'于是东渡"。查恩铭为恩寿之误,时恩寿以漕督调抚江苏,《革命逸史》初集作"恩寿",是。又,章氏家藏张之洞《致端方书》:"章炳麟事,前面托沈道到金陵密告岘帅筹之。顷沈道归言,岘帅已密函致恩中丞,沈亦赴苏面陈。恩已与东吴大学堂两洋人商允,今年不请章入课堂矣。特奉闻。"(手迹摄片,苏州章氏家藏。)岘帅,两江总督刘坤一;恩中丞,即恩寿,可知恩寿确曾"赴学寻问"。

正月初九日(2 月 16 日),孙宝瑄闻章氏"有难"。《忘山庐日记》是日记:"晡,诣彦复。闻菿汉有难,盖因前结怨于某公,故必欲致死。事为督臣电奏,有密旨严捕立决。以天下之大,仇一匹夫。虽然,菿汉固自有取死之道也。余谓彦复曰:'我辈平日不以种界之说为然,设此时以菿汉之故,波及于我,亦不悔也。'菿汉所著书出,颇鼓动一世,造孽无穷。"(《忘山庐日记》第 470 页。)旋知章氏已东渡日本,正月二十日记:"昨见叔雅,知太炎于十四日到海上,在囚庵家宿一夜,次日附日本舟东渡。会有满人来君遂处,探太炎消息,其仆悉举以告,君遂其危哉。"(同上第 477 页。)君遂,吴君遂。

三月(4 月),中国教育会在上海发起。蒋维乔回忆:"是年三月,上海新党蔡孑民(元培)、蒋观云(智由)、林少泉(獬)、叶浩吾(瀚)、王小徐(季同)、汪允中(德渊)、乌目山僧宗仰等集议发起中国教育会,表面办理教育,暗中鼓吹革命。议既定,即驰函各地同志赴沪,开成立大会。”(《中国教育会之回忆》,见《上海研究资料续集》。)旋推蔡元培为会长,拟订《章程》五十二条,第一章《总则》第一条:“本会以教育中国男女青年,开发其智识,而增进其国家观念,以为他日恢复国权之基础为目的。”第二条:“本会置本部于上海,设支部于各区要之地。”下设教育、出版、实业诸部,“教育部分男子部、女子部二部,于中国区要之地设立学堂,以教授普通学、专门学各种之技艺”。“出版部置于上海,并推及交通要都市编印教科书、教育报及一切有学术诸书”。“实业部于中国区要之地,量地方之情状,以兴起财源,若开工厂、公司之类。”准备“每月开月会一次,每年以春、秋定期开大会二次”。(《选报》第二十一期,1902 年 7 月 5 日出版。)十月十七日(11 月 16 日)上海南洋公学罢课风潮发生后,中国教育会组织爱国学社。

七月初十日(8 月 13 日),上海学界于张园开会,吴稚晖登台演说。蒋维乔《鷦居日记》本日记:“吴君稚威于今岁之夏,率男女学生十人东游,留学生中有九人,愿入成城学校。……向例入校须驻日钦使保送,此时公使为蔡和甫,荣禄私也,不肯作保证书。吴君与之力争,公使给之,令学生五人保一人,既而即学生保结交日本参谋部。”结果,仍被迫返国,“乃于今午三下钟在张园海天深处开欢迎会”,由“吴君登台演说”。(手稿,上海图书馆藏。)

十月十七日(11 月 16 日),上海南洋公学学生罢课,向中国教育会陈意见书。

十月二十一日(11 月 20 日),中国教育会在上海张园开会,讨论协助南洋公学退学生。据载:“南洋公学退学生二百馀人陈意见书于教育会,请其协助。二十一日,教育会遂开特别会于张园,专议此问题。”“先由教育会各员演说特别开会大意”,认为“协助之义,则为本会义务,无可踌躇……我辈欲造成共和的国民,必欲共和的教育;要共和的教育,所以先立共和的教育会。……但欲办共和的事,必要有共和国民之资格:一曰独立自尊之气节;一曰舍己为群之公法。前者谓之权利,后者谓之义务”。请公议协助之法。“次由退学学生代表人演说退学始末,及请教育会为助力之意见书”。提出要“先设共和学校一所”,和应议之事凡七:“一,拟请教育会赞助共和学校经费之若干分;一,共和学校拟延教育会会员之优于中、东、西文学者为教员,暂不送修,请提议其肯定或否定;一,如肯定充当教员不取修金者,即于今日由教育会会员及退学各生公举,以多数决之;一,请提议告同学文中之旁求赞助。甲、乙两项会员有与书肆、报馆、教品室有交通者,请各为某等商可;一,请公议共和学校之规则;一,拟筹经费派送退学生中若干人出洋学习,请提议教育会中能否赞助;一,拟设一‘共和报’,以加固团体,主持学界清议,请提议教育会之能否赞助文艺,及经济各几何分。”“嗣经教育会认可协助建设共和学社事宜,俟续议,于是由退学生代表人于班中之有力者捐筹开办经费。……嗣复由退学生公举教员,并议定大纲、规则订约,即会同租定四层楼洋房一所,并公举名誉教员若干人,校中一切课程,如东、西文及专门、普通各科学,无一不备。”(《爱国学社之建设》,《选报》第三十五期,1902 年 11 月 20 日出版。)所组学社,即爱国学社。所订《章程》,“宗旨”为“本社略师日本吉田氏松下讲社、西乡氏鹿儿私学之意,重精神教育,重军事教育,而所授各科学皆为锻炼精神、激发志士之助”。“学级”为:“本社学生分寻常、高等两级,各以两年为卒业限。”“教科”为:寻常学级教科目是:修身、算学、理科、国文、地理、历史、英文、体操(第一、二学年同)。高等学级教科目是:“第一学年,伦理、算学、物理、国文、心理、日文、英文、体操;第二学年,算学、化学、国文、社会、国家、经济、政治、法理、英文、体操。”(《爱国学社章程》,同上;又见壬寅年《政艺丛书》“附录”。)

“爱国学社设于上海泥城桥西首之福源里,开校时,‘由教育会代表人蔡鹤卿君演说,次学社代表人吴稚晖君,次来宾钟大愚君、杜杰峰君、马夷初君、屠敬山君、吴丹初君、戢元丞君,次教师叶浩吾君、虞和钦君互致祝词。继由学生代表者出位,代表祝规。’”(《爱国学社开学志》,《选报》第三十五期,1902 年 11 月 20 日出版。)蔡元培演说略为:“吾中国教育会建立之始,即议先举实事,以为本会发达之基本。经营半年,始有此爱国学社,是为本会实现理想之第一步,故学社之前途与本会之前途,实有重大之关系。”并提出三点希望:“一曰纯粹其质点,则沉浸学理,以成国民之资格是也;二曰完全其构造,则实践自治,以练督制社会之手段是也;三曰发达其能力,则吾学社不惟以为雏形,而以为萌芽,以一夫不获之责,尽万物皆备之量。用吾理想,普及全国,如神经系之遍布脑筋于全体是也。”(《爱国学社开校祝辞》,同上。)

十二月十二日(1903 年 1 月 10 日),孙宝瑄开始阅读章氏所译《社会学》。《忘山庐日记》本日记:“晚,览日本岸本能武太所著《社会学》,馀杭章炳麟译。”十三日至十八日继续细读,并作评感。(《忘山庐日记》第 618 至 623 页。)

光绪二十九年癸卯(1903 年)　三十六岁

正月二十一日(2 月 18 日),中国教育会所办爱国女学校于本日开学,由哈同夫人罗迦陵“捐资”。(《爱国女学校》,《女学报》第二年第一期,1903 年 3 月。)初,经元善、林獬“提倡女学,蔡孑民亦赞成之”,“在白克路登贤里寓所,邀集诸人,开会讨论,吴彦复、陈范均表赞成,推蒋观云为经理”。未几,蒋赴日本,由蔡元培继任经理,所有学生,“即发起人家中之妻女”,只有十人左右。“爱国女学校,虽亦为中国教育会所办,其性质与爱国学社完全不同”。(蒋维乔:《中国教育会之回忆》,见《上海研究资料续集》。)其宗旨为:“本校以教育女子,增进其普通知识,激发其权利、义务之观念为宗旨。”分三期,第一期为预备科,七月卒业;第二期为寻常普通科,七月卒业;第三期为高等普通课,六月卒业。(《爱国女学校开办简章》,《选报》第二十七期,光绪二十八年八月初一日。)至是,迁至池浜桥泰德里,仍分预备科、普通科、特别科三级。特别科“授高等学大意,以养成国家思想,凡普通科毕业及考验而与普通科毕业生有相等学力者入之,一年毕业”。其教科之目为:文明史、心理学、社会学、国家、政治学、法理学、经济学、教育学、体操、英文。以为“外国女学,多有家政、美术、裁缝、中馈等目,今本校宗旨归宿爱国,故易以政法、社会诸科”。(《爱国女学校章程》,《选报》第五十期,光绪二十九年四月初七日。)

二月二十九日(3 月 27 日),蔡元培、蒋维乔、吴稚晖、陈范等组成四合会,专办体育部。蒋维乔:《鷦居日记》志爱国学社情况:本年正月二十日(2月17日)记:"到沪,送妻入务本女学塾。"正月二十一日(2月18日)记:"爱国学社总理蔡鹤顾先生及学监吴稚晖先生欲予分任国文教科,余亦愿习英文,遂偕传儿于是日入爱国。"二月初十日(3月8日)记:"代《苏报》译东报,每日千字。"本日记:"蔡君鹤顾、吴君稚晖、陈君梦坡与予约成四合会,专办体育部,约礼拜一开会。因今日大风,不得渡江,乃迂道常州。"(稿本,上海图书馆藏。)

二月(3月),章氏在爱国学社任教,教三、四年级国文。

三月初九日(4月6日),《童子世界》创刊,爱国学社及其附属之蒙学堂学生合办,双日刊石印一纸,分论说、讲义、历史、地理、小说、寓言、笑话、妖怪、传记、战记、海外奇谈、图画、游戏图解、演说以及学界风潮等栏。发行所在爱国学社,分发行所为苏报馆。其《简章》"定名"云:"古今事业俱为成人所创造,而童子实为成人之基础,居今日之中国童子之位置特为重要,固定名曰《童子世界》。"(《童子世界简章》,《苏报》,光绪二十九年三月初八日。)以为:"能受国民教育者,惟吾童子耳。能受国民教育者,惟吾童子耳。童子兴,中国则兴矣;童子亡,中国则亡矣。然兴中国者,非十馀岁之童子所能为也,必先求学问;学问既成,然后为之,何忧乎?然则二十世纪之世界,为吾童子世界也亦宜。"(钱瑞香:《论童子世界》,《童子世界》第一号。)

三月二十九日(4月26日),《童子世界》第二十一号出版,刊《本报改良告白》称:"本报刊行未及一月,而销数已过八百,颇荷海内外人士推许。……今于下月初一日酌量改良。"申明"本报志在开通民智,输守文明,非欲谋利",更订门类为"论说、历史、地理、小说、传记、故事、格致、化学、演说、箴言、新闻、游戏、歌词、专件、笑话、学界风潮、绍介新刊"。"除论说外,一律编成官话,务求浅近,益合于童子之程度,由渐而进"。

本日,中国教育会于上海徐园开大会,选乌目山僧黄宗仰为会长,通过修改章程。《苏报》报道:"三月二十九日,教育会本部、支部会员大会于徐园。盖教育会成立一年,以其所经历者修改章程,而一周年所办各事,以及提议各项经济之出入,宣告全体会员也。是日午后一下钟,到会者会员六十馀人,旁听者百馀人,爱国、务本、自立三女学校生若干人,先领入场券,以次入座。……由蔡君民友演说开会宗旨,并申言今日宣布报告等事,次由王君小徐对众宣读修改之章程,并本部与支部联络规则,则请会员决议,议既决,然后投票选举,公举会长一人,则乌目山僧是也。评议员十一人为:蔡君民友、吴君稚晖、王君小徐、贝君季美、穆君抒斋、蒋君竹庄、陈君梦坡、吴君仲旗、吴君丹初、汪君允中、蒋君观云、裘君剑岑、敖君梦姜、虞君和钦、余君桐伯。监察员四人为:吴君稚晖、蒋君竹庄、王君小徐、敖君梦姜。此外,干事六人、会计二人、书记二人、庶务二人,则由评议会公推。选举既毕,由蔡君民友宣告一年以来所办各种事件,后由吴君稚晖宣告出入款项,大宗细目,一一朗诵,俾众周知。"(《苏报》,光绪二十九年四月初二日《记中国教育会徐园大会事》。)蔡民友,即蔡元培。会中通过的《修改章程》第一章《总则》第一条为:"本会以教育中国国民,高其人格,以为恢复国权之基础为目的。”说明分设两部,一,学校教育部,“主灌输学理,开发智识,凡设立学堂、编辑教科书等事隶之”。二,社会教育部,“主提倡政论,改良风俗,凡书报、演说等事隶之”。仍定“每月开月会一次,每年以春、秋定期开大会二次”。附则注明“本会总事务所暂置于上海英大马路泥城桥西福源里二十一号”。(《苏报》,光绪二十九年四月十九、二十日《中国教育会第一次修改章程草稿》。)

四月初四日(4 月 30 日),国民总会在上海开会。蒋维乔《鷦居日记》,三月初三日(3 月 31 日),“自苏赴沪”。初四日(4 月 1 日)记:“到沪,住苏报馆,已将爱国学社教科辞去。”十一日(8 日)记:“予已担任爱国女学校国文、历史、地理教科,于是日仍移居教育会中。”二十九日(26 日)记:“星期,教育会春季大会,修改章程,重举职员,是日会员到六七十人。”本日、初五日(5 月 1 日)、初六日(2 日)连记:“粤人冯镜如等议设国民总会,在张园大会。各省士商得东京电,留学生已结成义勇队,赴前敌与法战。爱国学社中人亦拟组织义勇队,大声赞成,杂以鼓掌,声震四壁。是日开会闭会,均唱爱国歌,是为中国国民会之起原,人心非常激昂。”

查四月四日国民总会开会事,《苏报》有记载:四日即登启事,要求“凡我商人,宜发爱国之热诚,本爱国之天良,届期多来聚议办法,勿失商家体面为要”。(《苏报》,光绪二十九年四月初四日《议办中国四民总会处公启》。)下午,在上海张园集会,“开议之后,经众协议,改四民总会为国民总会。会议之始,蔡君民友登台演说大意”,旋由马君武、龙泽厚演说。会上“提议备案”云:“一,本会以保全中国国土国权为目的,凡关系于中国之事,本会例得干涉之,惟须商定如何办法,始可实行干涉之能力。一,本会须设立一议事厅于上海,惟如何筹款,始能使此议事厅成立。一,本会有与各国直接交涉之希望,而非固团体、强势力不可,惟所以固之之方针如何。一,本会名曰中国国民总会,区域甚广,则将来重大义务待办不鲜。凡我国民,悉宜负此责此,惟如何办法始能兴起,此重大义务之前途并如何,能鼓舞我国民负此责任之实力。”(《苏报》,光绪二十九年四月初五日《张园集议》。)

四月二十一日(5 月 17 日),致宋恕书:

“不见宋生,遂已二稔。宋生之去,犹有夏生,夏生之官,澹雅之风绝矣。……爱国学校之设,聊以解忧息老,其云有禆禹域,则非吾之所闻。国粹日微,欧化浸炽,穰穰众生,渐离其本,重以科举,驱美人心,排满宗旨,如何可达!吾社稍能树立,亦未知来者之焉届也。

“昨岁欲为《中国通史》,日莫涂远,未有头足。向著《訄书》,颇复增改,文既倍旧,至十万言,《客帝》、《分镇》二篇,自匡其谬,稍已纯粹,无复保皇、变法之訾言矣。方欲付之铅墨,问道柱下,大抵不出半岁也。

“巫、医、祝、史,古本一官,金匮石室,既未卒就,僦贷俞跗,庶可自策。顷又从事方术,欲以宁人兼为青主,不审仁者于意云何?人亦有言:‘秀士作医,如菜作齏”,如吾非秀士何!陈君志三夙事斯业,仆于瓯越贤硕,略睹数四,独不获见志三,亦甚怏郁者也!

“卑议之成,顷已数岁,复有他著,口不智井以否?知君多戒,而下走意叱咤无所顾忌,或不欲以秘书微言泄诸风波之民。抑吾与君皆老矣,不见数岁,其必有以复我。”

手札,温州博物馆藏。末署“四月二十一日”,当1903年5月17日。夏生,指夏曾佑。

四月二十八日(5月24日),中国教育会召开月会,爱国学社社员对演说不满,发生龃龉,报载:“中国教育会开四月月会于张园之安垲第,会员到者约百馀。午后二时,鸣号开会,会员王君首登台,宣读本年修改章程草案,经众决议毕,某君继之,语不可辨,惟中涉爱国学社,谓:‘学社即教育会之一部分’不通之语,令人欲呕。四时,议事毕,举行演说,吴君稚晖歌新编《上海码头》一曲,邹君蔚丹论改革中国现时大势。五时鸣号散会。”(《童子世界》第三十二号,光绪二十九年五月十一日。)查“令人欲呕”下,注有“见本报馀录”,“馀录”为《爱国学社之主人翁》。中云,“来宾某君演说,有‘教育会立爱国学社’等语”,爱国学社社员认为“爱国学社与教育会者,平等之二团体也。同声相应,同气相求,有密切之关系,教育会赞助学社,学社亦未始不赞助教育会”,引起冲突。(《爱国学社之主人翁》,《童子世界》第三十二号,光绪二十九年五月十一日。)

四月(5月),上海成立军国民教育会。蒋维乔《鷦居日记》四月三十日(5月26日)记:“是月,爱国学社诸君因外界刺激,遂编成军国民教育会,入会者九十六人,于本月中旬起,一律学习兵操,早晚两操。又于学社之西偏,租有广大体操场。余于二月内本偕何君共和在此提倡体育会,今见军国民之成,可喜之甚。”

四月(5月),柳亚子在爱国学社见到蔡元培和章氏,他说:“我第一次看见蔡先生,是民国纪元前九年癸卯四月,地点是上海泥城桥福源里爱国学社教室中。这时候,我是爱国学社的学生,蔡先生和吴稚晖先生、章太炎先生都在担任教课。蔡先生教的是伦理学,吴先生教的是天演论,章先生教的是国文,但他并不用课本,只是坐着闲讲,讲他的光复大义而已。我和章先生最接近,邹威丹先生寄居学社,也时同谈论;对于蔡先生和吴先生,则比较疏阔一些。”(柳亚子:《纪念蔡孑民先生》,见《蔡孑民先生纪念集》。)

五月初一日(5月27日),《童子世界》自本日出版的第三十一期起,改为旬刊,“铅字排印,洋式钉装”,“每册约三万字左右,页数较前增加至四倍以上”。“改定内容”为:“一,论说;二,学说;三,政治;四,历史;五,地理;六,物理;七,化学;八,博物;九,演说;十,传说;十一,时局;十二,小说;十三,评论;十四,谈丛;十五,译丛;十六,杂俎;十七,寄书;十八,专件;十九,记事;二十,文苑;二十一,绍介新著;二十二,馀录。”(《五月之童子世界》,《童子世界》第三十号,光绪二十九年四月十八日出版。)

五月初二日(5月28日),东京留学生钮惕生、汤尔和来爱国学社演说。开会时,丁拜尧“开口曰教育会,闭口曰教育会,而未一及学社”,引起爱国学社社员反对,有人起言:“爱国学社与教育会截然为二者也。去冬,南洋退学生数十人创设爱国学社,教育会诸君助其经费,同声同气,宗旨维一,自外人观之,二者几乎为一矣。虽然,学社自学社,教育会自教育会,非可互相混合者。今日之演说会,学社之演说社,非教育会之演说会也。虽在座者亦有教育会会员,而总计其数不过三分之一,诸君纵有所陈,亦当从其多数。”(《某君于五月初二日演说会声明》,《童子世界》第三十三号,光绪二十九年五月二十一日。)中国教育会和爱国学社矛盾深化。

五月初六日(6 月 1 日),中国教育会在本日《苏报》刊登启事:“近来外间寄与本会之函件,往往有误书爱国学社名目以致误投者,以后各处赐函教育会者,务祈书明英大马路泥城桥外福源里二十二号中国教育会事务所字样为要。”(《中国教育会事务所启》。)

五月十一日(6 月 6 日),爱国学社在本日出版的《童子世界》第三十二号刊登“广告”:“爱国学社在上海英界大马路泥城桥福源里内二十二号门牌,远近函件请径寄该处,切勿误寄中国教育会,因近来外间每误以学社与教育会相混也。”

五月二十四日(6 月 19 日),爱国学社与中国教育会冲突,调停无效,本日,爱国学社登报申明,宣告独立。曰:“教育会与学社,固无畛域之可分也,其精神同,其宗旨同,其所以为祖国谋者无不同。就现在情势论之,全国社会腐败,不可究诘,所恃为前途之光线者,惟此教育会,惟此学社,使通力合作,得尺进尺,得寸进寸,以笔书,以舌唤,以泪零,蕲为我国民下一针砭,异日联合大团,发达目的,而利用其精神,他人之目视而手指者,固已馨香祝我,英雄拟我,而此团力将有加靡既,扶植社会,培养魂魄,操券可待。今乃离而为二,此固非教育会诸君赞助学社时所能悬料,而亦非学社同人所敢自必也。”“总之,谓前日之事为依赖,同人所不任受,即以今日之事为独立,同人更不敢以不受人怜之言自号于众也。……此一分也,非分其精神也,分其形式也。就表面观之,则会自会,学社自学社,即使有兼立于会与社之两点,有固不能强合。然就精神上计之,则教育会固不欲忘情于学社,学社又曷敢自外于教育会?睹此风驰雨骤,涛高波急,国魂沈沈、国脉奄奄之时局,责任弥重,心力弥瘁,然同人不揣菲薄,尚欲于东亚大陆建立一无上之法团,而又安忍听大团之涣如云烟耶?……异日在外之教育会诸君勉为外界谋成立,同人入则为奥援,出则为臂助,愿我同志拭目以俟。”(爱国学社社员:《敬谢教育会》,《苏报》,光绪二十九年五月二十四日。)

中国教育会会长黄宗仰(乌目山僧)读后,发表《贺爱国学社之独立》,中云:“顷读诸君《敬谢教育会》之文,仆始而疑,继自释,然未敢自必,仍以质之诸君。夫诸君子之树独立帜,岂今日始为高矗于亚陆,招飐于云表耶?岂诸君已忘其在公学时,挝涂毒鼓,击自由钟,坚心忍性,毅然决然,脱奴隶之羁阨,为学界革命军之先锋,于去冬月之十七日,创建爱国学社,轰轰烈烈,影响普及全国之一大纪念耶?仆知诸君非忘之也,其以退公学时,惟完具独立之资格,尚困难于独立之经济,如科仑布之脑中虽印一亚美利加,而未遇西班牙之女王,末由发见其脑中所印之新大陆也。于是诸君曾求助于教育会,均其财力,共相组织,以发见此爱国学社。以是因缘,故曰:‘今者学社独立矣!’‘敬谢教育会’,然教育会奚敢受此敬谢之名词哉。……

“况诸君所谓精神同,宗旨同,其所以为祖国谋者无不同乎?仆更有进者,诸君今日曰独立,非立于亚洲之东,亡国之陆,愁云惨雾,奄昧沈昏,不见天日之一时局乎?非立于同胞破败,道德堕落,朋党倾轧,任人残杀,无有机体之一质点乎?嗟嗟!龙潜雨晦,狮睡陆沉,洪水横溢,安得夏禹?仆尝脑为之酸,人为之恸,欲痛哭而热血沸塞喉际,不能成声。方呕之无力,咽之不忍,死生于呼吸之间,何幸天与幸福,特降生诸君,豁开幽暗,透现一线之光明,照耀于二十世纪之新舞台,演出可敬可悲空前之骇剧,兴起学界风潮,倡言独立,经多数磨折,多数困难,而组织成此爱国学社,仆知诸君亲当其冲,躬历其境者,不止倍蓰于仆前之所悲痛也。夫独立岂空言哉,岂无学哉?必涵养其独立之精神,园满其独立之资格。……无学则无精神,无精神则不能完全其资格。吾未见夫无精神之人,而能自立与立国也。诸君皆热心爱国之士,抱高尚理想之学识,具圆满独立之精神,有感于美、法,有鉴于印、土者,而中国前途之强弱荣耻,无几微不与诸君有密切之关系。异日扑满族,恢国权,舞黄龙独立之旗,落碧眼胡髯之胆,仆即瞩望于诸君也。诸君之代价昂于须弥,诸君之责任重于岱岳。毋少挫其志,毋忧难其资,不以简单之性质为独立,务集团体之精神为独立,使全国学界皆以诸君之独立以相勖勉,使人人皆知尽国民之义务,成世界完全之独立国,为世界文明之大国民。庶不负诸君今日光放陆离之殊彩,帜表天汉之独立。”(乌目山僧:《贺爱国学社之独立》,《苏报》,光绪二十九年闰五月初一日。)

五月(6月),蒋维乔《鷦居日记》记爱国学社事,有二十日(15日)记:“爱国学社与教育会有冲突,有美国离英独立之举动。”二十一日(16日)记:“蔡鹤卿先生有德国之行,以爱国女学校事相委托。”二十二日(17日)记:“教育会开评议会,议女学校经费事。未开会之前,而评议员徐敬吾挟私怨,与予大冲突,且加以许多蜚语。是日,女学学校经费虽议决,而余以如是之恶感情,决定辞鹤卿之委托,不愿接办,诸议员虽以为非,亦不愿也。”二十三日(18日)记:“将女学校放暑假,预备束装。”二十四日(19日),“乘轮回里”。二十七日(23日),“余受商务印书馆编辑蒙小学教科书事……回里后,一意从事编辑”。

闰五月初八日(7月2日),邹容自动投案。报载:“陈叔畴,即陈范,又即陈梦坡,在英界开设苏报馆,日与钱允生即钱锡舟,及章炳麟、龙积之、陈〔程吉甫〕、周〔邹〕容等人麇聚。其中结为国民会社,专以排满、革命诸谬说煽惑各处学生,事为两江总督魏午帅所闻,奏奉谕旨饬拿惩治,因札由苏松太兵备道转行英、美租界公廨。前日,谳员孙建臣直刺出票饬差禀请租界领袖美总领事右君签字钤印,会同中西探捕将二陈及钱、章、龙五人拘获,略加讯究,发押老巡捕房。尚有周〔邹〕容一名乘间逃逸,昨日续经探捕罗获,一并管押,传闻日内即须由道宪袁海观观察亲行推鞫,以便申报上游矣。”(《续获会党》,《申报》,1903年7月3日——闰五月初七日。)

闰五月十四日(7月8日),上海《字林西报》报道《苏报》封禁,并予评论,说:“在中国地方官的请求下,上海发行的本地报纸——《苏报》已被封闭。据说那些被控为煽动叛乱的分子是该报人员,昨日上午会审公堂的公差会同租界巡捕‘封’了苏报馆。

“不久以前,我们说过,中国官方对在公共租界发行的中文报纸《苏报》的某些编者起诉是要达到禁止该报发行的目的,这样就能获得内地一班反对官吏可资利用的先例。华人在租界原该受到保护,免遭他们本国官吏的迫害,现在假如那些官吏能证明,即使在外国租界内道台仍能禁止一份他们讨厌的报纸,那么他们的实力地位就大大加强了。上海道的这番努力,不幸在工部局与本地官厅之间引起了不和。当苏报馆的一些职员尚在受审的时候,据说《苏报》继续在写煽动性的文章,星期一在会审公堂上有人单方面提出请求,要求封闭苏报馆,直到审讯结束为止。会审公堂的谳员和英国陪审官批准并签署了一项临时命令,并经领袖领事会签,但是捕房到昨天上午十点到十一点这一段时间里才执行这项命令。据声明,推迟执行这项命令是因为有一些必要的手续要办,但会审公堂的谳员知道道台对此一定会表示气愤,所以亲自去向上海汇报,同时命令会审公堂停止办公,这样会审公堂就整天关着门,使那些去那里办公事的人大不方便。

"此间工部局所处的地位是那么不同寻常,我们共和政体的种种权力规定得那么不明确,因此凡是深切关心租界安宁的人都竭力反对董事会采取任何会与本地官厅、领事团或中国官方的一方或二方发生不和的举动。五十多年来,连续几任的董事会顺利地统治着租界,扩大了行政界域,而且通过不断交涉和妥协,对一经取得的任何权利绝不放弃(当然先要取得领事团的同意和批准),从而掌握了在决定土地章程时绝没有想到的种种权力——因为制定土地章程的人从没想到上海会发展成为现在这样的城市。另一方面,当董事会有时候难免与中国官方冲突起来时,领事团总是支持董事会,这是领事团的领导原则,然而,近来董事会方面似乎有一些对抗领事团的倾向,在反对中国官方时采取自己的一番做法。我们希望我们的这种想象是完全错的;如果真有的话,继续下去后果不堪设想;不久就会导致北京的查询,公使团也可能检查我们的组织法和权利,这对我们这样一个自治体社会来说,是不会有利的。不妨指出,查封苏报馆,仅是中国公堂平常的习惯程序,说不上要对这种行为负责的问题。如果一个外侨在外审公堂对某个华人提出赔偿损失的要求,而公堂却一定要等诉讼结束才同意查封那华人的财产,这个外侨一定会很气愤。除了对真正的改良事业害多益少的极端改良分子外,我们怀疑是否有人同情《苏报》;《苏报》的业主,不管他们是谁,当他们的职员尚在受审之际,犹不降低调门,实对内地的改良事业危害甚大。如前所述,领事团在签发逮捕苏报馆职员的逮捕令之前,作出了很好的规定,但事实是:董事会——它本来就是一个执行机关,对经过会审公堂谳员、英国陪审官正式签署以及领袖领事会签的一项命令,早该由警务处迅速执行。"(译文见《档案与历史》1986 年第一期。)

闰五月二十六日(7 月 20 日),《中外日报》载《中国政府控告邹容条款》云:"中国政府控邹容以该犯曾著《革命军》书,任意污蔑今上,排诋政府,大逆不道,欲使国民仇视今上,痛恨政府,心怀叵测,谋为不轨,其书内污蔑、诽诋各节,摘录如左:

"计开

《革命军》

“第一章 绪论 国制蜀人邹容泣述

“扫除数千年种种之专制政体,脱去数千年种种之奴隶性质,诛绝五百万有奇披毛戴角之满洲种,洗尽二百六十年残惨虐酷之大耻辱,使中国大陆成干净土,黄帝子孙出华盛顿,则有起死回生,还魂返魄,出十八层地狱,升三十三天堂,郁郁勃勃,莽莽苍苍,至尊极高,独一无二,伟大绝伦之目的,曰革命。巍巍哉革命也!皇皇哉革命也!

“第二章 革命之原因

“革命,革命,我四万万同胞,今日何为而革命?吾先叫绝曰:不平哉!不平哉!中国最不平,伤心惨目之事,莫过于戴狼子野心、游牧贼族、贼满洲人而为君,而我方求富求贵,摇尾乞怜,三跪九叩首,酣嬉浓浸于其下,不知自耻,不知自悟。哀哉!我同胞无主性。哀哉!我同胞无国性。哀哉!我同胞无种性,无自立之性。

“世界只有少数人服从多数人之理,愚顽人服从聪敏人之理,使贼满人而多数也,则仅五百万人,尚不及一州县之众;使贼满人而聪明也,则有目不识丁之亲王大臣,唱京调二簧之将军都统。三百年中,虽有一二聪明特达之人,要必为吾教化所陶镕。”

闰五月二十九日(7月23日),蒋维乔《鷓居日记》记本月发生的“苏报案”情况曰:“是月,沪上风潮大起,盖自前五月,因沪上揭发王之春隐谋,政府诬以造谣,欲拿办蔡鹤卿、吴稚晖等六人,领事已签字,而工部局不允,其事遂止。爱国学生忽与教育会冲突,独立后为筹款计,将《苏报》全行归其编辑,日日倡言革命。而蜀人邹容又专著《革命军》一书,章炳麟为之序,湖北抚台端方以此事告警于政府。政府无法,乃控于外国领事,于是拿获章炳麟、邹容等六人。第一次裁判,原告为中国政府。廿七日第二次裁判,被告请问原告,彼此各有律师。而原告律师谓,此事已成交涉重案,须俟北京公使与政府商妥后再讯云云。噫!满汉涉讼,此为第一次,亦奇事也。”

又据陈范回忆:“波及之事,琐屑不及详叙。交涉诸人,多以同志扶助之状态进,颇难窥测,若切于祸患之防卫,正可以满洲政府或官吏之侦探视之,然弟和平改革之持义,未以颠沛而忘,以为倘果同心,失之可惜,所以堕术中也。回忆壬寅、癸卯,《苏报》渐趋于发见热力之时,亦常有同此情形无因而至之交际,弟即持此念,被一侦探之祸,祸在一身,收一密缔之益,益或在时事,惟小女撷芬默喻此心,此外无所告也。”(陈范:《答吴稚晖书》,约1913年,见《陈蜕盦先生文集》“书牍”第23—24叶,柳亚子等捐印,1914年12月铅字排印本。)兰皋(汪文溥)《蜕盦事略》则云:“君与余之为《苏报》,适在戊戌政变,清廷益厉言禁,而《苏报》论锋益锐进,一切无所挠屈,康、梁忤后而保皇,龂龂一家之去从,而《苏报》则斥君扶民,为根本之解决,会胡运未终,吾人自安于蜷伏,读《苏报》者,辄诧为怪诞,经济乃大困。君全以馆事付余,而自北走燕筹款,经年归沪,而余又南走湘筹款,君乃独任《苏报》事,未几而难作。先是,蜀人邹先生容著《革命军》,《苏报》日日刊载其书,而蔡先生元培、吴先生敬恒、章先生炳麟均革命先觉,往来馆中,而吴与章且时时为文以张《苏报》。前清时,民人为皇帝讳名,口不得而呼,手不得而书,违者以大不敬论,杀无赦。而《苏报》一旦忽于篇首斥清光绪帝为‘载湉小丑’,虏廷大震。会先已有宵人告密江督,缇骑续续而至,浙人叶浩吾侦知其事,揖而前曰:‘愿诸先生留此身以有待也。'于是蔡先生行,章先生坚卧不肯行,既入狱,则以书呼邹先生同投牢户,吴先生则挈君尽室入日本船,然后从容自去。"(汪文溥:《蜕盦事略》,同上"附录"第46 叶。)柳亚子《陈蜕盦先生传》则曰:"创《苏报》上海,昌言革命,会山阴蔡元培、阳湖吴敬恒、巴县邹容、馀杭章炳麟诸子,方建中国教育会,日夜图光复,得先生振宗风,则大喜,时时为文张之。当是时,《苏报》名震天下,虏廷惊骇,视之若一敌国,遂命大吏案治,于是元培、敬垣出亡,容、炳麟就逮,先生亦航海去日本。"(同上"附录"一。)

六月初八日(7 月 31 日),孙宝瑄《忘山庐日记》记"苏报案"事,认为章氏"一人与政府为敌"。谓:"馀杭章炳麟,一布衣耳。而政府疆臣至以全力与之争讼,控于上海会审公堂。清政府延讼师,章亦延讼师,两造对质,无论胜负如何,本朝数百年幽隐不可告人事,必被章宣布无遗。盖讼词一出,俄顷腾走五洲,满人之丑,无可掩矣。章虽败亦何恨。昔饮冰主人撰《李文忠事迹》曰:'甲午之役,而人皆谓日本非与中国战,乃与李鸿章一人战也。以一人敌一国,鸿章虽败亦豪武。'今章炳麟亦以一人与政府为敌,且能任意侮辱之,使不复得伸眉吐气,炳麟虽败亦豪武。"(稿本,上海图书馆藏,见上海古籍出版社版,第 713—714 页。)

六月十五日(8 月 7 日),《国民日日报》于上海创刊,以黄帝纪元,报端上题"黄帝纪元四千三百九十四年癸卯六月十六日,西历一千九百零三年八月八号,星期六,第二号"。馆址初在"英租界二马路中市",后迁至"英租界四马路聚丰园隔壁"。章士钊、陈去病、张继等主办,撰稿人除上述三人外,还有苏曼殊、柳亚子、秦力山、陈独秀、金天翮、刘师培、高旭等,初分"社论"、"外论"、"电谕"、"学风"、"实业"、"批评"、"地方新闻"、"世界要事"、"小说"等栏,第三号起,除"社会"、"外海"、"个人行为"、"世界之奇奇怪怪"、"来文"、"文苑"诸栏。

《国民日日报》是在《苏报》被封一个月的情况下发刊的,距离沈荩的被残酷杖死又只七天。宣传民主,反对专制。章氏《论承用维新二字之荒谬》,即载《国民日日报》8 月 9 日出版之第三号"来文栏"。署名"绛叔"。

六月十八日(8 月 10 日),中国教育会拟"重行组织"。蒋维乔《鷦居日记》:"自《苏报》事起,沪上风潮甚急,稚晖西奔,徐野蛮亦已出会,爱国学生星散,教育会几于消灭。此次十日月会会员数人重行组织,余颇心动,仍拟入会办事。"

六月二十五日(8 月 17 日),《国民日日报》本日译《文汇报》所载"苏报之功臣"云:"日前路透访问尝论及《苏报》一案,谓:此次狱中诸君得免移交,人皆归功于英使萨道,而不知此事之办理得以善,汤来君实大得其力焉。汤君闻此事出,即痛论其非,且谓英政府当实力保护,此不惟在租界为然,即己之国中有类乎是者,亦当据理公断,不得妄加非刑。公理昭昭,莫敢或侮。噫! 吾观于此而益信巴尔福先生之言矣。(原注:按巴君于事前尝纵论此案,谓能出力辩护此事者,其惟英人某某乎? 今果然,故信之。)"

六月二十六日(8 月 18 日),《国民日日报》本日译《泰晤士报》"苏报之舆论"云:"自此案一出,论者纷纷,各国大臣有谓应交华官者,有谓断不可交者,英使汤来君坚执后说始终不变。日使内田君亦以为捕获之权既为会审各员所操,则此事之结果亦当如是。而俄、法两使则以华政府屡次催迫,必当允其所请。两说攻击,尚无定论。至外交官杜衔仅于北京述及此事,虽有复函致各领事,亦未下断语。以本报观之,知英总领事透明理由,肯力护在狱诸君,断不致再有变议。惟外国各大臣闻已关自各领事,谓嗣后华人设报馆于各租界,不得著革命论,若再有违此者,各领事当设法禁止。然使华人借洋商为名,吾恐领事无此权。若曰亦能禁止,则非余之所敢知也。"

六月二十七日(8月19日),梁启超《致蒋观云书》,系见章氏《狱中书》后所发,略曰:"公最后之函所论吴某事,弟初睹甚骇,怵然不怡于中者累日,然犹冀其中之或有他种曲折,欲为吴解免也。今得滨中来书,并抄寄枚叔《狱中书》,乃知其鬼蜮手段乃至此极。呜呼!不敢复相天下士矣。似此事而可为,则更何事不可为耶?似此人而可为此事,则又何人而可信耶?念之痛哭。中国之亡,不亡于顽固,而亡于新党,悲夫!悲夫!"(《梁任公先生年谱长编》"光绪二十九年,三十一岁"。)"吴某",指吴稚晖,似即"献策"事。

八月初五日(9月25日),《国民日日报》本日录初三日《捷报》"苏报案未结"曰:"前者江督魏光焘曾请驻沪领事将《苏报》六人交与华官,各领事至今未曾答复。日前,魏督又札上海袁道,令其请各领事速在租界将此案讯结。袁道奉札后,即与总领事会商,并请各领事,允其在商务公所由三华官、三西官会审。三华官者,袁道、汪令及会审员孙令也。三西官者,即美、英、日三领事也。惟会审日期至今尚未订定,吾恐此事未必果能实践也。盖英署领事于得其外部不得移交诸人之令后,亦未有若何动作,吾知各领事亦未必乐于办理此事。夫英领事之状而无语,卒使各领事会商,无有决议,以此遂有不愿干涉其事之意。然此案之延迟不结,于他无伤,不过使在押六人多受拘苦,而使上海之出捐董事,多出捐项以为狱中费用已也。"

八月初七日(9月27日),《国民日日报》本日译录初六日《泰晤士报》"苏报案"云:"上海各领事、各输捐董事,现于华官设阴谋于《苏报》一案之事,不甚注意,恐将造成不良之结果。盖此而稍懈,彼华官之阴谋遂得扩张,而损及租界居民之自由权,其结果于租界治权讵有利耶?夫华官之满欲索还《苏报》诸人,其急急于迎合北京各权臣(如下令处死沈荩及庚子之秋极意袒护拳匪等人),热度甚高。彼各权臣者,前以各国有袖护《苏报》诸人之心,故允以从公判罚,而岂知其阴谋毒计,遂欲设施于租界以外诸人。上海各官欲合彼等之意,而自卸其责,于是寻衅于他人,亦遂较苏报案为甚。盖若辈之意,固非特欲于此时损害工部局之治权,且将于三四年间尽行推翻外人于中国所得之一切利权也。噫!华官之有此意,实各公使各领事之举动,有以使之然。观其无意于保护治权,而于《苏报》一案渐次冷淡可知也。夫惯行野蛮之刑法如中国,而各国不加防,乃任其于各使署之左近,而施惨毒于沈荩又何怪。中国官场遂有推翻外人治权之梦想耶?虽然,皇太后一嚬一笑,于事理亦大有应响,而对于通商各国,则尤善施其谄媚手段,使中国官场于反对《苏报》一案而能得手,固守上海道与各领事所订之约,则其计固终得也。今者上海输捐董事如欲急了《苏报》一案,则当速决议,使工部局释放诸人,以破中国官场欲损害工部局治权之阴谋也。"

八月初九日(9 月 29 日),《国民日日报》今日“访稿”《苏报案停讯之由》云:“关道本拟昨日会同上海县英谳员及英、美、日三国领事在洋务局会讯《苏报》一案,旋以三国领事未曾函复,且因南洋法律官处之帮□律师古柏以事他去,故会讯一节须另行订期云。”

八月十四日(10 月 4 日),报载,章氏和邹容在狱中患病。内云:“日前革命党邹容、章炳麟二人,在福州路老闸巡捕房押所忽患红痧,经西医验明,送至虹口司考脱路工部病房医疗,并由捕头派令三画西捕二名,各带火枪,日夜轮流看守。”(《申报》,1903 年 10 月 4 日《党人患病》。)

八月十八日(10 月 8 日),《国民日日报》载,章氏等延请律师提出“注销”此案“交保开释”。中云:“北京政府前延律师古柏控革命党章炳麟等一案,昨晨章等所延之律师高易、爱立师邀同古柏至案。即据高、爱两律师同称:查此案自奉西历七月五号会讯后,至今迄无讯期,而在押诸人业已四月,既不会讯,又无切实证见,应请公共会审公堂将此案立即注销,六人交保开释,以免拖累无辜。况公共公堂既有出票拘人之权,即有当堂释放之权,应请公判。会审委员孙令不知所对,各律师亦默然而退。”(《律师诘问苏报案》。)

九月二十六日(11 月 14 日),《申报》载:“昨日,章、邹等人请律师爱礼司投案声称:苏报馆一案,自奉发封迄今已逾三月,应付房租银二百七十两,迄今无着。今房主公平洋行拟将此屋重建,而封既未启,屋内又储机器等物,实苦无从下手,为此请本律师投案诉请启封,俾将各物从速迁去。谳员邓鸣谦司马商之迪君,谕令退去听候,据情禀请苏松太兵备道袁海观观察核示遵行。”(《禀请启封》。)

十月十二日(11 月 30 日),苏报馆启封。报载:“前日午后,英总领事署复知照公廨,请派令公差协同捕头所派探捕将封条揭去,屋中所存机器等物移置西狱,俟本礼拜四饬提邹等会讯,然后核定罪名。”(《申报》,1903 年 12 月 2 日——十月十四日《苏报启封》。)

十一月初六日(12 月 24 日)“额外公堂”宣判章太炎、邹容永远监禁,判词为:“本县奉南洋大臣委派,会同公廨委员,暨英副领事,审讯‘苏报案’一案。今审得钱允生、陈〔程〕吉甫,一为报馆伙友,一为司帐,既非馆主,又非主笔,已管押四月,应行开释。陈仲彝系馆主陈范之子,姑准交保,寻交伊父到案。龙积之于《苏报》案内虽无证据,惟奉鄂督饬拿之人,仍押俟鄂督示谕,再行办理。至章炳麟作《訄书》,并《革命军序》,又有驳康有为之一书,污蔑朝廷,形同悖逆。邹容作《革命军》一书,谋为不轨,更为大逆不道,彼二人者,同恶相济,厥罪惟均,实为本国律法所不容,亦为各国公法所不恕。查律载不利于国,谋危社稷为反;不利于君,谋危宗庙为大逆。共谋者不分首从,皆凌迟处死。又律载谋背本国、潜从他国为敌,共谋者不分首从皆斩。又律载妄布邪言,书写张贴,煽惑人心,为首者斩立决,为从者绞监候。如邹容、章炳麟照律治罪,皆处决。今逢万寿开科,广布皇仁,援照拟减,定为永远监禁,以杜乱萌,而靖人心。”但领事团又“对此发生异议”,相持不决。

十一月二十六日(1904 年 1 月 13 日),爱国女学推钟宪鬯为管理。蒋维乔《鷦居日记》记:“晨八下,至女校上课。……至俄事警闻社议明女学校事,到会者蔡君孑民、王君小徐、林君少泉、林君涤尘、虞君含章、虎君士勋、钟君宪鬯,公众决议,仍推钟宪鬯为管理。”

十二月三十日(2月15日),蒋维乔《鷇居日记》记,本年,“沪上凡有二大事:一,爱国学社与教育会之冲突。其原因复杂,大率社中学生,皆黄口孺子,毫无远识,耻爱国学社为教育会所建设,而谋独立起见,卒之独立而后未满一月而散,遗笑天下。二则苏报案。《苏报》以倡言革命,激动满洲政府,而《革命军》及章炳麟《驳康有为论革命书》皆以小册子为政府所忌,而章、邹等六人被拘。《苏报》主人陈梦坡则逃往东洋。《苏报》一案,满洲政府张扬之,致激动各国政府,英、美外务部大臣均驰电驻沪领事,不交人与满洲政府。厥后会审数日,满洲政府卒不得直,仅将章、邹二人监禁二年,馀人释放。满汉涉讼,此为第一次,而挟政府之威势,竟不能与区区平民争胜,可见公理自不可灭也。三,为爱国学社既散,爱国女学校巍然独存事。女校于下半年无经费,学生又为风潮,而鲜至艰难支柱。至年终,复有发达之象,教育会存亡绝续之机,全系于此矣。”

上海档案馆藏《上海公共租界工部局董事会记录》中有工部局董事会讨论有关《苏报》案的会议记录和有关函稿。今摘录本年有关部分如下:1903年7月22日(闰五月二十七日,即第二次“审讯”后。)会议:“会上宣读了本案被告辩护人埃利斯与洛夫特斯·琼斯(Ellis and Loftus Jones)的信。来信要求董事会立即致电公使团,说明本案实情,并极力主张必须对案犯的审判和惩办在公共租界内执行。该项电报的草稿,已经诸董事传阅通过,并同意立即送呈抄件一份供领事团参考。”

次日(7月23日),工部局总董致函美国驻沪总领事暨领袖领事:“约翰·古德诺(John Goodnow)阁下:谨随信附上工部局致驻京公使团领袖公使的电报抄件一份,供领事团参阅。昨日工部局董事会举行会议。议决如下:对《苏报》一案有争论的诸问题,与本租界一贯良好的管理与安全有极为重要的直接关系;公使团现在处理此事,在没有掌握全部事实的情况下,在董事会看来又无不答应政府最近要求的论据,即得出结论,这是极不妥当的,工部局希望领事团对这份电报的最后一节引起注意,冒昧建议采用电报中所拟之法律,若得领事团支持,并立即采用,则能防止类似《苏报》诉讼案件的再发生。”8月12日会议记录:“董事会获悉,所拟致领事团要求早日审议被告的信,尚未发出,因为英国代总领事认为,在发送这样的函件之前,应该接受欧内斯特·萨托爵士(Sir Ernest Sator)的意见,他本人认为,这信不会导致好的效果。在英国公使对这个问题未表示意见之前,暂缓行动。”8月19日会议记录:“总董在谈到上次会议记录时说,他曾向欧内斯特·萨托爵士提出要否请领事团去劝使中国官方加紧对本案的审理,公使意见请董事会对此事目前暂不采取行动。在此情况下,会议决定不发所拟之信。”8月26日会议记录:“会上宣读领袖领事的来函,信中转达了驻北京公使团领袖公使寄给他本人一封信的原文,提及董事会关于《苏报》案写给公使团的信。领袖公使说,公使团一致认为,在司法问题上,董事会无权干预。为此,会议决定在复信中指出,在《苏报》案中,董事会未曾提出司法问题;所提之意见旨在有利于租界全体居民,这是董事会应该而且直接关注的行政管理问题。”9 月 17 日,总董贝恩(Bayne)致函驻北京公使团领袖公使齐坎(Czikann):“关于《苏报》一案,工部局谨请公使团注意下列情况:在未经审讯和未被证实犯罪之前,不得从公共租界逮捕或带走任何本地居民,这是多年来本地施政既定原则。外侨居留地之安全与不断繁荣有赖于此项原则之维持。赞同这种见解的公使团于去年六月廿八日正式批准了这项程序法则,上项原则就此确立,而且特别自一八九八年以来,领事团的惯例一向反对不正当地逮捕和惩办被控政治罪的本地居民。本案六个囚犯中显然有四名与发行《苏报》无关,也与清廷敕令中特指的‘爱国学社’无关;他们的罪行未明确说明,身份未被证明;若不给被告证明自己无罪的机会就把他们引渡,使立即受到裁决,会使有关列强在外侨居留地的良好统治蒙受长久的耻辱,并将大大不利于今后的管理。最后,以下事实至关重要:领袖领事签署了本案对被告的逮捕状,是与中国官方达成明确协议后进行的,即定罪后,惩办被告须在公共租界执行,故工部局敢请转告中国政府,公认的做法必须遵守。最后,工部局建议公使团使中国政府确信,为了防止租界今后可能出现的攻击性或煽动性的出版物,领事团和工部局将立即采取步骤监督和控制当地报纸,使服从当地法律,根据土地章程第三十四条附则批准他们的出版,此项措施无疑会消除今后可能引起的一个麻烦。”10 月 28 日会议记录:“会上提交了被告辩护人埃利斯与琼斯的一封信,信中要求董事会立即采取步骤;或者对羁押犯进行审讯,或者及早释放。会议决定即此致函领事团。”11 月 11 日记:“总办说,关于这个事件他已进见了领袖领事,领袖领事同意如在下星期二之前尚无南京总督的答复,他将代表领事团电请总督立即作出决定。董事会诸董事一致认为,不能无限期地维持现状,在一定时间内若得不到满意的答复,如指定审讯日期,董事会有责任将羁押犯交保释放。下次会议将进一步考虑此事件。”11 月 18 日会议记录:“会上宣读了领袖领事的短简,领袖领事在短简中预期开会时会及时收到总督关于本案问题对他电报的答复。然而,通过英国陪审官却得知,道台已奉命为审理本案立即指派一名代表,其任务是以可能找到的任何定罪理由惩办罪犯。”11 月 25 日会议记录:“在仍未收到任何本案即将开审的公文的情况下,董事会却接到了一项口头要求,说,如果发生对这些羁押犯中任何人撤回起诉,或宣判无罪释放的事,要求采取步骤防止他们重遭正常或非正常逮捕的可能性。会上作出指示,在此情况下,将护送羁押犯登上驶往香港或日本的轮船,随他们意愿。”12 月 2 日,“领袖领事通知董事会,确定本月三日审理本案”。同日,工部局帮办赖佛逊函警务处总巡博伊斯雷根(Boisragen):“请向明天负责《苏报》案案犯的捕房下达明确指示。首先,总董希望要有足够的押送人数,宁多勿少;究竟派多少,本人不作建议。其次,本案将在公堂平常的地方审理,即审理捕房案件的地方,不准备在其他地方审理,不管有人可能反对。贾尔斯(Giles)已作了如下安排;明天将在公堂通常审理华人案件的地方审理捕房普通的案件,由巴彻特博士(Dr. Bercher)听审(巴为美领沪领馆人员)。如确有凶暴迹象,负责的捕头经贾尔斯示意后,应准备将案犯带回中央捕房。”12 月 9 日会议记录:“董事会在提到英领事陪审官已表示欲下令释放两名在押的证明无罪的囚犯时,有人报告说,此两名囚犯表示希能获准居住在公共租界,而不愿被送往日本或别的地方。"12 月 16 日会议记录:"董事会满意地谈到本案的实际了结以及由于英国陪审官的陈述而作出的令人满意的安排。"12 月 23 日会议记录:"会上特别提到,两名正在等待公堂正式宣判的案犯已从中央捕房转送到监狱医院,暂许给予某些特殊待遇。"(以上译文均见《档案与历史》1986 年第一期。)

又,"苏报案"发生,有关吴敬恒"献策"事,见本书光绪三十三年丁未(1907年)条。

光绪三十年甲辰(1904 年)　三十七岁

二月初二日(3 月 18 日),香港《中国日报》照录"上海道照会领袖总领事薛公文",标题为《野蛮之文件》。"公文"为:"为照复事:昨准来文,各国领事会议以苏报馆案未断定,拟再会审一次,如不断结,即将该犯释放,以照驻京钦使之意等因。准此。查此案早于上年十月间据上海县汪令奉派会讯数次,断将邹容、章炳麟两犯永远监禁。由本道抄录堂谕,□禀南洋大臣转达外务部审核。兹将其馀各犯禀蒙上宪分别开释。至瞿副领事先则退回堂谕,继又请改禁期,均以各国约章无此办法。由县先后函复,一面由本道照抄公堂堂谕,遵照南洋大臣电谕,照会贵领袖,请饬交出两犯,发县监禁各在案。兹准前因,稽之档案,考之约章,均属不符。且此业以中国之人,犯中国之法,与各国毫无牵涉。前次领袖来函,言已奉有各国驻京钦使训条,如审得该犯确有罪名,即照中国律,科以应得之罪。本道与上海县遵照办理,并无违背。各总领事何以忽有此议,本道深为诧异。相应备文照会。为此照会贵领袖总领事,请烦查照转致。仍希饬令交犯,以符约章与各国钦使之意,想各总领事深明公理,必不至再有此议也。望切施行。"

二月二十六日(4 月 11 日),据香港《中国日报》载,"长江一带散发《保国歌》,歌词与《逐满歌》相近。词曰:'莫打鼓来莫打锣,听我唱个《保国歌》。中国汉人之中国,民族由来最众多。堂堂始祖是黄帝,四万万人是苗裔。嫡亲同胞好兄弟,保此江山真壮丽。可怜同种自摧残,遂使满人来入关。'"《中国日报》称:"印刷此《保国歌》,大约在上海密为之,有某公司之游历人,曾于轮船内目击南京学堂之学生,向各船客一一分送。自长江一带以至南清,所已散布之《保国歌》,今已不知几万。"(《中国日报》,1904 年 4 月 11 日第 2 页。)查章氏撰有《逐满歌》,载《复报》第五号,署"中华开国纪元四千六百四年八月二十五出版",当公元 1906 年,《中国日报》谓"《保国歌》歌词与《逐满歌》相近",则《逐满歌》在 1904 年 4 月前即已传播。

三月二十六日(5 月 11 日),上海公共租界工部局董事会开会,"总董声称,鉴于会审公堂迟迟不作判决,领事团已根据北京指示重新考虑释放在押犯的问题,并说此事有可能在二星期内得到解决"。(译文见《档案与历史》1986 年第一期。)

四月二十八日(6 月 11 日),《警钟日报》刊登《中国教育会第三次改订章程》,凡四十六条。第一章《总则》第一条云:"本会以教育中国男女青年开发其智识,而增进其国家观念,以为他日恢复国权之基础为目的。"下设四部:一,"学校教育部,凡设立学校,及编印教科书等事隶之";二,"社会教育部,凡书报、演说等隶之";三,"军事教育部,凡体育会、武备学校等隶之";四,"实业教育部,凡工商业隶之"。其馀各条,和以前章程略同。

冬,光复会成立,推蔡元培为会长。蔡元培《自编年谱》记:"我在警钟报馆时,曾再任爱国女学校长。那时候,就以女学作为革命党通讯与会谈的地方。各教员中与闻此事的,以从弟国亲及龚君味生为最多。蔡君本随陶君焕卿成章屡往金、衢、严、处等地,运动会党,劝他们联合起来,待时起事。而绍兴又有一派秘密党,则为嵊县王君金发、祝君绍康所统率,而主动的是徐君伯荪锡麟。此两派各不相谋,而陶、徐两君均与我相识,我就约二君到爱国女学商联络的方法,浙东两派的革命党,由此合作,后来遂成立光复会。"(稿本,蔡氏家藏。)

又据陶冶公在1954年4月写的《陶焕卿先生小传》称:陶成章于"癸卯归浙江,赴台州访伏虎会首王锡彤,不遇。冬十二月在日本,因平阳陈蔚之介,获识云和魏兰,联袂归国。至杭州,寓于下城头白话报馆。是时主《白话报》笔政者为孙翼中,与监禁在仁和县署之白布会首领濮振声素有交谊。陶、魏由翼中介绍往见振声,相谈颇洽。振声为成章出介绍函数通,名片数十纸,谓之曰:'持予名片至新城(新登)、临安、富阳、於潜、昌化、分水、桐庐等处,沿途均有照料。'翌年(光绪三十年甲辰),成章历游上述各地,且遍访白布会诸头目。旋偕龚宝铨赴嘉兴访敖嘉熊,与谋浙江独立军事。时嘉熊正集议组织温、台、处会馆,遂聘成章等为执事员,名为会馆,实则一纯粹之革命机关也。是年冬,成章亦渡日本,道经上海,光复会会长蔡元培知联络会党,非成章莫属,因约其入会。"(《浙江辛亥革命回忆录》第19页,1981年8月浙江人民出版社版。)

陶冶公另在《光复会的组织和发展》一文中引龚未生《自叙革命历史》:"癸卯春,以争俄约事,游学诸生相联为军国民教育会,则黄克强、杨笃生、钮惕生、陶焕卿、汤和皆在焉,余亦加入会中。而内地有外舅章太炎先生及蔡鹤卿、吴稚晖诸君,以复汉之帜相与倡和。是时大义萌芽,人皆选练。及'苏报案'作,上海同志散亡略尽,惟鹤卿以清静不竞得留故国,因相与联合为光复会。"(同上。)查龚未生《自叙革命历史》,实为章氏代笔,我曾看到底稿,并将该稿录于拙编《章太炎政论选集》中,(第785页。)惟末句原稿为"焕卿潜与同志有约,为光复会"。与此有异。

陶冶公为光复会事,曾于1929年代刘霖生向章太炎询问,章氏于10月6日复函云:"手书具悉。牢落之中,仍宜厉精自奋,若一积堕,终身不振矣。大凡师出无名,鲜不挫败,前此蔡、唐、陆诸公皆知名义,故能有所成就,而今之人不知,其识见真有天渊之隔也。霖生问光复会及焕卿事。光复会之起在癸卯、壬寅间,其时亦无组织,而五人者为之魁,则徐伯孙(锡麟)、陶焕卿(成章)、沈馥生(钧业)、龚薇生(宝铨)、陈子英(忘其名)是。初,伯孙有学生许崇卿者,家赀百馀万,五人谋捐赀入官,得而凭藉,然后反正,其赀皆崇卿出之,伯孙得道员,焕卿以下皆得同知。其后伯孙入官颇得意,焕卿等不见其动静,疑其变志,与争甚烈。及伯孙杀恩铭,始信之。光复会同人后多加入同盟会,伯孙独不入。伯孙死,焕卿游南洋,与中山不相能,乃重建光复会,推鄙人为首,而焕卿常奔走南洋焉。会本起于浙江,其后伯孙官安徽,焕卿亦教于芜湖中学,又教游爪哇,故二处同志亦多,而江苏、广东次之,熊成基、夏芝岩、夏超、陈陶遗皆光复会人物也。南洋教员则李燮和最有成就,广东惠、潮间则有许雪秋、陈芸生之徒,亦颇慷慨。雪秋当陈炯明穷乏时资助不少,及陈得志,反杀雪秋、芸生,以此不为世所直云。”(《答陶冶公代刘霖生问光复会及焕卿事书》,见《浙江辛亥革命回忆录》第252—253页。)此书谈光复会始末,虽其中有的不是本年之事,为保存资料完整,故系于此。

冬,光复会在上海建立,这时,章氏在狱中,具体组织的是陶成章。陶于“壬寅,赴日本,入清华学校,继入成城学校”,与章氏相识。光绪二十三年五月(6月),徐锡麟至日本,与陶成章相晤。(陶成章:《再规平实》,见《中兴日报》戊申年八月十九日,载拙编《陶成章集》卷二第119页,中华书局1986年3月版,下同。)冬十二月,陶与魏兰由东京至上海,“与蔡元培熟商进取之法”。旋至杭州,《浙案纪略》谓:“冬十二月,云和魏兰(字石生)归国为秘密运动,平阳陈蔚(字仲林)介绍陶成章来,遂偕成章返国,抵上海,与蔡元培联络。至杭州,寓于下城头巷白话报馆。是时,孙翼中亦已先归自日本,为《白话报》主笔,与监在仁和署白布会首领濮振声有交谊。成章、兰既至,翼中即为介绍于振声,相谈颇洽,将别,振声为成章出介绍函数通,名片数十纸,谓之曰:‘凡持余名片,若往新城、临安、富阳、於潜、昌化、分水、桐庐等处,沿途均可有照料,不至有日暮途穷之感矣。’是为癸卯十二月二十九日事也。”(《陶成章集》第339页。)

本年正月初二日(2月17日),陶成章至桐庐。二月(3月),至云和。四月(5月),赴温州。秋,与蔡元培等商议响应黄兴“湘鄂两省同时并举事”,“遂偕兰、毓祥经嘉兴,晤龚味荪、范拱薇,入杭州,旋复由杭州趋兰溪入金华,布置一切。拟后长沙期约三日起事,尤以计袭取金、衢、严三府,然后由严出皖,以扼南京,由衢出赣,以应长沙,而用金华之师,以堵塞杭城之来兵,且分道以扰绍兴、宁波、湖州之诸府,而震撼苏、杭,及探官场警信于衙役。设谋既定,而长沙及消息无闻。成章大疑,乃疾趣杭城以探应,闻悉长沙事已于九月二十六日破案,乃急返金华,以按秘其事”。不久,成章由永康转东阳,至巍山,寓赵永景家,复由巍山趋玉山尖,至夏家庵,寓于大开和尚处,至尚湖陈寓于陈魁鳌家,遂入天台,至平头潭平镇,寓于陈显元家,再由天台入黄严,至海门,寓于大观楼。卧病数日,遂乘轮赴上海,以入于嘉兴,寓于敖嘉熊家”,曾将《革命军》、《新湖南》、《新广东》、《浙江潮》、《江苏》、《猛回头》、《黑龙山》、《新山歌》、《警世钟》、《孔夫子之心肝》等暗中分送,“由是浙东之革命书籍,遂以遍地,而革命之思想,亦遂普及于中下二社会矣”。(《陶成章集》第341—342页。)

光复会成立时的誓词为“光复汉族,还我山河,以身许国,功成身退”。这时,章氏在狱中,积极策划光复会成立的是陶成章。

本年,章氏仍在狱中,当时报纸多次报道狱中情况,汇录如下:

“昨有某君访章炳麟、邹容于虹口提兰桥狱中,盖自章、邹受裁判后,外间往访者,限监狱管理法,率摈不得入。此次某君之往访,得见章、邹,乃由管狱者特许。章、邹二君,共居一室。室方广平均约一丈二尺,中置一几,几旁列籐椅两具,几上满置书籍及笔、墨等物。室之两端置卧榻二,榻上枕衾咸备。室之一隅更杂置书籍,即二君所恃以消遣狱中之日月者。室颇洁静,光线亦充足,无炎歊气,俨然清凉世界,于卫生上颇相宜。章之容颜较前数月稍丰满,疏朗之须已丰黑而下垂矣。两君近日颇栖心佛典,章近究法相,而邹则读《大乘起信论》及《楞严经》,皆学佛者初步之法门也。”(《警钟日报》,1904 年 6 月 8 日《狱中章邹之起居》。)

“昨日,有人到虹口提兰桥外国老监探视去年苏报案章炳麟先生,见先生身着灰布棉衣一袭,下着棉裤,面目稍带黑色,鬓发下垂,精神甚健。先生言:‘吾在狱中,见教会报有载万福华事,吾正朝夕系念此事。亟欲闻其详也。’又言:‘吾在狱甚安好,每日作工外,辄与邹子研究佛学、社会学,惟狱中此类书卷甚少。前月,外间送来数十卷,大都浅薄无味,不足供我研究。’因坚嘱来人为觅《相宗八要》,并《瑜伽经》各一部,得间即递入。先生又自言:‘吾近来于佛学甚有进步,吾在狱中所以鲜疾病而神态能如是泰然者,皆得力于佛学也。’继又问其友人某某好否?某某何状?时局如何?来人一一告之。立谈五十分钟,握手而别,急书之以告世之念先生者。”(《警钟日报》,1904 年 12 月 20 日《国事犯狱中无恙》。)

“本社顷得某君来书,问及前日所登《国事犯狱中无恙》一节,因未悉章、邹在狱所作系何等苦工,不胜系念,嘱为代查云云。兹据可靠之友查得外国老监中犯人通常苦工系敲石子、搬运石块等事,捕房以章、邹二子系我国文人,且系国事犯,因特以优待,西吏只命二子学作缝衣(犯人所着者),并书衣上号码等事。每日不过数时,毫无苦痛及虐待之事。谨此奉复。”(《警钟日报》,1904 年 12 月 22 日《〈警钟日报〉答某君国事犯狱中生活问》。)

“昨日午后二时,本社记者莅虹口西狱存视章炳麟先生,并馈以《相宗八要》、《成唯识论》诸书。二时半,印捕启门使入,先生服灰色短衣,立短案侧,一西人监视其旁。先生之貌,较去冬稍丰泽,长发覆额,须稍稍下垂。先生言曰:‘予自入狱后,日书号簿,每日约八小时,礼拜多暇,稍得研究释典。惟西狱之例,凡在狱之人,概禁操弄翰墨,故读书有得,不能笔之简册也。予近日以工作代体操,以书籍代寝食,故虽身入地狱,犹乐地也。人生苦乐,由心里而生,非境所能移也。邹子威丹与予同书号簿,亦稍治佛典,惟伊性素躁,体魄亦稍弱耳。万君福华近罚作织屦,伊体质坚刚,不复以狱为苦也。’先生又曰:‘予去岁著《释典杂记》,意有所触,援笔立书,未及编次,具此时,予佛学尚浅,未足称杰作也。惟旧作读《左》约抄,约五六十万字,稿存某君处,长编已具,惟编纂未成,子为我删汰繁词,俾克成书。沪上人士学术浅陋,孰克校定予文。倘徼黄帝之灵,俾吾出狱,当与子研究古学,以存国粹于一线耳。’又询问沪上友朋踪迹,嗟叹者久之。言甫毕,西人促使出,遂反,时钟尚未鸣三点也。”(《警钟日报》,1905 年 1 月 25 日《国事犯在狱近况》。)

光绪三十一年乙巳(1905 年)　三十八岁

正月十九日(2 月 22 日),上海公共租界工部局董事会开会,总董报告说:"英政府询问了关于工部局监狱里二名在押犯将作何处理的问题。董事会要总办查明两名罪犯的判决是否也含驱逐出境。董事会一致认为,无论今后情况怎样,工部局对这件事要采取必要的措施。"(译文见《档案与历史》1986 年第一期。)

正月二十六日(3 月 1 日),上海公共租界工部局董事会议记录云:"董事会获悉罪犯于七月二日刑满,已作出送往日本的选择,因此董事会发出指示,采取必要步骤保证他们安全而秘密地离开。"(同上。)

二月二十九日(4 月 3 日),邹容卒于狱中。报载:"前年,章、邹《革命军》一案,判定章监禁三年,邹监禁二年。兹闻邹容于昨日黎明四点钟时,病死狱中,由某君派人收殓,髀肉尽消,空存皮骨。生敬邹容者,当为惨然。"(《申报》,1905 年 4 月 4 日《邹容狱毙》。)

邹容去世,由刘季平葬之上海华泾。"刘季平原名钟龢,行三,又取龚定庵诗意:'刘三今义士',别署江南刘三,上海华泾人"。邹容去世,"上海刘三葬之华泾"。(郑逸梅:《南社丛谈》。)

又马叙伦有《刘三先生传》,谓:"刘季平,以字行,别字离垢。……旋赴日本国入东京成城学校习骑兵",加入同盟会。归国后,"办丽泽学院于华泾,以培植革命人才"。邹容"瘦死狱中,刘三毅然收其尸,葬之宅侧,人争称其侠"。(《上海文史资料选辑》1982 年第 2 期。)

是年,在狱中读佛经,曾于 11 月下旬,致函黄宗仰,谓:"间取哲学诸书以与内典对校,则有彼此熔合无少分相异者,特以文字不同,又更数译,立名既异,莫能明其一致。此则靶罗搏剔,自在其中。今者鼹鼠饮河,未云满腹,然亦稍稍自慰矣。夫'见识'、'现识',名相则殊,而实际最难分别。'小王'、'心所',体用有别,而他书无此名词。详细思之,堪德所谓'事前之识'者,即是能见;所谓'事后之识'者,则是能现。此说自堪德发明而后,学者无不奉之以圭臬。削宾霍野尔立'认识充足义',分四范畴,其中所谓'先论理的真理'、'先天的真理'者,亦皆此能见。有此三说,而后内典大明。庄以俗情言之,能见则当时已现,能现则当时已见,何见、现之殊耶?

"自佛家观之,色心不二,则识中本自有物,而凡人之思想所及者,即不得谓其物之无有。此非以主观武断也。今之所见,不过地球。华严世界,本所未窥,故科学所可定者,不能遽认为定见,况世间常识耶?夫此地球中龟无毛,兔无角矣,安知宇宙之大,不更有龟毛兔角?以所未见,而谓之无,此非特于主观不合,亦于客观不合也。龟毛兔角,犹曰恒理所有。今使设一念曰:有石女所生之儿,有一物亦方亦圆亦三角,此理所必无也。然而既有此念,则不得谓无此事。既使遍游华严世界,初不见有此事,而此事仍不得言无。"(《佛学丛报》创刊号,1912 年 9 月出版。)"堪德",康德;"削宾霍野尔",叔本华。

章太炎年谱长编补编　卷三

1906年—1911年

光绪三十二年丙午(1906年)　三十九岁

五月十六日(7月7日),加入中国同盟会,主盟人孙中山,介绍人孙毓筠。(刘揆一、何天炯保存下来的《中国同盟会成立初期——乙巳、丙午两年之会员名册》,见《革命文献》第二辑第24页,台版。)

五月二十四日(7月15日),东京留学生开会欢迎,章氏发表演说,日本宫崎滔天等也作演说,《宫崎滔天年谱稿》本日记:"在章炳麟欢迎会(神田锦辉馆)上演说,中国留学生等一千六百名到会,发表演说的还有:清藤幸七郎、清藤高、蔓野长知、覃鲤门、田桐、吴弱男、章炳麟。章住番集町三四清国人宿舍。"(近藤秀树编、禹昌夏译,译文见《辛亥革命史丛刊》第一辑,1980年9月中华书局版。)另附《宫崎滔天演说》(警视厅致外务省乙秘第五一六号,明治三十九年七月十五日),云:"诸位,今天来参加章炳麟先生欢迎会的,我相信,当然都是信奉同一主义的人们。请允许我说,清国目前的状态不能不使我们有亡国之忧。就是我不说在满洲的各国市场之类的事情,诸位也都知道中国所受到的蹂躏。也正因此爆发了日俄之战,日本作为战胜国受到欢迎。先前,日本战胜了清国,我们现政府和国民都自夸日本已晋入一等国之列。其实我国仍未脱离半文明半野蛮国的领域。然而留学生诸君来日本学习,当然在于为今后实现远大目标而搜集资料。所以诸位必须培养文明的意思,以彻底的大革命对付冥顽固陋的清朝政府。这一责任已落在诸位身上。我相信,一方面有孙逸仙,这里有章炳麟先生,只要两者相结合,踏踏实实工作,那么,于最近的将来创造文明国体一事,决非难事。毫无疑问,将依诸位的意志而达成这一目的,那么,于最近的将来创造文明国体一事,决非难事。毫无疑问,将依诸位的意志而达成这一目的。诸位,要自重。"(外务省外交史料馆所藏外交文书《各国内政关系杂纂支那之部》,同上。)

又,《宫崎滔天全集》有《当时民报社的人们》,谈及章氏,云:"在江户川大拐弯附近有一座挂着黄兴题名的'平等居'的房子。这就是民报社。起初,番众町滔天家的正门上曾挂着民报社的小牌子,但时间很短。后来除首领黄兴在这儿定居下来外,几个(或许是十几个)议论纷纷互相争论的青年之中,还可发见一个胖胖的举止老成、悠悠然隐士模样的人物,此人就是章炳麟。听说他的生活方式,每天除了思索和读书写作以外,馀事一概不闻不问,似乎让人一看便觉得像是老子。滔天听说他是一位优秀的哲学家或思想家之类的人物,就预先写信和有深厚交情的越后高田的禅僧武田范之商量,用问答的方式试试章。据说对章老苦思良久的几十个字,武田和尚立即以一百二十三个字答对出来,胜负相差很大。但这不是滔天对章炳麟的评价,这仅仅是个插曲罢了。民报社中拥戴黄、章的首脑,少壮敏锐的青年们无不勤学苦练。他们自身既有了进步,同时也踏进了其一党的努力。"(《宫崎滔天全集》第五卷第482页。)

八月十九日(10月6日),黄兴在凤乐园宴请革命评论社宫崎滔天等,章氏、柳聘农、黄一欧等同席。(《宫崎滔天年谱稿》。)

八月二十一日(10月8日),复钱玄同书。查钱玄同于本年入日本早稻田大学学习(师范),在《钱玄同日记》未刊稿中有与民报社发信、受信记载。章氏第一次复书,发于本日,函云:"知君为好学精研之士,就问蒯君若木,又悉是念劬少弟,期欲握手,契以何日? 国学振起社讲义,阳历八月间便可出版。此间耳食者多,微言大义则易受,发疑解滞则难知,亦无术以更之也。"(手迹,北京鲁迅博物馆藏,下同,不一一注出。)

秋冬间,孙中山与黄兴和章氏等制订同盟会《革命方略》,包括《军政府宣言》、《军政府与各处国民军之关系》、《军队之编制》、《战士赏恤》、《军律》、《略地规则》、《因粮规则》、《安民布告》、《对外宣言》、《招降满洲将士布告》、《扫除满洲租税厘捐布告》等十一个文件,备各地革命党人武装起义时应用。(1908年河口之役后,孙中山与胡汉民、汪精卫等在新加坡修订《革命方略》,增加了《招军章程》、《招降清朝兵勇条件》二篇,共十三个文件。见张永福:《南洋与创立民国》。)

十月初四日(11月19日),孙宝瑄《忘山庐日记》记:"菿公之出狱而赴东也,异常之迅疾,盖有墨派人专使接引之,一是供给,皆由党人任之。菿公不忧无所归矣。"(《忘山庐日记》第942页。)菿公,指章氏。

十月二十八日(12月13日),致钱玄同书,言"中国纪元",略曰:"中国纪元之说,仆惟取共和为是,非直慕其美名,以年表于此造端,始有甲子可推也。近人多喜远推黄帝,既有显扬祖德之美,故仆亦不加辨难。其实黄帝至今,年历修短,人人异说,而又绝无证据。《竹书》差为近古,然冢中古文应有奇字,而今十不一存,其文义亦近俗,故府史书,势无若是,恐束皙、沈约辈改窜已多,转不如《穆传》之可信也。"

十一月(12月),为孙中山《赤十字救伤第一法》再版作序:"谓古之良将,与士卒同甘苦,军有疮痍,为之裹伤吮痈附药,此谓父子之兵,斯道少衰,而幕府文书,日不暇给,于是始有军医、有卫生队,以司扶伤治疾之事。要之通国治军,艺士众多,故纤悉足以备举,非奋起草泽者所能为也。余友孙君少习医事,译柯士宾《赤十字会救伤第一法》,用之辄应。既奔走国事,医术亦侵寻废阁。革命军起,君则持故书示余曰:兵者所以威不若,固非得已,攘胡之师,为民请命,庶几前歌后舞,而强寇桀逆,未遽倒戈,伤夷者犹不得免。义师之中,庶事草创,固不暇编卫生队,良药又不可得,一受创伤,则能全活者寡矣。其以简易之术,日训将士,使人人知疗治,庶几有济。是书文略易明,以之讲解,不过数日,而能通知其意,其为我宣行之。余念上世善治兵者,若神农、轩辕、伊尹、曹孟德诸公,皆以善解医方,拊循其众,故其士气壮盛而无夭札,师旅辑和,威谋靡亢。今天下更始之际,军人艺人,未暇分业,宜求所以自卫,舍是而求良工,则犹十年之病,求千年之艾,必不活矣。抑中国略识医方者,所在多有,然所守不过《伤寒》、《金匮》,以至世俗金疮之法,犹不适用。柯氏是书,诚所谓急救者哉!并世豪俊之士,期于见危授命,而不欲宛转啼号于生死之际者,于是当葆之重之也。乃付印刷人为治再版,且志其始末云。”查《红十字会救伤第一法》,英国医生柯士宾著,是孙中山唯一的一部翻译作品,中译本于 1897 年由伦敦红十字会初版发行。1906 年冬,孙中山对该书作文字修饰,并改变若干名词的译法,凡“红十字会”均改译为“赤十字会”,于 1907 年 2 月由民报社在日本东京再版发行,版权页“译者:孙文;发行者:章炳麟。”章氏“再版序”,即载再版卷首。

十一月二十四日(1907 年 1 月 8 日),约宋教仁“明日同往访权藤氏”。(《我之历史》卷六。)权藤,权藤成卿,权藤善太郎,与革命党人交往的日本人。

十一月二十五日(1 月 9 日),偕宋教仁“往访权藤氏,十一时至其家,坐谈最久,权藤氏出其诗稿,言首倩枚叔与余改之。余谢未遑,枚叔为改数句,遂留午餐”。(同上卷六。)

十二月十二日(1 月 25 日),《革命评论》第八号刊载章氏《失题诗》,(见《章太炎年谱长编》1979 年版第 286—287 页。)手迹藏日本,下题“革命评论社属书,炳麟”。其中“谁分伪真”,手迹作“谁别伪真”,“刀鸣箭中”,手迹作“刀鸣箾中”。又此诗辑入《中华民国革命秘笈》第 396 页,字句与《革命评论》所刊全同。

又,日本尚藏章氏手书五绝:“可怜九马争神骏,顾视清高气深稳。借问苦心爱者谁?后有幸讽前支遁。”(手迹,摄片。)

日本又藏章氏手书五言诗:“吾真太乙子,餐霞卧志城。欲寻华顶去,不惮恶豀名。歇马凭重宿,扬飒戳海行。”(手迹,摄片。)

又书赠萱野长知:“腹中贮书一万卷,不肯低头在草莽。”(手迹,今藏日本。)

本年,《大义录》出版,收录章氏《哀焚书》篇。“《大义录》叙言指出当时中国之‘大根本’问题为‘民族问题’,阐明‘一国之亡,莫不先自其历史始,非亡其历史之事实也,亡其历史之精神也,精神亡而事实亦遂随之消灭矣。’立斥‘欲倡所谓立宪者之眩惑人心’之‘不揣其本’。收《大义略叙》等二十二篇讲民族主义文章。章太炎的《哀焚书》收在内。”(阿英:《辛亥革命文谈》,见《人民日报》1961 年 10 月 9 日第四版。)

章氏寓日时,所着日本外褂(“羽织”)绣一“汉”字,自称:“我几次东渡,亡命日本,为了避开清政府的耳目,易于开展工作起见,常穿和服。但这并非我同化于异国习惯,所以我在衣袖上写个‘汉’字,表明我是中国人,同时记着我在日本是为了实现‘驱除鞑虏,恢复中华,创立民国,平均地权’,用这个‘汉’字来表达自己对祖国的怀念,时时不忘光复祖国的责任。”(章导:《忆辛亥革命前后先父章太炎若干事》,上海政协编:《辛亥革命七十周年》,文史资料纪念专辑,1981 年 8 月第一版。)1981 年 10 月,辛亥革命七十周年纪念时,章氏长子章导将这件日本外褂捐赠中央革命历史博物馆。

本年,与日本权藤成卿交游,权藤是黑龙会成员,治汉学。弟震二与宫崎滔天相熟,权藤也与宋教仁和章氏时相往返,自称:“自北征之后,来东京,寓茜陵之阿。时东方之事渐急,世论涌沸,无所止境。及讨露(俄)之役起,同游之士多戎旅为伍。明年战缀,清之逐客黄兴、宋教仁、孙文、章炳麟等,皆来集东京亡命。开设朝鲜统监府的李容九、宋秉畯等,主唱同治一匡。而世子禅韩王位,伊藤博文之被戕,容九乃上议合邦。事毕。汉客诸辈,频频论及大势所趋,烈烈炎炎,如火上浇油,遂以倾复爱新觉罗之鼎命为务。其间,予复超然,而容九已辞世,教仁亦毙于非命,岂其然乎?"(泷泽诚:《权藤成卿和章炳麟的交游——来往笔谈录》,下简称《笔谈录》,见日本历史学会编集:《日本历史》1981年8月号。)权藤成卿的政治态度,由明治四十一年《黑龙》的续刊《东亚月报》可以看出。在他答李子华的答问中,(用"闲闲道人"的号。)答曰:"立宪未必有错,革命亦为合理,应顺应国民性。英德共为立宪,但其趣殊;美、法为民主,而其情异。可以采取适合华人自身历史的模式。"(同上。)

章太炎出狱赴日,担任《民报》主编,曾与宋教仁往访权藤,宋教仁《我之历史》有记载。本年十一月初五日(12月20日)记:"平山周、萱野长知来,宫崎治酒饮之,余亦与坐,中并有郗沛生及权藤氏二人。余与郗沛生谈良久,复与权藤氏谈,始知其为汉学者,汉文、诗俱能作,并写二诗与余观之,皆清逸可诵也。良久,诸人皆醉,始散。"十一月二十四日(1907年1月8日)记:"夜,至孙逸仙寓,坐片刻。九时回。章枚叔约余明日同往访权藤氏,余诺之。"二十五日(1月9日)记:"十时,偕章枚叔往访权藤氏,十一时至其家,坐谈最久。权藤氏出其诗稿,言首请枚叔与余改之。余谢未遑,枚叔为改数句,遂留午餐。"这时,权藤住在赤坂仲町黑龙会事务所和《东亚月报》发行所,与同盟会成员颇多接触。

如今在权藤后人保存的《权藤文书》中,藏有权藤和章氏的笔谈录残片,(同上,另残片藏权藤家,由近藤邦康教授摄片寄赠。)上面有权藤亲笔题署:"是笔谈残片,上一节僧洪畴所署,其次汉客章太炎,其次予。当时应酬问对之文册,多涉机微,皆火不留,只此一纸,存废纸中,乃举贻之松心川上君。呜!二十年旧交,散亡过半,回想怅然者久之。丙寅一月十九日权藤善识。"丙寅,当1926年,松心川上,是武田范之的支持者,僧洪畴即武田范之,川上曾受其师武田范之的委托,分类整理武田文书《洪畴遗迹》。《笔谈录》即系章氏与权藤、武田三人的笔谈。(《笔谈录》次序颠倒,下面根据泷泽诚文中所引,有的照原件摄片校改。并请黄绍海同志译出。)

"章:闻公以英雄而为出世人,故来瞻仰。仆亦非和尚也,而有似乎和尚。

"武田:儒而非儒,僧而非僧,我党士不合时宜,与天下各侠士肝胆相照,痛议时事,是亦快事。

"权藤:社会主义所云,有佛教平等普度之旨。其戒律曰勿盗。惟今日掌权者皆盗,故以盗攻盗之事,不得谓盗。盗国者王,古已如此,至今亦然。

"章:佛教云:'以粗楔出细楔。'我辈亦以细盗攻大盗。盗人道者曰'学',盗人财者曰强盗,故盗似有两义。吾辈不问其名何如,囿于否定反对我等者。汝在朝鲜如手刃闵妃等英雄事迹,能示一二者?

"武田:杀人必见血,此乃英雄手段。因系寻常小事,不值一谈。英雄欲鼓舞天下,唯恐民心不动。闻湖南匪徒出,英雄之士亦乘机而起,天下事尚可图。

“章:古代中国人心与日本有异。盖以匪徒暴动为理所当然,故响应者虽多,而大率乌合之众,不惯纪律,有碍非常之举。幸民智渐开,今湖南诸党已放弃排外仇教之事。

“权藤:汉高祖亦仅为匪徒中之酋长,虽目前匪徒暴动不值一谈,然匪徒中非无奇伟倜傥之士,尝以为中国之兴起在于百战而非平和,尊意如何?

“章:诚如君所云。今日正如痈疽甚大,决非普通药剂即可治愈,除手术、猛剂治疗外,别无他法。

“权藤:滔天兄近与梁启超晤面否?

“章:能劝其来否?颇思晤见,无恶意也。

“权藤:尚未遇见。彼确住横滨。

“武田:继兄池尻吉次请求先生书法,拟请醉后大笔一挥。

“章:闻革命社有池享吉其人。

“武田:池田尻吉系十三代世传名医。

“章:此人亦僧乎?

“武田:否。系医生,十三代医生世家之小宗匠。

“章:何谓十三代世医?遵从《伤寒论》论旨否?

“武田:在今之医大,因有专门之显微镜学,故无古今之论。古之伤寒恐亦非今之微菌学。

“章:十三世纪?

“武田:系父亲、祖父等十三代相传。

“章:池尻吉次
　　医家所知
　　池是前阴
　　尻是后阴

“权藤:池尻是姓,吉次是名。日本此类姓名甚多。姓名虽卑琐,而其术则不若其名之卑,故务请挥毫。

“章:言语不通,笑话必多。

“权藤:森槐南少即能诗,惟阿谀权贵,有如伊藤博文之使女,且诗句琐碎,有匠人气。

“章:此人之诗,于稳当中有情致,惟若剪纸作彩,少奇拔之气。

“权藤:批评确切,然所说有情,惟其本人应无冷漠,而诗句中能见有情,何也?仆难分辨。

“章:本人虽无情,作诗亦有情。诗过于绮丽者,其人近于沉缅处亦多。昔者,宋之问有‘桃花红依绶’之句,人即讥其无时不思利彩,槐南亦有同病。槐南随伊藤来华所书七律四首,首句‘笑拂宫袍走九州’,恰与‘桃花红依绶’相同。

“权藤:高见。槐南惭愧,在春亩木屐之下无法死乎?

“章:宋之问诗系从腹中捻出,而槐南则从《佩文韵府》搜寻字句,两者相去何止三千里。桂湖村、国分青崖若何?

"权藤:湖村虽非明慧,而以好学之士而见其可爱。青崖为人近于奇拔,乃日本人中酷爱诗歌者。此等人亦仅三四人而已,皆有可取之处。欲欣赏青崖之诗否?

"章:以吾所见,两人之诗确优于槐南,格调潇洒、奔放,而无出格之处,因其情非仅倚田园,此正其优之所在。

"权藤:余亦有同感,惟'有情而倚',恐未达到。

"章:馆森鸿为人稳而轻利,有文无诗,昔居台湾,馆森常请余修改文字,屡欲为余弟子,拒之,而以兄弟相待。数年间迭寄文章,且余身陷囹圄时亦然。惟近半年音讯不通,务请探问其寓所,如何?

"权藤:余与馆森虽不识面,然曾闻其名,系好学且与我辈同调者。据云其为儿玉将军挚友,将军已故,其弟儿玉文太郎乃余亲友,俟有闻当告知。

"章:若知其踪迹,不胜感激。(据泷泽诚文,"有关馆森鸿的笔谈,另有如下处,恐怕这个笔谈不是以后进行的"。下附笔谈为:章:"馆森好媚上,系小吏行径,今居何处?"权藤:"系台湾总督府书记官。"章:"重野成斋呢?"权藤:"虽国史中详细,而人近于愚蠢。"泷泽诚下云:"章炳麟,不管对日本人,或是对中国人都是直言不讳,无所顾忌。为此,他是以树敌过多而闻名的。"在这些笔谈中,章的对答者权藤,对章也作了毫无逊色的发言。章劝宋教仁去权藤处,以权藤作为漫谈的对手,是因为他是少数够得上章水平的日本人之一。其次,是章和权藤两者的传统主义的一致,以及他们又是日中两国的国粹主义者,由此意气相投的原因。)

"章:去'五二共进会'游览之际,曾见众多字画,其中几幅特好,故记下作者名字,曾识精于此道者否?

"权藤:均知悉。大多画失于巧,近画匠气,不屑一顾,纵然配色尚好,难登大雅之堂。

"章:先生批评甚对,可曰法镧。

"权藤:近日我国绘画水平甚低,一味热衷于西洋风格。

"章:放弃国粹,盲目崇洋,余不赞成。

"权藤:不仅绘画如此,我国自明治初以来,文物制度,大都取法西洋,有伤国体。贵国吸取新学时,当详加考察。

"权藤:除夕,自旧友处得盆栽梅花一株。元旦,对梅小酌,作七言八句,请指教。

"章:字句古炼,韵亦好,敬服犹恐不及,怎敢妄加删改。

"权藤:昨日,遵从新年惯例(汉诗省略)。余不懂汉诗叶韵,能指教否?

"章:古音古节,大都盛唐风概。

"权藤:请勿客气。如蒙指正,三生有幸。先生于协律之说过奖,吾辈尚不懂舍弃拙作。

"章:叶韵调合,一谈及此,于人生则感慨万千矣。

"武田:盍开巨肚,不醉不能吐露其真。

"权藤:早已酩酊矣,然真醉亦吐,不醉亦吐。

"章:吐真则醉亦好,不醉亦好,嘉肴旨酒,惜腹狭不能再容,多谢多谢。

"权藤:少染先生之箸,则山妻之微意焉。

"武田:雅言难罄,留后日再扰可也。

"章:弟平生处世,惟以真诚应之,况知己尤当加勉,想先生不以外视也。

"权藤:先生真不欲饮,撤之,代以茶乎? 非乎。"(以上据泷泽诚文。)

又据笔谈残片摄片,尚有围绕梁启超之"中国武士道"批判,录之如下。

"章:见梁启超所编《武士道》一书,内注云:贵国称为大和魂,伊以比敝邦战国之剑侠,今日得证先生,相误甚远。

"权藤:所谓顺道逆道,善德恶德,唯依事与物言之也。梁公有文无识,故有此谬。敝邦称君子大人者多,无学尚犹称武士道,称大和魂,陋之极。

"章:梁未学贵国文学,故有是谬,所译《武士道》一书,已流遍敝邦,遗误不可胜言也。可叹可叹。

"权藤:昨日山东、湖南之信到外务省,仆明日探之,报之于诸先生,义军之势如破竹,满朝之震愕可想也。

"章:总须云和响应,方有成功,若以一路当全国之大,其事未易。

"权藤:贵国革命成功,敝国自有一变,是仆之所俟。

"章:所望亚洲诸国有政府者同时革命,被征服者同时独立。宫崎君云:支那革命若成,日本亦必有变。但仆谓日本革命尚非急要。如安南、印度、缅甸诸邦,正望出之苦海耳。"

笔谈残片中又有谈教育和暗杀一节:

"权藤:导子弟固第一要义,然迟不济急,博浪士不过应时需耳。敝国文士,向来性质,先生素知。今隆据粗造其浅。然临事多仓皇,故未一中。贵国之士,自古性情刚毅,气魄沉雄,每一举必达目的,故□如先求博浪,而续教子弟也。先生为何如?

"章:博浪之士,唯不重之而已,用以当其急,或亦可,然可用,不可恃也。仆闻杀身成仁,非有所恃,自行其志也。尊意如何? 敝邦人何有所异贵邦人乎? 唯其所效,简纯平一,无粉饰而已矣。至其文藻才干,则敝邦人浅劣,不足取也。"

权藤家所藏笔谈残片,并非一次笔谈,编次亦有散乱。

光绪三十三年丁未(1907 年)　四十岁

正月十三日(2 月 25 日),出席内田良平送别孙中山宴会(赤坂三河屋),出席的有宋教仁、刘师培、鲁文卿、胡汉民、清藤幸郎、和田三郎。"此时内田劝孙于日本政府发布驱逐令之前离日。孙决意离日"。(《宫崎滔天年谱稿》。)

正月二十五日(3 月 9 日),往凤乐园,应宫崎滔天招宴,同席有黄兴、宋教仁、张继。"可能是为了缓和他们和孙文之间因革命国旗图案问题和离日馈金问题而激化的矛盾”。(同上。)

同日,香港《中国日报》载章氏所著“国学振兴社第一期已寄到”的广告,谓:“此亦章君炳麟之伟著,前到《国学讲义略说》已大受社会欢迎,此期方按各种学术次第讲演,诚杰作也。每册零售连邮费四毫半。”

二月初八日(3 月 21 日),宫崎滔天于住宅招待黄兴、宋教仁和章氏,“为宋‘满洲’之行送别。得宋手交之《黄兴传》。”(同上。)

二月初九日(3 月 22 日),香港《中国日报》载《红十字会救伤第一法》广告。查此书系英国医师柯士宾著,孙中山于 1897 年译成中文,这时考虑武装起义时救治伤员的需要,从而再版发行。出版前,孙中山曾到民报社访晤章氏,说明“兵者所以威不若,固非得已。攘胡之师,为民请命,庶几前歌后舞,而强寇桀逆未遽倒戈,伤痍者犹不得免。义师之中,庶事草创,固不暇编卫生队,良医又不可得,一受创伤,则能全活者寡矣。其以简易之术,日训将士,使人人知疗治,庶几有济。是书文略易明,以之讲解,不过数日而能通知其意,其为我宣行之”。(章太炎《赤十字会救伤第一法再版序》。)章氏乐而为之《序》,于本年春由《民报》在东京再版。《中国日报》“广告”为:“是书分六章,首论形体功用,次论救伤之法,次论移伤侍病之法。疮痍生死之际,临变救急,所当第一着手者。简明切当,非惟赤十字会之要书,亦为普天下外科之不二法门。法、德、意、日均有译本,孙逸仙先生湛于医学,西历一千八百九十七年,以汉文译述,流传甚广。迩来再版,洋装美本,图画鲜明,章炳麟先生复序而行之。他日国民军起,大有裨于实用。且行者居者苟明此法,可以济不虞之变,其有造于个人,抑非鲜也。每本连邮三毫六仙。《中国报》启。”(《中国日报》1907 年 3 月 22 日第三版。)

二月,梁启超撰《国文语新解》成,作为饮冰室丛书之一,以为“东中士夫,其粹于此者,惟章太炎,然以政见歧殊,久不闻问。(原注:若太炎肯为叙,亦学问上一美谈。)”函请蒋智由“居间以就正”于章氏,说是“政见与学问固绝不相蒙,太炎若有见于是,必能匡我不逮而无吝也”。(梁启超:《致蒋观云先生书》,《梁任公先生年谱长编》“光绪三十三年,三十五岁”。)

三月初八日(4 月 20 日),接受印度爱国志士钵逻罕、保什邀请,参加在东京召开的西婆耆王纪念会。初,钵逻罕自美洲来,访章于民报社,与保什“道印度衰微之状,语次鲠咽,神气激越”。至是,章氏莅会。西婆耆王是十七世纪末反对莫兀儿统治,“使印度人得独立”的历史人物。章氏认为“观西婆耆王之反对蒙古,则今当反对英国可知”。(章太炎:《记西婆耆王纪念会事》,见《民报》第十三号。)但就在这次会上,过去被认为同情亚洲被压迫民族的日本人大限重信却在演说中,“惟言英皇抚印度,至仁博爱,不可比拟,而勖印度人以改良社会,勿怨他人,勿谋暴动”。(同上。又,大限重信演说,见《外交报》第四卷第十一号,1907 年 5 月出版。)暴露了他的侵略者的真面目。这使章太炎认识到亚洲国家中,有侵略者和被侵略者之分,有的“引白人以侮同类”,有的则遭“他人之剪灭蹂躏”。作为被侵略国家,就应争取独立,“相互扶持”。中、印两国,“扶将而起,在使百姓得职,无以蹂躏他国、相杀毁伤为事,使帝国主义之群盗,厚自惭悔,亦宽假其属地,赤黑诸族,一切以等夷相视,是吾先辈之责已”。(章太炎:《送印度钵逻罕保什二君序》。)就在这年,发起了“以反对帝国主义而自保其邦族”的亚洲和亲会。

春,黄侃在东京拜谒章氏。时刘师培于本年 2 月和妻何震、姻弟汪公权同莅日本,与章氏同寓。(又据本年 3 月 7 日—4 月 19 日《致钱玄同书》:“刘申叔阴历正月已至东京,今其寓处适在报社对门,可邀与语也。”)黄侃《先师刘君小祥奠文》谓:“丁未之岁,始事章君,投文请诲,日往其门。因觏之子,言笑欣欣,齿虽相若,道则既尊。我归奉亲,深山晦遁,犹蒙素书,时相存问。”(见潘重规:《量守堂遗文合钞》影行本,见后;湖北人民出版社 1985 年版《黄季刚诗文钞》也载此文,有误植。)有人看到“丁未之岁,始事章君”,从而认为章氏在日本东京讲学在“丁未”,即光绪三十三年,当 1907 年。钱玄同《刘申叔先生遗书》卷首也说:“丙午,余留学日本,始谒章公。丁未阳历四月二十二日,于章公座上始识刘君,缘章公与刘君彼时皆以党祸避地日本也。”(《刘申叔先生遗书序》,见《刘申叔先生遗书》卷首。)也说“丁未”“始识刘君”。但“始事”、“始谒”、“始识”,不等于就是章氏东京讲学之时。据《钱玄同日记》,(稿本,北京鲁迅博物馆藏。)章氏在东京正式讲学时间为光绪三十四年戊申三月(1908 年 4 月)与《朱希祖日记》同。4 月 4 日记:“午后,国学讲习会开会于清风亭。今日太炎所讲者为古音旁转、对转诸端。”4 月 8 日记:“至帝国教育会,听章先生讲《说文 · 序》。”后因讲习会节省租金,改至神田大成中学开讲。

《钱玄同日记》4 月 4 日至 4 月 29 日记听讲《说文》七次,与国家图书馆藏《朱希祖日记》基本相符。还记有 5 月 2 日至 8 月 1 日到大成中学听讲《说文》十九次。8 月 5 日至 29 日,听讲《庄子》六次。8 月 2 日至 9 月 5 日,听讲《楚辞》四次。9 月 9 日至 10 月 28 日在大成学校听讲郝懿行《尔雅义疏》六次。10 月 31 日,开始听讲《广雅疏证》,但章太炎正式讲学时,听讲者八人中没有黄侃。

黄侃没有在 1908 年参加章氏东京讲学,不等于 1907 年和章太炎没有“始识”。章氏有《丁未与黄侃书》,《与刘光汉黄侃问学书》也说:“仪征刘光汉申叔、蕲黄侃季刚皆善小学,炳麟为《新方言》,光汉、侃各分疏数事。”此文,章氏自编《太炎集》定为“丁未文”,且以刘师培、黄侃“各分疏数事”,也可说是“丁未”章、黄“始识”的佐证。《先师刘君小祥奠文》记载他是“丁未”在章寓看到刘师培,“言笑欣欣,齿虽相若,道则既尊”的,刘师培生于 1884 年,黄侃生于 1886 年,故称“齿虽相若”,“道则既尊”,从而“奠文”称之为“先师”。

《先师刘君小祥奠文》是我从潘重规先生《量守遗文合钞》中看到的。潘氏是黄侃的高弟,也是黄侃的快婿,长期在台湾各著名大学任教,他有感于黄侃“中年逝世,平生所作文章诗词甚多,但整理印行的委实是非常之少”,(潘重规《量守堂遗文合钞》说明,台湾影行手钞本第 11 页。)钞录所藏黄氏遗文,编订成《合钞》,钞本用荣宝斋纸,手笔恭录,影行问世。凡《量守文钞》、《量守诗钞》、《量守词钞》,共三集;《说明》写于“戊辰大雪”,当 1988 年、1989 年,潘氏将此书由台湾寄赠,珍藏至今。书中最有价值的是有关章、刘文篇,凡《太炎先生行事记》、《申叔师与端方书题记》、《先师刘君小祥奠文》、《致教育总长汤济武论救太炎书》、《申请章太炎建议案——附太炎先生陈情书》五篇,除上引外,与章氏有关者,将于光绪三十四年和民国后陆续辑补。

又,黄侃于本年与章氏交往,黄焯《黄季刚先生年谱》亦言之,录如下:“时中国留学生聚居东京者逾万人,竞趋章君门下请业。先生(指黄侃)一日随众往谒,见壁间大书四语,曰:我若仲尼出东鲁,大禹长西羌,独步天下,谁与为偶(东汉戴良语)。既退,颇疑章君矜絜难近,无意复往。后章君见先生所为文,大奇之,即以书约见,遽许为天下奇才。仪征刘君申叔(师培)时居东京,尝于章君座上见之。于是三君相与筹商革命,并共论学,交往益密。”(黄焯:《黄季刚先生年谱》“光绪三十二年丙午,二十一岁”,见《黄侃日记》第1098页,江苏教育出版社版。)次年秋,“章君闻先生将归国省亲,谓之曰:‘务学莫如务求师。回顾国内,能为君师者少,君乡人杨惺吾(守敬)治舆地非不精,察君意似不欲务此。瑞安孙仲容(诒让)先生尚在,君归可往见之。’先生未即答。章君徐曰:‘君如不即归,必欲得师,如仆亦可。’先生瞿然起,即日执贽往,叩头称弟子。自是相追随,所学益进。章君曰:‘恒言学问进益之速,如日行千里,今汝殆一日万里也。’”(同上“光绪三十三年丁未,二十二岁”,见《黄侃日记》第1098—1099页。)是黄侃向章氏问学在章氏日本正式讲学前,实为其最早弟子。

又,关于章氏与刘师培等筹组亚洲和亲会事,据石母田正《续历史与民族之发现》,亚洲和亲会的正式成立,是在六月十一日(7月20日)左近,他说:“明治四十年(1907年)7月20日,英国工党领袖哈第(Keir Hardie)来到日本。由日本社会党片山潜、田添铁二等人发起,在锦辉馆举行了欢迎会。在这以前,幸德秋水在中国革命家的社会主义讲习会上作了讲演。恰值此时,世界各国的革命领袖就国际协作问题交换了意见,由中国、日本、印度、菲律宾、安南的领导人在东京成立了“亚洲和亲会”,这是一件划时代的事情。

“这个亚洲和亲会是由张继、刘光汉等中国革命家组成的社会主义讲习会的会员们发起的,有日本的金曜讲习会即‘直接行动派’的革命家幸德秋水、大杉荣、山川均等人参加,在青山的印度会馆举行了第一次集会,各民族出席的有安南、印度、中国的同志和日本的社会主义者。

“第二次集会是在九段唯一神教的教堂举行的,有中国、日本、印度、安南、菲列宾等国的同志参加。但这次会议上,大杉荣鼓吹了非军备主义。

“中国革命家参加这个亚洲和亲会的,除张继、刘光汉之外,还有胡汉民、宋教仁、马宗豫、章炳麟等人,但其主办人则是张继和刘光汉。

“当时,朝鲜人表示,如有日本人出席,他们就不参加。结果没有加入。虽说是革命家的集会,对日本人也是心怀疑忌的。朝鲜人对日本的反感竟至如此之甚。

“笔者于1940年5月访问土佐和中村镇时,亚洲和亲会的《约章》尚有保存,因此推想幸德秋水当年可能与这个组织有关,后经竹内善朔氏谈话证明,事实确是如此。

“这个亚洲和亲会原是亚洲各民族革命家相互聚会、交往、互通声气的亚洲各民族的民主友爱团体。但其中潜在着一种反抗帝国主义的思想,所以日本的田添铁二一派没有参加;而幸德秋水则在我国民族主义者的倡导下,同安南、印度的民族主义者相互友好往还,这是一件颇具特色的事情。”(第十章第 191—203 页,东京,1969 年版,李士苓译,见《国外中国近代史研究》第二辑第 336—337 页,中国社会科学出版社 1981 年 8 月版。)

文中提到的竹内善朔,在 1948 年应东京中国研究所的邀请而做的一次回忆演讲,专门谈到“亚洲和亲会”及其《约章》。他说:“亚洲和亲会虽自明治四十年夏季以后即已召集过几次集会,但由章炳麟起草的宣言书却到同年秋季方始发表。该会原在张继、刘光汉的积极倡导下筹建起来,却把章炳麟推于上位,以章炳麟的名义发表了宣言书。宣言书用中、英两种文字分表里两面印成,中文定名为《亚洲和亲会约章》,英文定名为《The Asiatic Humanitarian Brotherhood》。这表明了该会的主张:以完成亚洲各国的革命为主旨,进而结成亚洲各国的联合。这个会是以中国革命党为中心,并事先和印度的同志协商后发起的。其成员,如《约章》所述,包括了中国、印度、越南、菲列宾、缅甸、马来亚、朝鲜和日本等国的革命党人。《约章》的内容,恰如‘百馀年顷,欧人东渐,亚洲之势日微’一语所示,慷慨悲愤,力陈团结的必要,号召排除帝国主义,谋求民族独立,要求邻邦互助,呼吁亚洲各国之中,如某一国发生革命,其他会友就要根据具体情况予以援助。这样,和亲会一语就有了千钧的分量。英文稿是由印度同志起草的,其宗旨与中文稿相同,只是发表的形式和词句稍有差异。据我所知,朝鲜同志当时没有参加,这是因为他们有个前提,即日本人如果出席,他们就不出席。这一段话是我在第二次集会上听中国同志说的。

“《约章》是用上等纸张印刷的,用了大约上百斤纸。纸幅的大小为横 54 公分,纵 21 公分;即宽约一尺四寸二分多,长约五寸五分左右,然后横叠七折,构成细长形状,最后分发出去。纸的表里两面分别印上中文和英文。折叠的方法,乍看起来好像是以中文为主的样子,其实是为了使英文读来方便,而将它印在一页纸上。表里均叠成七页,各有一页印上《约章》名称,其馀的地方,英文印成四页,中文则印成五页。

“(下附《约章》,略)

“这次聚会的确切日期,我已记不清了。但第一次聚会的地点确是在青山的印度会馆。当时我正担任外国语学校的讲师。推测那里有一个人可能是英文约章的执笔者。我们称他为 D 先生。这位 D 先生是个领袖级的人,他和六七位印度人同住在这里,因而在这里召集了首次聚会。记得日本方面出席首次聚会的有堺利彦、山川均、守田有秋等人。幸德秋水并没有出席这次聚会。第二次聚会是在九段下的唯一神教教会(现在已经不存在了),即由真名板桥前行,再绕过饭田桥,从右侧拐角数处,第二家或第三家即是。这个教会是由赤司繁太郎担任牧师,因此在这里举行了第二次聚会。出席这次聚会的日本人有堺利彦、森近运平、大杉荣和我。会场就是由我出面联系的。第一次聚会时仅有中国同志、印度同志和日本的社会主义者参加;第二次聚会,则增加了越南革命党人和一两名菲律宾同志。与会的越南革命党人中,有一人是越南王的叔辈,其馀的是四五名青年。他们都是装扮成中国人前来日本留学的。不幸的是朝鲜同志没有一个到会。在这次集会上,大杉荣依旧鼓吹反对军国主义。……这个亚洲和亲会的聚合,不幸因张继在第二年即明治四十一年(1908 年)2 月离开日本亡命法国而受到挫折,致使联合亚洲各国革命党人共同奋斗的尝试未能成功。”(竹内善朔:《本世纪初日中两国革命运动的交流》,原载日本《中国研究》季刊第五号第74—95页,日本评论社编辑出版;曲直、李士苓译,译文见《国外中国近代史研究》第二辑,第342—348页。)

两份材料对亚洲和亲会的集会组织情况,具有参考价值。石母田正以为亚洲和亲会的集会在7月20日左近,在锦辉馆开;竹内善朔则谓第一次集会时间“已记不清了”,“地点确是在青山的印度会馆”。疑筹议在先,陶冶公所藏《亚洲和亲会约章》,第一行即为“公元一九〇七年四月,成立于日本之东京”。发起起草应为4月。竹内善朔以为系张继、刘师培发起,“却把章炳麟推于上位,以章炳麟名义发表了宣言书”。查亚洲和亲会是由处于半殖民地、殖民地地位的被侵略国家所组成,因此,凡属遭受帝国主义侵略的亚洲各国,如越南、缅甸、菲律宾、朝鲜等均可入会,而“先以中国、印度组织成会”。可知,它是为争取亚洲民族解放、各“复其故国”的革命组织。《宣言》出自章氏手笔,章氏应参加筹议,不是一般的把他“推于上位”。

又,权藤成卿曾谈到章氏与武田范之间的一次谈话中曾说:“我所希望的是在亚洲各国凡有政府者同时革命,被征服者同时独立。宫崎君(滔天)说中国革命一旦成功,日本也将带来变化。但我以为日本革命并非当务之急。我很希望让安南、印度、缅甸等地,从现在的悲惨境地中解脱出来。”(泷泽诚:《权藤成卿》第53页,转引自《辛亥革命史丛刊》第四辑第254页。)可知章氏出狱赴日不久,即与日本友人等商讨“亚洲各国凡有政府者同时革命”事。

据魏兰《陶焕卿行述》,本年,陶成章与“樊光联络印度、安南、缅甸诸志士,在日本东京成立东亚亡国同盟会,以章太炎为会长”。(油印稿,陶本生先生旧藏。)樊光回忆:“东京方面,气势极盛,中国留学生将近七万人,革命雄潮,传播甚广,由东亚各国所来留学生亦不少,有志者并未亲炙。成章先生乃与余于丁未夏组织一东亚亡国同盟会,潜结安南、缅甸、印度、暹罗诸被帝国主义压迫国家之留学生侨民思想前进者均在内,相互支援,共同革命,推章太炎先生为会长。”(樊光:《辛亥革命光复会领袖章炳麟、陶成章合传》,油印稿,上海市政治协商委员会文史资料工作会藏。)东亚亡国同盟会,疑即亚洲和亲会。那么,当时他们除和印度旅日爱国人士联系外,和越南、缅甸等留日学生也有接触,陶成章、樊光也参预联络,会长则是章太炎。

此后,章太炎除在《民报》上刊载印度报刊译文和部分传单外,不断阐扬亚洲和亲会的旨意,一方面,他无情揭露帝国主义奴役亚洲各国的侵略罪行,“至于帝国主义,则寝食不忘者,常在劫杀,虽磨牙吮血,赤地千里,而以为义所当然”。(章太炎:《五无论》,《民报》第十六号,1907年9月25日出版,收入《文录》初编《别录》卷三。)呼吁亚洲已失主权之民族,各得独立。如对英、法殖民者的压迫印度、越南人民,曾愤怒指斥:“小儿诵‘梵种万岁’者,辄引至警察署。”(章太炎:《印度独立方法》,《民报》第二十号“时评”,1908年4月25日出版。)“今法人之于越南,生则有税,死则有税,乞食有税,清厕有税。毁谤者杀,越境者杀,集会者杀,其酷虐为旷古所未有。”(章太炎:《记印度西婆耆王纪念会事》,《民报》第十三号。)至于美国殖民者之于菲律宾,则以“援助独立”为名,行侵略之实,“假为援手,借以开疆”。(同上。)《民报》上还刊登了朝鲜人写的《告韩侨檄》和《檄告外国同胞文》。(《民报》第二十一号,1908年6月10日出版。)

另一方面,章太炎强调亚洲各国民族独立,反抗帝国主义。他说:“若就政治社会计之,则西人之祸吾族,其烈千百倍于满洲。”(章太炎:《革命军约法问答》,《民报》第二十二号,1908年7月10日出版。)提出“使欧、美人不得占领亚洲,使亚洲诸民族各复其故国”。(章太炎:《答祐民》,同上。)中国、印度是“东方文明之国”,应该“扶持而起”,“屏蔽亚洲”,(章太炎:《印度中兴之望》,《民报》第十七号“时评”,1907年10月25日出版。)争取民族解放,取得独立以后,“在使百姓得职,无以蹂躏他国相杀毁伤为事”,以“维持世界真正之平和”。(章太炎:《答祐民》。)这种论调,在当时的历史条件下,确实难能可贵;章太炎对亚洲和亲会的筹组和宣传,也功不可没。

六月初八日(7月17日),梁启超上康有为书,谈民报社各人互相噬啮,认为“不必复有后顾之忧”。略曰:“革命党之势力,在东京既已销声匿迹,民报社各人互相噬啮,团体全散,至于并报而不能出,全学界人亦无复为彼所蛊惑者。盖自去年《新民丛报》与彼血战,前后殆将百万言,复有晳子所办《中国日报》,旗人所办《大同报》助我张目,故其势全熄,孙文亦被逐出境。今巢穴已破,吾党全收肃清克复之功,自今以往,决不复能为患矣。吾党今后但以全力对待政府,不必复有后顾之忧。”(《梁任公先生年谱长编》“光绪三十三年,三十五岁”。)

七月初二日(8月10日),《天义报》第五册出版,插图女娲像上有赞语,署名何震,据柳亚子称,“画像为曼殊手笔,而赞语的捉刀人却是太炎”。(《日本〈民报〉和〈天义报〉时代的朋友》,《曼殊全集》第五册第21页。)章氏又为苏曼殊题《师梨集》,谓:“师梨所作诗,于西方最为妍丽,犹此土有义山也。其赠者亦女子,展转移被,为曼殊阇梨所得,或因是悬想推维,与佛弟难陀同辙,于曼殊为祸为福,未可知也。”(《曼殊全集》第五册第126页。)

七月十日(8月18日),函钱玄同:“《新方言》近已印成,凡国学振起社员,并赠一册,今将此册寄去,幸少讹字,不知阙略当几何也。尊议近世语言,不能以北京官音为准,斯言甚是。”

七月二十三日(8月31日),社会主义讲习会成立于日本东京,张继、刘师培等发起。初,张继曾就幸德秋水的日译本转译了意大利人马拉叠斯达的《无政府主义》一书,章氏曾为撰序。(《民报》第二十号。)本年二月十三日(3月26日),章氏和张继《致幸德秋水书》:“拜启。明日午后一时往贵宅敬聆教雅,乞先生勿弃。”(石母田正:《续历史与民族的发现》,东京1969年版。)四月三十日(6月10日),创刊《天义报》。同月,发起社会主义讲习会,本日,开第一次会,先由刘师培演说,谓“大约言无政府,则种族革命该于其中,仅言种族革命,决不足以该革命之全,此吾辈所由以无政府为目的也”。次为张继和幸德秋水、何震演说。(《社会主义讲习会第一次开会记事》,《天义报》第六册,1907年9月1日发行。)讲习会每周集会一次,至1907年10月第五次会议后,改为两星期集会一次,会名也改为“齐民社”,但“社会主义讲习会”之名仍沿用。参加讲习会活动的最多时约百馀人,少时数十人,章氏参加讲习会,但始终未接受无政府主义思想。

八月十五日(9月22日),社会主义讲习会第三次开会,章氏演说,"痛斥国家学之荒谬并立宪之病民。谓:无论君主立宪、民主立宪,均一无可采"。(原注:"其稿已载入《民报》第十七册《国家论》中,不具录。——《社会主义第三次开会记》,《天义报》第九、十册合刊,1907年10月30日发行。)

九月初六日(10月12日),吴敬恒在巴黎致书蔡元培,告以"苏报案"发生情况,并为"献策"辨解。

先是,章太炎指斥吴敬恒"通情"、"献策",最早是由于1907年3月25日出版的《革命评论》上发表《邹容传》引发的。《邹容传》云:

"容既明种界,又任气,视朋辈无足语者,独深信余,约为兄弟。时爱国学社教员吴朓故依附康有为,有为败,乃自匿,入盛宣怀之门。后在日本,与清公使蔡钧不协,逐归,愤发言革命排满事。而爱国学社多朓弟子,颇自发舒,陵轹新社生如奴隶。余与社长元培议,欲裁抑之,元培畏朓,不敢发。余方驳康有为政见书,事寖寻闻于清政府,欲逮爱国学社教员,元培微闻之,遁之青岛。而社生疾余甚,问计于朓。会清政府遣江苏候补道俞明震究治学国学社昌言革命事。明震故爱朓,召朓往,出总督札曰:'余奉命治公等,公与余昵,余不忍,愿条数人姓名以告,令余得复命制府。'朓即出《革命军》及《驳康有为》上之曰:'为首逆者,此二人也。'遽归,告其徒曰:'天去其疾矣。尔曹静待之。'"(署名"章炳麟",收入《文录》初编《文录》卷二,修改很多。此后,章氏又就《文录》所载增损为《赠大将军邹容墓表》。)

"吴朓"即吴敬恒,文中以为章、邹的被捕,由于吴敬恒向清政府遣江苏候补道俞明震"通情"、告密,即所谓"献策"。

此文刊出不久,吴敬恒即于1908年1月致书章太炎:

"去年恒来巴黎,见君所作《慰丹传》,登诸第十号《革命评论》者,中间以恒旧名,叙述恒与俞君相晤事。……恒与俞君相晤,恒亲告于君,君与恒现皆存世,非如慰丹之既没,岂当由君黑白者。……如《慰丹传》所云,有所原本,请将出诸何人之口,入于君耳,明白见告。恒即向其人交涉。如为想当然语,亦请见复,说明为想当然。……倘不能指出何人所口述,又不肯说明为想当然语,则将奴隶可贵之笔墨,报复私人之恩怨,想高明如君,必屑也。"(吴敬恒:《与章炳麟书》,见巴黎《新世纪》第二十八号,1908年1月4日。)

章太炎见到此信,当月即复:"至最后足下献策事,则□□□言之,□□语不知得自传闻,抑亲闻诸俞明震者。但仆参以足下之屈膝请安,与闻慰丹语而面色青黄,乃□□所谓明震自悔者,有以知□□之言实也。"(《答吴敬恒书》,1908年1月31日,见《民报》第十九号,并附吴敬恒原函,《太炎文录》未收,"□□□言之","□□□"为"张鲁望"。)

接着,章氏写了一大段文章,指责吴敬恒"外作疏狂,内贪名势"。

此函刊出不到两月,吴敬恒又在4月17日《答章炳麟书》,(载《新世纪》第44册,1908年4月25日出版。)章太炎也写了《再复吴敬恒书》,(载《民报》第22号,1908年9月5日出版。)刊出后吴敬恒又写《再答章炳麟书》,(载《新世纪》第六十三号,1908年9月5日出版。)争议的是是否"通情"、"献策",杂以詈骂,可见"怨毒之深"。

二十多年后,蒋维乔在《中国教育会之回忆》提到"苏报案",吴敬恒又写了《回忆蒋竹庄先生之回忆》,(载《东方杂志》第33卷第1号,1936年1月1日出版。)并寄交冯自由,冯刊入《革命逸史》第三集,题曰《吴敬恒述上海苏报案纪事》。

近年来,仍有人对吴敬恒"献策一案"提出评论,因将今藏档案馆的吴敬恒在巴黎回复蔡元培的长信,引录于后:

"民友先生侍右:近日因完成多种印件繁忙,未能将旧事即写呈,恕之。今拉杂布陈如左:

"答公问第一、二条,先述与公分别后近一月内之略史:

"五月二十日　公去青岛。

"二十四日　弟之眷属迁往泥城桥东,弟即离社回寓中。因其时社中非特无事可以与闻,且枚叔先生与社中同人争夺校具,日剧一日。弟惧插身其间,且起厌世意,故绝不到社。(西来之期,弟定七月,因其时仅空言,囊无一钱也。)惟何君梅士、沈君步洲、章君行年,确曾屡次来寓,告述不平。弟亦感于曩夜评议会将终之言,公意彼此衣冠,若争及琐琐,未免贻笑。确曾不以枚叔先生之竞争为然,此枚叔先生所未知者,而我之自道其实则如此。乃会逢其适,'有遽归告其徒,天去其疾之言'。然章君行年者,其弟亲批其颊,今复与彼修好,弟之此书,公或寄示行年,曾有如是之言乎?所指论者,无非公言,即弟到社,亦可亲责言于枚叔先生。何日某人来,皆不能忆,因非止一次,约略都在月杪。

"闰月二日早　忽有一人送信来,家中人托言外出,因厌世不愿与人相往还。弟在壁缝窥之,其人年四五十,有须而矮,上穿蓝呢小袖褂,不知其为何如人?伊闻不在寓,即置书于家人手而去。弟拆书读之,乃知为俞君省羞简。披蓝褂者,意其为干仆。

"俞君省羞,向不知世界有其人,不记时日,(大约终去闰月初二,不过十日半月。)弟住社中,尚未起。舍弟直导一人来,少年丽都,刚二十,新留须,止三茎,东洋学生装,直揭余帐,道殷勤甚至。曰:彼为钮惕生友,俞姓,号省羞,家南京。弟时寤甚,因床上积乱衣,便壶气蒸腾,不堪为生客见。然俞君坦然。余谢体不适,故迟起。伊问惕生有安归消息乎云云。问答数十语,匆匆去。弟仍不知俞姓为何如人。其日饭时伊又来,弟已在客座,同来者二人,一西装,(旁注:记不清。)一华装。俞君指西装者曰:'此陶君,矩龄先生之令郎';指华装者曰:'此魏君,午帅之孙也。'余唯唯。乃揣俞即俞恪士君之子,委蛇约半点钟。俞君言别。弟曰:'体尚未好,恐不能造寓。'伊云:'断不必,况我等今晚即行,顾慎言语,毋过激。'弟愕然,然心疑彼即指惕生等已遭戮云然(时有此谣)。漫应之,伊又云珍重,遂别。以上乃与俞君省羞相审之历史。本日(谓闰月二日),忽得伊之手简,其文云:

"有要事特来沪,与(原注,笃生、铁生、尔和已否东渡。下同。)公商办,乞即惠临(英大马路)公兴里第八家进士第杨寓一叙。纯患病不能奉谒,乞恕之。此上,即请台安。俞大纯顿首。初二日。

(今仍将原简附呈,阅讫乞掷还。)

“弟之心中,莫名其妙。适朱君仲超来,(此人重要——指此案,公亦曾见其人,即前弟在东京逐归,偕公同舟,彼当时为吾寓中支持者也。)伊亦莫名其妙。适吾舍弟等,皆于此日回无锡,弟与朱君送彼等下船,至铁马路桥。归途,弟言俞从南京来,甚有异,我今便道往彼,君盍与我同去。伊曰甚善。按址觅之即得。比入衖,觉所居无一正当人家,大类妓寮,至约八□地,果见朱条‘进士第杨’,立门口望之,大奇。忽见六七小女子,无一不眉清目秀,杂据一座如常塾,各执书读,为之师者,一年约二十馀岁青衣之少年。心想女学堂尚在萌芽,何以此处已有此组织,少年即诘余等为谁?弟曰:‘我姓吴’。伊闻之,又见西装,伊即欣然。余曰:‘有俞姓在此乎?’伊曰:‘即请上楼,正相待也。’弟与朱君遂同登楼。

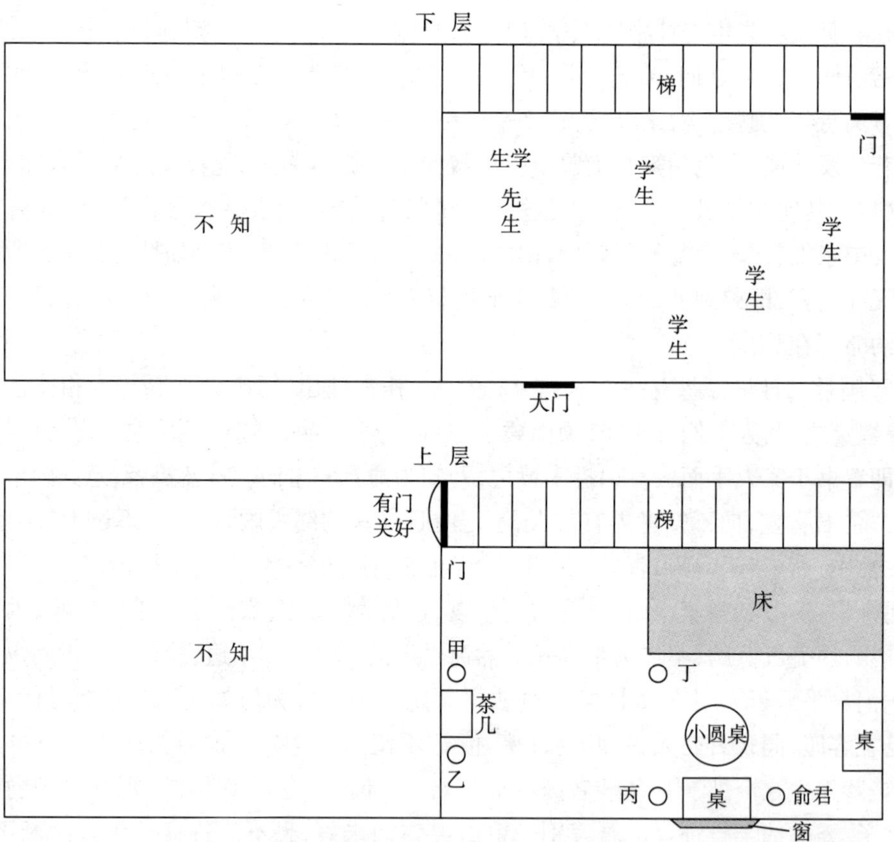

“弟前行,已登楼,从门间望窗前,一人坐,年已四十馀,然面目大类省羞君,弟心知此必俞恪士君,私念此十有八九捕人之局,然谅彼亦不敢下此野蛮手段,突出壮士捕我。然到此,亦无可如何。或伊子同来,亦未可定。不及多转念,恪士君起立迎谓曰:‘贵姓吴,稚晖先生耶?’弟即答曰:‘然。先生为恪士先生乎?’伊曰:‘是是。请坐请

坐。'又问朱君姓字,弟即问曰:'世兄今在何处?'

"伊曰:'实未来,吾有事,欲与尔商,且请坐,再细谈。'

"朱君占(乙)座,弟占(丙)座。(以后话头太多,若一句一句记之,非特无此记心,且亦无此纸幅。今撮要记之,然全意略无遗漏。)

"伊有云:'近来上海风潮太利害,学社果作何事?'弟曰:'风潮虽利害,愧皆空言,学社乃讲学,别无何种奇事。'

"伊觉说话问得太扁〔偏〕,即曰'自然自然,然外边不知者,皆大惊小怪'。

"弟曰:'无怪如此,有如近日汤、纽二人之谣言,亦是奇闻。'

"伊曰:'中国向来谣言多。'

"伊又曰:'然则外间起如是之谣言者,果何因也。'弟曰:'此无非文字口语,近来激烈者日多,故因之谣言易起。'

"伊突然向我曰:'龙积之,其人果何如人欤?'

"弟笑曰:'龙积之者,一阘冗之小官派,若其人官中尚疑其有他,真令激烈党短气。彼去年初见,尚与我叙伊叔之同年,则其人可知,我不解官中屡欲访缉,究为何事?若龙积之可以捕拿,当无人不可捕拿。'

"伊云:'原是原是,我亦略知其人,然当道竟有甚畏之者。'

"弟曰:'此真可笑矣,我将质实言之。现在上海,据我看来,无一可捕者。至于口头言语之激烈,我不敢讳,或者尚以我吴稚晖为放肆,我非轻视上海之寓客也。'(弟当时因伊果用野蛮手段,但看伊有胆无胆,如何不防巡捕干涉,故以壮语观其究竟。且人到激昂时,气势稍壮,想不如祸引于一身,让他处办,果不能逃,不硬亦无用,故作此语。朱君亲闻之,俞君亦尚活。又漏去一层,当弟坐定,即瞥见送信之黄呢褂人,抱水烟袋坐床上,彼此即点一点头,后知此人大约即进士杨公,盖南京之坐探委员也。故所讲之言,又有杨君闻之。)

"伊曰:'实情如此。然谣言一多,官场即疑鬼疑神。'

"伊皱眉曰:'《苏报》近日所言,似乎大过分。'

"余笑曰:'时势如此,恐言语之激烈,将日甚一日。'

"伊曰:'诚然。然我不主张激烈,以为此事无益,徒召乱以致外人之干涉。现在惟学问最为紧要,教育稍盛,政治自有改革之一日,暴动万无益处。'

"余曰:'如官吏之昏昏何?'故有人云:'造反者,政府造之,使人反也。'

"伊曰:'我们且不说野话,《苏报》有法使之稍平和乎?梦坡亦旧熟人也。'

"余曰:'如无可说者,报纸自不说,否则将有第二《苏报》未已。'

"伊曰:'虽然,此闲话,就目前,必有一办法。'(伊意似迫欲嘱我设法者。)

"我曰:'梦坡既先生熟知者,报馆事倘外人为言,得勿疑我为受赂。'(余词气示决绝不与闻之意。)

"伊曰:'梦坡脾气,我亦知之审。'又踌躇曰:'我昨日曾往彼,惜未遇。'余曰'唯'。

"伊皱眉曰:'说话似太过分,使人难下台,将如何?'

"伊曰:'姑置之,鹤卿在上海乎?'

"弟曰:'伊早往青岛,今或已赴德矣。'

"伊曰:'甚善。'伊即在桌上之靠窗书与纸及信之堆下,出一纸,起立,走至弟一边,弟亦起立。伊曰:'我今示你一物,请看。'乃一官中文书,伊执放桌上,弟观之,略云:

'……西江总督部……为札饬事……奉廷寄……有逆犯蔡□□(台衔)、吴敬恒倡说革命,煽布……今札俞道会同该道……严拿务获……'

"至其尾,似有正法等字样,未终,伊即随手急折好,一面收起,一面返坐。口中曰:'笑话笑话,请坐,再谈。只不过官样文章。'

"弟乃故作坦然曰:'公事公办,既为之,则应受之,无可逃也。'

"伊曰:'笑话笑话,我们且再讲要话,闻你曾有往西洋之说?'

"弟曰:'先生何处闻之?'

"伊曰:'你有学社贴有手帖。'

"弟曰:'实有此意,望西洋如登天,惟现尚未能也。'伊曰:'如要出去,我想亦好。'(盖至此,各人之神色大定,伊即将此语示意,公文之事作废,你可以自由出洋。)

"伊又曰:'你想到那一国去?'

"弟曰:'想到法国去。'伊曰:'不妥不妥,欧洲未善,美洲最好,故小儿亦欲令彼去美。'

"弟曰:'闻美国学位可买,恐学问不如欧洲,况我有友人告我,法国学费甚廉也。'

"伊曰:'皆云美国好,故我决意令小儿赴美。'

"正抬扛间,楼下之先生,忽托四菜碟及杯筷走上,自陈于小圆桌。

"俞君起立曰:'我们来吃点小点心,好徐徐谈,决勿客气。'即语朱君曰:'请坐,吃了再讲。'伊移自己凳先坐,青衣先生随手移他凳于三面,乃杨公亦占一凳,竟不客气。朱君遂亦占一面,弟亦即占一面。正移坐间,杨公又去拿了两瓶酒来,俞君谓我二人,一瓶是玫瑰花所浸,一瓶高粱,公等何择。我等曰:'皆不甚饮。'伊曰:'然则玫瑰者佳。'即倾一樽,先置朱君前,复倾各樽。伊若示菜中无毒药者,曰:'随便请吃。'即自己每盆吃一点。须臾,青衣先生复托面四碗来,置各人前,乃抱水烟筒在一角吃烟。此寓组织之奇,至今莫名其妙。

"面时,无非谈西洋游学,又及伊子学何科最好等,皆不与此案相关,故略之。

"面罢,伊不移坐,及碗筷毕收,仍不动,似有逐客意。我等亦急欲行,遂起立告辞。伊送至梯头,忽又呼我上曰:'我们可以常常通通信,你信来,可名吴谨,谨慎之谨,我写俞燕,安燕之燕,即燕子之燕。'弟莫名其妙,漫应曰'唯。'遂出。(惟此结语,至今莫名其妙。——想公现在闻之,亦莫名其妙。后来我亦无半句要通信话,故亦未曾用过。)

"其夜,钮惕生将于明日去日本,我与彼邀董懋堂、陈仲英在五层楼绝顶吃菜,谈说日间事,皆大笑乐。茂堂曰:‘公来必不发,如吴谨、俞燕之名,倘即示之,恐你须谨慎,我乃燕然而息。’席间皆曰是,或曰不知其命意。

“所以全未提及章、邹两公者,我亦不知,活口俱在,可问之也。若枚叔先生所作《慰丹传》中,形容袖中《革命军》等两书,一拿就出,彼等文章虽使人佩服,恐我无此日日佩带身上之记忆力,恐未免太违情理矣。

“闰月三日　礼拜六,送惕生等去日本。

“闰月四日　礼拜。

“公第四条所问,系传闻之误。弟并未于晤见俞君后,即往教育会相告,因一则苏报案之后事,弟不能预知;二则此种捕拿之事,曩年非止一次,公亦曾与弟偕往巡捕房,当时弟之意中,止作又被巡捕房唤问一次,文书中又止有公与弟二名。公既不在,弟又何必以己之私事,向素不相习之人告。(枚叔先生在社中,亦与弟不甚讲话也。)况其时彼恨弟五月十七夜评议会□□之言,果往谈说,一若弟往卖弄有官人卖放也者。况弟当时并不想到,只有余波及于枚叔先生等。至于积之,适因议事厅冲突,亦不通问,况俞君既将我之自认放肆者放过,仅至寻彼言以为腐败者。至于苏报馆,公当知之清清楚楚。自五月朔起,已全归行年代为集稿,我等皆不与闻。况弟乃实话,若弟去向梦坡陈述,若欲和平其说,弟乃出尔反尔,苟不受贿,何至丧心病狂,改其宗旨。如无和平之力,空讲奚为。如为梦坡或受不测计,俞君不云乎,是其旧熟人,彼虽往报馆,彼独不能往第二次乎?故当时弟且并无此等盘算,以为又经一回巡捕唤去而已,甚不足挂齿,故亦全无心思,想到去转告他人,向茂堂等告说者。(吕肖亦曾闻之。)不过当时出了学社,日日与彼等往来,谈说以为笑乐耳。不知后日有如此之关系也。

“闰月五日　傍晚,何君梅士、沈君步洲,(沈乃梦坡之甥。)急叩弟家门,入即告曰:‘拿人拿人。’弟曰:‘所拿者谁?’彼等云:‘现止拿去苏报馆司事陈吉甫一人,闻梦坡先生及章枚叔、邹慰丹、钱宝仁等皆在内。’弟曰:‘有只事。’彼等云:‘我们在彼来,我等再去看。梦坡先生亦嘱请你去商量。’弟乃随即随两君出门,甫至街心,枚叔先生与敖君梦姜自东来,告其故,枚叔先生冷笑,我等邀伊同往,伊未却,五人同行。

“然则《慰丹传》所谓‘范遁,令其子诣余告警’。梦呓耶?

“至报馆,在楼上坐,梦坡先述下午有巡捕来,出票示我等,其上有陈范、陈吉甫、章炳麟、钱宝仁、龙积之、邹容、陈梦坡七名。(陈吉甫似系第一名。)我等云:‘陈范已出去。’巡捕指梦坡曰:‘彼为谁?’吉芬急曰:‘彼系亲戚。’巡捕曰:‘谁?陈吉甫何在?’曰:‘亦他往(实他往)。’巡捕去,吉甫即归。巡捕又至曰:‘吉甫已来矣,不妨随我等去。’于是听巡捕强陈吉甫去。吉甫初不肯行,后习闻巡捕房每传唤人,皆无恙,遂亦坦然随巡捕行。巡捕去又来曰:‘闻陈范亦已归。’皆曰‘实未’。巡捕乃曰:‘然则彼如归也,今夜必来捕房,否则明日决要来。’皆曰‘诺。然则陈吉甫可令暂出乎?’巡捕云:‘不能。’后设法欲先保出,巡捕索铺保二人,并担任保金五千元,于是我等始骇,何至陈吉甫一人值五千元,即铺保,欲请广智、文明两局往,皆不愿,故请公等来商。吉芬云:‘稚晖先生,我想爹爹先走了好,如往无益。’梦坡云:‘我想去亦可。’

“公！此时在现在言之,公必曰:‘你何不将一切与俞相见之情形说出。’惟当时我实有为难之情状,我若百忙中先讲历史,恐话未说明,伊等即群起,以为放了你,到拿我等来出气,或逼我与俞君交涉。我尤为难,此皆我当时胡涂之处,或惟此实我之过。我当时心中,即猛想着俞君之苦心,至今思之,益真切,弟姑妄言之,公亦必以为信然。

“盖梦坡后告我,案未发之前,确有一人来馆买书,彼言姓王,与陈吉甫交涉,详问吉甫姓名职业,吉甫厌之。虽告彼,然□□□,后问梦坡,梦坡实在馆,亦未向彼托词谢客。伊□□兴,故随□□可在。

“公想巡捕既识陈吉甫,岂有不识陈梦坡,竟当面不拿。一奇。

“俞恪士既以梦坡为熟人,岂有不知陈范即陈梦坡,乃一牒两名。二奇。

“巡捕拿陈吉甫,索保金至五千,何等重大,乃轻将全牒名氏宣露。三奇。

“既宣露矣,捕章先生至于再一日之傍晚。四奇。

“其实一无所奇,盖此案不过想拿陈吉甫一人,使馀者皆逃,则报馆自然关门,可以销差。其公文则曰:‘馆主已经逃逸,故捕到司账一人,讯无知情帮同撰述情事,故将报馆发封,陈吉甫具保释放。’

“乃不料章先生以入狱为莫大之责任,决不退避,故后来反弄到皇帝请了律师,与百姓打官司,官场亦受了说不出的苦处。

“此乃弟体察四奇,揣想以为确凿如此,非弟晤俞时,于上文所述之外,尚有另外之枝叶。同去之朱君虽为吾之至友,然彼常不以我之革命为然,所以终相敬爱者,以弟生平鄙陋之事,幸能免去,否则若亲兄弟在革命党中害人,必使人齿冷矣。

“弟当时虽没有想得如以上之明澈,然约略已提醒到此,彼父女相商于我,我即曰:‘事固不妨去。’然何为要提陈吉甫？陈吉甫者,素未知名,且绝不相涉也。今乃复索保金五千。况巡捕果不识梦坡先生乎？梦坡曰:‘靠不住,靠不住。’伊似极识我,神情若故意不识者。弟云:‘事大奇。或暂避亦可。’杏芬云:‘我亦说且暂避,人在外,可以料理。’梦坡云:‘将往何处？吾以为去亦无妨。’弟云:‘我不敢下断语,然似无益于必去。’何、沈有时开口,亦如我之词气,因断言竟避,乃畏怯。若云当去,则父女二人实无意肯去,故再三盘旋,章、姜二人似愈听愈厌者,即起曰:‘我们先走。’即怫然去,且带冷笑。弟经此感情,内愧甚,盖心中实欲劝梦坡使避,至此几欲行,然相顾凄然。方商如何如何,岂可立走。及章、姜去久,益趋于避之一方面,遂决意暂避。弟与何、沈及梦坡先生,共雇四辆东洋车,杏芬及二蔡中之一蔡,随后亦雇车,竟款徐敬吾君之门。彼在爱国社后,盖当时商量,往弟处,因弟或恐续捕,不妥,迁至梦坡新马路寓,巡捕能知之,不妥,迁爱国社,更不妥,然此外别无可迁,故款敬吾之门。时敬吾已睡,着衣起,敬吾怒目相向,然究因避难来者,强点灯,导上楼,其时此楼为学社所租,又新于社中夺得无数床架藏彼,即教育会中人亦皆住彼。既上楼,何、沈因敬吾如此,早返社,我等四人上楼(我,梦,蔡,吉芬),敬吾亦不随上,即归房,楼上睡者枚叔、小徐、相伯三人。枚叔即骂曰:‘小事扰扰。平日大言炎炎,小事扰扰。’其时相伯见火闻声,探头出望,即睡下。小徐亦仰首望一望,若不见,皆睡。曩夜之事,我终身不忘,觉世间羞耻之事,无有过于彼时,然无奈何矣。四人互相问答,择一空榻,铺杏芬等携来之被褥于上,遂令梦坡寝息,我等皆行。恐迟出敬吾又或起骂也。其时已一下钟,至门外,何、沈二人不放心,出探,遂由沈君决定,明早迁梦坡于人演译社。

“如此情形,此夜弟决无可以贡说晤俞历史之机会。

“闰月初六日　早,沈君来我寓,我随至学社,敬吾在彼高谈阔论,相伯与余寒暄,(不知是否相伯或系梦姜。)浩吾入学社门,拱手而言,公等请暂避,留此身以有待,弟笑而听之。方欲有词,伊足不一停,直向后门去。口中曰:枚叔先生何在? 伊即向敬吾宅去。沈君与我,本欲去迁梦坡,亦尾其后,见浩吾方出,口中唷! 唷!! 唷!!! 我有要事去,我告公等矣。

“其时,枚叔先生方在敬吾客座中吃朝饭,(似对坐为小徐先生。)似方冷笑罢者。见我等入,伊忽似极知己,与我辈戏者。笑逐颜开曰:‘小事扰扰。’我等亦笑逐颜开,不听其语,直趋楼上,就伴梦坡下,径至人演社,至梦坡新寓,遇吉芬,始知捕房又捕陈仲淇、钱宝仁去,出门遇程伯嘉,(《晋报》主笔。)伊云:‘我在《中外日报》,遇俞恪士,知此案尚有你,宜速避。’余曰‘诺’。适无锡学堂托我买风琴,遂往外浦滩近处,与熟人周旋了一天。夜,何梅士来,告余,枚叔亦捕去矣。弟曰:‘如何捕去?’何曰:‘巡捕傍晚来社,适枚叔在账房。巡捕曰:有数人在你们学堂。出票示枚叔。枚叔曰:‘章炳麟是我,其馀皆非我社中人也。’巡捕曰:‘然则尔即行矣。’枚叔先生曰:‘唯’。遂行。

“那自然,枚叔先生之从容,使人五体投地,然情形既如此分明,何必造出许多蛇足之言以自污。

“即如彼不满于公者,谓微闻逮捕事,遁入青岛,无论公之往青岛,实因当时内哄,恶闻衣冠之丑争,故隔夜议分离,明日即辞各事决行。又曩年逮捕,岂止一次,即枚叔先生自己,亦与我同入捕房问话。若欲闻逮即遁,早已遁矣。然彼之语气,以为先生独遁,未一警告于彼,故至彼不能遁,此言尤与彼之志节矛盾。彼所谓‘诸教员方整理学社未竟,不能去,坐待捕耳’。请第一句先问他,所谓诸教员者何人,仅小徐先生一人,尚新来,未闻特来整理学社。其馀相伯,向不为教员,教员既是妄语,则学社未竟一语,当时学社,正在争夺中,无整理之可言,是枚叔之就捕,实为临危不避之大节,何尝是殉身学校之细故。故隔夜在苏报馆闻商避而笑,当晨浩吾先生警告而骂,果有半月前作鄙陋之语告之,曰大祸将至,速速迁避,岂非连其人之祖宗,将遭讥骂,岂反肯信而逃乎? 故语曰:‘求仁得仁,又何怨。’枚叔先生之怨,直过于自污,至如彼纯乎止怪先生之预知逮捕,则又可以不辨。即如上说,曩年预知逮捕,岂但一次,知之如何? 不知又如何? 彼重视最后之一知者,乃因苏报案成为巨案之故。然当其未成巨案之先,同是官场哀求巡捕房拿人,既拿数次,皆儿戏矣,安知此次必为郑重? 则当日如秋风过耳,何足有告人之价值。盖苏报案而以陈吉甫作戎首,虽欲不为之儿戏,实不可得。重之‘我是章炳麟’一语重之也。(弟非敢谓不当使之重。)乃既作揣想之词,硬派人知有逮捕,及明明隔夜当晨告彼,又硬骂人鄙陋,真十八面一齐占到了脾气,人谓章枚叔是疯子,真疯子也。

"是日晚间,闻枚叔先生在捕房送手书出,促积之、慰丹皆入。

"伊《慰丹传》中,乃匿去手书,仅曰'闻余被系'。然龙积之活口尚在,即护慰丹同逃之张君溥泉亦尚在也。(弟传闻系张君护之,非亲见。)然此乃爱人以德,正是以见枚叔先生之志节,何必匿讳哉?

"闰月七日 早,闻积之自投捕房。

"审判词等,非弟此案之事,弟亦记不真切,且公亦云已见报纸,故略。

"今日上午,恐人演社不妥当,又伴梦坡至彦复姊氏某宅,(杏芬所想出。)岂知至彼,彼宅闻为如此事而来,大不情愿,颇怏怏,乃惶急甚,复返人演社。

"弟久相伴,始与梦坡先生谈'晤俞历史',伊遂亦料此事实欲押账房了结,遂决计去日本。

"下午,又往学社,告小徐、相伯、梦姜诸君,以'晤俞'事,因当时皆甚怪捕人无我,故弟不能不明告此事。

"若读至此,有人以为告此事太后者,弟则欲诘曰:'然则告之若早,则奈何?巡捕房固先我而告之于隔夜矣。而梦坡逃,枚叔先生岸如也,上海同人喧告于当晨,(非特浩吾一人。)而积之、慰丹皆逃,枚叔先生岸如也。如以为逃亦遭捕手,则梦坡之至今未入狱。其证一。枚叔先生自云慰丹在英教士所,巡捕不敢诘,则枚叔先生何难亦往彼。其证二。若后世不知枚叔先生者,以为当时吴稚晖与彼,同是一人,同在上海,又为同党之一人,何事不可谈说,若公等饱看其面目,又习知吴稚晖与章枚叔之虚与委蛇,全用客气,又新跟跄者,章枚叔则岸如,乃欲吴稚晖胁肩谄笑,敷陈可逃之状于彼面挟风霜之时。吴稚晖虽狗肏忘八,亦断做不到。况其时曾隐演丑剧于陈梦坡以微讽之矣。乃饱受曩夜小事扰扰之羞,至今思之悔恨。且弟在当时,亦了无所慊于心,官之拿不拿,我又未尝要,求其不拿,至于不拿。曩年我所受于官场者,共四次,与徐敬吾唤至巡捕房一次,与公去一次,与龙积之、陈镜如、章枚叔去一次,独自一人去巡捕房□□□□□处一次,独自一人被俞恪士借其子名唤去一次,皆云官要拿人,你们放心。我们不听彼拿,此等声口,公之耳中,必曾进过,枚叔先生亦曾进过,岂弟造言耶?虽俞之声口略变调,然其意犹云,官要拿人,你放心,我主张不拿。如此五次,在弟视之,岂有轻重,他们不要拿,只是最好之事,我终必无强之使拿之理。我若强之使拿,则凡做革命党者,今日谈革命,明日即可自割其头,送至官中,五次之不肯拿,我亦莫名其妙。如以为彼等为公理耶?不拿革命党,自合公理,彼等自为公理,于我何干。我惟受彼之感情,益自勉于革命,斯可矣。如以为私情耶?我未先有恳求之意,彼等或看我吴稚晖之面孔好,或形状魁梧,或如野蛮人之思想,前世有姻缘。(若枚叔先生所谓'明震故爱朓'。我却不知从何爱起。)弟尝闻东京来西之人告我矣,言枚叔先生言,俞君与我为同年。我想枚叔先生断不作此丑语。然俞君为我同年,我亦不曾熟读十八省同年录,我闻枚叔先生谈及方知,又枚叔先生引俞君之语曰'公与余昵'。世间有第一次见面,可称为昵者乎?况昵字之意,直狎丑甚至,何至糟蹋人如此。总而言之,归到正文,他人之不捕我,或出于殉情,然我不知情之所由殉,则我亦必过问。即对于俞君,我凭公道而评之曰:不拿吴稚晖,是好人,又拿章枚叔,是恶人,彼不做革命党,甘心做官,故至做好人又做恶人,实是糊涂人,如此而已。

"是夜,闻慰丹不肯去,然此仅出于传闻。

"至于慰丹之不肯出,全不为慰丹之累。凡革命党之能逃官捕,视乎其力,可逃则逃,革命党之对于官场,惟有不可哀求而已。因哀求即服从,是失其革命党之资格。若革命党而能逃,逃愈神,革命党之本领愈大,此非为第一人洗曾逃之秽名,凡议论决非害道,不必妄自菲薄。今事后论之,在慰丹一人,则死了亦好,恐活了或至变节,令名不终。若为社会,以慰丹之年富力强,思精意锐,若逃了,正不知能为革命党作无数事业。

"闰月八日　早,闻慰丹往警署报到。

"九日　午后,与何君至宗仰寓所,亦告以'晤俞'事。夜,送梦坡下东洋船。

"十二日　省视枚叔等于四马路老巡捕房,慰丹、龙、陈(仲淇)、钱、陈(吉甫)同在一屋,我与何梅士君在栅外,即详告以'晤俞历史',举以上所言于公者无异。其时龙积之及陈吉甫皆点头,慰丹与枚叔微笑,钱宝仁、陈仲淇若莫名其妙者。然我此日胸中之抱歉,亦终身不能忘。盖彼等其时皆失其自由,坐卧一室,我则指手划脚谈栅外。谈罢,从容自行,虽极表大不忍之意,然受苦者之一方面,心愈激苦,此等感情,实不能为我相对之一方面人释脱。盖曩年意气发扬,高谈阔论于张园,最足以致官场之仇忿者,实弟为最。而循循者乃在栅中,扬扬者乃自由于栅外,天下不平事,宁尚有过于此者乎?然当时弟实不能效寡妇烈女之殉节,慷慨自状于巡捕者,亦势也。盖弟即为此,既为入巡捕房,盍竟入上海道衙门。盖世之责人,必且无已。故我之抱歉,自不能已,亦望公道者,恕我不幸而适得此难逃之抱歉。

"在枚叔先生既志节矫然,亦当可怜吴稚晖之不幸而漏网,付之一笑而已。岂可积苦生恨,积恨生怨,造出他人所不曾有者,以泄其忿。且不明揭于尽人可见之报纸,用弟现在共知其名,而必用弟旧名,他人所不甚知者。若有意,若无意,登于一日本人所出之《革命评论》报上。弟若以小人之腹,度君子之心,岂非彼因突然公布,恐违于事实者多,致遭不可辨之驳难,故必隐□于不甚留意之报上,使日久人得其稿,辨者已死已亡,他人欲闻吴朓为何如人,有人即曰似又名某某,遂共骂曰:原来其人丧心病狂,狗彘不食如此。乌乎乌乎!枚叔先生之用心,虽决不如我揣测之甚,然彼之志节伟岸而性情忮刻,心地光明而脾气鄙陋,实有其相反者。以我此书,悬之国门,若云非是,枭我头去。

"是日,出巡捕房,见南洋公学之旧账房江趋丹君。伊在公学时,与弟有旧恨,虽两相招呼,伊似露出你乃犹在街上自由行走耶之状。弟大惊疑。是日,适日本同舟归之孙揆均(叔方)回无锡,弟送彼入舟中。正坐谈,吕肖来,伊曰:'你快快避开点罢。'我曰:'何故?'伊曰:'今日徐师竹在盛杏孙公馆译书归。伊言福开森恨你,与盛杏孙言,破坏南洋公学者此人,今此人独逍遥在外。言至此,伊又与盛在别室谈,不可知。'弟闻此,参以路上所见江君之状,心中知其有异,然口中谓吕肖曰'无妨'。吕肖曰:'你说要西洋去,何不就去。'我说:'西洋我明云七月去。'(七月去者,当时出学社时,揭一帖于墙。言我今迁往泥城桥某号,如要寻我,请往彼。)(此非泛指,其语气实因当时屡起谣言,日日要拿人。我出社,即恐枚叔先生等笑我逃走。)(若过七月,我即西洋去矣。)吕肖云:'早去亦何妨。'我云:'痴人,铜钱何在?'皆默然。孙君云:'且到香港去去亦好。'(日本者,因弟不能去也,故未议及。)我云再说。吕肖云:'不要弄出事来。'我云想无事。

"十三日,朱君仲超又来,言外间说吴稚晖在上海,俞恪士何不拿,故俞无法,恐出手,彼亦得之道路之传闻。彼云:你如西洋去,有庄君已赠你四十元在此。弟当时想西洋之说,本是想吃天鹅肉,连我家中的坟墓卖了,也凑不起一个西洋旅费,不如趁此机会,广东有几个朋友,肯帮忙者,借逃走为名,讹诈着了一个盘川,亦是一法,遂允赴香港看风色。其时适有广东朋友托买书籍洋五十馀元,又钮惕生交我东洋书一箱,值百馀元,倘到香港,朋友借不到多少钱,恃此两项,或可得一船钱。其时决意乘日本特别三等舱到马赛,百十元,此时了不知西洋情形,惟胸中执了赵君仲枬之说,巴黎在六、七层楼上认一房间,不过十许佛郎一月。(诚有之。)自己烧饭,一切食料,不过昂于中国一两倍。(诚如此。)我想我在中国吃六七十钱,到法国吃两角钱,必可有馀。如此,一年一两百元,必可度日,告借于朋友,每年百馀元,我再做些工,得几十元,自然给足。生此谬想,行志弥坚。朱君曰:'既决矣,恐有不测,岂非计画皆败。今夜宜速收拾,明日招商船不妥,后日太古船行,你即到我寓住宿。'我曰:'我无可收拾,洋衣数事,既旧且破,明日到虹口买旧衣几件,其馀书籍不必带,横竖去读法文,所带者止有惕生一箱东洋书,彼必允我换盘川,且带香港,外边恐无多钱,故五更饥炉灶等,皆当置箧中,家人一一为收拾讫,是夜宿虹口朱君寓。

"十四日　躲朱君寓,心一虚,便如犯重罪,要马上杀头者,连楼也不敢下。

"十五日　家中生活资未料理,家中遣小女来问,乃留买书五十元置家中,嘱唤我亲戚出,帮同设一小杂货铺,以为生活。(后来反亏了无数本。)朱君已通知爱国社诸君,何梅士君愿偕我赴粤,以防路上不测,且彼欲向其舅谋机会,与我同来欧。晚乘车掩面赴太古马头,何君及爱国社诸君皆待久,我至,船适解缆,竟不能上,诸人皆相顾失色,欲雇小舟,行李既重,仓卒亦恐难上。野蛮思想,以此风色决休咎,谓或者必就捕。无已,仍返朱寓。后闻招商之龙门船,明早开,龙门虽招商船,然数日内并无捕拿消息,乘之亦无妨,并决计移行李于龙门。何君宿舟中,余未敢往。

"十六　早,余乘马车掩帘赴龙门船,送行者为朱君兄弟、王君君宜、章君行年、俞君子夷、胡君敦复、沈君步洲、田君逸云。是晨九时即开,出口后惊魂始定,与梅士适凉棚谈笑,如公伴我日本归,丑态如此,思之作恶,不畏人笑,所以缕告也。

"十九日　舟将到,忽遇龙伯纯,伊在前舱,彼此大窘,伊则因国民议政厅冲突事,似乎当日在国民中学敛钱之状,甚无谓。我则恧于伊家龙积之在狱,我乃逍遥海上,彼此虚与委蛇,尽欢而散。是日下午抵香港,寓泰安栈。

“二十日　病疟,寄书羊城友人。

“二十一日　未愈。

“二十二日　夜,弟之难中友陆君炜士至,出各友所赠六百金交予,且勉之曰:‘子喜浮浪,虽与吾异趣,然我不相非,我所期者,以君之年力,或尚可得一知半解,子能西行,我辈虽无力踵至,然不啻数人行矣。一切调查,行者之责,一切旅费,居者之责。’(弟乃晤不践言,真可愧。)伊意去英善。弟不忍拂其意,遂改适英。

“数日在港候船。

“二十五日　敬吾亦逃来。

“二十六日　敬吾去澳门。先是,二十五日早,梅士去羊城,今晚得书,伊为伊舅圈禁出,非特不借钱,且不放伊行,嘱我独行。

“六月二日　乘日本丹波丸行,坐二等舱,因疫作,三等舱票不能买。

“船上遇林文卿,又遇英人金某,偕厦门中国学生二,雷姓、叶姓,去苏格兰,弟随定随伊至苏格兰。

“七月十七日,抵伦敦。

“二十一日,遂去苏兰首都荡丁堡,住十个月。

“又往利物浦住一个月。

“至伦敦住十四个月。

“又往苏兰扼北□住十四个月。

“又往伦敦住五个月。

“又至巴黎约有十个月。

“右书猥琐已极,然言之不尽。又恐传闻多误。如有人言,董君恂士闻人言:弟得俞君而逃,绝不告章,故章等被捉,此又是一种奇谈。诸如此类,想必甚多,故弟拟作陈辩,迟迟不能下笔者,因话头过长,无此日力可供书写,今约略之,拉杂至于甚不成文,已尽十许纸。又以上情节,质实之,此如弟跪革命党裁判官前,未用夹棍,将琐屑一齐说出,于另一方面殊多未便,即如徐伯生君案起,官场闻此,对待俞君,必当另有感情,害人非浅。革命党跪官之前,尽述革命党机关为保性命,人皆唾骂之矣。今革命党跪革命党前,尽述非革命党卖放犯人,为保名节,事固不同,然亦非长厚者所肯为。故弟屡欲致书章君,每一下笔,未能直写如告先生者,亦为此故。如先生能告以正当之道,如何辨法,则感甚。至于先生欲为弟致辨,则任先生意,此乃旁观之公论,我不能有请托要求之说,亦恕之不谢也。即叩道安。弟敬恒顿首。西十月十二日。

“至弟前日欲与先生言者,弟觉弟之西来,初以为语言文字虽苦,终不至困我极甚,岂知语言固苦,文字亦难,生字之多,有若丐衣之虱,拉了一遍,又是一遍。至于文法,在我观之,最为容易。然无论文法如何了了,看书之际,其中之习惯解说,及头绪烦多之处,用文法去解,反多窒碍,不如彼无知无识者。以为先生教我如此,我即如此,反多神悟。故如弟之不肖,若每日看数行书,反复研究之,无论何等深书,我亦似能领略。

然为了此数行书,字典固要翻得要命,其馀脑力,亦化到困疲不堪。现在记心之劣,劣至极顶,每字翻了百馀次字典,尚不能忆。(吴润之亦对我言,字典终要不怕翻,虽百次无妨。)到法以来,更不用说起,几乎连外国书角也不翻。

"然我近来感情,觉天下事用空脑子讲道理,一切都靠不住,惟有从事真实之学问。所为真实之学问,惟有科学。天下从来没有什么形而上之道,世界止有形而下之器。所谓形而上之道者,其精微而至再精微,不过因形下之器有进步,人得以凭器而精微其道。然则道者,器之结果,故中国旧思想,以为由道理而促物理之进步,自然谬误。然西国人之感情,似尚有一点相似,此过于倒果为因矣。形上形下之不通名词,固尤不值一笑。所以在宝山中过活,空手而归,殊觉闷闷,但祝先生康强逢吉,五年而十年,做了中国在科学界第一发明家,学一点是不济事,终要到发明地位,中国科学发明家多,为全世界说,自然有益于全世界,即近日有一班小气人,恐怕瓜分灭种,也就用不着胆小。

"意不达其十一,补空白,故乱说几句,聊当面谈,常常教我,弟再明白了些,时时请教。"(原件,中国第二历史档案馆藏。)

信凡十二叶,毛笔草书,每纸书写部分长达四十二毫米,约四十七行,行十六字左右。末署"西十月十二日"。查此信系《革命评论》刊登《邹容传》,蔡元培诘询吴稚晖而发。《邹容传》刊于《革命评论》第十号,1907 年 3 月 25 日出版,此信谓 1903 年"苏报案"发生后,吴稚晖于 6 月 2 日乘轮西渡,住苏格兰十个月,住利物浦一个月,住伦敦十四个月,又往苏格兰住十四个月,住伦敦五个月,又至巴黎有十个月,共五十四个月,当四年六个月,已在 1907 年。又吴敬恒《与章炳麟书》发于 1908 年 1 月 1 日,应写在发这封信之后,则"西十月十二日",应为 1907 年。

蔡元培原函未见,但从吴稚晖信中可以看见,诘询的是"苏报案"事。吴稚晖虽详述"历史",自感"猥琐已极",但下面几点,仍透露一些真相:

第一,章氏《复吴敬恒书》所云见俞明震"赐面事"及述俞明震语,"奉上官条教",吴稚晖在信中是承认的。章氏"入狱数日",吴稚晖"来视",述俞明震语,也确有其事。

第二,章氏在"苏报案"发生时,责问吴稚晖等"畏葸"为"小事扰扰",他在警探临前,直称"章炳麟是我",确是英勇就逮,即吴稚晖也感其"从容","使人五体投地"。

吴稚晖龂龂相争的是《邹容传》中"会清政府遣江苏候补道俞明震穷治爱国学社昌言革命事,明震故爱朓,召朓往,出总督札曰:'余奉命治公等,公与余昵,余不忍,愿条数人姓名以告,令余得复命制府。'朓即出《革命军》及《驳康有为》上之曰:'为首逆者,此二人也。'遽归,告其徒曰:'天去其疾矣,尔曹静待之。'"一段。但吴稚晖信中自称,俞曾告以"愿慎言语,毋过激"。后来访俞,又确见"官中文书",以至今后"常常通通信",吴信作"吴谨",俞信作"俞燕",吴稚晖虽说"莫名其妙",但其中奥妙,自不能无疑。

且据吴信中所称,"官中文书"仅名捕蔡、吴二人,此亦可疑,查光绪二十九年闰五月初五日《申报》已载:"上月某日,端方钦奉廷寄外务部呈递魏光焘电称,查有上海创立爱国学社,招集不逞之徒,倡演革命诸邪说,已饬查禁密拿”等等。实际“名捕的并不止此。吴说本只拿陈〔程〕吉甫,程不过司账,和“倡演革命诸邪说”何关。至于说“不料章先生以入狱为莫大之责任”云云,也属诬词。

由于这封信向未公开,他又是《邹容传》发表大久,蔡元培诘询后所书,又写于吴的《答章炳麟书》之前,比较吴稚晖三十年代所述更为原始,也写了一些会晤情节,和留下一些蛛丝马迹,故全文录上,以供讨论。

又,蔡元培晚年,曾查阅“端方密电档”,写了《端方密电档中关于“苏报案”各电》序,并录于后,以供参考:

端方密电档中,有“苏报案”收发各电抄本一册,凡一百九十六电,自光绪二十九年五月二十六日至三十年四月初十日,岁历一年之久。其中有可以注意者数端:

(一)参与此案之人物　此案主动者实为端方。外务部五月二十六日所发奉旨通电,虽根据魏光焘电,称“查有上海创立爱国会社,招集群不逞之徒,倡演革命诸邪说,已饬查禁密拿”;而端方二十八日复电,称“查四月初间,方闻上海有爱国会社诸生借俄事为名,在张园演说,议论狂悖,即经密电江宁查禁拿办”云云,是举发之人为端方也。又,外务部所提出之魏光焘电,仅指爱国会社,并不及《苏报》,而端方二十八日致光焘电称:“上海《苏报》,系衡山陈编修鼎胞兄所开,悍谬横肆,为患非小,能设法收回自开,至妙。”而光焘二十九日复电始言“查禁《苏报》”。是《苏报》之案,完全由端方发起也。

端方最倚重之人,自然是梁鼎芬,又有金鼎,往来鄂沪之间。

江宁方面,自魏光焘外,有巡抚恩寿、陶森甲等。但端方于闰五月十一日致光焘电,称“陶道森甲,与沪党往来甚密,所有往还密电,勿令闻知”。则森甲非甚受信任者。

在北京方面,以张之洞为主持者,又有梁敦彦、鸿铭(疑即辜鸿冥)等,而五月十三日有北京椿正阖同览一电,未知是何等人。

在上海方面,自然以袁树勋为主体,树勋有时与俞明震合电,然端方不甚信任明震,曾于闰五月致电魏光焘,有“俞道明震之子大纯,现游学日本甫回,闻大纯在日剪辫,入革命军,悖逆无人理,俞道深恶其子。然不可不防,乞密饬俞道一电,随时留心”等语。到闰五月二十九日,魏光焘来电就说:“俞道明震现回省,另委杜道俞就近会同袁道办理,知注奉告。”此种调动,全因端方一言。

其他有赵滨彦、金鼎之弟煦(新闻报主笔)、以《革命军》及《苏报》寄张之洞之赵竹君(见闰五月二十日致张之洞电,又闰五月十六日坚来电有“竹已将报、书寄冰”一语,亦指此事),而最卖力气者为福开森。通电者尚有峙生、坚、读、同四人,未知何人。闰五月十四日,福开森电称,沪道屡请吕、盛、伍各大臣授示机宜,则吕海寰、盛宣怀、伍廷芳也。闰五月二十二日金鼎电:“窃闻伍大臣廷芳西律最熟,曾充香港律师,为西人所重,如蒙奏派,当可接洽。”端方曾于二十三日电光焘,商及此事,并电告之洞,然此事未曾实现。

(二)被捕诸人发见之次第　端方于五月二十八日致光焘电,但言《苏报》系陈鼎胞兄所开,不知其名。又于闰五月初六日致恩寿电,有上海爱国会社奉旨严密拿办,闻其党羽众多,阴有巨魁主持……诱拿数人,馀自解散等语,空空洞洞,并无指名。及初八日致福开森电,乃言"巴县邹容,最为凶险,非拿办不可",始指斥邹先生矣。然是月初八日未刻致上海道电,正询问五犯何名,而申刻致光焘电,有"又吴朓是乱党头目,望并严饬沪道与邹容一体严拿"等语,是时始知有吴先生。且吴先生到爱国学社后,即改名敬恒,而此电尚称吴朓。初九日赵滨彦来电,报告"逆首陈叔畴即陈范,又名陈梦坡",是《苏报》馆主人之姓名,到此始查明。于是十一日致福开森电,有"尚有吴朓一名,情罪尤重,务望设法拿获,以竟全功"等语。又致光焘电,有"吴朓案内渠魁,情节重大,请飞电责成沪道俞道明震严密查拿,勿任漏满〔网〕"等语。于是闰五月十三日魏光焘有"严拿吴朓并办"之语。二十一日金鼎有禀"拿陈范……吴稚晖即朓诸犯"及"俟范、朓等逆拿获再讯"之电。闰五月二十二日树勋、明震有"陈仲彝供总主笔是吴稚辉"之电。二十三日金鼎电,报告:"范竟遁,朓未获,拟请电南洋严饬沪道,饬仲彝交范,密查朓兄弟勒交朓。"端方即复鼎一电称:"范逃,朓未获,皆极要事。"闰五月二十五日,同有"吴稚晖闻已往东洋"之电,而同日光焘电又言:"陈范潜赴日本,吴朓潜赴胶州,现即照会日、德两使,分别转电密拿矣。"自此以后,往来各电,不复再道及陈、吴二人。观以前各电,对于吴先生,若是严重,足以见章太炎先生《邹容传》中所说"吴朓直诣明震自陈,且以《革命军》进"之纯出于臆造矣。

被捕六人中,最特殊者为龙泽厚积之。闰五月十二日端方致魏光焘电,始说及龙泽厚,称:"此次所获龙泽厚一犯,是康有为之徒,今幸就获,万万不可放手。"同日又致张之洞电称:"其龙积之一犯,名泽厚,广西优贡,康逆之徒,与梁启超相伯仲,而资格较超为深。自康、梁逃遁后,惟泽厚一人在沪,煽动各报馆,主持逆论,号为中国提调,其罪不亚于章、邹二犯,非一并伏法,不足以快人心。此方是真康党,与冒充康党及众人混指为康党者不同。自戊戌以来,未曾拿到一真康党,如此渠魁,万万不可放手。若将龙泽厚处治,逆党在中国无援矣。"如此过度夸张,似为他日邀功地步。又于十七日致金鼎电,称:"龙逆富有票案内,唐才常曾供其主谋敛钱作乱,当时查拿漏网。调查唐才常一案,系经领事签字,在汉口租界拿获,解归武昌省城讯办。"但十月二十日袁树勋电,称:"龙积之一犯,《苏报》案概无实据,即谓系富有票匪,亦早奉旨案外免予株连,必须开释。若无切实凭据,拟由汪令(会讯者)复省开释。"其后龙君即依此法开释矣。

(三)交涉之经过　端方自始即主张解宁,光绪二十九年闰五月初八日致上海道电,称"能速解江宁为要"。又于初十日致张之洞电,称:"该逆案情太重,宁沪办法,似嫌太松;仅予监禁,行当出而作乱。……除电致宁沪……务令解宁离沪由中国自行惩办外,仍请密商政府,电致宁沪,加以责成;使竭全力筹办,万不可稍涉松动,致贻社稷苍生隐患。"到十一日,致张之洞电,称:"此事仅恃沪道办理,力量较薄。非由外务部商诸公使主持,恐仅在上海监禁,多则三年,少仅数月,限满释放。"于是由公使方面设法。但闰五月十六日福开森电:“昨夜忽闻沪领接京使来电,云外务部顷照会各国公使,务饬沪领将已获六犯,迅速解宁,听从中国办理等语。京师此等办法,于大局实有窒碍……千祈……切实速达外务部张宫保,无须再向京使催托,俟沪讯后再请京使为力。”于是端方不得不两面敷衍:一面电福开森,说:“此事虽经京使来电,然终赖大才办理,以竟全功。”一面致光焘电,说:“此事福开森意欲居其功,故言如此。其实得公使电致沪领,最为有益。……至福所云由外再电外部勿再催讯托一节,尽可置之不理。外间办事宜有一定方针,不可出尔反尔也。”但光焘于闰五月十九日来电:“福言似虚假,或由尊处告知香帅,姑从缓催,以免枝节。”端方于二十一日致光焘电,说:“尊意暂从缓催,甚佩,已电香帅。”一面于二十二日致张之洞电,却有“此次京使致电各领最有力,中西官皆警动。解宁二字,承办此案者皆不敢放松。并没有提‘缓催’等字”。又有一事,张之洞于七月一日来电,称:“上海六犯,英人独不愿交。近因沈克诚杖毙,各国皆不以为然,决不肯受。望饬福开森与各国婉商,此六犯若交出,皆只以监禁了事,决不办死罪,或可望允;此事已与政府商明,决不失信。”但魏光焘于七月二日来电,却说:“初商之际,仍当与之执约筹议,未有骤露监禁不办之意。……尚乞将不办死罪一节,姑秘不宣。”三日袁树勋来电称:“所拟办法,似宜高一层着手,以免我退彼进。”于是端方电光焘称:“前电自以不宜为是。”电福开森称:“前转香帅一电,万勿宣露。”完全赞同魏、袁之主张。不意三日转魏电于之洞后,而之洞于六日来一电,竟大发牢骚,有“请速电致宁沪,此事悉听南洋主持商办,万勿以鄙言为轻重。勿使将来谓六犯本可允交,而贷死出自鄙意,致失主权,弟敢当此重咎耶?”于是端方又觉得左右为难,乃一方转张电于光焘而改其最后数语,为“请速电致宁沪,设法速办,能进一分,即争回一分主权,尤所深佩”。口气完全两样了。一方于七日电慰之洞,称:“南洋沪道前电,颇似梦呓,方亦笑之。顷奉歌电,已将尊意剀切电告。此时此案,若能照尊电办理,现正可争回主权。务望始终主持,保全大局。此辈大话,不足较也。”以为两方面都可以混过去矣。不意之洞于十四日又来一电,称:“宁沪既不以为然,即请作为罢论;务请将敝处歌电照转致南洋沪道,至祷。”于是始以歌电原文转树勋而系以慰词,称:“尊处办理此事,不遗馀力;欲高一层,极为有益。香帅因虑各国不肯交犯,致失主权,拟退让一步,冀易就范,亦深知办事之难。仍望审机筹办,勿因香帅一电致涉迟疑。”同日又电慰之洞,称:“沪道所言,仍不出荩筹之外,从前高一层着想,特悚于邵阳意旨,姑为此大言耳。大局要紧,仍望随时设法,使交犯事,早日办成,实为天下国家之幸,梦呓之谈,不足介意。”但之洞究已扫兴,不再有关于此案之来电矣。

右列三点,为我个人读此电本后之感想,特节录而排比之,以质于读者。

以上为手稿,蔡氏家属旧藏,载《蔡元培全集》第 7 卷第 123—129 页,中华书局 1989 年 7 月版,谓写于 1936 年 10 月 5 日,可知蔡氏在晚年还关心“苏报案”事,文中虽谓“吴朓诣明震自陈,且以革命军进”“纯出于臆造”,而没有说吴朓没有“诣明震”。

十月五日(11 月 10 日),章氏为“借款抵路”事,发起开会。

早在1898年,英国驻华公使窦纳乐向清朝总理衙门提出由英商承修中国五条铁路,其中有苏杭甬铁路。不久,怡和洋行代表英国银公司同清朝铁路公司总办盛宣怀订立苏杭甬铁路草约,攫取苏杭甬铁路的修筑权。

浙江绅商于1903年秋酝酿设立商办铁路公司,呈请清政府批准,却遭到英商的无理干涉。1905年7月,浙江绅商在上海集议自办全省铁路,发出废止苏杭甬草合同的呼吁。接着,浙江籍京官黄绍箕、王文韶等先后向商部呈请允准浙江筹款自行筑路。商部迫于舆论,奏准浙江按江西、安徽筹设铁路公司的成案办理。江苏绅商听到消息,也即援例以请。

本年,苏杭甬路苏杭段由苏、浙两省绅民集资开工建筑。英国公使朱尔典(Jordan,J. N)指责清政府"有意失信","请饬停工"。10月,清政府推行托名"借债救亡"的卖国政策,说分办路、借款为两事,同英国订立"中国国家沪杭甬铁路五厘利息借款合同"。借款一百五十万英镑,按九三扣交纳,常年五厘利息,用英国总工程师,将苏杭甬的起点改为上海,与沪宁路相连。

英国假手清朝"借款筑路",激起江浙群众的愤怒。江浙铁路公司揭露清政府"名曰借款,实则夺路",浙江且发起"国民拒款公会,消息传到东京,浙籍人士亦即开会筹商。

报载:"据东京投函云:阳历十一月三日,浙江同乡会开会于锦辉馆,提议借款抵路事。到会之人虽多,然毫无决议,仅举代表数人,政闻社社员蒋观云、金保稚亦被选举。浙江人有不赞成此举者,爰于初十日(本日)七时,重开会于锦辉馆,由章炳麟发起,江浙两省及他省来宾约八百馀人。

"首由章氏宣布宗旨,言发电报、举代表之无益,并言此次借款与造路为二事,今日办法,惟有由股东收回股本,及自行断路,或运动省城罢市,庶可收回。

"次由刘某言立宪不足保全铁路,即说国会被选举者,亦不过汪大燮诸人,安能有益?惟罢市、罢工尚为有益。

"次由张某伸明无政府主义罢工之说,言今日首当反对者在于外国资本家,而各国之社会党、无政府党以及大多数之平民,必表同情于我。

"后演说者数起,至日午散会。闻此会并无派代表诸事,并闻浙江同乡会已将金、蒋二人之代表撤销。又是日午前政闻社亦定锦辉馆开会,后因章等开会,遂不复往云。"(《党人拒款之运动》,《神州日报》1907年11月24日。)

关于这次集会情况,《中兴日报》记载更详,且附章氏演说,并录于下:

"中历九月廿八号,浙江同乡会人,在东京锦辉馆演说浙路借款事。是时廷寄已下,非复舆论可以挽回。而同乡会干事,惟以选代表归国运动为急。至其补救方法,绝无一言。某日该会电拒款会,宣言独立抗税,□复电请外部,要求废约,皆无成效,乡人束手,无一善□。馀杭章炳麟、会稽陶成章等闻之,谓此事非口舌所能争,因复设研究会于锦辉馆,遍请浙人,妥议筹对。并请苏人到会演说,他省有志者亦以来宾列席。时西历十一月初十日也。会既集,先由章炳麟报告会事,旋演说云:

“苏杭甬铁路借款一案,浙会所议,别无方法,唯有选举代表,发电抵抗,可谓梧鼠技穷。发电本是无益,现在的电报,只说个死不承认。莫说自己不肯去死,就肯去死,那山西已有李培人,浙江也有于纲,山西矿事依旧没有解决,浙江就也可知。死了几个留学生,在政府一点儿没有破损,他还怕你死么?至于宣言独立,也是无济,独立要实行的,不要空说的,要自己防卫自己的,不要把话恐吓别人的。况且宣告独立的,并非浙人全体,只不过一两千留学生,又不是留学生全体,只不过几个同乡会的首领,难道政府怕几个同乡会干事独立不成?内地虽有个拒款会,也不过是学界、商界中人,这几个人,政府又何曾怕他独立阿?抗税虽是极好的事,但在电报上面说出也便没用。因为抗税的事,须要身在内地,家喻户晓,他全省一致,方有效验。几个留学生,自己手里,并没有抗税的权柄,就内地的拒款会,也没有抗税的权柄。税是一班平民所出,即不然,也是业主出的。现在商人、学生,并非纳税的平民,也未都是纳税的业主,怎会成抗税的事?这事本是最好,但电报的言论,乃至拒款会的决议,总与抗税统不相干。再请选举代表,回国运动,这也是毫无实济的。代表回国,所办的何事阿?若依旧是要求政府,请看铁路的首领就是那汤寿潜,浙省的首领就是王文韶,他两人兵戎几次,仍是没用,何况初出茅庐的学生、营求买卖的商贩,尽你要求,能要求得甚么事?若真心运动工商,拿实力抵抗,那么不用专派代表。浙江之事,浙江人个个应该自靖自献,何必筹派代表,反使权归数人。若代表的是个正人,三四个人也没甚么力量;若代表的是个狡猾奸猾的人,非但无益,反将替政府代作爪牙。请看汪大燮,以前在日本当监督时,无论学生讲革命、讲立宪,总是善与人同,今日便做卖国卖乡里这事。列位怎知道今日所选代表,不是汪大燮一流人阿?若是汪大燮一流人,浙江既有汪大燮这样绅士,又有汪大燮一流之代表人,可不是汪大燮之下,再添几个汪大燮么?所以凡事要各人做,一派代表,就将全省大命,付给三四个人,得有全会之允许,就妄自尊大起来。并没有抵抗政府权,反有献媚政府权。对着政府,只将自己模棱两可的话,代全会去说了。对着全会,又说政府利害,外人凶恶,我已竭尽十分大力量,总不能挽回一二,全会对他,却也没法。发电不过无益,代表恐怕还有害哩!

“这两件事,既然无益,想怎么有法子,可以抵此政府,保全浙省呢?照兄弟看,这是不用说的,须是有实力的。不在会的人,学生也有,股东也有,学生与股东合做的事,就是回去运动罢市。宁波人前在上海,因外人要占四明会馆,就在租界上罢起工来。这样的事,难道今日不可好在浙江省城做么?杭州也罢市,苏州也罢市,其馀江、浙之间,许多商埠各各罢市。省会大城,几天闭市,自然扰乱起来。浙江兵力,本是单薄,苏州虽靠近南京,苏城却也没有大兵住扎,罢市以后,要占据电报局,打破抚台衙门,这几个毛毛,不得不代做警察,守护要□□,要还能和阖城几十万人相打么?令南京派兵下来,也必不怕。江浙的新兵,大半还是江浙土人,事关全省,做官的也有同乡的感情,纵然有意要功,须知不是个个毒蛇恶蝎。所以罢市的事,可以放胆去行。罢市既已做成,那抗税才有些儿眉目。因为抗税这事,比罢市要难几倍。抗税的权,不在商人,罢市的权,却在商人。抗税要全省一致,事大期缓,罢市不过始于省城,事小期速。只是滥罢市,有几件利害关头,不可不放在心头。一则不可使罢市的权,都归绅士揽去。大凡做绅士的人,最长的避害,最善的是讨好。商人果要罢市,绅士也不妨将就商人的意见,也有慷慨激昂做出头样子的。能上几天,绅士又去讨好政府,挨户劝开。这都是绅士的长技。所以果要罢市,先不可推绅士为头目,后不可听绅士的诳骗,总要坚持到底,方有成效出来。二则这回罢市,与上海四明会馆事不同。四明会馆在租界,因为力防扰乱,反按日将工资给与工人,免得滋事。现在只与政府斗气,偏是要他扰乱。罢市的时候,原不必分给工资,教工人吃饱了饭,反不想与政府抵抗。这两件事,最要牢牢记着。

"想做生意的人,平日最怕扰乱。便是做学生的,也欢喜装做假文明,不肯暴动。但在今日,这些怕死求荣的心,都一概用不着了。曾见那位于老先生,白白的送了自己性命。又有人说,要去掘汪大燮祖坟,聊以快意。列位且想,总是不能涂饰文明、畏避死亡的。与其自己死,何如杀别人;与其掘死人的坟,何如吃活人的血。所以扰乱是不能避的。也正要他扰乱,方得独立。独立以后,方可以保全铁路。若不做到独立,便是拒款废约果然做到,等那铁路造成的时候,政府依然可以抵押给人。诸位要知道这回募借外款,并不是外人要求,也不是商股不足,不过政府另有借款,将铁路去抵押罢了。有一班糊涂,认错题目,反说赶快将商股凑足,外款可以不来,这真是梦话了。政府要将铁路抵别项的债款,并不是为商股不足,求助西人。商股越凑得足,铁路越造得快,政府越可以抵债。诸位做股东的,丧失就更多了。诸位不要说政府是顾清议的,外国人是重法律的,现在政府略无乖巧些儿,正要利用(铁路国有)这一说。外面讲由政府出款买收,暗里仍借外人股本,名色上是政府收回,实在是归外人所有,贱价勒买。诸位更有甚么方法呢?所以不能独立,就把铁路赶快做成,也是无益,反白白送给外人。诸位做股东的,若是看得明,拿得定,直可以做一件破釜沉舟的事。回国以后,邀集同股的人罢市;罢市以后,抗税不难;抗税以后,独立可望。江、浙两省,同时自主,那时铁路不怕没人造阿!"(《记东京革命党苏杭甬路事研究会》,《中兴日报》戊申年一月十九日,即1908年2月20日。)

十月十二日(11月17日),豫晋秦陇协会发起留学生全体大会,为抗议清政府强迫苏杭甬铁路借款事,会场设神田区锦辉。"是日午前七时开会,到会者约四千馀人。八时,该协会会长河南刘君基炎报告开会宗旨。(略)报告既毕,复由该协会庶务陕西曹君澍演说。(略)继起者为馀杭章君,谓恐吓主义无用,所主张者积极的则为□工,消极的则断路。(□,原报缺文,疑为"罢"字。)时至此,会场已不能容,又开十馀间之大室,使来会者有立足之地。"(《留学界全体大会记事》,《神州日报》1907年12月4日。)

十一月二十一日(12月25日),《致陈干书》:"连接数书,未知复处。近接手教,知青岛大有可为,喜极。鄙意学堂不当骤办,盖此事既须经费,讲师又不易求,不如专在学会讲社会主义为妙。溥泉可至青岛一游,与同人开讲社会主义一两礼拜。但今尚无经费,由日抵胶,不过二三十元而已,不可骤得。君若能为溥泉筹集川资寄下,则甚好也。"(手迹,陈孝祖藏,曾载《中国哲学》第一辑第398页。)

本年,章氏与孙中山发生异议。孙中山在离日前将日本人支持的一万馀千元,以二千元留为《民报》经费。据说,"章把挂在民报社墙上的孙中山相片摘下,并以为孙在香港,将照片寄给同盟会香港分会,照片上写'卖《民报》之孙文,应即撤去'。"(胡汉民:《南洋与中国革命》,《中华民国开国五十年文献》第一编。)

本年,有《儆告十方佛弟子启》,与苏曼殊合署,甚长,末谓:"窃谓自今以后,宜定年过三十者,方许受具足戒,则魔说或当少止乎?某等闻熏未周,方便尚缺;悲正法之将灭,惧邪见之堕人;陈此区区,无补毫末。亦谓应时便用,切要在兹,若十方大德,恕其狂愚,加以采录,挽回末法,或在斯言。若其不尔,便恐智日永沉,佛光乍灭,虽有千百法琳,恒沙智实,亦无能为役矣。"署"佛灭度后二千三百八十四年,广州比丘曼殊、杭州邬波索迦末底同白"。"末底",章太炎,见《曼殊大师纪念集》。

又有《告密官白衣启》,署名、来源均与《儆告十方佛弟子启》同。谓:"前世人民披剃,无虑规免租庸。唐时寺产不供王税,既亏国计,而亦殊绝齐民。斯李叔明、韩愈辈所为愤嫉。自两税废止以后,赋不计丁。今世寺田,亦复任土作贡。既无可嫉之端,宁得随情勒取。若其缁徒专固,私自营生,自可如法驱摈。所馀寺产,令置学林。既皆教养之资,道俗何分厚薄?今者公私学校,纲纪荡然。岂如戒律所拘,尚循轨范。若有专心兴学,其效非难睹也。"

光绪三十四年戊申(1908年)　四十一岁

正月,章氏以所著《新方言》赠送黄侃。初,《新方言》载《国粹学报》丁未年第九、十、十一、十二月号,未完,光绪三十三年九月二十日至十二月二十日,出单行本。章氏赠黄侃,并书其上曰:"《新方言》三百七十事,赠黄季刚。季刚昔为我治蕲州语及诸词气,复以新所诊发第为十篇,都八百二十馀事。余㲋愚无所任,齿历渐衰,念今小学训诂浸益放失,不量其孱,欲自儋何,以告邦人诸友。谗慝弘多,终已不得返乡里,上先人冢墓。其他云云,复何敢䚡。季刚年方盛壮,学术能与愚心稠适,又寂泊愿握苦节,此八百事赖季刚桄大之。余自分问学不逮子云险远,身为皇汉之逸民,差与符命投阁之耻,念欲自拟幼安次宗,又劣弱不胜也。保氏旧文,危若引发,绝续之际,愿季刚亹亹而已。"原注:"先生题《新方言》书面云:戊申正月,自日本归华域,临行,章先生所赐。弟子黄侃谨记。"黄侃归国后,"章君自日本致书上海国粹学报社",略称:"贵报以取材贵广,思得其人,前此蕲州黄君名侃,曾以著撰亲致贵处。黄君学问精专,言必有中,每下一义,切理厌心,故为之介绍,愿贵报馆加以甄采,必能钩深致远,宣扬国光。盖衣锦尚䌹,暗然日章者,昔人所以为学,观人亦当如是。名高者未必吐辞为经,思深者不能违道殉誉,微显阐幽,存乎其人,愿诸君少留意焉。"(黄焯:《黄季刚先生年谱》"光绪三十四年戊申,二十三岁",见《黄侃日记》第1099页。)

三月九日(4月9日)致钱玄同函:"讲习会设在帝国教育会中,闻每月需费二十五元,此难为继。弟近已租宅小石川大冢町五十番地(风景最佳,如在园林中),书籍行囊业已迁入(陶望潮亦居此)。楼上席十一张,不如就此讲习。会友既省费二十馀元,而弟亦免奔走,最为便利。望将此情转商董特生君为要。"

五月十二日(6月10日),《民报》第二十一号出版,载有章氏《答梦庵》。梦庵,日本人武田范之,他在《东亚月报》第二号(明治四十一年六月出版)。"文苑"栏《寱语》谓,4月25日,闻"邮书至,梦庵胧眼一擦读之,友人之书也。有太炎先生者,支那四百年第一鸿儒也。近年研究佛学,即有《大乘佛教缘起说》之作。子爱佛,故以赠一本,其一本者,枕头一小册也。裂其缄而观之,所曾闻之杂志《民报》也"。查章氏《大乘佛教缘起说》载《民报》第十九号,1908年2月25日出版,梦庵以为此文论佛,而刊册却题"本社简章",感到"《民报》宜作民声,不宜作佛声"。略云:"独怪《民报》之作佛报者,何为而然乎?《民报》既自标榜以其六条主义,此《缘起说》,足以济度恶劣政府乎?足以建设共和乎?佛教之平和思想,死于千载之上,曷得抱亡骸为维持新世界新真正之平和之具。况土地国有,与乞食之士谋之乎?以之求日华之连合,以之要求世界列国赞成中国之革新事业,皆远之远矣,无一于此,而《民报》之作此佛报者,抑出于何意乎?《民报》宜作民声,不宜作佛声也。夫使几亿民众咸作佛声音,非印度乎?几万万人皆法师,则谁作食,谁执兵御敌,故印度以之终亡。支那亦病乎有一颜回守其陋巷,使支那至今日之境者,颜回之徒也。安分知足,明哲保身,如此而已矣。鸿儒尚病或无用,况颜回而怀文殊臭骸,以横新民众之上风乎?在昔康熙帝忧学者多不服己,遂设计集天下之学者,从著作之业,使目不遑数糟粕,手不遑拾死字,以不能复振磨剑搏虎之勇,文学大兴,讴歌圣世,而学者即遗其羊质虎皮之文,虽询美不可实用。《佩文韵府》,可以论治道乎?《渊鉴类函》,可以济穷民乎?《四库全书》,可以练兵团乎?入股愈累,政纲愈弛,考证益详,实业益废,太炎先生四百年鸿儒,则顾炎武先生其小炎乎?

"语曰:入鲍鱼之市者,久而不闻其臭,则与之化也。遗俗流风之入于人之深,虽四百年鸿儒,不世出如其人,研钻竺坟,犹考证六经,其所发明,不以义为先,以文迹为先,其宏览博搜之劳,虽诚足多,唯是画饼,不能饱人,盖自亦未能饱耳。……

"梦庵云:唐神会禅师者,其或先生之流亚乎?读破《大藏经》入精微,而未读佛心,故有碍于根本义也。所谓无我计我者。然先生之博大,其优足凌驾我日本诸法师乎,舍心身而入佛道,则东洋当亦得五百年上圣,先生盍就俾人读佛心之业,多言多罪。"

章氏阅而作《答梦庵》。(要点已摘入本书第153—154页。)

武田范之《寱语》既刊,有章氏"同志之士",怒梦庵《寱语》抵突先生也。乃寄书诫梦庵曰:

"再者贵报第二号有梦庵君辩太炎谈佛理一篇,诚是诚是。鄙人固与太炎同志,然亦颇不喜其无益之佛声,不论其理论是与否也,但只可敬□之不可加以无理之辞。梦庵何人,竟敢于懵驳外,又兼以侮辞",警告"后勿复尔"。武田范之书曰:"仆知太炎先生即章炳麟君,又曾一室之内把酒作字,谈笑嘻嘻,消半日之闲,言至此,章君则自记梦庵为何许人也。……夫敝报之精神,在密日华国民之情交,梦庵虽愚,何自弃其根本精神,以招他恶感哉!而敢有言于章君者,抑有以也。前报不云乎?人情之真,与电气发作,同其规矩,同与同相灭,异与异相生,必有言而后有昫也。若无言而昫者,其昫至后必有言而破也。孔夫子曰:朋友切切偲偲,仆者愿声之必返仆,磋磨淬励,只当挟一矢待之耳。此仆与章君朋友之道也。——唐永觉大师曰:圆顿教无人情,有疑不决直须争,此非山僧逞人我,修行恐堕断常坑,仆之所切切偲偲于章君在此。仆岂逞人我,以自恐恶声之至者哉!"(梦庵:《寱语》,《东亚月报》第三号,明治四十一年七月出版。)

接着,《东亚月报》第四号"论丛"栏转载章氏《答梦庵》,标题下赘曰:"是编乃《民报》所载章太炎先生与敝社梦庵所论难者,今更揭出于此,以便对照。"《答梦庵》载讫,又录梦庵《答太炎书》,略曰:"余读太炎来书,怃然而叹曰:有此哉,太炎之博大,而作此言也。梦庵窃悲其志,太炎以亡国遗民自居,欲以释教兴民德,梦庵之所同情也,然唱释教而兴民德则不可。宜兴释教,则民德自兴之,兴释教如何?曰在实行而已。然太炎云:陋巷亡而王迹息,不亦太甚乎?……太炎曰:震旦去封建时代已远,故不事王侯者,世以为重,而奔走竞进之士,受其恶名。然又曰:自宋世昌言理学,君臣之义日重,虽古之沮溺荷蓧,亦贬斥以为不仕无义,世戴其风,逸民日乏。近世又益昌言功利。夫以不事王侯,世以为重者,非现实世界之事态,乃太炎一家之理想耳。若有汉家英俊,戴汉主而逐满人,或建共和国之时,安车蒲轮,以迎太炎,太炎或钦钦然服其王事,若为其大统领蹇蹇致匪躬之节乎?抑为名高而蹈东海,否则陋居攻古书,或托降龙钵,杖解虎锡,金环历历,周游天下,以广济众生,補冥冥之化乎,梦庵于此不能无间也。呜呼!汉族之丧其族主也四百年矣,其不事异主而自绝君臣之义,及以不事王侯为高尚其志者,此无聊自慰之言而已。夫君臣之义,汉种古圣之所树以为名教者也。今汉人自破其祖训者四百年,遂至欲与枯槁赴渊之徒为伍,吾恐自弃之极,其或为犹太种,为波兰人,故曰窃悲其志也。……

"梦庵顷诮太炎曰:太炎曰,颜回而抱文殊臭骸者也。今读其答梦庵之书,愈不得不深责之也。夫事功有隐显,而隐又有隐之隐,显又有显之显,游于人伦之外,以为礼乐之本,高则高矣,然其事效,隐之又隐也。今太炎以民族为主义,以排满为主张,以革命为事业。革命者,现实也,显之又显者也。太炎见顾宁人不能以礼教兴民德,乃欲以释教兴民德。释教者,陋巷之更陋巷,隐中之尤隐者也。太炎去显中之显,入隐中之隐,此革命之自杀也。革命之自杀,则太炎之自杀也,焉得不深责之乎?若在显上之显,内蕴佛教,以微辞裨补革命,则固无可议;若与顾宁人同道异辙,亦顾宁人之俟河清也,于显中显之事效乎何用焉。然革命者,汉人之私也;佛法者,劫劫之公也,故梦庵虽为革命悲其志,而不能不为佛法又多一佛为贺也。"(梦庵:《答太炎书》,《东亚月报》第四号,明治四十一年7月29日印刷,8月1日发行。)武田范之后将此函辑入《鳌海钩玄》,题曰《笔战》,标题下注曰:"梦庵,余别号也。太炎,清人章炳麟雅号也。太炎执笔于《民报》,余匿名于《东亚月报》。余先挑战,此篇为第二矢,太炎酬之,才用六字,而六字全露全体,将发第三矢,而月报废矣。"(《鳌海钩玄》第50页,显圣寺排印本,明治四十四年

6月。)

梦庵此文既发,章氏于《民报》第二十三号刊发《再答梦庵》:"公等足与治乎,章炳麟白",故武田范之说是"太炎酬之,才用六字"。

武田范之提到曾与章氏在"一室之内,把酒作字",确有其事。(参见本书补编"光绪三十二年"条。)

七月十七日(8月13日),章氏又驳吴敬恒,略曰:"足下惛忘乎,醒醉乎,梦语乎,病热乎,耄荒乎?为女伎所蛊惑,因而丧其神守乎?不然,以执贽康门,明白如黄河白日事,犹复强辞抵谰,即何事不可抵谰者。吾意尔吴敬恒,惟一藏身之固,恃巴黎窟中耳。此地与旧日天津、北京诸新党相去万里,而东京亦无此辈踪迹。足下以为无人能发其覆,虽有,亦不能当面质证,有恶宾而无故人,不患其尽情摘发,故便于说诳耳。……

"至爱国社生抛砖事,足下亦谓慰丹已殁,幸而灭口,故任意指为虚诬。不知同时闻者,实繁有徒。足下岂能以一手遮天下耳目耶?仆召慰丹一节,本以大义相招。大义云同,事既同谋,名既同署,甘苦既当同受,自顾素心,皎如白日。且租界警察网密难漏,假令匿而被获,罪或加重,乃又彰其怯栗之名,为慰丹计,亦无算矣。然仆召之即可,而足下令社生迫之即非。是何也?仆已入狱,非置身事外,以其祸贻予他人。足下即身逃其祸,而欲其仇敌当之也。……故仆之所惜于足下者,在始终为洋奴,未能纯为康门小史。若一往作康门小史,言虽悖谬,或未至如是甚也。足下谓仆以一切秽词泄野蛮之怨恨,仆见足下所作《新世纪》,以秽词排斥异己者,南山之竹,不可罄书。仆亦非好学他人不是也,但以足下所用秽词,上者施于一般社会,其次施于古明哲,其次施于近代士人,其次施于官吏,犹为未当,而以此施之足下,即为适当。何也?牛襟马裾之洋奴,人格在一切圆颅者下,纵腐败如今之污吏劣绅,其人格尚在洋奴上也。"(《东方杂志》第33期第一号,1936年1月出版。)

九月二十五日(10月19日),日本政府"徇清政府之请,下令封禁《民报》"。关于这方面材料,日本京都花园大学教授小野信尔先生曾将日本外务省档案材料,(原件藏日本外务省外交史料馆,题名《〈民报〉关系杂纂》)复印见赠。(日文材料,承上海译文出版社吴元坎同志翻译;英文《吁请给予同情》,承上海社会科学院历史研究所章克生同志翻译。)今择要补订如下:

先是,清政府外务部于光绪三十三年七月二十七日(1907年9月4日)照会日本驻华临时代理公使阿部守太郎:"为照会事:准北洋大臣函送探访员查呈之《民报》等杂志七种到部,并准函补阅文报,或系日本邮便认可,或系东京刷行,而其输入中土,率由日本邮局寄来,应请面告日使,转达日政府设法禁止等因前来。本部复加检阅,此项杂志,均系本国乱党,在贵国境内出版发行之件,其中倡导革命,措语狂悖者,不胜枚举。若听其展转流播,煽惑人心,实于本国治安大有妨害。贵国政府与本国夙敦友谊,休戚相关,此等悖逆书报,不独本国臣民见之发指,即贵国政府亦必深恶痛绝,具有同情。查贵国新闻纸条例第三十二、第三十三等条,凡记载论说,有冒渎皇室尊严,变坏政体,紊乱朝宪及坏乱社会秩序风俗者,均分别轻重,处以刑罚。又出版法第二十六条,凡将变坏政体、紊乱国宪之文书图书出版者,处二月以下、二年以上之禁锢,并附加罚金等语。此项杂志,专以革命煽乱为主义,按诸贵国法规,亦同在应行处罚之列。除饬本国各地方官随时严禁递送售卖外,拟请贵代理大臣转达贵国政府,将名单开列之各项杂志,严禁印刷递送。并请嗣后遇有类似此项杂志之各种书报,一体禁止出版,以维秩序而保治安。相应将该报等题号及印刷所等名目地址,开单照会贵代理大臣查照办理。"(《清国外务部:照会写》。)

接着,日本驻华临时代理公使阿部守太郎于1907年9月21日复照清政府外交部:"前据贵历七月二十七日来照,内称'以《民报》为首之杂志九种,均为清国乱党在日本国内出版后输入之刊物,内容鼓吹革命主义、文辞狂悖者,不胜枚举。如听其展转流布,煽惑人心,势必对清国治安造成极大妨害,应请转达日本政府予以同情,根据自国法令规定,对上开及今后可能出现之同类杂志书籍之印刷及递送等行为,全部严加禁止'等情。本代理公使确信,如上述杂志等诚如贵照所示,均为在敝国之内出版,且其所载内容确与敝国新闻纸条例或出版法有所抵触,则敝国之当该官厅自当不待别国要求,迅即予以适当处分。因此,已将来照立即转达敝国政府,要求对此事进行调查,并顾全两国之交谊,加以特别考虑。本代理公使确信,敝国政府得悉后,肯定将以充分之好意,对此事加以诠议。谨此先复。"(《日本公使致清国外交部复照》,明治四十年9月21日,第四十七号。)

10月17日,阿部守大郎呈报日本外务大臣林董伯爵:"清国人经营之杂志《民报》所刊记事,措辞激烈反动,宜加取缔,为此曾于今年八月中旬具呈(机密第九十八号)申报,并提请我国有关当局,对一般具有同样性质之报刊,特别加以注意。今者又据清国政府来照,有以《民报》为首之九种报刊(另纸甲号抄附),乃系该国乱党在我国境内出版发行,内容均以倡导革命主义,措辞狂悖,煽惑人心,有破坏清国安宁与秩序之虞,因此要求我国顾全两国友谊,按照我国法律,对此等出版物加以禁止。本官收到照会后,已暂先答复(另纸乙号抄附)如下:'此等杂志,如确与我国法律有所抵触,我国有关当局自当给予相当处分,决不怠慢,因此已将来照内容,转达本国政府。'

"按诚如前报,自安徽巡抚遭暗杀以来,现政府已甚为神经过敏,对排满性之革命党,正在讲求种种方策。尤其对若干高唱极端之辞之徒,清政府更为厌忌,甚至对留日学生目为革命之源泉。在此时际,见到载有此种过激文字之报刊,且均为在我国发刊而源源输入清国者,清政府之忧惧焦虑,实亦为情理之常。按此等报刊,在我国目光中,虽只为若干一知半解之徒出于狂热,借燕赵悲歌之口吻,以带有破坏性之辞句煽动人心。但此种刊物毕竟系在我国中央帝都出版,因而引起邻国之不安,此种情况,实亦不容忽视。鉴于清国之现状,此种对外政策亦非所宜。盖清政府既视我为革命党之巢窟,对我亦必将引起疑念。此种情况,我国必须努力避免。因此窃意出于国家政策上之必要,区区世间之议论,可以不必顾虑,对于此类刊物之内容,不论其是否触犯我国法令,均须采取行政措施,设法加以禁止,至少亦须加以严格限制,不使有不稳之内容出现。"(《清国政府照会要求我国禁止清国人在我国经营之汉文反动杂志》,明治四十年10月17日,机密第一二七号。)

至是,《民报》被查封,可知清、日早有密谋。今将日本外务省材料辑载如下:

九月二十七日(10月21日),《关于〈民报〉杂志问题》:"由清国革命党章炳麟经营之杂志《民报》第二十七〔四〕号违反新闻纸条例第三十三条,根据上月十九日之告发,内务大臣已命令停止出售。除将该期刊物扣押外,并命令以后不准再刊登与'革命的心理'、'本社简章'等主旨相同之记载。所辖警察署将此一命令传达上述章炳麟后,章又提出如别纸所记之书面一份。所辖警察署当即谕示,该书面中之所记决非事实。"(乙秘字第一〇四一号,1908年10月21日。)

十月初一日(10月25日),《由〈民报〉事件引起之清国留学生之其他行动》:"《民报》第二十七号(二十四号)禁止发售并予以封存,且禁止其刊载同类记事之命令发布后,对清国留学生,特别是居住于早稻田附近之留学生之动静进行密查,结果判明,此事在该留学生间似并未引起过大之震动。维在《民报》封存时,已有六百八十份已被华南各省留学生取去,分发至各处五十份或八十份,准备供应读者购买,彼等听说未发部份必须追还封存之消息后,对措施之严厉均大为吃惊,在尚未收到刊物之读者间,据闻亦颇有不平之鸣。

"又,据章炳麟、宋教仁等称:我人倡导革命之机关报,如不能鼓吹革命之主义,则今后亦不能再在日本发行,此点将禀明内务大臣,若不蒙采纳,则倡导革命之事,只得移至美国或法国进行,故《民报》是否继续发行,目前尚未一定。

"又,在与《民报》多少有关之日本人平山周、宫崎虎藏方面,原对该报并非十分重视,因而对封存禁止一事,似亦未表十分惊奇,内心采取痛痒无关之态度。

"章炳麟、宋教仁等认为此一处分,暗中必有背景人物,并疑心此人为唐绍仪,即深疑此事即为唐绍仪或清国公使向日本政府交涉之结果。章等虽对唐绍仪、清国公使以及我国当局感到怨恨,但似亦并无特别不稳之行动。又彼等已于昨日向内务大臣提出如下书面。"(略,即《移让日本内务大臣平田东助书》二,乙秘第一〇七五号,10月25日。)

十月初二日(10月26日),内务省警保局长有松英义《致外务省政务局长仓知铁吉书》云:"既报《民报》编辑兼发行人章炳麟本月廿三日呈内务大臣之书面中有牛込区警察署长曾当面告知:'此事关于外交,不关法律'等语,现经调查结果,事实上牛込区警察署长并未作如上之发言。内务省警保局长有松英义。"(《关于章炳麟》,乙秘字第一〇八八号,10月26日。)

十月初五日(10月29日),《关于章炳麟》:"前被禁止发行出售之《民报》发行人兼编辑章炳麟,因误信此次禁止发行系出于目下来访之唐绍仪之要求,因而对之极为愤恨。章最近曾对来客透露,由于该党人士激愤之馀,难保不会发生加害唐绍仪之情况。对彼等之行动正在严密监视中。"(乙秘第一一二一号,10月29日。)

十月十二日(11月5日),政务局收到杨斯恪等致日本内务大臣抗议书:"近闻贵大臣封禁《民报》,甚为骇然。《民报》乃敝国士民仰望如泰山北斗之巍巍者。对于贵国,亦尝提倡联合,而主维持世界和平。论文明法律,断无可以封禁之理由,不知贵大臣何为而出此也。顷者唐绍仪来贵国,人言啧啧,或谓以新法铁道、抚顺煤矿及间岛主权,与贵国交换《民报》,而贵政府亦遂许之,故骤然以诡谲手段,妄指《民报》疵点,而令其更改简章。钳制言论之自由,此在贵政府贪利,不暇熟思,固自以为得计,然不畏世界有公论乎?满政府切齿革命党,必欲洩恨于《民报》,假手贵国,自以为姑尝试之,未能必其有效也,而贵国竟为所利用乎?

"抑吾闻之,唐绍仪之来,以清米之同盟,挟制贵政府,封禁《民报》,乃外交的关系,非法律的范围,而以是见悦唐绍仪,取媚满政府也。然则贵国之畏米国,可谓甚矣。自今以后,愈识贵国之卑贱,诚亚洲之大障碍物也。米国虽白种,对于朝鲜,犹怀德义,贵国能无愧乎?白种且恤夫他洲,黄种则自残其同类,贵国实居何心?野蛮无人道,诚未若贵国之甚者。敬为贵大臣告:吾辈皆汉种,留学贵国,惟学问研究是务,本不暇谈及革命。然彼革命党之所为,吾辈纵不能扶助,亦深感其艰苦,悯其牺牲,汉种所群托命者也。《民报》封禁,是夺吾汉种之衣食,遏吾汉种之生机。贵国此等举动,印在脑筋,永世弗敢忘也。天地甚大,吾汉种之《民报》,随处可以发行,不必惟尔日本是依。贵国既不自量,吾辈有何同洲之谊,亚洲兄弟国,亦不止一日本。贵国能令亚洲诸国一概灭绝,永不复见天日,则贵国之福也。今而后谨记一纪念:'日本明治四十一年十月十九日封禁汉种《民报》',敬谢贵国之高谊。中华国民杨斯恪、王天行、汤受辛、许贻、段纪伦、叶中镐、甘人祺、李曰暄、曾家骥、刘知理、赖庆恢、黄恪□、廖公群等。"(机密受第二五五三号。)

十月十六日(11 月 9 日),《清国革命党员之谈话》称:"黄兴称:'《民报》在美国发行之事已在准备中。''余将于明年夏季赴西伯利亚旅游。''暗杀为卑劣阴险之行为,乃匹夫之勇,大夫应跃马阵头。'何天炯称:'唐绍仪来访之目的,在于观察日本举国上下欢迎美国军舰,并建立日美国交之状况。''清国人对于日本之经营满洲,毋宁更欢迎由俄国人来经营。日本守备军需用物品全部向日本购入,与此相反,俄国兵之一切供给均仰仗清国。'"(乙秘第一二〇七号,11 月 9 日。)

同日,又有《清国革命党员之言行》:"黄兴称:'香港之抵制日货实为总督所煽起,风传运动费用约需十万两。'何天炯称:'各省同乡会发行之杂志无一不谈革命之必要,禁止一《民报》之发行何用。香港之抵制日货,实受清国官吏之煽动。日本之外务省当局可一思之。'宋教仁称:'《民报》禁止发行之起因恐为唐绍仪之来访。'"(乙秘第一二〇八号,11 月 9 日。)

十月十七日(11 月 10 日),日本内务省受到署名"东京居留之一广东革命党"致内务大臣抗议书:"今香港排斥日货,致劳动社会亦不与其起卸,其理由贵大臣知之乎?虽知亦难言也。昔者清国官吏将二辰丸之旗卸落,则贵国引以为耻。今贵大臣听唐绍仪之言,而封禁《民报》,而《民报》即我革命党之旗,而被野蛮手段卒然收没,以此情理,与二辰丸案两相比较,则无异焉。岂落贵国之旗,则贵国引为耻辱,竟以鸣砲谢罪。然则我党之《民报》被禁,则吾党不以为耻乎?因此香港三十馀万同志一接《民报》被禁之消息,即以野蛮手段相酬谢。目下吾党之势力,虽不能作速倾覆满清政府,而排斥日货则有馀。前因二辰丸案,立宪党人以排斥日货,后吾党以通牒各地党员,因此解散。今贵大臣不谅吾党之苦心,竟恩将仇报,此无他,从今吾党唯有进入内地,以秘密手段运动各地,排斥日货。昔立宪党人欲借排斥日货以渔利,致借淫卖国使臣之口,因而恫吓满清政府,使愚懵无知之满清诸大老奴,以抑平民,今则不然。虽欲借口实,无由而干涉之。试观诸香港,贵大臣可否照会外务省,使英国禁之乎?或使英国强迫荷客,以与贵国起卸货物乎?素闻英、日有同盟之友谊,此区区小事,岂不能代劳耶?今将吾党之支配及其法律,试为贵大臣告。例如各处之同盟会、共进会、哥老会、三合会、三点会、兴中会、义兴会、大刀会、虎头会等等,皆属吾党支配,而其法律一颁,各地党员,无不遵俯而行,倘有违背,俱为司刑执法。故此党员知有党中规律,馀下虽下天皇敕谕,亦只作'贵妇人御用之按纸'而已。今排斥日货,正始发轫,其未有艾。总之,凡系淫卖国之货物,不能到有华人居留之处为目的。至吾党各地之布置,谅贵大臣已知之矣,今贵大臣好自为之。"(机密受字第二六三七号。)

十月二十日(11 月 13 日),《清国革命党员之言行》称:"宋教仁已将《民报》停止发行一事通知为之印刷之印刷所秀光社。又彼等认为日本政府拟以放弃间岛来取得在清国某地铺设铁路权,因此迫害《民报》实为一种政略措施。今后拟将《民报》迁往新加坡,章炳麟亦将前往该地,扬言将煽动排斥日货,并将在清国留学生中惑乱人心云云。"(乙秘第一二四六号,11 月 13 日。)

十月二十一日(11 月 14 日),章氏《致小村大臣函》:"拜启:陈者。今日警视厅吏员来敝国人黄兴之住宅谈称:'日本人平山周与中国人某来外务省,谓章炳麟将赴印度,要求外务省支付其旅费一千圆,不知此是否真为章氏之意。'今黄兴来访,询问此事,闻之极为惊愕。目下此等欺诈之事颇多。按平山周者原曾相识,不料彼竟利用此种关系,作此诬罔之言。此后如再有来贵省作如此举动之人,务请断然拒绝。特此奉告。"(附在档卷中,系译文。)

十月二十一日(11 月 14 日),香港《中国日报》以"《促日本外交界之反省》为题刊载一篇论文,对日本外交之拙劣大加非难"。"同日该报对有关《民报》停止发行之始末以及该报编辑章炳麟呈内务大臣之书信等亦有详细报道"。日本驻香港副领事船津辰一郎为此要求会见《中国日报》主笔冯自由,"向他提出质问"。冯自由认为《民报》被封,"一般革命党人极感愤慨","深信此种情形对日本大大不利,因而认为日本似宜取消停止发行之决定"。当船津责以"君等常谓起事之地应在南清,果然如此,则机关杂志之类更应移至便利之地才是,奈何竟对日本政府之措施反而出此谬见乎?"冯自由反驳:"以地理关系而言,香港最为适宜,以官宪对言论管制之宽严而言,则新加坡最为适宜,但此两地均须巨额之经费,惟独日本之印刷费及纸价均甚低廉,且邮费亦甚便宜,尤其因其有各种报刊及新著书籍,学校亦甚多,对各方面之新说及新知识,均极易获得,因而革命派机关刊物所必要之材料极为丰富,发行亦极为方便。故此购买《民报》之读者甚多,销售额达一万四千份。……正因为在日本有此种种便利,故俄国之革命派即以长崎为其巢窟,我党即以东京为巢窟,即使地理上略嫌远隔,亦不足介意也。此次我党机关杂志之停止发行,对我党实为极大之打击。”(《日本驻香港副总领事船津辰一郎致日本外务大臣小村寿太郎伯爵之报告》,12 月 18 日,机密第四十八号。)

十月二十三日(11 月 16 日),《关于章炳麟》:“平山周不待《民报》公开判决之结果如何,决定断然解散民报社,本人则以研究佛教之名义渡航印度,或即因此之故需要渡航费用一千圆。但章对此不但不加干预,且意志坚决,认为此际收受日本政府之费用,根本不屑为之。如此一计划为章知悉,必将绝对拒绝。章之真意,乃想前往美国,在该地鼓吹抵制日货,打击日本政府。总之,平山周系利用章、孙之名义,为其自己谋利,亦未可知,目下正对此侦察中。”(乙秘第一二七二号,11 月 16 日。)

十月二十四日(11 月 17 日),《清国人之谈话》:“清国立宪党员、《北京公报》通信员袁本贵就日本国对清国革命党之政策所作谈话如下:清国之革命主义,并非一朝一夕发生之思想,其由来实甚久远。苟谓凡为汉人,即不无革命思想,此说亦不为过。然鉴之世界大势及清国现状,欲以兵马之力颠覆满清政府,实为不可能之事,因而宁可采取渐进之法夺回政权更为有利,此即倡导立宪主义一派之所以产生者也。故不论为标榜革命者,或倡导立宪者,考其实质,均为满清政府之反对派,其间仅有急进与渐进之差而已。今者日本政府禁止革命党机关刊《民报》之出版发行,虽为应北京政府之要求出此,然以对清政策而言,亦难免反而导致对日本国有所不利之结果。在日本之清国留学生,除满人以外,均对禁止《民报》发行之举抱有不快之感。风闻革命党员中之重要人物章炳麟、陶成章、黄兴等约二十人,不日即将渡美。目下孙逸仙在南洋极得汉人之同情,已募得捐款数万圆,则彼等渡航美国后,必将大肆活动。由于清国人之教育并未普及,对于《民报》杂志以及同类之文书,能予解读者为数甚少。因之企图大肆收揽人心,一举颠覆现政府,虽有此说,行之实难,纵令听其进行,最后恐亦不能达到目的也。”(乙秘第一二八一号,11 月 17 日。)

同日,日本警务处将 13 日晨早稻田大学“清国留学生部之入口处贴出”之油印檄文送上,说是“以檄文内容判断,此事实为因《民报》受到停止发行处分而激动之章炳麟一派所为”。汉文檄文略为:“种族之界不明,而光复之业终未有济也。近数年来,《民报》昌言,《民丛》败北,提倡民族大义,振起光复灵魂,因之吴烈士之炸弹发于前,徐义士之手枪击于后,虽皆吾汉族敢死汉儿,要亦《民报》鼓吹因果也。第近来购入军火,动縻巨万,试问是款何来,讵非吾同胞大义已明,固乐于输将也哉?壮哉吾《民报》之势力,壮哉革命军之行成矣”。“吾汉族与东胡,誓不两立者,今与倭奴已不共生存矣。嗟嗟倭奴,吾《民报》目的宗旨,非已认可历年者乎?纵垂涎间岛,思割据而甘心之,顾舍封吾《民报》外,讵勿侵吞占领策乎?作法自制,即不为汉族生存计,独不为世界公理计乎?倭奴亦诩言文明法律者,吾不知东西各国之新闻条例,前认可而后收没者,有如是无信用法律乎?即倭奴自思,当自愧野蛮之不顾公理矣”。“闻小村对唐隶言曰,如以间岛新法见附,《民报》各省杂志一律收押,不许留学生只言半语,再煽惑贵国人民。嗟乎!不知者犹以倭奴封吾《民报》、《四川》,妨碍清美同盟手段也误矣”。

“吾汉族同胞,何妨各抒涓滴,以汇大海,共据土壤,以积高山也。凡吾汉儿,盍兴乎来。”(乙秘一二八三号附,11月17日。)

十月二十六日(11月19日),《关于清国革命党问题》综合“清国革命党怨恨我国当局之原因”,略谓:“身在异国之革命党员,为鼓舞清国之民心而发行杂志输入本国,章炳麟所发行之《民报》即为此类。但日本政府则以禁止《民报》之发行阻碍革命运动。按《民报》乃革命党的机关杂志,并无妨害日本国之安宁或扰乱秩序之言论。既无此种情况,则对该《民报》之禁止发行,实为无理之极之事。考日本政府之断然禁止《民报》发行,或为受清国政府之托而出此。如果此一想像确为事实,则日本当局乃与国际间之通则背道而驰。按满洲政府乃是寡人政府,为多数国民亦即汉人所反对。现政府存在一日,对国民之不利亦日甚一日,日本援助现政府,即为害多数汉人,亦即为满人之同党,岂为国家应有之行为?欧美各国对革命党员亦丝毫未加压迫取缔,而此种情况独独在日本有之。”(乙秘第一三〇九号,11月19日。)

十月二十九日(11月22日),《清国革命党员之言行》称:“清国革命党员章炳麟因其机关杂志《民报》第二十七〔四〕号受到停止发行之处分,极感愤慨,以致起草无礼之檄文,且屡向内务大臣递送告白书。对于此事,黄兴、宋教仁等甚感其非,并曾设法制止,但章生性奇侠,不予采纳,宁愿单身上阵。据称章以外之领袖诚恐伤害日本朝野之感情,因而衷心感到忧虑。与上述党员有亲交之某新闻记者曾向宋教仁提出质难之词称,《民报》停止发行事件,仅为法律之适用问题,但不论其是非何属,据此一事即对我大和民族一律骂倒为倭奴而加以侮辱,则我等身为日本国民,对此实不能不采取极端反对之态度。据彼等解说,此乃章之单独行动,并非全体革命党员之意思,希望在报纸上揭载我全体革命党员之本意所在,希望日本国民勿以檄文而产生误解。又此等领袖看法,为获取朝野之同情起见,如任凭应负文责之章炳麟留居日本,实为有害无益之事,因而似正在秘密策谋使其渡航美国之计划。宋、黄等认为,如不能获得内外人士之深切同情,亦即无最后奏效之望。因此彼等正对目前中外形势进行细心观察,似无急遽举事之迹象。

“宋教仁又称,章炳麟因受《民报》停止发行处分,愤慨之馀,态度有欠慎重,竟至向内务大臣递送措词激烈之告白书,并将此事颠末印刷分发党员,此种行为实非稳当,我等多数党员感到不胜痛心。据称由章在早稻田大学入口处贴出之檄文,今日初次一读,似有使人误解为此文并非章一人手笔,而由章或我等执笔写成。”(乙秘第一三三九号,11月22日。)

十月三十日(11月23日),《清国革命党员及其他人之谈话》,内宋教仁称:“一,章炳麟虽因不明大势而有过激之行动,但有人谓彼之檄文(张贴于早稻田大学清国留学生部入口处),并非在民报社印刷。由于行文之拙劣,其中若干处所,连我等自己亦不能了介其意义。因此可以认为此文并非章本人所起草”。“革命党以章炳麟等所采取之行动而失去日本朝野之同情,我等同志深信,以劝章离开日本为得策。”又有“具有革命思想之某清国人对其亲交之谈话”云:“《民报》及其他报刊之禁止,实为宪政考察大臣季家驹及唐绍仪向日本政府要求之结果。革命党员对此极为激愤,风传有加害上述二人之企图,此实为不愧想像之事。按即使革命党加害于彼等,对达成革命之目的又有何益处?”(乙秘第一三四三号,11月23日。)

十一月初一日(11月24日),平山周《致荻原函》云:“《关于章炳麟》之传说,考其来由,乃系牛込署之平泽巡查不知从何处听来后告知宫崎寅藏,宫崎又添加其本人之想像,认为定是平山在向外务省敲诈。因此小生曾于今日前往面会牛込署长,署长认为此事并无事实根据,并将亲自前往外务省为小生辩明,特此报告。”按:《关于章炳麟》之传说,即上引十月二十三日“平山周不待《民报》公开判决之结果如何”云云,而为之辩明。荻原,日本外务省通商局长。

同日,火奴鲁鲁中文报纸《民生日报》“要件”栏,载《报告〈民报〉二十四号停止情况》,内附章太炎《为〈民报〉封禁事移让日本内务大臣平田东助书》等,与巴黎《新世纪》第七十九号同。末为:“以上报告《民报》与日本内务省交涉情形,自此以后,惟有执定方针,为百折不回之概,断不以口舌转圜,堕我革命党人之资格。纵令裁判治罪,亦惟听其施行。吾党人材遍布南洋、美洲等处,岂蕞尔日本所能消灭。敬告同志,当同守大国民之风慨,勿以小挫灰心,勿以威武屈节,庶几松柏后凋,竟伸其志。中国革命党同白。”(机密第十二号附属,“四十一年十一月廿六日附在火奴鲁鲁总领事来稿”。)12月7日,《日本驻火奴鲁鲁总领事上德专一致外务大臣小村寿太郎伯爵报告》云:“关于清国人章炳麟在东京主办之《民报》遭到禁止发行处分一事,本地中文报纸《民生日报》之有关记事剪报材料已于上月二十五日之机密第十二号信中附奉。”(机密第十五号,明治四十一年12月7日。)

十一月初二日(11月25日),为《民报》事开庭审讯,《〈民报〉公审情况》云:“今日上午十时四十分起开庭公审关于《民报》第二十七〔四〕号违反《新闻纸条例》案,由铃木某担承翻译。姓名、籍贯、住所等其他形式之询问完毕,进入有关起诉事实之询问时,章一概不予回答。由于此种对翻译表示反抗之态度,审讯不得要领,结果经辩护律师花井卓藏申请,改由宋教仁担承翻译,审讯乃得继续进行。

“章对起诉事实之一,即对《革命之心理》一文答辩称:一、该文为周〔汤〕伯夔所撰,作者本人目下不在日本;二、《民报》刊载该文乃系供清国学者阅读。

“对起诉事实之二,即关于编辑及发行人未作呈报以及发行所亦未呈报问题,一概予以否认,但对该社简章中有关‘颠覆当今之恶劣政府’一条之意义,则作陈述称:(此之所谓恶劣政府),并非指列国政府,而是打倒现在之清朝,而由汉族组织政府之意,其目的在于建设共和政体。

“审讯经过大致如上,审询完毕后即由后藤德太郎律师开始进行辩论。彼首先提请审判长注意:章为清国人中有数之学者,但其为人奇侠,出乎一般人之常识。彼现在日本保护之下,而竟公然指日本人为倭奴,称日本为卖淫国,对如此人物,实应加以普通之刑律云云。此时记者席中之社会主义者石川三四郎起立,来到后藤身旁,对其提出警告。后藤当即收回其全部发言,愤然退庭。时已超过下午一时,律师请求宣告暂时休息,审判长经过商议后,准如所请。同时根据检察官之请求,宣告今后之审询禁止旁听。"又据附记:"是日前来旁听之华人,约三百名左右,进入法庭者约为六十人"。又云:"宋教仁中途被准担承翻译。"(乙秘字第一三七五号,11 月 25 日。)

十一月初三日(11 月 26 日),为《民报》事继续开庭,"因仍禁止旁听,审判情况无从知悉。只知检察官宣读起诉书达一小时,被告辩护律师花井等均提出无罪之辩护,最后决定于十二月十三日上午九时宣判"。"退庭后,被告章炳麟退出后又与前来旁听之同国人约三十人至日比谷公园内之音乐台下集会,相约十分钟,所谈不知何事,可能为报告禁止旁听后之情况"。(乙秘第一三八一号,11 月 26 日。)

又,日本东京地方法庭审讯《民报》案情况,新加坡《中兴日报》1908 年 12 月 16 日亦有记载,题《〈民报〉裁判情形报告书》,所载较《民报关系杂纂》为详,时间则系为 26 日一天,谓分别于上、下午进行,说是"裁判长要吃饭,原告、被告、辩护士、翻译都要吃饭,各自散去,吃过了饭再开庭"。上揭"乙秘第一三七五号"所写 11 月 25 日,《中兴日报》作 26 日上午;"乙秘第一三八一号"《续报》,《中兴日报》作 26 日下午。所载裁判长与章太炎对答辞,可补《民报关系杂纂》之不足,如:

(裁判长问,下同——引者)"你发行《民报》,是什么意思?"答道(章氏回答,下同):"因为清国政府不是我们汉族的政府,我们的汉族最高统治权被满洲人占了,所以我们要颠覆这个异族政府。《民报》就是发表这个意见。"

"你出版的目的是给什么人看的?"答道:"我是给中国学者看的。"

"为什么只能给中国学者看呢?"答道:"我的文章海内第一,只有学者可以懂的,别的人就不能懂。"

"你可给日本人看么?"答道:"中国人尚且不能个个都懂,何况日本人。"

"你说颠覆的恶劣政府,是指世界一般的政府么?"答道:"只说清国政府。"

……

"你的《民报》为什么要在日本发行呢?"答道:"我是亡命客,不能归国。况且这个报若是出在中国地方,就要被那清政府迫害的,所以在日本出报。"

"可以发卖么?"答道:"发卖。"

"可卖给日本人么?"答道:"我们的主意原是卖给中国人看的,但既属发卖,不能不许日本人卖,却是极少的少数。"

当律师辩护完毕,裁判长问章氏:"你自己还有什么意见?"章太炎答辩之词,《中兴日报》所载亦详,词曰:

"答道:'杵事告我的扰害社会的秩序,所以我有三条的答辩。

"第一件,日本国的新闻条例,原禁止人家扰害日本的秩序,并不禁止人家扰害别国的秩序。我这个《民报》,一向说的颠覆清国政府,并没有涉及日本。清国政府或者可以说我们扰害秩序,日本政府决不能说我们扰害秩序的。贵裁判长如果不信,可把我第一期的《民报》并至二十四号通统看去,可有一句话煽动日本人民么?

"第二件,世界各国的秩序,原是不同,断不能把日本的秩序包括世界各国的秩序。日本国对着日本的人民,是认革命为扰害秩序的。若在我们中国,却不认革命为扰害秩序。因为中国的历史全是革命的历史。就是中国经典上,也说汤武革命顺乎天而应乎人,可见道德的教训也以革命为应该做的。就是清国定的法律,也不能反背舆论,只能说谋反有罪,不能说革命有罪。谋反与革命,原是两样的观念。所以非但日本不能说我们扰害秩序,就是清国政府若严密的照法律讲起来,也不能说我们扰害秩序。

"第三件,假如现在清政府就是我们汉族的政府,我要去颠覆他,还勉强可以说扰害秩序。却是这个清政府,是满洲人的政府,并不是我们自己汉族的政府。他们满洲人强占我们汉人的国土,我们看满洲政府只当盗贼一样。我要驱盗贼,有什么扰害社会秩序呢?"

又,《民报关系杂纂》所记辩护律师仅花井皂藏一人,而《中兴日报》则举六人之姓,即花井、宫岛、添田、后藤、渡边、井水,与张庸《章太炎先生答问》所云"彼邦辩护士五六辈亦来助我"相符。后藤对中国革命影响日本,所以要判罪,辩护谓:"这个都是外交上的话和政治上的话。但是在裁判所只能讲法律,不能讲政治,更不能讲外交。"添田对"颠覆清政府"辩护谓:"以中国人眼光看来,一方面是扰害秩序,一方面也是回复秩序。什么缘故呢?因为清国政府原是个恶劣政府,不颠覆了它,在秩序上决不能得好结果。况且我们的新闻纸条例只说不许扰害社会秩序,不说不许扰乱政府秩序。假如政府有害社会,政府倒了,社会自然好了,还有什么扰乱社会的秩序呢?"花井则以《革命之心理》一文,"看起 <来> 说话是很激烈的。但《民报》的文章……也兼有文学的性质,……文学有极意的形容的话,所以说话过份些。……什么虚无党,什么暗杀党,都是一种加倍的写法。若是不懂他行文的妙处,怎么好死执着他的字句去揣度他的意思呢?"宫岛辩护,认为按法律不能定政治避难者的罪。他说:"若照检事的话,不如以前早定一条法律,不许世界的亡命客到我们日本境内。当时为什么许亡命客进来呢?因为定说不许,有一点儿损我们文明的体面,所以法律上不能禁他来。既是来了这亡命客,对着他本国的政府自然有许多发愤的话。我们法律既是这样,也只好依法律做了,不能去判他的罪。"

又,上引"乙秘字第一三七五号"最后一段,《中兴日报》所载则为:"说罢,辩护士把《日本及日本人》的杂志给裁判员看,说道:'这本杂志上有章炳麟的照相和他的列传。这个章炳麟,原来是个学者,又是很奇怪的人。闻得他这一回写信给内务省,说不与兽性民连合,不求卖淫国赞成,这卖淫国,不知他指着什么国?依我们看来,难免是日本了。但他原是性情倔强的人,因为内务省要损害他,所以他发愤说这种话。说到《民报》的简章,原是主张中国、日本国的连合。所以他本来并不是反对我们日本人的。若他一向说日本是卖淫国,我们还肯替他辩护吗?'"与《民报关系杂纂》出入很大,合并录入。

十一月十四日(12 月 7 日)檀香山(火奴鲁鲁 Honolulu)《太平洋商业广告报》晨刊

(The Pacific Commercial Advertiser, A morning paper. Walter G. Smith, editor, Monday, December 7, 编辑人 Walter G. Smith),揭载《吁请给予同情》:"《民报》盖中国维新派之喉舌,近遭日本政府之禁止发行,编辑人章炳麟就该报停刊原因,本乎所见,撰成通报,以英文单行本投寄各方,吁请世界人士给予同情。该项通报一份,业经本报收悉,此盖中国维新派切望博得美国人寄同情于其奋斗事业之明证,故而引起各界之兴趣。遭禁之《民报》与日本政府,其间真实案情何若,倘无更详尽之消息,势难阐明。上项通报之英文单行本,陈述中国一方之情景如下:

"我革命党人刊行《民报》于东京,已历三载,寰球人士公认其为全中国报章中之最伟大、最坚强、最驰名于当世者。《民报》素以崇奉民族主义与社会主义著称,其所揭橥之理想,即'中国者,中华国民所共享也'。

"自创刊迄今,《民报》始终小心翼翼,注意避免发表违忤日本政府与国民之言论。

"正因《民报》恪守革命原理,其成为现存中国政府之眼中钉,自属当然之理。刻下中国政府尚未能在日本取得权力,能干预报章之发行。此中国政府之所以力图禁止《民报》之流通于中国内地也。

"顷者,日本政府已受奉天巡抚唐绍仪所施之影响。唐氏启程赴美利坚合众国,现正中途逗留于东京。日本政府受纳彼巡抚之贿赂,彼此达成协议,只须日本政府采取措施,扑灭旅居日本之中国革命党人,则巡抚代表中国政府,投桃报李,将新法铁路、抚顺煤矿、间岛等处之所有权,拱手交与日本。《民报》遭禁止一事,由是而步入国际外交动静之藩篱,允宜对此瞩目,洵属紧要。

"缘《民报》第二十四号问世,1908 年 10 月 20 日,日本政府以违反新闻纸条例为其谬妄之托词,禁止其发行,并号令曰,嗣后该报发行各期,倘有登载革命论著等情,概予禁止。故尔日本正汲汲于扑灭中国革命党人,无疑将因此而在满洲成交一笔获利倍屣之买卖也。

"吾人主张,倘不颠覆现今之恶劣政府,则中华帝国将永无安宁之日,世界亦无和平之时。职是之故,我辈时刻不懈,为反对异族满清对中国三百年来之统治而奋斗。现今之政府既残酷不仁,而又恣睢暴戾。故尔我辈必须以国民共和之政体,取现有之政府而代之。以此宗旨,铭记在心,我辈乃创刊宣传于日本,而日本政府无端加害,深感遗憾。试看美利坚、法兰西、德意志诸国,凡世界各地,其有因本国暴政压制而来奔之避难者,概许其就地觅得庇护之所。美国纵属无政府党人,亦许其享有言论与出版之自由,遑论崇尚人道,宣扬民族主义如吾侪者乎!兹者日本以吾人为其达成密谋之工具,诚属可耻之尤。为图掩饰其谬妄,竟不惜号令各报章不得涉及是项纯属自私之外交行动。

"吾曹刊行此通报,旨在敦促有识之士洞察日本政府诡谲易变之情性,与夫中国中央政府所奉行之狡诈政策也。"此件亦由日本驻檀香山总领事上德专一"剪报呈奉"外务省。(《日本驻火奴鲁鲁总领事上德专一致外务大臣小村寿太郎伯爵报告》,机密第十五号,明治四十一年 12 月 7 日。)

十一月十九日(12 月 12 日),据日方报告:"东京地方法院对《〈民报〉违反新闻纸条例》事件宣判,章炳麟作为发行人及编辑人各处罚金五十圆,又关于发行所及其他事项未作呈报一事,判处罚金十五圆,与《民报》有关之人将于明十三日在黄兴住所讨论善后对策。"(乙秘第一五一九号,12 月 12 日。)

十一月二十日(12 月 13 日),据日方报告:"章及宋教仁、何炯、鲁复并其他九人在小石川区黄兴之住所开会决定,对《民报》之判决表示不服,将提出上诉;即使胜诉,获得无罪之判决,《民报》也不再在日本发行"云。(乙秘第一五二七号,12 月 13 日。)

十一月二十一日(12 月 14 日),《革命党主要人物之言论动态》云:"《民报》事件判决后,对革命党中主要人物进行秘密侦察之结果如下:

"据彼等称,既然日美协约已经成立,日本政府对革命党之政策已经确定,因而对今日之判决表示不服并提出控诉,亦无胜诉之希望。虽辩护律师将进行控诉,本人等却并无控诉之意思。且只要对刊载内容有所制限,即使《民报》复刊,其主义方针亦不能发表,因此彼等对此次罚款一百十五元及禁止发行之处分,亦不感太大之痛痒。章炳麟虽称压迫革命党一事乃出于唐绍仪之要求,但亦非真个信有此事,今者日本政府之方针已经确定,对革命党之一举一动必将详为监查,在此种情况之下,革命党员今后之活动亦极困难,云云。"(乙秘第一五二九号,12 月 14 日。)

同日,《关于新闻记事》云:"关于本月十一日发行之东京《日日新闻》刊载题为《清国革命党员之决议》之记事问题进行调查之结果如下:该记事全属虚报,并未发现有丝毫事实之根据。当为有人为私利而传出之虚报。又,该党领袖黄兴就此一记事问题称,《日日新闻》所载以革命党员之决议为题之记事毫无根据,因此目下已向该社提出照会。总之,除有人企图借此进行中伤外,并无其他意义。日本报纸之不负责任,实堪震惊云云。左冲远称:《日日新闻》之记事实为反对派之离间案,其目的只是想使民报社同人置于日本政府敌视之下而已。我等同志不日即将此种离间案出于何人之手公之于世,云云。宋教仁所谈大致与此相同。"(乙秘第一五三一号,12 月 14 日。)

十一月二十三日(12 月 16 日),《清国人之谈话》云:"现住牛込区山伏町十八番地之早稻田大学学生章勤士(前政闻社社员)最近对清国革命党员之行动曾向来客作如下之谈话。按此种出于冰炭不相容之反对派之言论,本不可全信,但亦可看作革命党中一派之行动,特记奉参考:

"一,革命党员等在其本国时均以进行各种活动被投入狱而有名,来到日本后,因渐渐穷于衣食之费,即以革命二字骗取好奇者之欢心,征集捐款。甚至以揭发留学生及商贾等之恶事非行为要挟而索取钱财,对拒绝出资者,有时即以暴力对待。其手段方法,千变万化,此种临机应变之手段,为中国所特有。

"为发展革命党员,彼等在留学生中进行访问,发表慷慨悲愤之言论,劝诱入党。但考其真意,无非要从新入党者中获得资金之供给。据闻在清国公使馆中之《日华新闻》记者某,即有被迫而交付三千元之事。

"一,《日华新闻》为一周刊,在神户发行,现与《民报》脉络相通,《民报》维持费不足时,即由《日华新闻》以胁迫手段在清国人中获得之资金予以弥补。《民报》以革命二字为标榜,以巧妙之手段自好奇者流征收金钱。但时至今日,能看破彼等以革命二字为粮食者已日益众多,因而征集金钱之事已不能如意成功,最后彼等只得与《日华新闻》进行联络。

"与革命党一起以革命之名义谋求衣食之日本人,有男子四名(民报社、《日华新闻》)、女子四名(标榜共和政体)。在天义报社,即社会主义者方面,计有日本人十馀名、女子五十六名(标榜社会主义),此外依靠保皇党者计有日本人十名,其中亦有皈化人(标榜立宪保皇)。以上三者常常忌妒反目,互相钳制,将稍为富裕之留学生列入自己一派,对别派则进行中伤诡诬,尽其权谋术数之能事。

"一,《民报》社员等于今年七月间准备发表有关社会主义者刘光汉之新闻,记载其邻居汪公权(毒药事件之可疑者),与刘妻何震有奸通之事。刘、汪、何三人为此至民报社向章炳麟及社员等提出质问。双方开始争论后,何与章又互相殴打,汪公权因此负伤,后即借此脱离革命党。又今年九月彼又利用排斥日货反对运动之机会,为表示自派势力之强大起见,对平时慊忌之人,如不肯向革命党员低头,即加以殴打。

"一,使用上述手段之结果,使自派之衣食住费用渐渐有人供给。但突然发生下令禁止《民报》发行之事,因此而受到之直接损害五六百圆之数,如不讲求填补之策,全体《民报》社员眼看即将陷入衣食无着之境地。犬入穷巷势必反噬,彼等即在口头上、书面上发表危激之词,试图使好奇之清国人多少寄赠金钱。

"一,随后即于十一月十三日发生有人对民报社放火之恶戏,民报社员扬言此事乃清国政府之间谍所为,并对此事广为传播。又如廿六、卅日两日之毒药事件,不明其中底细之人,即使为社员亦有服之者。但此事出于一二人之计划,则甚明显。彼等之苦心,乃在于扰乱日本之公安秩序,自肥私囊。此种恶劣心意,不难推测也。

"一,廿六日毒药事件发生后,革命党员等即指为汪公权所为,一面在报上予以揭载,一面又派吴崑将此事通与汪公权,使其隐蔽踪迹,此种情况,仿佛可以想像。盖吴崑与汪公权本为亲交,并曾交换相片,但对汪之住所仍确保秘密不语。

"一,《民报》社员经常嗾使少年学生或采用其他种种方法,对别派或采中立态度而用功勤读之学生,注意彼等有无不规行为,即以毒药及放火事件作为彼等所为,以便作为因受到清国政府之猛烈迫害而募集金钱之手段。并进而为夺取别派之势力起见,对平时对之有不快情绪之人,滥加嫌疑。即如止宿于本乡区元町一丁目二番地东方轩宿舍之张怀奇,曾以民报社员邓诚意之关系逼彼加入革命党,并购买《民报》及捐助义金等,但张对此并未允承,只愿作文字上而非主义上之来往,因此之故,彼即被认为此次毒药事件之容疑者。

"一,民报社之主谋者,日本人方面为宫崎寅藏、前田卓子(女);清国方面为黄兴、宋教仁、吕崑、吕复、邓诚意等,章炳麟被除在外。

"革命党(标榜共和政体)之秘密不过在于揭发别派之陷阱或非行而已。但装作具有不知如何远大之计划,其所以对内外之人远而避之,则恐其识破此种连幼儿不如之内容实质。即如彼等走私军伙事件,其目的并不真在发动革命,而在于金钱而已。……”(乙秘第一五六一号,12月16日。)此秘密报告对革命派尽情诬蔑,从中挑煽,情节并不可据。

十一月二十五日(12月18日),章氏迁址,新址即名为国学讲习所。《关于民报社之改名及迁移》云:“原在牛込区新小川町二丁目八番地之清国革命党员之机关杂志发行所民报社,现已改名为国学讲习所,并将地址转移到小石川区小日向台町二丁目廿六番地,自开庭以来行李物件正在搬运中。”(乙秘第一五九五号,12月18日。)

《民报》“封禁”,章太炎被判处罚金后,未予交纳,被拘留,详“宣统元年己酉(1909年),四十二岁”条。

十二月二十一日(1909年1月12日),致钱玄同函:“前论二十三部古音,以为灰、脂当分,证据尚未极成,故不著论。在二十二部旧表,想同志知之悉矣。或有不明,则以《诗声类》、《诗义述闻》对校可也。所讲《说文》诸条,顷已约略录出。”

本年,章氏除主持《民报》外,又为青年讲学。

周作人回忆:“往民报社听讲,听章太炎先生讲《说文》,是一九〇八至九年的事,大约继续了有一年少的光景。这事是由龚未生发起的,太炎当时在东京一面主持同盟会的机关报《民报》,一面办国学讲习会,借神田地方的大成中学讲堂定期讲学,在留学界很有影响。鲁迅与许季茀和龚未生谈起,想听章先生讲书,怕大班太杂沓,未生去对太炎说了,请他可否于星期日午前在民报社另开一班,他便答应了。伍舍方面去了四人,即许季茀和钱家治,还有我们两人。未生和钱夏(后改名玄同)、朱希祖、朱宗莱,都是原来在大成的,也跑来参加,一总是八个听讲的人。民报社在小石川区新小川町,一间八席的房子,当中放了一张矮桌子;先生坐在一面,学生围着三面听,用的书是《说文解字》,一个字一个字的讲上去,有的沿用旧说,有的发挥新义,干燥的材料却运用说来,很有趣味。太炎对于阔人要发脾气,可是对青年学生却是很好,随便谈笑,同家人朋友一般。夏天盘膝坐在席上,光着膀子,只穿一件长背心,留着一点泥鳅胡须,笑嘻嘻的讲书,庄谐杂出,看去好像是一尊庙里哈喇菩萨。中国文字中本来有些素朴的说法,太炎也便笑嘻嘻的加以申明;特别是卷八尸部中‘尼’字,据说原意训路,即后世的暱字,而许叔重的‘从后近之也’的话很有点怪里怪气,这里也就不能说得更好;而且又拉扯了孔夫子的‘尼丘’来说,所以更显得不大雅驯了。

“《说文解字》讲完以后,似乎还讲过《庄子》,不过这不大记得了。大概我只听讲《说文》,以后就没有去吧。这《庄子》的讲义,后来有一部分整理成书。便是《齐物论释》,乃是运用他广博的佛学知识来加以说明的,属于佛教的圆通部门;虽然是很可佩服,不过对于个人没有多少兴趣,所以对于没有听这《庄子》讲义并不觉得有什么懊悔。

“倒还是这中国文学的知识,给予我不少的益处,是我所十分感谢的。那时太炎的学生,一部分到了杭州,在沈衡山领导下做两级师范的教员,随后又做来教育司(后改称教育厅)的司员,一部分在北京当教员,后来汇合起来,成为各大学的中国文字学教学的源泉,至今很有势力。此外,国语注音字母的建立,也是与太炎有很大的关系的。所以我以为章太炎先生对于中国的贡献,还是以文字音韵学的成绩为最大,超过一切之上的。"(周作人:《民报社听讲》,见《知堂回想录》第215—217页,香港永生印刷公司1980年11月版。)

又据《钱玄同日记》,(稿本,北京鲁迅博物馆藏。)章氏在东京正式讲学时间为本年三月(4月),与《朱希祖日记》同。4月4日记:"午后国学讲习会开会于清风亭。今日太炎所讲者为古音旁转、对转诸端。"但钱玄同学校上课时间与讲习会冲突,因"请太炎讲小学、文学大非易事,以后难再",于是牺牲校课以听章氏讲课。4月8日又记:"至帝国教育会,听章先生讲《说文·序》。"后因讲习会节省租金,改至神田大成中学开讲。4月11日后,钱玄同即至神田大成中学听讲多次。

《钱玄同日记》4月4日至4月29日所记听讲《说文》七次,与国家图书馆所藏《朱希祖日记》基本相符。还记有5月2日至8月1日到大成学校听讲《说文》十九次,8月5日至29日,听讲《庄子》六次。8月2日至9月5日,听讲《楚辞》四次。9月9日至10月28日在大成学校听讲郝懿行《尔雅义疏》六次。10月31日开始听讲《广雅疏证》等。

又据《朱希祖日记》,本年7月11日记有:"八时起,至太炎先生处听讲音韵之学,同学者七人。""太炎先生处",即"民报社"。"同学者七人",连朱希祖实为八人。八人姓名,在周作人和许寿裳的回忆中均有记载,即原在大成中学听讲的龚未生、钱玄同、朱希祖、朱宗莱,和同住"伍舍"的许寿裳、周树人(鲁迅)、周作人、钱家治。许寿裳说:

"从太炎先生学,时在1908,所询二点:

"1. 同学八人的籍贯经历:钱均夫、(名家治,杭州人。前浙教厅秘书。)朱蓬仙、(宗莱,海宁。北大讲师。卒。)龚未生、(宝铨,嘉兴。后为章师的女婿,浙江图书馆长。卒。)朱逷先、(希祖,海盐。北大教授,现考选委员会委员。)钱玄同、(夏,吴兴。北大、师大教授。卒。)周氏兄弟、(会稽。)许季茀、(寿裳,山阴。)皆浙人。蓬仙、未生二人前卒。弟之略历:(教育部参事,北大、师大讲师,江西教育厅长,北京女高师校长,女师大教授兼教务长,大学院参事、秘书长,中山大学、北平大学、西北联大、华西大学教授,中央研究院文书处主任,现任考选委员会专门委员。)

"2. 章先生讲学情形:章先生精力过人,博极群书,思想高超,而又诲人不倦。我们八个人希望听讲,而为校课所牵,只有星期日得空,章先生慨然允许于星期日特别开一班,地点在东京小石川区民报馆先生寓室,时间每星期日上午八——十二时,师生席地环一小几而围坐,师依据段玉裁氏《说文注》,引证渊博,新谊甚富,间杂诙谐,令人无倦,亘四小时而无休息。我们听讲虽不满一年,而受益则甚大。其说字之新颖,兹单举一例以概其馀:

"单,《说文》,大也。章先生以为非本义。《毛诗·公刘》篇'彻田为粮,其军三单'。单训为袭,是其本义。古文单作Y,象其系联也。'其军三单'者,言更番征调,若汉时卒更、践更、过更之制,今时常备、后备、预备之制。凡禅位、蝉联、禅蝉皆单之借字。其军三单,更番征调,以后至者充前人之缺,与禅位同义,故曰相袭。经训与字义,契合无间。太史公《秦楚之际月表》,曰'五年之间号令三嬗',三嬗正当为三单,不过所期之质不同而已。……章先生之讲《说文》,此其一例。"(许寿裳:《致林辰》,1944年2月,见《新文学史料》1983年第2辑《许寿裳先生书简钞》。)

又,章氏讲解《说文》时,逐字讲解,或沿袭旧说,或发挥新义,历四小时不休息,听者亦无倦容。鲁迅听讲时整理有《说文解字札记》,手抄本两册,其一共二十六页半,藏绍兴鲁迅纪念馆;其二共十八页,藏国家图书馆。后者记录《说文》第一篇上和第一篇下,从"一"部的"一"字,到"茻"部的"蔿"字,共一三一字。可见鲁迅对此甚为重视。

章氏在东京讲学时,曾讲授《文心雕龙》,今上海图书馆藏有讲演记录甲、乙两册。甲册七叶,十行纸加封面题"钱东潜记,《文心雕龙》札记,稿本",反面题"蓝本五人,钱东潜、朱逖先、朱蓬仙、沈兼士、张卓身"。乙本八叶,蓝色十行纸,日本"松屋制"。

甲本首行"文心雕龙"四字,下为总说,录如下:

"古者凡字皆曰文,不问其工拙优劣,故即簿录表谱亦皆得谓之文,犹一字曰书,全部之书亦曰书。汉世无亼名,故《七略》只有诗赋而无文。建安以后始有亼部,晋荀勖分经史子亼为四部,挚虞作《文章流别》为选总亼之始。原总亼之初意,只因宂亼易散而作,故仅选亼散篇文之佳者,因其他已成书,能不至散失,无庸选也。后昭明太子忘其本意,以为亼以外皆不得称文,故独选亼谓之文,然为例亦不纯,经、序;史、赞论;子、《典论》、《过秦论》等,亦有选入者。然总亼之初,命意非谓一切佳文皆在其亼中也。

"《文心雕龙》始云文、笔之分,盖文、笔之分实始东汉。然此分之界限亦各不同。在东汉以诗赋为文,奏札为笔;六朝人以有韵为文,无韵为笔;唐人又以诗歌为文,赋铭为笔(见《一切经音义》);至于阮元之说更不足道(言骈体始可称文)。

"至于《易》之《文言》,梁武帝解为'文王之言'是也(盖"元者善之长也,亨者善之会也"等句,《左传》已引之,可证)。

"古人之文,大都骈俪有韵(《易》自《文言》而外,亦有有韵者可证),此由古人语简又不著竹帛,故必骈而有韵,乃易于记臆。

"《文心雕龙》于凡有字者,皆谓之文,故经传子史、诗赋歌谣,以至谐隐皆称谓文,惟分其工拙而已。此彦和之见高出于他人者也。"

乙本有与甲本"总说"相类者,如《原道》第一:

"文学定谊详《国学讲习会略说》。

"文集始于建文,晋荀勖分经、史、子、集可证也。

"魏文帝《典论》、贾谊《过秦论》皆子书类,《文选》亦收此二论,可知文、笔固无可分。

"《易》'文言',梁武帝解作文王之言,是也,盖'元者善之长也;亨者嘉之会也'等句,《左传》已引之,可证。

"故形立则章成矣,声发则文生矣。文、章二字当互置。

"'剬(音专)诗缉颂'。剬者,制字之误。"

乙本亦有章氏在片语只言中有其见地者,如《正纬》第四:

"而八十一篇者,所谓八十一纬也。

"梁武帝深恶纬书,彦和之作是篇,亦间有迎合之意。

"纬书:今文学派之流亚也。

"尹敏校纬书,加'君无口,为汉辅'二语,世祖知其加沾。"

章氏宗古文,对今文学派之援纬书,尝抵之。

又如《哀吊》第十三曰:

"《礼记》'知生者吊,知死者伤',郑云:伤者,伤辞,即此言哀辞也。吊则如秦穆公使之吊公子重耳。宋大水,公使吊焉,皆吊生者。

"'华过韵缓,则化而为赋'。故贾生吊屈原,相如吊二世,皆赋也。扬雄吊屈原,即《反离骚》,亦赋也。陆机之吊魏武,间涉讥谏,则吊之𠤎体也。"

《史传》第十六曰:

"彦如以史传列诸文,是也。昭明以为非文,误矣。

"'言经则《尚书》,事经则《春秋》'。言、事二者实难分。如《尚书》则间有记事,《国语》则间有记言。

"传,即专,即六寸簿,所以记事者也。即孟子'于传有之'之传。《史记》列传,传之正体也。若《左传》、《毛诗古训传》皆注疏类,传之变体也。

"史迁《史记》体例皆有所本。《汉书·张骞传》赞曰:'《禹本纪》言河出昆仑。'是迁以前已有本纪,世家即《世本》之遗规。唯表则为其创体,但与谱似,恐即谱之变耳。

"'而氏族难明'。《左传》、《世本》皆左丘明所作。《左传》详事实,《世本》载氏族。故于《左传》不再出氏族。《史记》则合《左传》、《世本》而一之。

"秉当世之大政者,皆得其《本纪》。故项羽、吕后皆列《本纪》。彦如所言,颇涉正统、闰统之见。

"'荀况称录远略近',当作'录近略远'。

"作史以表志为最难。彦如于史学颇疏,故止能论纪传,不能评表志,盖彦和亦文胜质之人。"

上述均有参考价值。

章氏在东京讲学,《章谱》曾札录任鸿隽的回忆(10 月 31 日),续见《任鸿隽自述》,将与章氏东京讲学有关者录如下:"我在东京一共住了三年又十个月的时间(1908—1911),在东京高工学校则刚刚进了它的本科二年级,在学问方面,自己认为值得的,恐怕是从章太炎先生讲了几年国学。……我到东京的一年,章氏正在主持《民报》,同时也有一班同志组织了一个讲习班,请先生开讲国学。记得第一次开讲,是在神田区的大成中学,讲的是音韵学。后来索性用段注《说文解字》做课本,按字解释。《说文》讲完后,继以郝氏《尔雅义疏》、王念孙《广雅疏证》。我们都把先生口讲的记了下来,批注在各书的当条顶上,可惜这些书在我返国时都扔掉了。小学讲完后,先生曾讲过一次《庄子》,记得开讲时,先生谈到《庄子》书中许多关于文字的创解。学生中有请先生把它写出来,他次日即拿了一部全加了顶批的《庄子》来与学生,其精神的专注实可惊异(后来即成《庄子解诂》一书)。先生又曾作了一次中国文字系统的演讲,记得这是在他住家的小石川区某处讲的。先生坐在"榻榻密"(叠)上,手中不拿一本书、一张纸,一气两三小时,亹亹而谈。倘能把他的讲话记下来,可以不加修改,便是一篇绝好的白话文章。这样讲了大约有四个上午,把一部中国文学史讲完了,后来便成他的《国故论衡》。(可惜他写成古文以后,失掉了讲时的活跃风趣。)太炎先生同我国古来的学者一样,不修边幅,不注意饮食起居(据说他入浴时,非有下女的催促,可以不出浴池)。但对于学生要求讲书,没有见他推辞过。这种讲学,于先生本人的成就也大有好处,据我所知,章先生的著作,如《文始》、《新方言》、《岭外方言集》、《庄子解诂》、《国故论衡》,都是在此时成书的。

"当时听章先生讲学的学生,后来有几个成了语言文字学或历史学的专家。如浙人中的钱玄同、朱希祖、二马(裕藻、叔平)、三沈(士远、尹默、兼士),陕人康宝忠,皆在北大做文字学或历史学教授。另外还有浙人龚味生、川人童慎如、邓子淳、钟雅琚、贺伯衷、曾通一,都是常去听讲的。我呢?当时颇觉得于如何去学习中国文字已有把握,也曾努力做过几篇文章。"(胡宗刚整理:《任鸿隽自述》中《前尘琐记》,见《近代史资料》第105号,中国社会科学出版社2003年3月版。)

章氏在日本讲学时,自拟佛学讲稿,原件藏日本京都大学人文科学研究所,蒙岛田虔次教授、狭间直树教授摄片以赠。原件九纸,每叶正反各十四至十五行,行书断句,甚为清晰,京都大学人文科学研究所长福永光司教授表示"揭载许可"。讲稿分为四部分:

第一部分为"佛法果应认为宗教耶?抑认为哲学耶?"认为:"近代许多宗教,各有不同。依常论说来,佛法也是一种宗教。但问怎么样唤作宗教,不可不有个界说。""总是哲学中间兼存宗教,并不是宗教中间含有哲学。照这样看来,佛法只与哲学家为同聚,不与宗教家为同聚"。"试想种种物理,无不是从实验上看出来,不是纯靠理论。哲学反纯靠理论,没有实验,这不是相差很远么?佛法的高处,一方在理论极成,一方在圣智内证。岂但不为宗教起见,也并不为解脱生死起见,不为提倡道德起见,只是发明真如的见解,必要实证真如。发明如来藏的见解,必要实证如来藏。与其称为宗教,不如称为'哲学之实证者'"。"从来着了宗教的见解,总不免执守自宗,攻击异己"。"本来专门讲学,原是要彼此辩论。但据着道理的辩,总是愈辩愈精;执着宗教的辩,反是愈辩愈劣"。"若晓得佛法本来不是宗教,自然放大眼光,自由研究。纵使未能趋入实证一途,在哲学的理论上,必定可以脱除障碍,获见光明。"

第二部分为"佛法亦有不圆满处,应待后人补苴"。认为"佛法中原有真谛、俗谛二门。本来不能离开俗谛去讲真谛。大乘发挥的道理,不过'万法惟心'四个字。因为心是人人所能自证,所以说来没有破绽。若俗谛中不可说心,也就不能成立这个真谛。但在真谛一边,到如来藏缘起宗阿赖那缘起宗,已占哲学上最高的地位"。但如"植物有命、矿物有知的俗谛,佛法中不能说得圆满"。认为"现在讲唯心论的,必要破唯物论,依兄弟看,唯心论不必破唯物论,反可以包容得唯物论,只要提出'三性',就可以说明了。第一是'据依他起自性',第二是'据遍计所执自性',第三是'据圆成实在性'"。

第三部分为"印度佛法、支那佛法,本自有异,不可强同,而亦有互相补助之处"。"只要各取所长,互相补助,自然成一种圆满无缺的哲理"。

第四部分为"佛法应务,即同老、庄"。认为"佛法本来称出世法,但到底不能离世间法"。"若专用佛法去应世务,规画总有不周。若借用无政府党的话,理论既是偏于唯物,方法实在没有完成。唯有把佛与老、庄和合,这才是'善权大士'、救时应务的第一良法"。

十二月二十九日(1909 年 1 月 20 日),复钟正楙函,略谓:"仆虽寡昧,略识民族盛衰,学术蕃变,所望于友朋者,处为佚民,出为国士,学在求是,不以致用,用在亲民,不以干禄,搜逑索偶,虑亦有年,吾闻其语,未见其人也。今岁于粤得曾蹇,于蜀得足下,暗然尚絅,庶几如仆所心仪者。会在扰攘之中,蹙膝密谈未能也。今已谢公社事,专务厉学,徙居小日向台町二丁目二十六番,署门曰'国学讲习会',杂宾不至,从游者皆素心人(同居者有泸黄理君,特生之良友,亦仆所敬爱者也)。方念足下久未过我,今得手书,闿忻无量。

"小学故训萌芽财二百年,媾精者,菲若金坛段氏、高邮王氏、栖霞郝氏,其以裓析坟典,若导大款。次即董理方言,令民葆爱旧贯,无忘故常,国虽苓落,必有与立。盖闻意大利之兴也,在习罗马古文,七八百岁而后建国,然则光复旧物,岂旦莫事哉!在使国性不醨,后人收其效耳……

"若乃随俗雅化,期使人粗知国学,则王氏《困学纪闻》(翁笺)、顾氏《日知录》、陈氏《东塾读书记》,典章学术,皆已粗陈梗概,其于戎狄乱华,尤致意焉(王氏言此最痛切)。是则普救士民之术也。"(《文史》第二辑,1963 年。)

本年,刘师培虽经章氏规劝,终不悔悟,进而向端方"自首",黄侃曾言其事,曰:

"丁未秋冬间,申叔师与太炎师同居日本东京小石川一椽,贫窭日甚。适其戚汪公权憸人也,为申叔投策,谓伪为自首于端方,可以给取巨资。申叔信之,先遣汪西渡,展转闻于端方。端方言非面晤申叔,钱不可得。申叔乃赴上海,与端方之用事者交谈,固未敢径赴江宁也。既而端方手书致申叔,道倾慕已久,得一握手为幸,不敢縶维,矢以天日。申叔又信之。至则遽以肩舆舁人督署,三月不见,申叔遂见幽矣。

"此书盖为脱身之计,兼遂给资之谋,以迂阔之书生,值狡黠之戎虏,宁有幸乎?书稿流传,贻人笑柄,至可病惜!然谓申叔反复无恒,卖友卖党,又谓所言可充史料,则何不于书中辞气细玩绎之?且书中所引之人,如张继、谷斯盛、刘揆一皆存,所谓申叔所言,悉是当时实状耶?若太炎师无故受诬,至今犹在梦中,则申叔师发言不慎之咎也。要之,申叔不谙世务,好交佞人,忧思伤其天年,流谤及于身后,尝尽言而不听,有失匡救之义,侃亦何能无愧乎?乙亥八月,门人黄侃记。"

"乙亥",当 1935 年,这年 10 月 8 日,黄侃在南京去世,那么,这篇文章,几乎是他的"绝笔"。

宣统元年己酉(1909 年)　四十二岁

二月十二日(3 月 3 日),《民报》"封禁"交涉,章太炎被判处罚金一百十五元后,章太炎未予交纳。本日,章氏被小石川警察署拘留。日本外务省档案《民报关系类纂》警视总监亀井英三郎《上小村外务大臣书》云:"原住于小石川小日向台之清国革命党员章炳麟曩由东京地方法院按违反出版法罪数次处刑罚金(五元三次,五十元二次),因其未予完纳,今日由所辖检察官命令拘留于劳役场(一百十五日),在小石川署执行。"(《关于清国革命党员》,甲秘第一〇三号,明治四十二年 3 月 3 日。)即每服劳役一天,以一元抵偿。被拘当天,章如数完纳罚金,即日释放。3 月 4 日,亀井英三郎《上小村外务大臣书》云:"原由小石川警察署根据命令执行拘留于劳役场之清国革命党员章炳麟,因其所处罚款已全额交纳,该署当即于昨日将其释放。"(同上,《关于章炳麟之释放》,甲秘第一〇四号,明治四十二年 3 月 4 日。)

春夏间,致函宋恕:

"仲容先生殁,既为位哭,从人问平子近状,遂无知者,为之辟地闷绝。今岁春,有人言平子归自山东,翦茅茨屋于瑞安之山,柱门却旧,游心虚无。天不亡诸夏,哲人无恙,拊噪不既。向闻平子说佛道专取法相,末底在累囚中尝精意《瑜伽》百卷,见其根极邃密,惬心厌识,谓般若空观诚难说耳。华严、法华,印度未为一宗,此土古德猥以己意傅会,云在空有两宗上,颠倒已甚,平子其有以教我乎?

"浮海一年,日处岛夷中,久闻其语犹鹅鸣,无晴雨皆著屐,似世所谓狂狂者。其学盗之他方,无有自得,方似书贾,无足矜式。朅来屏处永日,疏于俗事,稍为爱子倡道故训,学子亦益厌岛人之剽窃语异。末底一意甄明小学,近欲从印度人受梵文,同识有译优波尼沙陀者,老成凋谢,后生有素心者所持故国之业,令无放失,且以西邻眇谊灌输,譬之葑菲得霜始甘,庶无功利腐臭之念,国之幸也。(下缺)。"

录自《中国哲学》第九辑,原文下缺,无月日。首谓:"仲容先生殁",仲容,孙诒让,卒于光绪三十四年五月二十二日,章氏写有《瑞安孙先生哀辞》,在《民报》二十二号发表。并有《挽联》:"孟子之功不在禹下;明德之后必有达人。"注:"昔人挽戴东原语,并世无足当此者,独可移挽仲容先生。"见孙延钊:《孙仲容先生年谱》。"从人问平子近况,遂无知者",查宋恕于光绪三十二年春,奉委编辑山东《学务杂志》,撰《学务杂志凡例及叙》,十一月,因腹泻等旧恙发,上禀辞差,返回瑞安。次年,继任山东巡抚吴廷斌委托筹办山东编译局,后因病十一月"销去该差"。(见胡珠生:《宋恕年谱》,载《宋恕集》第

1122—1125页。)末底,章太炎。

三月二十五日(5月14日),函周豫才、周作人:"数日未晤。梵师密史逻已来,择于十六日上午十时开课,此间人数无多,二君望临期来祉。"(周作人:《秉烛集》,北新书局1940年版。)

九月(10月),同盟会本部在东京筹备续刊《民报》,以汪精卫为总编辑人,将原《民报》社长章氏排除。他们得到"香港某君"资助,决以巴黎《新世纪》为掩护,说是"总发行所移于法京巴黎",实际仍在日本秘密印刷发行。日本驻香港代理总领事船津辰一郎曾将《中日日报》所载《〈民报〉廿五号出版》剪报寄交外务部,此项消息为:"《民报》廿五号现已出版,其总发行所移于法京巴黎,著述者为精卫、汉民、民意、悬解、蛰伸、揆郑诸君,昔日之《民报》,不过为空论之鼓吹,今则更成为实事之经验论,更非以前之《民报》可同年而语也。其价值之高尚,已经巴黎《新世纪报》发扬之,可不赘言。"(以下所录,即九月初三日巴黎《新世纪》第一一四号"本社广告"。)船津将剪报寄呈,并报告外务大臣小村寿太郎曰:"据本地中文报纸(革命党机关报)《中国日报》广告栏所载,前年帝国政府应唐绍仪之请而禁止发行之革命党机关刊《民报》,其后一直在选择发行地址,计划复刊。今者时机已经成熟,决定自第二十五号起改在巴黎继续秘密出版。"并将"本函内容已同时通知北京伊集院公使"。(《民报关系类纂》公信四〇〇号,明治四十二年12月11日。)

时陶成章去南洋募集起义军费受挫,在陈威涛(原《中兴日报》书记,被革退,与陶成章在一起)支持下,联络李燮和等起草《孙文罪状》,大肆攻击孙中山"残杀同志"、"蒙蔽同志"、"破坏全体名誉"等罪状。

附:孙文罪状

东京南渡,分驻英、荷各属办事川、粤、湘、鄂、江、浙、闽七省之同志,宣布孙文南洋一部之罪状,(内地及日本另缮,)致同盟总会书,录呈台鉴:

总会诸执事与各省分会诸执事先生公鉴:

弟等南渡以来,虽均各个人对于各国人邮函通问,然实未曾通一公函于公众执事之前,职是之故,遂使南北两地,情形隔膜,为奸利者因得肆无忌惮,而为所欲为。致南洋各埠均受莫大之影响,及今若不再行改图,后事将何堪设想?用是不揣冒昧,敬将各种情形,布告于公众执事之前,祈我诸执事诸公审择而行之也。

启者:孙文之人品,谅久已为诸执事及众同志所洞悉,此亦何庸赘言。今仅就其于团体上利害关系之处述之而已。窃念我同盟会初成立之际,彼固无一分功庸,而我同志贸贸焉直推之为总理,不过听其大言。一则以为两广洪门尽属其支配;一则以为南洋各埠多有彼之机关,华侨推崇,巨款可集。天大梦想,如斯而已。即弟等各人先后南渡之始,亦何尝不作是梦想。竟不料南渡之后,情形全非。所谓孙文也者,在两广内地固毫无一点势力,即在于南洋各埠亦仅得星架坡一隅,设一团体,彼时会员,亦不过三十馀人。弟等已先后南来,于是为之开通风气,组立学堂,添设机关。嘉应之来自内地者,又复尽力经营,后渐推广,各埠响应,遂以肇成今日之势力。弟等一片公心,尽力为之揄扬，承认其为大统领，凡内地革命之事业，均以归之彼一人，以为收拾人心之具。于是彼之名誉乃骤起。彼又藉我留学生之革命党，推戴之名目。《民报》之鼓吹，南洋之西洋各报馆，于是亦逐渐有纪其事，称其名者。既得势，彼乃忘其所自始，不审己之果有何等力量，而得此高尚之名誉，以负此莫大莫重之责任。遂以为众人尽愚，而彼独智，众人尽拙，而彼独巧。谎骗营私之念萌，而其害其祸，遂遍及于南洋之各埠矣。其恶迹罪状，直所谓倾南山之竹，书罪无穷；决东海之波，而流恶无尽也。今仅据其最确切，已为我辈所悉劣迹之最大者，列之如左：

第一种，残贼同志之罪状：

（一）河口之事，彼在槟榔屿，报销三十万；在星架坡，则贬少为八万。盖因地制宜，而说谎话。其后河口同志，为法人所不容，均来星架坡。有何某者，镇南关之粮台也，既到星架坡，星架坡同志责之，谓孙先生既有八万军饷，何故退兵？何某愤甚。（盖并无此款也。其破河口事，彼等在河口本埠，自筹二万，汉民取去五千。）乃集河口、镇南、钦廉出来旅居新架坡之同志，相约签名，发表此事。（已二百馀人签了姓名）惠州同志（亦为孙文在惠州同事之人）曾直卿，恐碍于团体名誉，为反对党及官府所见笑，（曾亦反对孙文之人。）劝之而止。孙文闻之，乃嘱私人阮告之华民政务司，目为在埠劫抢之强徒，凡八人，欲掩执之，幸有告者，乃始得免，而逃避香港。（类此者尚多。）其残贼同志之大罪一也。

（二）河口、镇南退出之同志军士，法人不容，来至新架坡，身边无船费，落猪仔行，欲卖身作猪仔。新架坡之同志不忍，商之孙文，求其共同设法。孙文曰："听之可也，不必管他。"新架坡同志不忍，乃公同集款，赎身而出。孙文则借此招呼同志之名目，向各埠筹款，名之曰善后事宜。其残贼同志之大罪二也。

（三）广西参将梁秀春，为不忍于故帅苏元春之无辜受遣戍罪，起而为变，归身革党。孙文亦常利用之，设法愚弄。梁大愤怒，亦欲表白其欺骗之罪状，犯孙文所忌。当梁至新架坡之时，孙文密嘱其党□□□欲毒杀之以灭口。事为□□□兄所知，密以告梁，使为自己留心，乃得不死。（类此事者尚多，此其一也。）其残贼同志之大罪三也。

（四）潮州志士许君雪秋，系资本家，倾心革命，以倾其家产又复躬践实行，以组织内地革命军之团体。其才具如何，且不必论，而其人品实为不可多得。黄岗之事，尝受孙文三千之款，孙文对同志言，妄报七八万。许君以资费不足，自向暹罗筹款，孙文恶之，尽力诋毁，又畏许君之发其覆也，当何某寓许君家时，乘机使警官掩之，幸许、何皆外出，否则，何为劫贼，许为窝家，一网打尽矣。其残贼同志之大罪四也。

（五）自去岁八月以来，各埠同志均已悉其内容，大众以顾全名誉之故，不忍表白其罪。然积愤已久，防口等如防川，身受其毒者，不能默默而息。孙文闻之，大为恚怒，凡反对彼一人者，尽诬之为反对党保皇党，或曰侦探，意欲激怒极热心而不洞悉内情之同志，使之代为贼杀，（《南洋总汇新报》作"使之互相倾轧"。）以快其私愿。（此条即指《民报》总编辑陶南来而言。）又常言必要杀尽嘉应客人及外江同志，然后乃可革清政府之命。而各埠机关部凡系有留学生同志者，必设法驱逐之，（此条即指驱逐

□□□□□□□而言)以便彼之自行与华侨同志直接,以便其私。盖基业一定,先杀功臣,中国历代开国帝王之公例也,彼亦仿而行之。其残贼同志之大罪五也。

总之一言,凡从河口、镇南、钦廉、惠潮败走南来之同志,咸言上他的当,无不欲得而甘心。而钦廉诸人之对于黄兴君,潮州诸人之对于许雪秋君,惠州诸人之对于曾捷夫君,皆无有异词,足证公论之在人心也。虽曰众恶必察,然察之既久,夫固等于国人皆曰可杀之条矣。

第二种,蒙蔽同志之罪状:

(一)《民报》名誉,为南洋各埠所顶礼,孙文之出名,亦即由此而来。今彼名既成立,复有《中兴报》之鼓吹。但《中兴报》不得目为南洋全体之机关,实系彼一人之机关而已。然使东京而有《民报》在也,是则加于《中兴报》及《中国日报》之上,南洋华侨人心,势必有所所驰,是不得便其私图。故于去岁陶君《民报》收单寄交之后,彼即托言筹款困难,并不发布。至《中兴报》之股,集款至于再而至于三,极言本报大有关系,我同志不可不出力协助维持等之言,此去岁秋、冬二季之时之事也。今岁春间,闻民报社又派有同志前来筹款。迄今各埠,不见有来使之足迹,此必又为精卫所愚弄,而中途反旆者矣。然而彼之心不仅欲使东京无《民报》也,又欲使南洋各埠除《中国日报》及《中兴日报》之外,不使再见有中国之报章。何则,中国各报均零星载有内地革命之事使华侨见之,知我革党非仅彼之一人专有矣。故于去年《中国公报》招股一事,常出全力谋破坏,而《中兴报》定例,凡上海各报,不准剪角。(《中兴报》之编辑所曾录单粘在壁上剪稿定□□□□报而上海各报不与焉。)盖深恐有他革命之事误登入之,而为南洋华侨所见也。其蒙蔽同志之大罪一也。

(二)日本东京,为革命党产出之所,而同盟会之总机关,设在东京,固南洋各同志之所共知,当初彼亦尝假其名以为号召者也。自去岁创设南洋支部,凡各埠之事,咸归节制。而以汉民为支部长,移文各埠,言凡有来自东京,或内地来,有筹款并游历者,当由支部长之介绍函为凭,否则不准招待。及向他索介绍函多不肯,或依违其词。又将我等所定直接总会各条尽行削去,而易以支部等之名词。各函件中,并无道及总会等之字样。而我等原始创办机关之人,职员单内,尽削去实权。凡是行为,无非欲使权归一人,以便其营私之念而已。其蒙蔽我同志之大罪二也。

(三)安南同志,因河口之役倾家助饷,至质其家产于银行,而河口之军未见接济,固无论矣。役后又借弥补安南同志之名,向各埠筹款,或称尚缺五万,或称尚缺三万,或称尚缺二万,或称尚缺万馀,其所以多寡不一之故,亦是因地制宜之道使然也。(实则一万有馀,五个店号。)究之筹款者自筹款,而倾家者自倾家,何尝有一毫之补助?缅想我东京同志,于去岁贼后受天诛之时,至质官费折子于银行,以谋集款办事,遭穷迫至于莫可言。然闻彼孙文者,其在前岁于香港上海汇丰银行贮款二十万,(现尚在否,则不知矣。)去岁其兄在九龙起造屋宇,用款不足,电致乃弟,旋电汇款项以往者,能不令人痛心疾首也哉!(此种情形,不一而足。)去岁所筹之款,据弟等所知者,为数甚巨,然已不知何往矣。其蒙蔽同志之大罪三也。

第三种,败坏全体名誉之罪状:

(一)我东京同志,向固同心一德,均自己不顾声望名誉,推崇尊之为党首者,夫岂有所私图,不过痴心妄想,求其能助成我辈之事而已。然而黔驴之技,又焉能久骗我东京之同志?自前岁以来,固已有人发议,倡言革除之论者矣。又以团体名誉之攸关,而中止其事。彼乃不顾全体名誉,妄毁我全体同党之名誉,污蔑至于不可言状。彼乃自夸于人曰:“我去岁谋发潮惠、钦廉之事,(放屁,彼何尝有一点功劳。)先数日,固不名一钱,而临行之际,一日本资本家,送程仪一万元,日本政府送费四千元,我只留五百元于民报社为经费。而弟行后,东京同志查悉万四千元之事,谓我不均分之,而自饱于私囊,一时大为攻击,无所不至,比他等平时攻康、梁为尤甚。若在公等处之,不知若何气极矣。我则处之宴然,以彼等排斥叫嚣,为研究心理学之资料耳。夫各为同志,则各有权利义务,乃不期东京一二同志。(二十一行省皆有,何至一二人。)分财则讲平等,(不知所分何财。)而义务则责我一人当之。办事也,(所办何事。)筹款也,惟我是问。(岂敢?不破坏他人就是好了。)而我于自行筹款之外,(一己私囊,诚然。)又要筹款以顾各地之同志。(按:所顾何人?不借他人所流之血,托名运动,已经好了,岂敢受赐。)东京以许多人,而不能顾一《民报》。(《民报》本为东京同志所组织,尔原无一点功劳,我辈革命党家都破了,何处得钱。)我力稍不及顾,(岂要不顾,不卖掉就好了。)则为众谤之的矣”等言。其可恶有如此者,其破坏社会全体名誉之大罪一也。(有孙文亲笔书信为证。)

(二)有新架坡资本家沈〔陈〕□□,自言愿出款二千元以助革命党。孙文闻之而垂涎。但沈君与彼实无一点之关系,不便直接,乃运动潮州某君,而告之曰:“闻君与沈某有交,彼能出款二千,子其为我说之,若得款二八均分,我得一千六,尔得四百元可也。”潮州某君遂为之言,令其以二千元之款,自交孙文。某君以君子待之,不言分利之事,而彼亦不与之也。其后某君以其将办潮州之事,自往暹罗运动。孙文闻之,即致函暹罗,称其棍骗。事为某君所闻,大怒,乃返新架坡,索取前次之四百元。(本不欲索取之。)孙文答以无款,某君欲聚其同党洪门兄弟往殴之。孙文不得已,曰:“余实无款,余妾有金镯一双在,请以予子。”某君愈怒。孙文乃开一纸条,给与《中兴报》,将烈港黄甲元君助《中兴报》款项内,拨二百元以予之。嗣后,尽诋某君也。二八之例,不止一处。夫先以不肖之心待人,而劝之以为不肖之行,事后乃诬人以不肖之名,以为制人不敢反抗之具。其可恶有如此者,遂使人言藉藉,谓我革命党皆为骗钱而来。其败坏全体名誉之大罪二也。

(三)去年九月,孙文复发布南洋支部,其规条无一而非可恶之事,而其最著者,莫若会底金一条。其例凡入会者,须收会底金三元,而主盟人分给半元,介绍人分给半元。以分利之举诱人,遂至流食之徒,藉此名义而为各地棍骗之计,引坏人心,可恨莫甚。其败坏全体名誉之大罪三也。

(四)藉内地革命军之名目,行军债票,行之内地。流同志之血者不知若干,犹可言也,而不期又有所谓保护票者,遍放南洋各埠,称其家之有无,而高下其价值,有多至数百金一张者,亦有少至五六元一张者。发卖之际,有八九折者,有六七折或五六折者,代派发行之人,亦有分润。此实三点三合之所不屑为不敢为,干犯他人之国际,欺骗同胞之资财,设一旦为外人所掩执,我革命全体之名誉,其不均为所污辱也,几希矣。其败坏全体名誉之大罪四也。

统计其上所谓罪状三种十二项,皆为已发露者也。若其未现发露者,盖不知其又若干矣。至其关系稍轻者,均不录入,盖实录不胜录也。

诸执事先生,洞明世故,熟悉人情,诚谓革命党首领,腐败极点,至于如此,尚任其逍遥自在,享受尊名乎?况今受其馀毒之各埠,虽悉起反对,而将次开发之土生华侨,固未深悉内容。(《南洋总汇新报》作“固未深知内情”)弟辈旧日之所经营者,既尽其能力所及,均双手捧奉而送之于我大统领之前矣。(《南洋总汇新报》下有注文:“精卫并未自己经营一埠,实我等经营成功,招之前来,请其演说一二次,即攫资而去,如是而已。”)目下不能不再辟新埠。(《南洋总汇新报》下有注文:“唯浙人不受其害,因其不通闻向也,然亦因其所在之地,风气最顽。近日新为着手经营之故也。”)然恶莠不除,则嘉禾不长。若不先行开除孙文,则我辈机关办就,彼则乘势侵入。土生同志,不识内地情形,以为中国革命军,尽系其一人之所为。孙文之虚名,(《南洋总汇新报》作“孙文之大名”。)已遍宇宙,熟闻固已久矣。比及其时,拒之不能,不拒又不可,欲再收拾,其能得乎,若一开除了他,发表罪状,事必大有可为,无论将次开办者不至蒙害。即令既破败者,热心之人尚多,犹堪收后效于桑榆也。(下略)(《南洋总汇新报》至此结束,注明“下略”。)

今就以后办法,陈之于左(下),伏祈我东京同志,审择而施行之。

(一)开除孙文总理之名,发表罪状,遍告海内外。慎毋沾沾于名誉之顾全,行妇人之仁,以小不忍而乱我大谋。(且天下各国革命党,非尽佳士,皆有败类,其要在能除之而已。)

(二)另订章程,发布南洋各机关所,令其直接东京总会,须用全体名义,或多数人名义行之。嘱令南洋支部章程,一概作废。

(三)由总会执事出名,令各埠将孙文所筹去之款,令其自行报告总会,加给凭单,以为收拾人心之具。

(四)公举办事二人,奉总会之命,往论南洋各埠。已灰心者,则劝导之;将开通者,则鼓励之。来各机关所演说,亦为收拾人心之具,且破孙文之诡谋,使其无立足之地。

(五)再开《民报》机关,通信各埠,以系海外之望。

(六)兼于民报社内,附设旬报。凡《中兴报》之所至,亦踪寻之而往,以为扩张势力之举,且以限止孙文谎骗之伎俩也。

(七)将内地近年间,各内地革命事实,编成一史,译作巫来由文,散布英、荷各属。使华侨知我中国之革命党,大有人在,以生其鼓舞之心。

(八)创设巫文报馆于英属,此事弟等可担任。

(九)同志之在南洋者,各出全力以经营商业,以固久长之基础,此事亦弟等可以担任。

以上皆弟等之意也。陶君遍历各属,一切事情,皆已洞达无遗。

诸执事先生,向彼商之,其必能筹无遗策也。至于有所委劳,则弟等虽摩顶放踵,亦何敢辞劳?此请筹安。

(《神州日报》发表时,下加按语:“此稿系己酉年由李柱中原名燮和,在南洋网甲岛槟港中华学堂为教员时所作,托陶焕卿带至日本东京同志会。陈威涛在爪哇谏义里魏兰处用药水印刷百馀张,邮寄中外各报馆登之各报,今特录出,以供众览。石汉识。”)

陶成章将《孙文罪状》交付黄兴,并攻击汪精卫续办《民报》,说是:“再来东京窃此总会及《民报》之名,以牢笼南洋。”(陶成章:《致若愚、柱中书》。)继又表示,非革除孙中山的同盟会总理职务不能办报,遭到黄兴拒绝,陶成章、章太炎得知,立即起草《伪民报检举状》,以“原《民报》社长章炳麟”的名义,并以传单形式散发,迅速引起各方面的注视。

告南洋、美洲侨寓诸君:

“《民报》于去年阳历十月,出至二十四期,即被日本政府封禁,时鄙人实为社长,躬自对簿。延至今日,突有伪《民报》出现,主之者为汪兆铭,即汪精卫,假托恢复之名,阴行欺诈之实。恐海外华侨不辨真伪,受其欺蒙,用敢作书以告。

“《民报》之作,本为光复中华,宣通民隐,非为孙文树商标也。孙文本一少年无赖,徒以惠州发难,事在最初,故志士乐与援引。辛丑、壬寅之间,孙文寄寓横滨,漂泊无聊,始与握手而加之奖励者,即鄙人与长沙秦力山耳。自此以后,渐与学界通声气。四五年中,名誉转大,一二奋激之志,过自歉挹,奖成威柄,推为盟长,同人又作《民报》以表意见。时鄙人方系上海狱中,即以编辑人之名见署。出狱之后,主任《民报》,几及三年,未有一语专为孙文者也。惟汪精卫、胡汉民之徒,眼孔如豆,甘为孙文腹心,词锋所及,多涉标榜。自时孙文瑕衅未彰,故亦不为操切。而孙文小器易盈,遂借此自为封殖。在东京则言南洋有党与十万,在南洋则言学生全部皆受指挥,内地豪杰,悉听任使。恃《民报》鼓吹之文,藉同志拥戴之意,乘时自利,聚敛万端。遂于丁未之春,密受外贿,仓皇南渡,东方诸事,悉付之一二私人。夫东京本瘠苦之区,万数学生,仅支衣食,非有馀裕足以供给《民报》也。萍乡变后,《民报》已不能输入内地,销数减半,印刷房饭之费,不足自资,而孙文背本忘初,见危不振。去岁之春,公私涂炭,鄙人方卧病数旬,同志遂推为社长。入社则饔餐已绝,人迹不存,猥以绵力薄材,持此残局。朝治文章,暮营经费,复须酬对外宾,支柱警察,心力告瘁,寝食都忘。屡以函致南洋,欲孙文有所接济,并差胡汉民或汪精卫一人东渡。邮书五六次,电报三四度。或无复音,或言南洋疲极,空无一钱,有时亦以虚语羁縻,谓当挟五六千金,来东相助,至期则又饰以他语,先后所寄,只银圆三百而已。及河口兵兴,乃悉以军用不支为解。

“查孙文丁未南行,四处筹款,不下三四十万,而镇南关、河口之役,军械至少,钦廉亦未有大宗军火,先后所购之铳,仅二百馀支,此外则机关铳四门,更无馀器(此皆黄兴口说)。计其价值,不盈三万,所馀款项,竟在何处?若云已悉散之会党,由今核实,则关仁甫之攻河口也,所领薪水,但及三千,许雪秋亦得三千,梁秀春二千而已。先后所散,略及万金。是则其说亦伪。夫孙文怀挟巨资,而用之公款者什不及一,《民报》所求补助,无过三四千金,亦竟不为筹画,其乾没可知已。

“及去秋有黎姓者,自新加坡来,云《民报》可在南洋筹款,即印刷股票数百份,属友人陶焕卿(即陶成章)带致孙处,而孙文坐视困穷,抑留不发。其冬《民报》被封,猝谋迁徙,移书告急,一切置若罔闻,乃复外腾谤议,谓东京同志坐视《民报》之亡而不救。呜呼!何其厚颜之甚乎!东京本留学之地,非营商治产之乡也。同志所资,惟是公私学费。比岁以来,食物翔贵,勉自支持,尚忧不给,资力所限,何能责其捐助哉!

“然自去岁以来,报社乏用,印刷局人登堂坐索者屡矣。尚赖同人之力,一一弥缝,未至破产。逮及《民报》被封,裁判罚金一百十五圆,报社既虚,保证金又无由取出。(以原用张继姓名纳保证金,张继已西行,无原印则不能取。)鄙人本羁旅异邦,绝无生产,限期既满,将以役作抵罚金,身至警署,坐待累绁。犹恃一二知友,出资相贷,得以济事。夫身当其事者,亲受诟辱则如此,从旁相助者,竭蹶营谋则如彼,而身拥厚赀豢养妻妾之孙文,忝为盟长,未有半铢之助,不自服罪,又敢诋毁他人。此真豺虎所不食,有北所不受。

“汪精卫、胡汉民者,本是孙文死党,助之欺诈取财。今精卫复伪作《民报》,于巴黎《新世纪》印刷,思欲腾布南洋、美洲,藉名捐募,急则饰说迁延,缓则借名射利。人之无耻,孰斯为甚!

“今告诸君:今之《民报》,非即昔之《民报》。昔之《民报》为革命党所集成,今之《民报》为孙文、汪精卫所私有。岂欲伸明大义,振起顽聋,实以掩从前之诈伪,便数子之私图。诸君若为孙氏一家计,助以馀资,增其富厚可也;若为中国计者,何苦掷劳力之馀财,以盈饕餮穷奇之欲!

“夫孙文、汪精卫、胡汉民之诈伪,诸君所知也。其乾没且不计,举其数事,足以相明。南洋非行军之地,而云卖票保护;云南本中国之土,而欲赠送法人;军饷接济,事在须臾,而方万里馈粮,筹议逾月;路矿营业,权非己有,(若路矿全归国有,岂得私与个人?若路矿归商有,又岂孙氏政府所能预?)而敢预设约券,四倍充偿?将以□〔谑〕庸贩耶?抑以欺小儿耶?其馀细碎,不暇缕书。现得南洋各处教习七省联名书状,数其罪迹最详。综观孙文所为,岂欲为民请命,伸大义于天下,但扰乱耳!天下岂有专务黩货,而可以克定大业者乎?董太师郿坞之经营,石寄奴金谷 <之> 宴集,食肉未饱,祸及其身。幸而或免,不过为世界增一新奇骗术,于中国存亡之事,何与秋毫!假令小有成就,而诸君欲望其酬报,此亦难矣。试观黄兴,非与孙文死生共济者耶?而以争权怀恨,外好内猜;精卫演说,至以杨秀清相拟。关仁甫非为孙文效力建功者耶?而以事败逋逃,乃至密告英吏,诬以大盗。其背本无恩如此,何有于诸君哉!诸君果眷怀祖国,欲为毁家纾难之谋,当得信义交孚,小心谨慎,一介不苟取,一言不诳人者,与之从事,斯可矣。若效命游食之徒,借资肥家之竖,舒手一放,后悔无及。鄙人本《民报》主任,今闻汪精卫藉名欺诈,恐远方逖听,鉴察不明,以为鄙人亦与其事,为是罄尽愚诚,播告同志,大为华侨惜有馀之财,细为一身避点污之累。特此检举,咸使闻知。原《民报》社长章炳麟白。”(《请看章炳麟宣布孙文罪状书》,西历 10 月 18 号由东京寄,见《南洋总汇新报》1909 年 11 月 6 日“代论”。)

《伪民报检举状》,先在东京《日华新报》发表。11 月 6 日,新加坡保皇会机关报《南洋总汇新报》全文刊登,改题《章炳麟宣布孙文罪状书》。同月 11 日、27 日、29 日,又分三天刊出李燮和等的《孙文罪状》。编者还说:“记者之意,不过欲使华侨知革党之内容,如是如是,则已入迷途者宜急早回头,将入而未入者更宜视之若浼,大之为国家培无限之正气,小之为华侨惜有限之钱财,如是焉而已。”(《南洋总汇新报》,1909 年 11 月 29 日,以上报纸资料系陶成章之子陶珍同志和中国社会科学院近代史研究所杨天石同志提供,很多提法,亦采杨说。)保皇党利用这两份罪状,攻击革命党。

前书提到“刘师培于 1907 年返国,与妻何震先后叛变,沦为端方密探,他利用章氏与孙中山发生矛盾,‘经费拮据’,企图拉拢”。(见本书第 153 页。)1908 年春,刘、何返回日本,与章关系破裂。刘师培旋又返国,在革命党中挑拨,说是章太炎要刘师培夫妇向张之洞、端方谋款,公开登于《日华新报》,中云:

“彼(指章氏)于去秋(1907 年)之后,与仆同居。仆因平日所学,与彼相同,言奇析疑,遂成莫逆。然太炎当此之时,已无心于革命,欲往印度为僧;又以无款之故,欲向官场运动。乃作函于张之洞,辞多猥鄙,乃其稿藏于书中,猝为仆见。彼亦不复自讳,宣言士各有志,同盟会不足与有为,而研习佛教,亦当今急务。且与仆相商,言今长崎领事卞綍昌为张之婿,于何震为戚属,可将致张之函稿(此为第二函——原注,下同)托卞转致,向张索款三万,以二万助彼旅费,以一万归仆,为印书之资。时震适以事返国,并为彼向馀杭家索款(得洋八百元),道经长崎,登岸访卞,适卞已于前数日卸职乘轮返国,此事遂成画饼。然太炎心仍未已,复作函于震,使之向金陵刘姓索款,并向卞綍昌及池州杨仁山谋,使以此事干江督端方,复令仆返沪共商此事。然仆等均知此事不易成。至沪以后,乃告以三万元之款必不可得,即成亦不过按月支款,冀寝其谋。而彼仍作函相促,并于《民报》登告白言近罹脑疾,不克用心,并将此报寄至沪上,嘱仆等由卞、杨转示官场,仆等一笑置之,此报旋赠高某。”(转引自《星洲晨报》,1910 年 1 月 15 日,新加坡大学图书馆藏。)章太炎确曾一度有“思适印度为浮屠”之想,但刘师培所谓自己“冀寝其谋,一笑置之”,则属谎言。刘师培还说附有章太炎有关书信照片六张;并说:“此六函外,尚有数函,因回国时,已在东京印照片,尚未完成,俟该照相馆将此片寄沪后,再为寄上,今印成者仅六片,故先寄上。”

黄兴等接刘师培信后,开会研究,认为章“心神狂乱,宗旨不定,稍涅即淄”。决定此后不与商秘密事。同时,考虑“讳莫如深,不予公布”。(意公:《与章炳麟书》,原载香港《公益报》,此据《中兴日报》,1909 年 12 月 2 日转载。)

《伪民报检举状》发布后,东京部分革命党人决公布有关资料,对章回击。《日华新报》本来支持章太炎,看到这些资料后,态度转变,以《章炳麟背叛革命党之铁证》为题,发表刘师培《致黄兴书》,加以按语:"革命党到东以来,主持《民报》,颇为该党所欢迎,本报亦以其国学大家,殊器重之。是以章氏来函,无不为之宣布。初谓章炳麟倡言道德者,必不作欺人语也。顷得革命党刘光汉(现在北洋总督衙门充当幕友)致该党黄某一函,披阅一过,令人发指。章氏口言道德,而其个人之道德则如是。呜呼!章氏休矣,已不正而欲正人,一何可笑之甚耶?说者谓章刊'伪民报'传单,为图归国地步,本社已得章炳麟背叛该党之亲笔函六纸,当付手民,刊成铜版,刊登报端,以告东京学界,毋再以章先生为道德家。"(《星洲晨报》,1910年1月18日。)从而重起笔战。

11月下旬,香港《中国日报》以"东京访函"名义,发表《章炳麟与刘光汉之关系历史》,进而谓:"章近致书直督幕中刘光汉,重申前约,愿和好如初。目前刘已派委员到东京,与章交涉革党事,谓端午帅令其解散革党,事成许以重利,现章已允尽力担任云。"(转引自《中兴日报》,1909年11月30日。)同日,《中国日报》又发表《为章炳麟叛党事答复投书诸君》,宣布章已"叛党",成了"满洲鹰犬",是"中国革命党之罪人"、"《民报》之罪人"。说:"夫《民报》社长一职,乃由革党本部委任,岂章可据为子孙万世之事业乎?端方之黄金黄光耀目,章或可牺牲同志之生命以图之耳。若《民报》原有之名字,则不容汉奸辈盗窃之也。"

此后,同盟会系统报纸也指章太炎为侦探,甚至说章与清陆军部尚书铁良也有暧昧关系,给章加了诬妄不实之词,还指责章太炎不参加和《新民丛报》的论战,提倡佛学、背离了《民报》六大主义,批判《新世纪》"伤害同志之感情"。(《为章炳麟叛党事答复投书诸君》,转引自《中兴日报》,1909年11月30日。)等等。这样,扩大了革命派的内部矛盾。

《民报》封禁,汪精卫续办,章太炎斥之为"伪《民报》",盛怒之下,作《伪民报检举状》,辱骂孙中山"背本忘约,见危不振",甚至说是"怀挟巨资","乾没可知",公开发表在《日华新报》上,并为新加坡保皇报《南洋总汇报》所转载,影响很坏。章太炎门户之见很深,没有顾全大局,这是他在辛亥前夕的很大错误。但在分析错误的形成和发展时,尚需考虑下述两点:

第一,续办《民报》的是汪精卫,章、孙矛盾的加深,和汪精卫的挑拨有关。1909年,陶成章自南洋回到东京,在《致铁仙若愚书》中说:"东京总会名存实亡,号召不尽,全由一二小人诞妄无耻,每事失信,以至于此耳。弟初到之时,即与克强公商议,不料已先入精卫之言(先已有信云),而精卫亦即随之而至,以术饵克强,遂不由公议,而以《民报》授之,以精卫为编辑人,由秀光社秘密出版,托名巴黎发行。东京同人概未与闻,为易本羲兄所知,告之章太炎先生,太炎大怒,于是有传单之发。克强既不肯发布公启,弟往向之索回,不肯归还。太炎传单出后,克强屡使人恐吓之,谓有人欲称足下以破坏团体故也。"(手迹,原件无月日,湖南社会科学院藏。)《致亦逵、柱中书》也说:"克公之言,弟未敢妄议其是非,唯精卫之欺妄,弟已亲受之矣。"(同上。)指出汪精卫在黄兴处的挑拨"欺妄"。黄兴在《致孙中山书》中也谈到续办《民报》,"与精卫等商量";(黄兴:《为陶成章诬谤事致孙中山书》,见《黄克强先生全集》第 116—117 页,台版,1973 年 10 月增订本。)在《为陶成章等诬谤孙中山事致巴黎〈新世纪〉书》又谓:“请精卫君来东任其编辑”,“前已由精卫君将情形函达贵社。”(同上第 118 页。)知汪精卫“以术饵克强”,挑拨孙、章,增加裂痕;《民报》的交给汪精卫续办,复“不由公议”,章太炎事前也不知悉,引起不满。汪精卫是在章、孙矛盾中起了推波扬澜的作用的。

第二,续办的《民报》,托名“法国巴黎濮侣街四号为总发行所”,实则仍在日本秘密印刷,托名地点即《新世纪》发行所。《新世纪》为吴敬恒主编,吴又向为章太炎所鄙视,《复吴敬恒函》、《再复吴敬恒函》就曾公诸报刊。吴敬恒借《民报》封禁对章太炎大肆攻击,章也益为不满。

《民报》续办前后,《新世纪》对章太炎的抨击是多方面的,例如:1909 年 6 月出版的《新世纪》一〇二、一〇三号,对章氏《驳中国用万国新语说》连续批判。10 月 16 日出版的《新世纪》一一四号“本社广告”,谓《民报》第二十五期起,“将以本社为主要之发行所”,“其人皆由我国大撰述家所论述,其价值久著海内,无须缕告”。注云:“此非指国粹而言,文章当随时进化,同为天演界中之一端,岂有专求于昔人之古训词格,可尽文章之能事者,故好古之陋儒,拘墟于经典而为文,无异侈言商、周之明堂太室,用以研究新世界之建筑术也。”注中“国粹”云云,系讥章氏。12 月 18 日出版的《新世纪》一一六号“本社广告”:“《民报》第二十五号已竟告成,由汪君精卫一手所编辑,汉民、民意诸君皆有述作,章太炎氏因未经参预,忽发简欢之牢骚,妄肆诋諆,骂为伪《民报》。东方党人皆不直章君之所为,群起攻击,因此一段故事,续刊之《民报》一时愈为党界所欢迎”。“《民报》续刊,汪精卫君作总编辑,而章太炎君不悦。……实为新奇之竞争。”吴敬恒利用《民报》续刊,孙、章矛盾,从中挑煽,以发私愤,章太炎对此自然不能容忍。(孙中山:《致吴稚晖书》云:“据最近汉民兄来函,亦云章氏托疯颠以行其诈,近日之所为,真属忍无可忍云,此可见与先生之意有不约而同矣。先生欲将彼之行为心术详为发复,以正人心,甚善甚善,此文登报后望各寄二三十份,与纽约并波士顿两致公堂为望。”见胡编:《总理全集》第三集函札。可见吴敬恒等在孙、黄处的挑煽。)

章太炎攻击孙中山,当然不好,汪精卫、吴敬恒的挑煽,也因章太炎本身有弱点,有隙可乘。孙中山所说:“陶乃以同盟会为中国,而章则以民报社为中国,以《民报》之编辑为彼一人万世一系之帝统,故供应不周,则为莫大之罪。《民报》复刊,不以彼为编辑,则为伪《民报》。”(孙中山:《致吴稚晖书》,见胡编《总理全集》第四集“遗墨”第 66—67 页。)还只视为内部纠纷。即续刊的《民报》,在第二十六号所载“本社谨白”,分析章太炎所以发布《伪民报检举状》的原因,也说是“好信谗言”,以“章君夙反对《新世纪报》……今兹闻《新世纪》诸君兼任《民报》发行、印刷之事,故断然反对”。没有说章太炎已经走向革命的反面。

问题是《新世纪》刊登了章太炎写给刘师培、何震的信,说是章太炎和端方有关系,“万金出卖一革命,至为便宜”;1910 年,章太炎又和陶成章重组光复会,造成分裂。这两件大事,却是剖析章太炎在辛亥革命前夕政治态度的大事,不可不论。

关于章太炎写给刘师培、何震的信,未曾看到原件照片,不能断定其中有无篡改,但从信中内容来看,所说"欲出家"、赴印度缺款等等,与章太炎行事相合。至于何震的注则不可靠,因为何震决不会接到章信即行加注,而必定是投敌自首后所加,夸增缘饰,自然不免。那么,是否就信中所谓"欲出家"、赴印度和向清吏借款事,就可判定章太炎已经背叛革命呢?不能。理由是:

第一,五封信写于1907年11月至1908年1月间,而在此以后,章太炎仍在《民报》撰文。《民报》第十九号,刊于1908年2月25日,自此至第二十四号,章氏都有文章。试举两文为例:《排满平议》刊于6月10日出版的第二十一号,文曰:"吾侪所执守者,非排一切政府,非排一切满人,所欲排者,为满人在汉之政府。而今之政府,为满洲所窃据,人所共知,不烦别为标目,故简略言之,则曰排满云尔。""今之所排,既在满洲政府,虽诛夷汉吏,亦以其为满洲政府所用而诛夷之,非泛以其为吏而诛夷之,是故诛夷汉吏,亦不出排满之域也。"指出"今之所排"在"满洲政府"。《革命军约法问答》刊于7月10日出版的第二十二号,文曰:"言种族革命,则满人为巨敌,而欧、美少轻;以异族之攘吾政府者,在彼不在此也;若就政治社会计之,则西人之祸吾族,其烈千百倍于满洲。"事实证明,章太炎没有忘怀革命。

第二,章太炎确曾想到印度出家,没有旅费,向清吏借款,是一大污渍。即便如此,也尚未投敌。陶成章在《致柱中、若愚书》说:"太炎作和尚之意实有,至侦探,断断无之。彼居东京,每日讲学,所出入者止学堂,何有官场特派员,昭昭在人耳目,诬妄太炎先生无益也。"即后来发现的刘师培自白书也只说:"倘明公(指端方)赦其既往之愆,开以自新之路,助以薄款,按月支给,则国学得一保存之人,而革命党亦失一绩学工文之士。以彼苦身励行,重于言诺,往印以后,决不至于有负于明公。"(《建国月刊》第十二卷第四期。)没有讲章太炎"得款"和投到端方门下。况且,章太炎即使到了印度,也断不会到印度去帮助清朝,只是使"革命党中亦失一绩学工文之士"。章太炎思想上一度"消极遁世",行动上却未公开投敌。

至于重组光复会,是否意味章太炎"背叛同盟"呢?我认为关键还要看光复会主要斗争锋芒是什么,是清政府还是同盟会?当光复会加入同盟会后,光复会中徐锡麟"志在光复而鄙逸仙为人",陶成章"亦不熹逸仙",李燮和"亡命爪哇",陶、李深结,"遂与逸仙分势",裂痕日深,终致重组光复会,和同盟会在南洋争夺势力。但他们还是"鼓吹革命"。(魏兰:《陶焕卿先生行述》,油印本。)陶成章在光复会成立后写给友人信中说:"必不汲汲扩张,以教育为进取,察学生之有志者联络之,如是而已。又一面经营商业"和"办暗杀事宜,以振动华侨",对孙中山的"地方起兵"则示不满。陶成章还主张"将太炎公改为教育会会长方为合宜,盖彼之能力在此不在彼,若久用违其长,又难持久矣"。(陶成章:《致石哥书》,1910年,无月日,同上。)在革命策略上,不满于孙中山的侧重华南武装斗争;在南洋活动上,"不受同盟会本部节制","使同盟分势",当然不好,但光复会反的还是清政府,还是以反清"光复"相号召,它没有睽离"驱逐鞑虏,恢复中华,建立民国"的同盟誓言。

章太炎、陶成章对孙中山、黄兴发动攻击，闹到重组会党，是不惬人望的。但在实际行动中，他们还是展开反清斗争；不久，他们对这一段纠纷公案，也认为“不必攻击”。陶成章稍后提出：“孙文以后不必攻击，弟意亦然。而弟之意，即意见不同，宗旨不合者，辨正可也，不辨正亦可也，再不可如前者之《中兴报》，日从事于谩骂，不成日报体裁。即个人私德有缺陷者，亦不可多加攻击。盖羞耻之心，人皆有之，多所取怨，于所办之目的宗旨上，毫无所裨益。”(陶成章：《致福哥书》，1910年11月5日，同上。)把光复会和孙中山同盟会的争论，只看作“意见不同，宗旨不合”，视为内部问题。后来，同盟会在筹划广州黄花岗之役时，光复会即曾“合力筹款”。(冯自由：《华侨革命史》第95页。)武昌起义后，章太炎致书孙中山：“同盟之好，未之敢忘”；(章太炎：《复孙中山书》，1912年1月，见《大中华》二卷十二期。)又追述光复会历史：“二党宗旨，初无大异，特民权、民生之说殊耳。最后同盟会行及岭表，外暨南洋；光复会亦继续前迹，以南部为根基，推东京为主干。仆以下材，同人谓是故旧，举为会长，遥作依归，素不习南州风俗，惟知自守礼教而已。”(章太炎：《致临时大总统书》，《大共和日报》1912年1月28日。)他和孙中山之间，还只能说是内部派别纠纷。我们不能张目于个人的攻击，把章、孙矛盾扩大化；不能把同盟会内部的冲突看作章太炎已经“背叛同盟”；也不能把资产阶级革命派政治上不成熟的表现，说是章太炎那时已经不革命甚至反对革命了。

本年，章氏有《致清肃亲王书》，书曰：“肃亲王左右：仆向与都人士语，知营州贵胄，首推贤王，中更多难，陷于凶人，天诱其衷，俾无陨越，怀抱革命之志，宜不与贤王外交，虽贤王亦或以虺蛇豺虎视之，虽然岂效氐羌狭隘，以部落相残为事者，劳心鞅掌，只欲复我主权，过此则无所问，员舆甚广，宁一物之不容，渝关以东，王家故国，积方圆五百万里，视英、德、日本诸国且二三倍，雄略之主，足以回旋，昔人所谓划玉斧标铜柱者，仆辈常矢此志，未尝渝也，若其淹滞神州，不以东归为乐，八旗诸姓，独同视为国民。昔北魏辽金之胄，同化中国者众矣，亡人若得归国，顺民之志，统一各州，岂于珠申一族而当异视，版籍权利，同符汉民，今日言此，不啻息壤之言也。驰说者不达斯旨，私拟吾党以为欲如王家高宗所为，斩刈准噶尔，使无噍类，狭隘之见，非文明国人所应效，种族革命之义，岂云尔乎？仆申此义，以为无忤贤王，所以奋笔驰书而无怍也。方今边疆多事，东亚阽危，王家所谓大帝国者，威灵所及不出方隅，濒海诸州，既为他人宰制，比闻西藏开放之议，欢然载途，此土太遥，度王家亦未能远驭，空橐五百万里之金藏，以资他人，此仆辈所为推心愤气者，以是观之，并包藏族而为一大帝国者，非独王家不能镇抚，虽以亚历山德、成吉斯汗处之，犹不可以终日，瓦解之势，速于逝驹，粲然明矣。贤王以世嫡裔孙，代为藩辅，未尝于中国得尺寸权借，遭时多故，惕然不宁，重以仁心为质，胸无畛界，固越常人固当千万，故仆敢以二策为贤王陈之：一为清室计者，当旋轸东归，自立帝国，而以中国归我汉人，此非仆一介之私言也。日本有贺长雄，尝于日露战争时，从军辽左，记其所见于书曰：‘今欲使东三省保其秩序，无受外侵者，惟返清帝于奉天为可，不然虽鞭之长，不及马腹，他日复失，未可知也。’何者？八旗口籍，不逾千万，其人材亦至乏矣，今时所谓英骏者，特于陆军有步伐驰骤之长耳，政治之材，犹其所短，既欲羁制汉人,使就轨范,而又当分布于东三省,譬若千石之粟,供百万军,其势固不能遍给。纵令得志,蒙、回、卫藏之属,犹不能及,与为他人蚕食而有之也,孰与满汉分而有之。若能大去燕京,复辽东之故国,外兼蒙古,得千四百万方里,其幅员等于中国本部,然后分置郡县,务农开矿,使朔漠不毛之地,化为上腴,地小则人材不忧其乏,势分则民族不忧其讧,其贤于兼治中国万万也,文政既成,申其军实,南与中国,东与日本为唇齿之同盟,谁复能睥睨东亚耶?夫德意志联邦以民族相类,合之则强,此满蒙之势也。奥大利与匈牙利,以民族相殊,兼之助乱,此满汉之势也。今而后知旅落以为大者,无宁辑安同族之为愈也。二为贤王计者,贤王于宗室中称为巨人长德,固与方域之见殊矣。革命之业,亦何不可预。昔露西亚皇族,有苦鲁泡特金者,爵为上公,而作无政府党之首领,声施赫然,光于日月,此犹其未成者耳,事若获成,则米拉保、巴德利显理辈,曾不足比其一发,何者?以民而抗政府,犹云为己;以皇族而抗政府,则明其为博爱大同之志也。吾党所持革命以后,惟建设共和政府,二王三格之号,虑不足以辱贤王,要使千载而下,睹其史书,瞻其铜像,然后贵耳。迩者吾党声气,骎骎日骤,日本露西亚诸党人多有交臂请盟者,湘粤之域,小有折伤,要不足以损毫发,贤王于此,其能入我同盟也。如上二策,惟所取携,要之必以一身主动,而后国家之事从之。王家庆邸,既怯懦无果断,陆军怀兵柄之事,又令北洋阴怀异志,失今不图,令发难在彼,贤王虽智力绝人,亦安所发舒耶?投间抵隙,今其时矣。书此达意,非敢以口舌取人,亦以结同德于好也。章炳麟白。"(冯自由:《清肃王与革命党之关系》,见《革命逸史》第五集。)据冯自由称:"己酉间,太炎特致书善耆,劝其加入同盟会,合谋革命。函由日本同志携往北京递进。书投后,善耆密语程家柽,谓不愿入会,愿相扶助,嘱代转达"云云,(同上。)并附载章太炎上述函件。

本年,章氏有《吊伊藤博文文》。查伊藤博文于本年九月十三日(10 月 26 日)在中国哈尔滨车站被朝鲜爱国者安重根刺死,不久,章氏撰此文,原稿藏华东师范大学图书馆,《太炎文录》初编卷二仅存《吊伊藤博文赋》。

本年,章太炎在东京继续讲学,据《钱玄同日记》所记,本年 2 月 20 日至 27 日有章氏讲《汉书》共十二次,内有讲《汉书・律历志》、《礼乐志》、《刑法志》、《食货志》、《郊祀志》和《百官公卿表》。又自 3 月 11 日起,18 日、25 日至 4 月 8 日止,听《文心雕龙》课四次。3 月 31 日始讲《毛诗》。4 月 15 日"上午至太炎处上《文史通义》课"等记载。3 月 3 日还记有章氏因《民报》罚款事被拘留,诸生分头筹款,"始无事而归"。4 日记"礼拜日之《说文》班本应移今日,以昨事今日辍讲"。(手稿,北京鲁迅博物馆藏。)

又据刘文典(1889—1958)回忆:"1909 年,赴日本东京早稻田大学求学,曾追随章太炎听《说文》课。"(张文勋:《刘文典》,《民国人物志》第 5 册,中华书局 1986 年 7 月版。)

本年,黄侃葬母毕再抵日本,"与章氏相依,尝共论经学、文学,闲赋诗相唱和"。《游仙》与章先生联句:"上国有名士,海外无瀛州(先生)。将寻不死乡,言至昆仑丘(侃)。曾闻淮南王,蹑云能上浮(先生)。石室坐王母,旁揖乔松俦。仰视天门开,俯见江河流。奇草虽可餐,神仙信可求(侃)。羵羊出深井,鲁道棼难修。惟彼谈天衍,飞霜解重囚。巨公牵黄犬,老聃骑青牛。六龙对我蹲,麒麟夹道周。风伯受鞭督,雨师函其头(先生)。钧天奏广乐,万灵不少留。谁言龟鹤寿,千岁仍浮游(侃)。”(黄焯:《黄季刚先生年谱》“宣统二年,二十四岁”,见《黄侃日记》第1100页。)

黄侃请苏曼殊绘《梦谒母坟图》,为之《题记》,章氏书其后曰:“蕲州黄侃少承父学,读书多神悟,尤喜音韵,文辞澹雅,上法晋宋。虽以师礼事余,转相启发者多矣。颇好大乘,而性少绳检,故尤乐道庄周。昔阮籍不循礼教,而居丧有至性,一恸失血数千。侃之念母,若与阮公同符焉。录是以见士行不齐,取其近真者是。若其清通练要之学,幼眇安雅之辞,并世固难其比。方恐世人志其闳美,而以绳墨之论格之,则斯人或无以自解也。老子云:常善救久,故无弃人,余每以是风侃,亦愿世之君子共谕斯言。章绛记。”(同上第1101—1102页。)

本年,致函梁启超,略谓:

“离别以来,无一日忘前好,徒以取舍乖方,时有异论,盖公私之务殊也。自顷钠张大局烂坏,政府既失其资,光复亦堕其绪,时事一去,灰土同尽,言念旧游,惄如饥渴,岂特骞期子河卿梁之爱而已。……

“走昔持论,谓亚洲四文明国语悉当学习(一汉语,二梵语,三波斯语,四亚剌伯语。此皆文化旧邦,其言足以明道艺,极文彩。自馀诸国,皆就此四种文字剪截挫碎而已。梵语、波斯语,今尚存。亚剌伯语,可兰外已鲜存者)。年逾四十,精力早衰,勉学梵文,亦未卒业,独此颉、籀、斯、邈之遗,颇有一得,上拟前修,条理稍缜密,规摹益闳远矣。是知遍稽殊语,未若综域内之方言,环游地球,不如省九洲之风土。此非专为学术,盖于政事亦然。……

“东京近颇恬静,欲与君握手道故,追怀昔游,未审暇时可东下否?”

此信写于1909年,载《华西学报》第二期,1933年9月版。梁启超接信后即复,章氏续函:

“得复书,并手著一册,又知近学远西文字,视乞命东夷者,必当超绝,将素比缣,知新人之不如故也。求国语起原者,当以化国文言互校。然其弊亦多矣。方音不能合于唐韵,唐韵又或爽于古音,一失其声则所求皆妄,此韵学之不可不理也。……

“足下欲修国史,斯实经世大业,非野老所敢知。然以愚情隐度,叙次事迹,固非难事,若夫社会变迁、人事殊化,理而董之,盖亦难矣。(近人于此憙取他国旁观之论,以为臻宝,宁无一得谬者,实多西人,于中国故事,固非所审,日本人虽略见端倪,隋唐以前如隔云雾,近千年中粗得情势,然肤词浮议,但可为文集中之史说耳。)书志为人事因革之林,非精研则无由略论,此必非寻检通考所能之也。粗则为对策八面锋,悉数则或多谬误,虽不误,亦未易穷其始末,察其蜕化排比之愚,考索之智,并未易到也。往见穗卿为《历史教科书》,穗卿深于宗教,其议有伦,然鬼事明矣,人事顾多缺略。(教科书本无容插入己见,然宗教既多论断,人事宁可关如。)上比魏收得一篇《释老志》耳。况复拘牵图谶成见,自封乍听,其言宁不洋洋满耳。加以考核五角六张,自相攻伐,而又持文人之见,推求史笔,不露批尾,家当亦显斗方长技矣。若能去诸短、集彼长,编蕝之功,庶非虚弃。讲习会近有二十许人,其眇合玄契者,虑得数人,自馀敏钝不齐,接之以拙云尔。”

此信写于1909年,载《华西学报》第二期,1933年9月出版。穗卿,夏曾佑。《历史教科书》,原为《最新中国历史教科书》,第一册,出版于光绪三十年,只出到隋代。1924年4月夏曾佑去世,梁启超撰《亡友夏穗卿先生》,称:“穗卿是晚清思想界革命的先驱者”,“他对于中国历史有崭新的见解——尤其是古代史,尤其是有史以前”。(《饮冰室合集》文集之四十四,第18—19页。)夏氏之书于1933年由商务印书馆改称为《中国古代史》,作为“大学丛书”,重行出版。

宣统二年庚戌(1910年)　四十三岁

正月十四日(2月23日),复钱玄同书:“正名当自身始,说良韪。然直用小篆移书,其间或有近正俗字,猝不得其本形者,便当杂以左书,错出无纪,唯以今隶勒存正体,如‘隶古定’法,斯可矣。文集约七八万言,移疏易了。《訄书》亦都计十万言。唯《左氏读》稿未编定。要之排比亦易。再,前所作《说文部首韵语》,不知尚有稿否?如尚在,当录视新生也。”

正月(2月),光复会重组,于东京成立总会,以章太炎为正会长,陶成章为副会长。

《陶成章信札》(见拙编《陶成章集》,中华书局1986年3月版,下同。)中也言重组光复会事。早在宣统元年秋,陶成章即函李燮和等,谈及章氏情况和光复会名存实亡,拟定会章,以评议、执行二部事,函云:

“东京总会名存实亡,号召不尽,全由一二小人诞妄无耻,每事失信,以至如此耳。弟初到之时,即与克强公商议,不料已先入精卫之言(先已有信云),而精卫亦即随之而至,以术饵克强,遂不由公议,而以《民报》授之。以精卫为编辑人,由秀光社秘密出版,托名巴黎发行,东京同人概未与闻。为易本羲兄所知,告之章太炎先生,太炎大怒,于是有传单之发。克强既不肯发布公启,弟往向之索回,不肯归还。太炎传单发出后,克强屡使人恐吓之,谓有人欲称足下以破坏团体之故也。遂又登太炎于《日华新报》,诬太炎以侦探,谓因其与刘光汉有来往也。又以信责弟,以神圣孙恶,而隐隐以弟谓授(受)政府之指使。自谓真正公心,而责弟以妄存私意。弟乃为二千言之长函以责之。兄之公启再寄到时,总机关已无,弟乃录出数纸(今欲刊印,因身无分文),一与云南杂志社,一与太炎,贴之于国学讲习会之讲室。而南洋各埠接到太炎之传单,已有复信,又来责言一纸,以太炎之事为受弟指使,目前有代为总会长之意。彼等又使人诈取太炎之图章,太炎不虑有他,与之(云往警察署取旧《民报》之保证金)。越数日而《日华新报》又登章炳麟有与端方合谋卖革命党之信矣。又牵涉及弟,谓弟在南洋与李时乾狼狈为奸,于是克强函责太炎以晚节不终,而太炎亦责克强以端方请其入幕(此信自南京来),并派湖北人吴坤往天津谒端方(此事本甚秘密,不知何故为云南会长赵伸所侦知,因以长函责克强,而转为太炎所悉也),意欲何为等语。现太炎已有辩书一纸,将以付印,日后当寄奉也。克强如此,故现在东京皆人人疑惧,不可与有为矣。

“湖南同志大半反对克强,然弟所识者只有本羲,已于两月前归国,中道疾亡,可哀也哉！弟又邀秋瑾旧日盟弟王姓者一人,欲与商议收拾湖南之一方面,彼亦畏恶人作恶,致干未便。湖北会长余君甚赞成发表孙文之举,且亦反对克强,然病甚重,不能有所补助。故总会亦已一败涂地,无可整顿矣。弟乃邀集旧时同志最可靠者商酌数次,已议定草章,寄奉三张,乞兄等与各同志酌置之,再细加商榷,冀臻于完全,是所至盼。

“此次设立会长,均以不置总会长为是。盖总会长一举一动,系于会事前途甚大。当其职者若有才能而无道德,则借权营私,弊将百出,第二孙文将复见于他日。若有道德而才不足以副之,则难免不受人愚弄,倒行逆施,会之破坏亦可预卜。当其时再谋补救,晚矣。章君太炎,其人并非无才之人,不过仅能画策,不能实行,其立心久远,志愿远大,目前之虚名,彼亦所不愿也。大约日后使彼来南洋讲学,广招学徒,分布四方各埠,其效果当非浅鲜。若以会长处之,用违其才,反碍前进之路矣。其情节彼已于辩书中声明之。故现今会章,但分评议、执行二部,分立权限,各行其事,既无不能统一之虞,又有互相监察之效。兄等皆可居于评议、执行之列,犹明制之督抚,由京职而抚治地方者也。且东京既不能实行革命,又不能代为筹款,仅设一通信所已足矣。南洋分会之权,使之加重,未识兄意以为何如。”又言:“明年欲再南下一次,提倡教育,劝人多设学堂,为后人开门径,且欲以助兄等公司之组织。至于革命一节,弟意非扰乱北京不可。”(《陶成章集》第 158—160 页。)本年 1 月前,《致管慎修书》曰:“光复会之成立,想柱中兄已告之吾兄矣,不赘述。现章程、图章、盟书均已印就,寄在柱中兄处矣。弟及诸友商酌,拟于南洋设立一行总部,代东京总部行事,以便就近处置一切事宜,并推兄为行总部办事人员。”(《陶成章集》第 179 页。)

四月,陶成章在致南洋同志书中,谈到光复会总部诸事云:“一,行总部办事人员(原注:总务、会计、书记等),由东京总部给委任状,纸用黄。亦可由行总部执行员代东京总部给委任状。然黄纸已不多,红纸兄等处想尚有之,代用可也。二,分会会长可竟〔径〕由行总部代东京总部结发委任状,纸皆用红。三,分会会长以下职员,弟意可由行总部执行员或分会长给发委任状。……四,凡委任状盟书等件……必于正副会员名字下,盖以正副会长图章方可……五,口号、暗号等,可由兄等拟之。六,光复会简章上‘设总部于日本东京’,因近日日本政府颇有干涉事件,故付印时,空此‘日本东京’四字,祈于发出时加补之。”(《陶成章集》187—188 页。)

四月初二日(5 月 10 日),函钱玄同谈“治小学”:

“凡治小学,仆拟分为五级,方于教授有益,足下近作仓颉师,试更详之:一,本形本义(就《说文》宜解其义及其造字之法)。二,音韵(甲,今韵、今纽。乙,古韵、古纽。此学稍繁,然今已有条理)。三,正借相求法(以《说文》本形本义求《尔雅》、《方言》、群经、古籍之训诂,是为以正求借,以《尔雅》、《方言》、群经、古籍之训诂,求《说文》本形本义,是为以借求正)。四,转注、假借法(上说正借相求,借非六书之假借也,此真假借即是引伸之义,凡一字有数义者属之。转注则限以义同声近者,此校正借相求为约易,然非先知正借相求,则无由推明此旨)。五,文字孳乳法(转注惟有同义,假借惟有引伸之义,一字变为数字,而音义同者,当求何字在先,何字在后。一义变为数义,而字体亦异者,当知本是一字,后乃求分,此所谓文字孳乳也)。

"如上所言,一级但讲二徐之书足矣。二级书颇繁,然大要求今韵者以《广韵》为主,求今纽者以《四声切韵表》为主;求古韵者,自'音学五书'始,至《音韵表》、《诗声类》为极;求古纽者,惟取钱晓徵说为主。辅以仆之'古双声说'等,亦未甚繁。三级极繁,然段、王、郝三家已略备,王氏自《广雅疏证》外,其《经义述闻》、《读书杂志》并须参观。四级以后又简,转注假借法,前人未了(戴、段说转注,大义诚是,然过涉泛滥矣。至假借一事,自来皆以同声通借当之。既与《说文·叙》不合,又未念古人既造本字,岂复欲人随意通用?其通用者,实以古无刻版,又鲜传钞,师则口授,弟子以笔写音,故有斯误,承袭既久,遂若固然,断非六书有此例也)。今求语言于文字之先,寻训诂于形体之上,则大义自粲然矣。五级条贯最精,大要以独体之文为本,寻检合体诸文,义有相同相受,音有相转相迤者,则次第较然可辨。仆所以有《文始》之作也(前为'语言缘起说'已发其端),然初级用二徐书,以教童子,尚嫌太烦否,此当由足下实验得之,其合其违,明以告我。"

四月(5月),陶成章致南洋同志书,谓:"历观万事,皆与财政相为因果。然财政之道,非自行筹画无由。此商业之所以不得不速为结营。"提出:"商业营目"四种:一,"教科书籍、图画、科学仪器、体操音乐器具等";二,"学校用品,若钢笔、铅笔、洋墨水等";三,"杂货,若衣衫、牙粉、洋皂等";四,"代印书籍,代刻图章、名片等",以为"开通民智,全恃图书,公司成立,一切图书即可由我意输入,南方各地势将日有发达"。(《陶成章集》第184—185页。)

九月初一日(10月3日),复钱玄同书:"所论嘉兴学生专喜金圣叹、蒲松龄一流文字,益叹梁、夏诸君为作俑也。缪语本易动人,而尸高名者复为诱导,倭人又从旁扇之,微虫腐菌毒遍区中,奚独嘉兴尔乎?今知古学者既难多得,但令处处有桐城派人主持风气,亦可相观而善,胜梁、夏之窕言多矣。(惟如林纾辈托名古文辞者,则不可与作缘。)……仆近草《文始》将就。长女已适未生,季女在此,方授《说文》部首。季刚归蕲,足下与逖先辈,一时散尽,甚寂寂也。"梁、夏,似指梁启超、夏曾佑。未生,龚未生。

九月十八日(10月20日),复钱玄同:"《学林》为同志所发起,仆任著作,为分别十二门,拟于明春出版。(一人精力有限,故出版甚迟。)今将缘起五纸寄去,望收入。"

九月二十九日(10月31日),复钱玄同:"所问象形、指事之辨,仆亦裹此久矣。盖通言则二例不殊,别言则二例有截。《说文·序》云:'仓颉之初作书,盖依类象形',然一、二、三、上、下等字,必非后人所造,是仓颉已有指事。通言不别,故云象形。十四篇中,指事亦通称象形,后人分析,往往殊致。……《文始》当刊入《学林》,他日仍望作隶古正书,刻之木版。"

十月初四日(11月5日),陶成章《致沈福生书》,认为"孙文以后不必攻击"。"即意见不同、宗旨不合者,辨正可也,不辨正亦可也,再不可如前者之《中兴报》,日从事于谩骂,不成日报体裁。即个人私德有缺陷者,亦不可多加攻击,盖羞恶之心,人皆有之,多所取怨,于所办之目的宗旨上,毫无所裨益。”又提出办《光复报》,可鼓吹宗旨,以至“商务之开展,实业之经营,无不可以因此而渐入手。先议论以启导人心,而后乃入手办理实事,则庶乎有路之可寻也”。并欲将《教育今语杂志》改为《光复杂志》。(《陶成章集》第 192—194 页。)

十一月十六日(12 月 9 日),复钱玄同函,略谓:“一,用古韵发音,与用唐韵发音,二者孰便,足下以从古为善,此诚探本之论。”“二,隶古与汉隶孰近?足下近亦参用汉隶,此盖笔势圆转,不得不尔。”“三,부首五百四十字,欲错综六书为之分类,仆向所发诸例,自谓已详,今思犹有一事未学者。形声之字,形与声皆成字,虽省形省声,其有所依傍一也,然如‘氏’、‘内’二字,声已成字,形则非字。此初有形声时所作,异于两字集成者。此亦自为一例,非前例所能赅。”“四,许君自叙曰:‘庶有达者,理而董之’,此非谓后代转写讹误,待人校正也。其说解时多未了,颇有望于将来,然非如段君精审,必不可轻改《说文》,段于故训最为明通,亦颇有未谛者。”

十二月二十四日(1911 年 1 月 24 日),复钱玄同,首谓“所问‘钱’姓之‘钱’最初当作何字”。又释“夏本为中国人,而亦训大”。又释“季”字音在泰部,从稚省声。另释“采”与“番”当非二字。又谓:“来书谓段字改作多武断,此事当分别言之:若自作小学书,无妨匡正许君之阙,若笺注《说文》,则一字不当臆改。然如‘告’、‘哭’等字,存己说于注中,不改原书文句,亦无大害。菉友以钟鼎改《说文》,勿论彝器真伪难知,且古文一字数体,形相仿佛者甚多,纵令彼形审正,宁知此形必讹。且又古文亦有讹体,《艺文志》引正名阙文之说,云‘伪其浸不正’,此则春秋时古文已有俗误,钟鼎所刊,能保其必无缪体乎?”此信长达数千字。

本年,朝鲜为日本帝国主义并吞。章太炎撰《韩太上皇诔》,首谓“岁在上章阉茂(庚戌),月在圉壮(九月),日在某,韩故太上皇自裁薨,呜乎哀哉!”当时日本政府讳言自裁,伪称以暴疾卒。诔文谓故太上皇“亟更疢疾,机智亦备。韩既为日本,私常司间,腾说美利坚人,又内与清直隶总督袁世凯结,谋共摈倭,故倭人忌皇深”。又谓:“倭又数行贿,遣无赖愯清廷,以间世凯,世凯去,藩援既失,以有今兹之变。韩亡之咎在尸臣,皇罪为末。”对韩太上皇之死表示悼惜。据支冲先生查考:“当时记载,韩太上皇曾于一九〇五年十一月请美国人霍默、哈尔柏特送密信给当时的美国总统西奥多、罗斯福求援。根据一八八二年五月十七日美朝条约第一条的规定:‘如有其他国家不公平地或是强暴地对待缔结双方的一国,另一国一俟得到通知,即予以援助,俾使争端得到友好之解决。’而美国国务卿鲁特,始则不予及时接见,继则诿称:‘朝鲜国王是要使这封书翰保持秘密,不能对任何人,特别是对日本人提起。当然,这种情况使我们不可能把这封书翰看作正式通知(干预的必要条件)。因此,我们没有办法采取正式行动而不致违背朝鲜国王的愿望’,回避美国政府履行条件的义务。此事经过,曾载一九一六年三月五日《纽约时报》。丹涅特著《罗斯福和日俄战争》(302—305 页)论及此事,称之为'美国历史中的可耻污点'。至于韩太上皇内结袁世凯,日本惾清廷以间世凯、世凯去职一事,除见诔文外,尚无其他佐证。但据章先生之文,似袁世凯由北洋大臣内调革职,以后又被清廷罢职,除传说是载沣奉行清德宗之遗旨外,还另有外交上的压力。"(《记章太炎先生未刊手稿》,《社会科学》1982 年第 1 期。本件手稿藏华东师范大学图书馆,《太炎文录》初编卷二仅存《哀韩赋》。)

宣统三年辛亥(1911 年)　四十四岁

二月十四日(3 月 14 日),致钱玄同书,略曰:"《小学答问》已刻成,以刷印费不给,未著纸素,此处欲览者众,望告拱薇,先印四五十册,度不过费十圆也。仆自著《文始》后精神遐漂,日阅释藏及诸方书,聊以解埋结啬。顷于医经,幸得'臂羊矢'义,千年凝滞,一朝冰释,欢喜踊跃,欲得其人而语之,今以示子"。"作此说后,益知古书不可妄改。段氏于骨部能引骨空论。于肉部臑字,不能引《甲乙经》者,盖《素问》为周秦间书,人以诸子观之。《甲乙经》出皇甫谧,以为晋代短书医师专门之业,故不甚寻理也。然唐以前方技诸书所存古义至众,《甲乙经》者,又近世医生所不窥。欲知形体,莫备斯篇,一事有遗,遂令《说文》疑义,千年莫理。顾以文义难知,辄施剟定,亦何异晚明诸妄庸邪?"

三月十四日(4 月 12 日),本日,槟榔屿《光华日报》第六页载章氏诗两题,署名太炎。一曰《咏康有为》:"北上金台望国氛,对山救我带犹存。夺门伟绩他年就,专制依然属爱新。""对山",指康有为。一曰《杂感》:"万岁山边老树秋,瀛台今复见尧囚。群公辛苦怀忠愤,尚忆扬州十日否?""谁教两犬竞呀呀,貂尾方山总一家。恨少舞阳屠狗侣,扫除群吠在潼华。"

四月四日(5 月 2 日),复钱玄同:"得书知近授《左氏》。学子虽卑,师当自持其格。校中所用,盖是局版单注之本,颇闻杜解不全,而又钮杂林尧叟注,为师者当以严辞正之。若夫三传大义之分,贾、服旧训之美,虽不能委悉告语,尚当使知其略。训诂则自杜解而外,兼说惠君补注足矣。"

五月二十五日(6 月 21 日),函蔡元培:"弟自《民报》封禁以还,专以讲学为务,颇欲潜入归乡,效宁人故事,于时罗侯尚严,不欲轻举,然放迹蓬岛之滨,故乡日远,虽以著书自叙其所见闻,固已隘矣。……来书欲购拙著数种,《国故论衡》付印未就,俟成当即寄奉。《訄书》虽曩日著,由今观之,不惬意者参半,涂乙增损,凡过数万言,原书虽在,观为知者道也。向日信中国出巴比伦,又不信老庄学说,又谓代议政体必过专制,今皆知其不然。此数大端既异,自馀枝节,自相与僢驰也。唯《新方言》自谓精审。然州国殊语,既难尽晓,所录无过什之二三,以此规摹,待后生补苴完善可也。敬寄一册,惟匡其不逮矣。平子闻已长逝,亦恐传之者过,未谓信然!若斯语不虚,浙学又弱一介矣。"(《蔡元培书信集》,浙江教育出版社 2000 年版。)平子,宋恕,宣统二年正月卒。

六月十二日(7 月 7 日),复钱玄同函:"得阳历六月二十八日书,知颇郁郁。作教员亦与官无异,欲遂本怀,惟退而讲学耳。处困境者亦终不可得此。虽然,犹胜曩日儒官称卑职递手本者,庄生尚为漆园吏,康成亦作乡啬夫,以此自况,略可解怀矣。"

六月二十日(7月15日),《日本及日本人》第五六二号出版,内有艮维生:《〈学林〉与章太炎》一文,介绍在日本出版的《学林》第一号,谓《学林》计划年出四期。章太炎的学问渊源甚深,为人推服,他接受了德清俞樾、瑞安孙诒让的朴学,而有所发展。并录《学林》第一辑分类简目。谓《缘起》云:"老聃曰死而不亡者寿,《雅》曰大命近止,无弃尔成,若载其言,国虽亡,其神宜不没。"认为文字悲痛,其志可哀。下录章氏《与农科大学教习罗振玉书》全文。

七月初七日(8月30日),复钱玄同,略谓:"张元济本严复之徒,而并世尊为教育会副长,其废去读经一科,抑无足怪,独怪季直文儒,亦相与浮沉耳。京师大学中讲经者,即吾乡夏逖庵,闻其标举井田,亦太迂矣。罗叔蕴尚知旧学,其反对军国民教育会,是其缪处,报章詈之,辞亦过甚,亦如申叔请贾侍中从祀,虽近顽固,实无罪于天下,而报章极口骂之,则不知前日请三遗民从祀者,何以独蒙赦宥也。爱憎之见,一往溢言。等之儿童戏语而已。仆居东五年,乡思愤盈,欲一归省坟墓,适马彝初来此,亦劝言归,马本介石弟子,而仆与介石亦旧交,文网渐宽,嫌疑未尽,故欲以介石为奥主,陈、马二子,未遇险阻。不知其难,遂将原书登报,亦太疏忽,然观其所为如此,或内地风波果已恬静也。幼渔寄《小学答问》百册已到,字迹鲜明,足下之劳著矣。邓秋枚向无违言,惟去岁拟刊《学林》,本由同人合股,恐《国粹报》钞录原文,则销数绌而刻资空。故先与秋枚书,令弗妄登(此书同人为之,辞峭厉)。然《国粹学报》自去岁已鲜佳篇,想彼亦无意为此也。日本人有长井衍者,彼中朴学家也,治目录校勘之学,闻见尚周,见仆与罗振玉书,历诋日本。汉学博士,心甚喜,亦谈数次,既见《国故论衡》中诋日本学者,比于邮人过书,门者传教,复大怒,云'清国梁启超亦剽窃日本人语。少年啧啧称之,何以讥日本学者邪?'仆应之曰:'启超本以政党自居,非自处于学者,其徒党以声气相推,亦非尊其学术也。如仆所讥日本诸博士,则躬为教授,自谓通儒,而国人亦同认为学者矣。政党剽窃人言,非中国学者之耻。博士剽窃人言,则日本学者之耻,何得举以相例邪。'衍乃无言。"季直,张謇;罗叔蕴,罗振玉;申叔,刘师培;马彝初(夷初),马叙伦。邓秋枚,邓实,时主持《国粹学报》。

七月二十三日(9月15日),《日本及日本人》第五六六号出版,内有栖庵道人《访章太炎》,略谓:"《学林》发行,藐视日本学者,且说国虽亡,文章不灭的骄傲之言。《学林》主任是怎样的人物?在《国故论衡》中起草哲学、历史、文学各方面文章,发挥独特见解的章太炎,又是怎样的风采?特别是收在《章谭文钞》中的《建立宗教论》,滔滔数万言,提出法相的教义,与西方哲理对照,谆谆教导发挥佛教真谛。这种地方,正和慈恩淄州在明治时代学术界的活动相像。据说,他本来投身革命党中,想把自己国家维新改革,但事情并不如意,未能达到目的,所以把一生气力全用在学术上去,他是用学术来排遣苦闷的。我很喜欢孙诒让的朴学,同章太炎有神交。我喜欢法相教义,而章太炎则是法相教义的鼓吹者。假如相距遥远就算了,但我住在江都〔户〕,居处相近,岂不正可相互交谈?

"8月15日,我约水和尚、邻居君代子同去,再加章太炎的门人传铜君。水和尚在中国住了十年,传铜君到日本也有五个春秋,这样我和章太炎对话就很方便。我们在大冢终点站下车,经过冷静的小径走了五六町路,转了几个弯,看到右首稍高的木门,门上挂有木牌'学林处',它的招牌字体正如杂志一样。对这里很熟悉的水和尚先把木门打开,引入房中。我跟着进去之后,看到一个正在同水和尚讲话的蓬头乱发的高汉子,腰下穿一裤子,上身穿一很旧的汗衫,是一个半裸体的样子,我把这看作大约是曾经听到过的陋巷原宪其人。在八铺席大小的房间中,并排放着仿佛私立小学的课桌六七只,朝着床的一面(指壁橱),挂一黑幔,这正如砾川乡下教书先生的住宅。在一半开的橱架上,放着缩影本《藏经》,在正中书桌上,有日本刻的书二三部,很像他正在翻这些书。经过水和尚介绍,我刚坐到椅子上,他突然提出这样的问题,即你相不相信天堂地狱啊!

"庵说:'我相信天堂地狱,而相信其存在,并非说现实地存在。是否现实地存在本在我等考虑之外,我是以此来对照社会形态。社会之善恶苦乐颇有高低之分,由此我把善与乐的顶点当成天堂,恶与苦的顶点作为地狱。因此若以具体的语言来显示这两极,不是可以称为天堂和地狱吗?'

"章说:'是的。大凡人的思维不能不依照比量和现量进行。比量是比较推论,现量是现在的实验。天堂地狱的存在又应依比量的说法以决定其信与不信,然而现在有如飞蛾扑火,南美存在大人种,即使现量也可发见出乎意料之外,但若对现量加以说明,能够观察出此等状态吗?而把须弥山作为佛说可信吗?'

"庵说:'我不信。须弥说的合理与否本与佛教无关。'

"章说:'本来应该如此。佛陀只是把印度的古代传说取来加入自己的说法。若欲以须弥四洲说应用于今日,就能发现这与研究天体星辰界颇有相似之处。总之,比量是总相,现量是别相,总相的精神是佛教自古到今不变的真理,至于别相的解释,我想随着社会的进步,也必定有所推移与发展。'

"庵说:'诚如贵说若以智力的进步、学术的精粗而论,今日确实有胜过以前之处,然而即使今日的科学也不曾对现象界完全研究清楚,如天文学、心理学,亦非没有人类智慧难及的地方。西洋的科学又有赖于东洋的古代学说,而佛教的说明,不用说亦不能不伴随着时世之日益进步、科学的发达而有所进步。敢问依照尊著《宗教论》,以法相宗建设将来的宗教,观此说一一切中时弊,然而法相宗是哲学,是智力的,虽可使智者学者满足,但济度四亿民众却不能不另有其他方法吧。'

"章:'彼等愚民本来一无所有,对给与他们的任何事物都能是接受的。作为佛教的实践方面是十善五戒,或者念诵可称为大善根的佛经也可以。现在我想谈的是能使有识之士折服的宗教,是能说服智者的宗旨。'

"庵:'我能领会尊意。贵国明末曾有耦益那样学德兼备的高僧,他的著作《宗论》在今日亦使日本佛学者赞叹不已。其感化是否现在尚存?'

“章:‘作为明末垂示教化的高僧,要数憨山、耦益和莲池。耦益之感化虽不能说不存在,但其广度与深度当不如莲池。大凡清朝人中上者大抵向往华严。试观金陵的杨文会居士就可知道。但好研究学问者,则宁愿倾向法相。如果今日想说服我国人,则要显示佛教比之西洋哲学为优。彼之所谓十二范畴,不就是我法相的不相应行吗?彼之哈特曼、叔本华之盲动盲意,不正是我们的末那识吗?彼之所谓大我,不正是我欲达到阿赖耶识而尚未达到的类似神我之说(数论哲学)吗?’

“庵:‘我也以十二范畴解释不相应行,高论不胜同感。我对贵论拟以法相之教义风靡今日哲学界一事表示赞同。不久我将对大著《宗教论》之大旨作一番评论,将其介绍给我国有识之士’云云。”(以上栖庵道人与章氏谈话,上海社会科学院历史研究所冯正宝译,吴绳海校。)

栖庵道人与章氏谈话,由水和尚翻译。谈至此,已近十二时,君山又问清朝史学之源流、曾国藩与太平天国、摄政王多尔衮传写作之主意,对孔子教的批评等,直至午后一时半云。

《日本及日本人》第五六六号在上揭《访章太炎》之后,并附章氏《读灵魂论》,《文录》未收,录之如下:

“妻木直良师著《灵魂论》,以为佛法言心言业,与世俗言灵魂有异,推次《数论》神我诸说,转及小乘业论、大乘心论真如论得其归趣,可谓精思决择、明辨以晰矣。以余粗涉经教,求为平议。余亦覃思此事久矣。夫迷本无因,而根尘二六,不能增之为七,若范围而不可过者,此所谓法性自尔,非智计所能窥也。推此以言迷悟二境,本非异实,而圆成实性不可索之依他之外明矣。自贤首清凉诸师皆云唯识一宗不许真如随缘,此殆诬古人者。今观《瑜伽》显扬、唯识诸论,七真如中,本有流转真如、安立真如、邪行真如三种,谁言不许真如随缘耶?说阿赖耶识为缘起,不说真如为缘起者,真如即是唯识实性,但立真如为名,犹与不相应行无异,名其为识乃得成体,若空立真如者,与言道、言太极何别。愚者或求之色心之外,其离实相将愈远。若夫如来藏、庵摩罗识诸名,可谓有体可求矣。然非金刚喻定一念相应者,无由证知。阿赖耶识,即人人可以直观而得者也。明世界之缘起,必以人人所证知者为根,然后不堕专断,确然足以成学说矣。如来藏、庵摩罗识为圆成实性,阿赖耶识乃为依他起性,依他不离圆成而立,圆成不异依他而有,虽取依他为本而寄远致于圆成,斯所以为无碍之辩也。学说之弊,莫若舍常觉所能知,而取思慧所不了。毁有体之太璞,而立无相之名言,以为华严宗十玄之义,时或堕此,盖非经旨本然。

“夫狗马难图而鬼魅易尽,世尊大智岂欲以画魅眩人耶?密严经说、华严十地皆自密严流出,然密严文辞义趣,质直可知,谓是华严法相之元龟也。知如来藏与藏识,如金与指环之喻,即知马鸣无著,陈义不二,但所言互有详略耳。直良师立真如三面之说,本取天台三观。余以为与三性非异,七种真如非无依他偏计,而并得说为圆成实性,亦其义也。若乃《数论》神我之说,直良师以为个人灵魂。窃以自在黑辈,亦是哲学大师,世无大小乘教,《数论》即第一矣。窥其立义,神我亦普遍一切,非个人所独有,其六细身为因缘和合而成,乃局在个人者也。然佛法建立中有虽与细身殊异,其为个人灵魂则同,译家所以不用魂字者,以魂本芸芸之气,中有则无气可言,魂义但相当于阿陀那风,不相当于中有,且校之此方医经故记魂魄神志,分属诸藏,其不可以概具体明矣。(心字亦本指心藏言,然彼土言质多有积集义,此土亦以心为凡物中坚之称,故用其引申之义可也。——原注。)

"乃夫远西之持论者曰:'佛家既言无我,惧坏世法,故以轮回之说自救,斯可谓陋巷之议不睹大方者也。正以恒转不住,故称无我,无我故有轮回,若计我为常住实有者,即不得有轮回之说矣。此余曩昔所持,而直良师亦与余同者也。佛家不许破坏法性,非直善恶之云云也。即计白者为黑、热者为冷,亦以破坏法性斥之,此皆随顺依他起性以立世法,轮回之说岂以天宫饵人,以苏荔那洛迦怖人哉。纵令不言六趣,于轮回之说莫损,于佛法世法莫害。即实言之,小乘但欲离烦恼障,大乘乃欲离所知障。烦恼障者,非独恶趣然也,虽上生四空天烦恼未尽,以小乘视六趣,固若一丘之貉矣。所知障者,凡苦乐善恶诸见,一切足以障碍正智,求证圆成实性,故欲离所知障积聚万善,惟是方便,令心无疑怖,则自平等以趣真如,岂徒蹩躠以为仁义,澶漫以为道德耶?世人不达,云佛法务在化人为普,其稍深云。佛法惟欲令人求乐,求乐不过小乘之见,为善不过随俗之门,皆非其本旨然也。故余称佛法为宗教,为道德,不如称为哲学之求实证者,则直良师或与余异者也。乃书此以为乱云。"(手迹。)

八月初六日(9月27日),复钱玄同,略曰:"四体《说文》,其用至广,勉力为之,一日作三十字,期年可了。沾匄后生,乃无穷尽也。草书能从阁帖求之,尤为审谛,如不可得,虽赵氏《急就章》犹在可取。盖摹与旧本,虽有差违,终不能率意变乱。譬如绎山旧石已遭野火,骑省摹本且作冯依,犹胜于他家篆法也。……"

八月二十日(10月11日),晨,章氏从日本报纸看到武昌起义最初消息,不敢相信。下午,继续讲课,"以佛学印证《庄子》,课间,听得巷子里叫卖号外,得悉武昌起义的确切报道,他方才辍课不讲"。(刘文典:《回忆章太炎先生》,《文汇报》,1957年4月13日。)

八月二十七日(10月18日),日本内务省接到报告:"17日午后四时左右,来小石川区小日向台町三丁目四十二番地宫升钟次郎经营之印刷所。知右件印刷一千份。系章炳麟起草,估计印完分发给其他同志。"(日本外务省档案:《各国内政关系杂纂》支那之部《革命党关系》,乙秘第一七一四号,明治四十四年十月十八日。)所附《中国革命宣言书》,全文为:

"满洲政府者,马贼之遗蘖,而素无文教之顽民也。自明胙沦亡,乘间窥伺,盗窃神器,将三百年,华胄夷为台隶,饕餮肆其奸回。一二黄耇,随时先逝。后生不见屠夷之惨,相与因循,遂得使满洲殚其凶虐,恣行无忌。近又假托立宪之名,涂民耳目,官以族贵,政以贿成,杀人惟恐不多,加赋惟恐不足。乃者以铁道国有之目,劫夺民资,囚戮议士,茕茕赤子,悉膏刀砧。蜀人不胜其虐,始举义旗,龛定三府,两湖志士,实踵其后,赖士大夫之力,军士知方,云合响应,曾未二日,恢复两都,江汉廓清,日月再现,犹惧邦人诸友,观听未周,尚多犹预,特陈大义,以告我四万万神明之胄。

“盖泰东文化之邦，中夏为祖，衣冠礼乐，垂则四方，视欧罗巴洲之有希腊，名实已过之矣。惟彼建虏，人面兽心，纵无残虐于我氓庶，奉此骑寇，以临大邦，凡有人心，孰能容忍？况复残贼公行，法纪紊乱，以烝报为仁义，以贪冒为骏雄，虽俚人洞苗，犹不能与此终古，况素知礼义者哉！曩日之茹荼含痛者，非独楚、蜀三省之民，奇材巨鳌，所在皆有，亦不限于一地。然则农商抗税，行伍倒戈，学士驰骤以求同德，议员传檄而晓四方，此生民之大义，而人道之至文也。今者皇帝神圣之称，委贽献身之训，固已视如翳眚，拨弃无馀，妇人犹且从事，可以厉丈夫，儒童犹且戮力，可以兴壮士，书生犹且效命，可以愧显人。智勇辐凑，其会如林，所以致天之届而拯黎元于水火者，惟力是视。然闻北部陆师，犹怀观望，习流海旅，尚受盗言，甚非所望于诸父兄也。国之有兵，本以御外侮，不以镇制人民，若云公侯爪牙，宣力王室，此则奴虏阘茸之言，岂军人之素分耶？北方军士，实繁有徒，霜露所均，谁非昆弟，而欲承虏廷之伪命，推白刃于同胞，何其自外于人群哉？荫昌逋寇，天性傲狠，视将校如家奴，凡诸军士，盖所素省。加以猜忌成心，嫌疑已构，宁受贼师鞭笞之酷，而违简书恤难之言，北军虽愚，宜未至是。故伪署外务部尚书袁世凯，宣统初政，黜在田间，自谓无复出山之志，欻遭多事，招之即来，何异吏欲杀人而延屠脍，不能坚执，遂被羁縻，俯仰今昔，能无愧乎？海军弁卒，多产东南，郑成功之遗迹，黄道周之义声，故老流传，简在耳目，闻其主帅，亦尝留学远西，岂未闻法兰西大革命时，拿破仑优游军中，终以智勇登为总统乎？今乃制命伪朝，受其驱策，扬灵江上，以与义师争命，以职则非其分，以义则失其伦，以爵赏权位则必不能比于满洲世族，以勋伐闻誉，则复下于向日曾、李二凶，幸而获胜，一家指为良臣，万姓目以剧贼。若天夺其魄，应时崩溃，坚利之器，扫地无馀，海疆失卫，谁之责也。当知人心所归，依乎信顺，今之发愤为雄者，非若昔日洪、杨假合之徒，今之赴义倒戈者，亦非有昔日徐、熊孤起之危也。若能云蒸虎变，同指北廷，挞彼元凶，势如振槁，功成事遂，大律丕天，勋名登于旗常，铜像立乎云际，无损一时之势位，而获无穷之令闻，孰与身为走卒，备他人驱使哉！

“又诸东西友邦，交通已夙，满人侵盗之事，盖所稔知。今之虐政，亦其所目睹也。义师既起，无犯秋毫，曩日载书，未尝渝悔。楚、蜀之保护商场者，不在满洲政府，而在革命军人。严守中立，责任有在。今日战事抢攘，贸易或有留滞，若其大功耆定，胡酋遁逃，中夏清明，是亦远人之福。何者？万国和平之的，系于中夏政治之修明，政治修明之期，依于民主立宪之成立。革命既成，共和自现，周道如砥，足以供万国之观瞻，邦交昵而无猜，兵革偃而不用，此则日计不足，岁计有馀。若吝目前之微利，而忽百世之远图，朋比伪朝，扼我大义，宜非泱泱大国之所出也。方今民气昭苏，风云泱郁，天亡索虏，近在崇朝，此正志在鹰扬之会，穷民得职之时，将成人道之均平，以滋世宙之福祉，黾勉从事，其可惮劳，所以劳来还定安集者，非弘毅就功之士，将谁属哉。书到，详思此义。中国革命本部宣言。”（日本外务省档案《各国内政关系杂纂》支那之部《革命党关系》，乙秘第一七一四号，明治四十四年十月十八日接受，秘受第三二七六号，日本外务省外交史料馆藏。）

九月(11 月)，平山周《支那革命党及秘密结社》在日本出版，有章氏序文，略谓：

"熊开元、汝应元皆以明室遗臣,祝发入道,故天地会自福建来。其后乃有哥老、三合,专务攘除胡貉,而与宗教分离,扶义倜傥,不依物怪,视白莲诸教为近正。

"民者,生而性恶,不有慑其志者,值穷饥则恒心少,起为盗贼,犹可原也。又乃诈伪接构,自相贼杀,其行义又不逮白莲。故务民义而敬鬼神,得失相庚,有互辅其短而已。

"日本平山周游中国久,数与会党往复,集为《支那秘密结社》一篇,盖其情伪纤悉尽知之矣。余念会党各为部伍,符号仪式,所在互异,其人往往不相闻知。今欲集合会党,非直因成法利导之也,又将参而伍之,去其泰甚,补其缺遗。不有是书,将何以遍照哉?草创既成,适有身毒君子,欲观支那结社情状,余因劝周亟付排印,宣达斯事。至于斟酌损益,存乎其人。"(《支那革命党及秘密结社》,政教社发行,1911年10月东京印刷,11月出版,1912年5月,商务印书馆译成中文,改名《中国秘密社会史》。)

九月二十一日(11月11日),章氏率学生十馀人由日本神户乘轮返国,在船上对日人清藤幸七郎阐述政见:"吾等尚未至山呼万岁之时。前此颇为顺利,今后则预计会遭逢难关,必须准备付出非常之苦心。环顾目前中国,无现成之杰出领袖,然时势发展,不能说必不会产生如是伟大人物。一旦华盛顿式的伟大人物出现,那就是吾人之幸运;设若一旦出现者是拿破仑式人物,则最终或许竟会导致某种乱世局面。今后,颇有多头共和制度,法国式统一共和制于中国并不相宜。"(清藤幸七郎:《致内田良平》,见《北一辉著作集》第三卷第178—179页。)

九月二十六日(11月16日),孙中山从欧洲致电《民立报》并转"民国政府":"文已循途东归,自美徂欧,皆密晤其要人,中立之约甚固。惟彼人半未深悉内情,各省次第独立,略致疑怪。今闻已有上海议会之组织,欣慰。总统自当推定黎君。闻黎有请推袁之说,合宜亦善。总之,随意推定,但求早巩国基。满清时代权势利禄之争,吾人必久厌薄。此后社会当以工商实业为竞点,为新中国开一新局面。至于政权,皆以服务视之要领。"(《民立报》,1911年11月17日。)

十月十二日(12月2日),复钱玄同:"汉阳不守,湘鄂失和,今方规划援师而金陵未下,无可抽调,烦忧何极。海上士大夫犹是偷安习气,一闻鄂中多故,使欲置临时政府于上海,仆竭力排斥此论,亦未知有效否也。前因赴雪楼行营途中濡滞三日,写稩不继,四海困穷,雪欲与赞同诣上海劝捐,昨亦到沪。《大共和日报》亦请旭初撰述,旭请以其兄君济代,恐不可行。足下有暇,速即来沪为要。"查八月,武昌起义。九月二十二日(11月16日),《民立报》刊载章氏回国返沪。此信即其返沪后写。雪楼,原江苏巡抚程德全。旭初,汪东。

十月十四日(12月4日),复吴承仕函:"两得手书,推崇过当。仆辈生于今世,独欲任持国学,比于守府而已。固不敢高自贤圣,以哗世取名也。扬榷清代儒先所为佹佹不舍者,志亦若是而已。其间或有污隆,转忘其本。然而媚于一人,建计张羯胡之焰者,始终未有闻焉。论者诋以贤瓴寡用,要其持身如此。比于魏裔介、李光地之伦,稗贩程、朱,以自摧汉族者,可不谓贤欤?铨次诸儒学术所原,不过惠、戴二宗。惠氏温故,故其徒敦守旧贯,多不仕进。戴氏知新,而隐有所痛于时政,则《孟子字义疏证》所为作也,源远流分,析为数师,后生不能得其统纪,或以为砉然旧事而已。或徒以为攻击宋儒,陋今营古,以为名高,则未知建夷入主,几三百年,而四维未终于解敎,国性不即于陵夷者,果谁之力也。今之诡言致用者,又魏裔介、李光地之次也。其贪鄙无耻,大言鲜验,且欲残摧国故,以自解顺民降俘之诮者,则魏、李所不为也。而今而思所以振之,视诸先正从容讲授之世,固已难矣。仆所为夙夜孜孜,以求维持于不敝者,复不能尽与前修同术。何者?繁言碎义,非欲速者所能受也,蹈常袭故,非辩智者所能满也。一于周、孔,而旁弃老、庄,释迦深美之者,则蔽而不通也。专贵汉师,而剽剥魏、晋,深憝洛、闽者,则今之所务有异于向时也。大氐六艺诸子,当别其流,毋相纷糅,以侵官局。朴学稽之于古,而玄理验之于心。事虽繁啧,必寻其原,然后有会归也。理虽幽眇,必征诸实,然后无遁辞也。以是为则,或上无戾于古先民,而下可以解末世之狂酲乎?来书谓近治《说文》,桂氏征引极博,而鲜发明,此可谓知言者。王氏颇能分析,盖亦滞于形体。惟段氏为能知音,其卤莽专断,诚不能无诒訾议。要之文字者,语言之符,苟沾沾正点画、辨偏旁而已,此则《五经文字》,《九经字样》已优为之,终使文字之用,与语言介然有隔,亦何贵于小学哉!段氏独能平秩声音,抽引端绪,故虽多疵点而可宝耳。来书称歙音多合唐韵,此有由也。五胡乱而古音亡,金元扰而唐韵歇。然其绪馀,犹在大江以南,且乡曲之音,多正于城市;山居之音,多正于水滨。以其十口相传,不受外化故也。昔朱元晦独谓广州音正,近出陈兰甫复申明之。以今所闻,二公之言,诚不虚也。所以不受流变者,亦由横隔五领,故虏之音无由递传至此耳。仆向时作《新方言》盖欲尽取域内异言,稽其正变,所得裁八百馀事,未能周悉。余以一册奉上。书不尽意,它日来过,当一二引伸之。"下注:"承教愧汗,鄙人何术之有?它日晤谈,未妨言及。学问之事,终以贵乡先正东原先生为圭臬耳。"(手迹摄片,见吴承仕藏《章炳麟论学集》,北京师范大学出版社1982年8月版。)

十月二十二日(12月12日),天津《大公报》载《章炳麟之消弭意见》,说是"革命军起,革命党消,天下为公,乃克有济"。(见本书第212页。)12月25日,孙中山返国。初,章氏曾告沪军都督府"据悉大革命家孙君逸仙已于前日乘轮回国,不日即可抵埠。请贵处派员妥为招待,以便与之协商北伐攻宁之策,俾得早定大局以苏民困"。(《民国军行政用策文牍》三集。)章氏返国后又说:"十二月间我到上海,有一种很可怪的意气,此意气为何?即是一般官僚某某等及革命党某某等人所倡言的'革命军起,革命党消'是也。当时这种言论的意气充塞四围,一倡百和,牢不可破,我实是莫名其妙,无论如何大声疾呼,总唤不醒。"(《要造成真中华民国》,黄季陆编《总理全集》,成都近芬书屋1944年7月版。)12月30日,孙中山回国后主持召开同盟会本会临时会议,对"革命军起,革命党消"提出批评,宣言说:"武汉事兴,全国响应……军兴以来,智勇之士,雄骏之伦,与时俱起,廊庙之上,战阵之中,所需正急。吾党宜广益其结纳,罗致硕人,以闳其力。惟必先自结合,以成坚固不破之群。……是则本会之改造,与吾党之联合,固逼于利害,忍而不能舍者。而吾党偏怯者流,乃倡为革命军起、革命党消之言,公然登诸报纸,至可怪也。此不特不明乎利害之势,于本会所持之主义而亦懵懵,是儒生阘茸之言,无一粲之值。言夫其事之起,则此晚近之世,吾党之起于各省者屡矣,又何待今日?言夫其成功,则元凶未灭,如虎负隅,成败未可预睹。即曰成矣,而吾党之责任,岂遂终此乎?中心未遂,盟誓已寒,义士所不忍为。"(邹鲁:《中国国民党史稿》第一册第79—80页。)"吾党偏怯者流",似指章太炎。

此后,孙中山续于1920年和1924年再次提出,如1924年1月20日在广州召开的中国国民党第一次全国代表大会开会时又说:"我们受了满清官僚什么欺骗呢?因为一般同志头脑太简单,见得武昌起义后,各省一致赞成革命,以前反对革命的官僚,也赞成革命,由此少数的革命党,就被多数的官僚所包围。那般官僚说:'革命军起,革命党消',当时的革命党也赞成这种言论。于是大家同声附和,弄到现在只有军阀的世界,没有革命党的成绩。所以革命党至今仍失败,这就是我们失败的大原因。"(同上第一册第319—320页。)

本来,武昌起义前,同盟会渐形涣散、分裂,同盟会的主要领导人孙中山、黄兴、宋教仁等对武昌起义的迅速到来和革命形势的迅速发展没有思想准备,革命党人和立宪派官僚划不清界线,以致许多立宪分子和旧官僚挤入革命行列。立宪分子又从中拉拢分化,促使革命派中原来各派系、集团间的矛盾尖锐。胡汉民称:"国内同志以先生归,乃共谋建立政府,举先生为总统。时章炳麟、宋教仁已先在沪,章尝倡言,若举总统,以功则黄兴,以才则宋教仕,以德则汪精卫,同志多病其妄。章又造为'革命军兴,革命党消'之口号,盖章以革命名宿自居,耻不获闻大计。其在东京破坏军器密输之举,党未深罪人,章仍不自安,阴怀异志。江浙之立宪派如张謇、赵凤昌、汤寿潜之属阳逢迎之。章喜,辄为他人操戈,实已叛党。钝初居日本,颇习政党纵横之术,内挟克强为重,外亦与赵(凤昌)、张(謇)、汤化龙、熊希龄相结纳,立宪党人因乐之以进,宋之声誉乃骤起,故章炳麟言之。然终以党人故,克强不敢夺首领之地位,钝初始欲戴为总统,已为总理,至是亦不得服从党议,然仍主张内阁制。"(《胡汉民自传》。)

十月,章氏《复梁任公书》:"清帝犹在,而蒙古已宣告独立,是虽存清帝之号,未足羁制蒙古也。况清帝若无实权,则非蒙古所惮;若有实权,则是一国二君,其祸甚于蒙古背叛。若只戴清帝为元首,而欲汉人柄政,此非袁世凯辈不作此妄言。蒙古果叛,中国本部遂不足自立耶?此亦不然。本部之地大于日本七倍有馀,日本犹足以自强,况中国本部乎?要之,兵强则盛,本部足以雄视世界,兵孱财尽,虽有无数外藩,亦何所益耶?徒以地之广狭论国之强弱,谓外藩一失,中国遂不能自持,此亦愚者之见。

"共和政体既就,蒙古必有恶感。仆所见蒙古人,其恨满人至于衔骨,其对汉人犹有同舟共济之意,所患者俄人诱之耳。然即清帝不退,能使俄人无蚕食之心耶?俄人能运动蒙古人,汉人亦能运动蒙古,岂在恃清帝之虚名以招致之乎?"(《梁任公先生年谱长编》初稿,"宣统三年辛亥,三十九岁"。)

同书盛先觉跋曰:"右系章太炎原书,所答似系专对觉言,而且尚有误觉意处。至于第二段尤属无谓之谈。觉以被限不能见面,不得与太炎剀切议论,甚可憾也。要之,革党万不能就虚君共和之策,较温和如章太炎者,所说犹然,况其馀乎? 黄兴专注北伐,似不可动,可动者其宋教仁乎? 惜未能相见也。南海尝谓达赖为不足用,今西藏欲迎归达赖,已见于报纸矣。南海意以为如何? 愿窃闻之。"(同上。)

十一月初四日(12 月 23 日),章氏致蔡元培函,谈及政局。函曰:"数日不晤,近状何似? 和议未有真消息,姑待其成恶政府,犹愈于无政府耳。必云谋第二次之改革,吾斯未暇,若从旁监督,亦吾侪应尽之义务也。纷纷诸会,但务名闻,而实有见解者寡。弟于近事,稍有一孔之明。盖权利当公之万姓,而法律不惮其森严,刑乱国当用重典,惩戒官吏,增删曩日之职,制律可也。而议员尸全国之高权,受贿鬻言,其罚必重。以议员督政府,必以都察院督议员,不然,则犹是美国腐败之政而已。联合会近有会员百数,犹未大成,兄暇日望来讨论,一尽所言。"(手迹,下署"初四"。信封书"四马路望平街百六十二号时事新报馆转交蔡孑民先生启。黄浦路中华民国联合会发,初四"。信封背面有红笔字"蔡鹤卿君"。信封上用"大清邮票",邮戳模糊,当在辛亥。蔡氏家属旧藏,原件已送中国革命博物馆。)

十二月初六日(1912 年 1 月 24 日),复钱玄同书:"吴朓又来,江亢虎、杨千里、朱少屏辈尚在。浮议恐益多,观听恐益乱。""《大共和日报》发端,自杜杰峰、马夷初后并入联合会,仆虽有社长之名,亦犹蛰仙为浙江都督也。曾请黄美润、汪寄生二君襄理,美润能言政事,寄生稍近浮华,其中议论含有锋芒者,杜、马震于临时政府之威,多不敢录。夷初专任编辑,于时事实无所知,不能有所别择。屡次要挟,权不得行,故今已释去社长任,波族自为之。美润、寄生他日当发起月报为之位置也。学会不知设于何处? 又浙江有新教育会,亦未知其中是何情势? 公举仆为会长,沈衡山为副会长,因未识倡会之人,故去就未能谈定,并请访示。念劬尚作土司否? 念念。"吴朓,吴敬恒(稚晖);马夷初,马叙伦;蛰仙,汤寿潜;沈衡山,沈钧儒;念劬,钱恂,钱玄同之兄。

章太炎年谱长编补编　卷四

1912 年—1918 年

1912 年(民国元年壬午)　四十五岁

1 月 6 日,《大共和日报》载复张謇书,略谓:"承示尊旨,深契下怀。君主世及之制既亡,大总统遂为相争之的,不速限制,又与专制不殊。惟有取则法人,使首辅秉权,而大总统处于空虚不用之地。然今日人情偏党,省界亦深,政党未成,一人秉钧,其乡人又连茹而至,草创之初,诚无善术矣。法、美两制皆不适于中区。鄙意都察院必当特建,以处骨鲠之人,而监督行政、立法二部。至于考选黜陟,仍于总理之下设局为宜。惟学校必当独立,其旁设教育会,专议学务,非与财政相关者,必不令论员容喙,庶几政学分涂,不以横舍为邮谍之地。社会主义在欧、美尚难实行,奚论中土,其专主地税者尤失称物平施之意。此土本无大地主,工商之利厚于农夫,掊多益寡,自有权度,何乃专求之耕稼人乎?"

1 月 12 日,孙中山《复蔡元培书》对内阁人选,以为"惟才能是称",认为章氏与康有为"尚有当分别论者"。函曰:"来函敬悉。关于内阁之设备及其组织用人之道,弟意亦如是,惟才能是称,不问其党与省也。但此时则不能不收罗海内名宿。来教所论甚明。然其间尚有当分别论者:康氏至今犹反对民国之旨,前登报之手迹,可见一斑。倘合一炉而冶之,恐不足以服人心,且招天下之反对。至于太炎君等,则不过偶于友谊小嫌,决不能与反对民国者作比例。尊隆之迹,在所必讲,弟无世俗睚眦之见也。"(手迹,中国第二历史档案馆藏。查康有为"前登报之手迹",指《民立报》1911 年 12 月 27—28 日中有所布康有为《致徐勤密书》。)

1 月 18 日,《致吴承仕书》:"《齐物论释》第五章尚有未尽义,昨者读《法苑・义林章》乃悟《人间世》篇'耳目内通,虚室生日'之说,即内典所谓三轮清净神变教诫世人。但以禅那三昧视之,虽因果相依,究与教诫卫君何与耶?思得此义,甚自快也。足下可携《齐物论释》改定本来,当为补入。杨任山曾注内篇,未审其曾悟此否?"(手迹,摄片,见吴承仕藏《章炳麟论学集》,北京师范大学出版社 1982 年 8 月版。又本年章氏另有《致吴承仕函》数通,即 2 月 17 日,25 日,初二日,22 日,初三日,12 日,22 日,及未注月日者,均见该书,不具录。)

1 月 20 日,《大共和日报》载章氏再复张謇书,略云:"建置首都,鄙意宜在中原平陆,纵欲荡涤旧污,宛平不可,犹宜在鄴、洛之间,庶几控制北维,不忧疏逖。……中原文化日益凋残,犹赖建宅北平,民所趋向,得令万物昭芳耳。"

1 月 23 日,《致熊希龄书》:"熊总长鉴:程定夷处款已用过一万三千馀金,共六千馀金现尚留沪,接济《大共和报》。目下虽有款可还,而所存现金无多,应嘱岱杉转致程君二万两姑且缓还。想程君热诚好义,必无不允从也。书此,敬问起居,章炳麟白,二十三日。”(手迹,熊希龄旧藏,今藏上海图书馆,用统一党六行笺。)

2 月 13 日,《致孙中山书》:

“逸仙总统执事:昨承驰书延引,猥以不材,厕身枢密,恐縻县官廪禄,名义所在,不敢承命,随事献替,乃所以尽国民之职分也。汉冶萍合资一案,商之竹君、秉三,皆云非计。顷已联名匡救,未知能蒙采纳否?敬读复书,以解衣付质为比。昔人云:‘日暮途穷,故倒行而逆施之。’甚非所望于执事也。自临时政府成立以来,不过四十馀日,公私费用,当非甚乏。军队聚于江苏者,苏、浙二军皆由本省发饷,扬州徐宝山一军,则就地筹饷耳。独有徐、林、柏、粤与海军诸兵舰,乃由中央政府资之,时期既短,兵数亦非甚多也。其妄自增练者,自有禁制,名不登于伍符,何能相聚索饷耶?苏路所以贷临时政府者,盖一百七十万。季直所筹,闻亦一百三十万;其他广肇公所及诸商人报效,亦不下百万;军用手票,犹不在此数也。综计所得,四十日中,足以养十万兵而有馀,市朝之费,亦无不给矣。今日抵招商,明日合汉冶,迩者南浔铁路又复见告,需此巨资,不知何用?毋乃下吏不知筹画,而以蒙笼恍忽之算,蔽执事之清听耶?克强总率六师军储□豫,岂当素无规画,视钱币如泥沙,形绌势穷,然后以国产与敌。执事虽谅克强之困,奈舆论不直何!奈国命将要何!诚令军需匮乏,当开诚布公,商之于实业部,告之于参议院,人情爱国,自有乐为扶助者。今谋事冥昧之中,借资奸谀之手,亚洲良冶,坐以与人,斯乃秘密结社时之所行,而不可用之于抚世长民之日也。汉冶萍公司者,本有户部官款六百万,张之洞以国家多难,惧清政府授之敌人,故与盛宣怀募集商本,归名于商,则外人不能强夺,其用心亦苦矣。不图引外人以合股者,即张之洞所与募集商本之人,身负不韪,逃窜在夷,掩官款之名,而欲归之一己,惧外人不信,则引临时政府陆军部长以为昭,质以私人资格耶?则非股东也;以政府名义耶?则应批准而不应共署也。进退失据,徒令宣怀获利,而执事与克强乃为私卖国产之人。幸而法院未立,无强悍之吏批其逆鳞,然自是长与奸谀同列,终为不义,弗可没已。此下走所为执事痛惜者也。克强与精卫书云:‘已佥字,不可挽回。’是亦只欺语耳。汉冶萍本非盛宣怀私有,诚能以政府名义,令参议会提议,变合资为抵借,无不可者。若宣怀犹顽强负固,公论昭然,必当有以处置,何有身为将相,而令海外逋逃罪人左右掣肘者乎?抑下走犹有进者,执事倡义岭南,颠连困苦十馀年,而复克定大功,完成民国,民之表仪,当垂之史策而不朽。若就近事计之,万方多难,民困未苏,执事精力犹强,亦当勉修明德,以待第二期之选任。今以私卖国产,自点令名,十年之功,悉为灰土,何其昧于取舍如是哉!盖闻君子之过,如日月之蚀焉,若翻然改图,下书罪己,听参议院评其可否,夫亦知非执事之本心,而特为盛宣怀所玩弄耳。国全良冶,身雪污名,且变合资为抵借,等之可以光一时之用,何必强拂舆情,以冒天下之不韪哉!自季直挂冠,武昌抗议,人情趋向,颇与前殊。下走以素辱交游,不敢不尽其愚戆。若遂不悟,身处密迩,不能披发入山,而于大事无所匡救,惟有要求割席,期不负罪于天下,敢陈肝胆,惟执事实昭鉴之。章炳麟白。阴十二月二十六日,阳二月十三日。”(手迹,八行笺,共六纸。)

2月22日,孙中山《致章太炎书》,对章氏建议,中有采纳;对章氏与黄兴嫌隙,力予调处,函曰:“得二月二十日书,具谂一是,公谊私情,两深感荷,盖不止监督而维持之也。文已坚持毁合办之约,但能并虚抵约亦废弃否,则视所已收支之二百万元能否付还。守财者财甚于命,我不能迫之,则须另筹。未知沪上他路借款如何?竹君、秉三两先生裕于财政之筹画,尚乞有以赐教。(仍一面严督盛氏——原注,下同。)今急难之时期稍过,自当比择而从其宜。(大抵挖肉补疮,依然不免,但要视疮痛如何,肉可否挖耳!)

“临时政府地点,鄙见亦与克兄同,谓军人本无执见,而克诳人以言,殊非事实,近者已为共见。而粤东争电,至今未已;其强横之辞,文已一概裁抑之。主南主北,各有理由。

“公等所持,大都系永久之说,此自可俟将来国民会议之。至于革故取新,兼使袁君威令素行于北者,亦得收望于南。然后文得安然而退,从先生之教,为汗漫之游。否则南北之扞格,依然又有承受清帝统治全权之嫌,非所以善处也。文与克兄交处固久,先生亦素知其为人,此次执持过坚,然迥非出于私意。以先生之明,犹谓克欲谋总理,冤枉如此,谁与为辩?则不知清帝未宣布退位之前,季新、少川以曾私约,克仍掌陆军或参谋,而克拒之曰,奈何仍以是污我。文屡与言,亦期期不可。展堂等自爱其乡,欲求克归粤,一镇民军,亦不允。其厌事如此,乌有为总理之心事,更安有为求总理而变乱大计,强无为有如来书所云者。文于国事,只知有役务,不知有权位,故于进退之际,行其当然,不假勉强。以此自信,亦信克兄,盖是非不久自见。愿先生毋过操刻酷之论,尔时当䟦,文亦不谬,与非强为克辩护也。”(手迹,苏州章氏家藏,信封为“上海黄浦滩二十九号中华民国联合会章太炎先生台启”,下署“中华民国总统府”。)

2月25日,《吴虞日记》记:“吴安澜来。反对章太炎、刘申叔,未免太湫隘。”(原件藏中国革命博物馆,下同。)

3月23日,复钱玄同:“浙中土酋讼棍盘据省城,而旧家绅士亦实含有习气。对此茫茫,觉吴山越水无足以系感情者。教育会、僧教育会二席皆拟决绝。辞退学会最所留恋,终恨处非其地也。”

3月,《齐物论释》频伽精舍本出版,中国图书公司铅字排印,后有黄宗仰序,谓:“太炎居士以明夷演《易》之会,撰《齐物论释》,成书七章,章比句栉,䚡理秩然。以为齐物者,一往平等之谈,然非博爱大同所能比傅,名相双遣,则分别自除,净染都忘,故一真不立,任其不齐,齐之至也,若夫释老互明,其术旧矣。振条目于扰攘之中,故矫乱者无所托,存神理于视听之内,故秘怪者无所容。亦兼采摭名法,溯洄孔、李,校其异同,定其广陋,可谓上涉圣涯,下宣民物,挥赜而不可恶,索隐而不可乱者也。近人或言,自《世说》出,人心为一变;自华严出,人心又为一变;今太炎之书现世,将为二千年来儒墨九流破封执之扃,引未来之的,新震旦众生知见,必有一变以至道者。付之雕镂,庶有益于方来。"末署"辛亥十月"。

3 月后,复函梁启超,谓:"任父兄鉴:去岁盛梦琴带致手书,识君雅意。迩者民国成立,寰宇镜清,而君濡滞海隅,明夷用晦,微窥时势,犹非故人飞跃之时。盖党见纷争,混淆黑白,虽稍与立异者,犹不可保,况素非其类耶! 自金陵光复以来,弟与雪楼、季直、秉三、竹君诸公即尝隐忧及此,与诸君子相合为中华民国联合会,近即改署统一党,无故无新,唯善是与,声气相连,遂多应和,而同盟会气焰犹盛,暴行弘多,旁有民社,则黎宋卿部下旧动太平,于南京政府者,虽与弟辈意见稍殊,大致亦无差异,以言政党,独非其时。若云辅车相依,以排一党专制之势,则差有薄长耳。当今南北相持,犹未和洽,南京政府取销以后,悍兵暴客,复当挠乱,东南不逞之徒弥满朝市,欲令此曹灭迹,非厚集智勇,无以为功。前佛苏来沪云:项城有招君归国之意,鄙意以为联络则是,归国则宜少待岁时也。虽弟辈所望于故人者,意亦犹此,幸借门下之英才,以作党中之唇齿,遭时不靖,相见愆期。帀岁以还,当可揭建鼓而行衢路也。党员蔡君子平素慕高风,时欲亲聆言论,今因东游之便,借作行邮。本党政纲及章程历史等,皆详问蔡君可也。书此,敬问起居不具。章炳麟顿首。"(此书手迹,用惠丰阁笺,凡三叶,收入《梁任公启超先生知交手札》,台湾沈云龙编:《近代中国史料丛刊续辑》97。内言"与诸君子相合为中华民国联合会,近改署统一党"。查中华民国联合会于 1912 年 1 月 3 日在上海开成立大会,3 月 2 日,改为统一党,则应撰于 1912 年 3 月后。)雪楼,程德全;季直,张謇;秉三,熊希龄。

4 月 7 日,章氏自沪至南通。初,统一党南通县支部于本年 3 月 10 日下午开成立会,到会者六十馀人,推张謇、孙宝书、范罕(彦殊)为理事,由孙、范二人到上海统一党本部接洽,决定欢迎章氏到南通演说本党宗旨,并出机关报《通报》。本日,《通报》第九号出版,发出《统一党南通县分部布告》:"统一党本部理事章太炎先生经济文章,素为当世推重。本月初七日即旧历二月二十日莅通演说本党宗旨,现定于初八日即旧历二月二十一日下午一时开欢迎会。凡我党员,届时务祈早临,借闻说论,是所至盼。统一党南通县分部敬布。"

4 月 8 日,南通共和党分部成立,开会欢迎章太炎,张謇致欢迎辞。(见本书第 230 页。)章氏演说辞,据《通报》第十二号所载(1912 年 4 月 18 日出版)为:

"学会不能有多数,政党可以有多数。中国国民程度虽不能人人具有政治之知识,然政纲仅荦荦数端,尚不难于研究。专制时代无论矣。民国成立,不可不有政党以为政府之辅助。学会系研究学理,政党系实行政见。政见单简,普通之人尚易了解,况在议员乎? 政党之作用全在能选择议员。

"政党最好以两党为适宜。一国若仅一政党,恐限于专制。有两党,则或为缓进,或为急进,皆可得调和之用(民生主义)。同盟会前此本以革命为宗旨,并非政党。现为时势所动,已渐成为政党。近日之自由党、社会党,皆同盟会派也。同盟会派以民权为重,统一党则重视国权。现今国基尚未稳固,不能比较美法。敌国外患,时事日急,必先扩张国权而后可重民权。满洲以丧失国权而起革命之影响,则国权之当重可知。譬之房屋倾倒,必须设法支撑,不能顾一人之利益。

“中国惟汉可称专制,三国以降,名为专制,实则放任。一般盲从之人,顾名不顾实。中国若真专制,自当法重伸张民权。其实,中国系放任主义,若再伸张民权,是变本加厉也。社会、自由各党所持主义,若均产之类,中国在古时已发现,如不患寡而患不均,即此义也。中国即以八股考试而论,腐败极矣。然其主义并无等级制度包含其中,其不平均者,但帝王制度而已。然帝王制度亦仅有专制之伪名,并无专制之实力。各党盲从之人,仅能顾名,不能顾实,对于救亡之道,殊不适用。欲救亡而不得其术,吾恐中国之亡更速于印度。社会主义虽不适用,然果能使彼等有高等之人才,尽可为吾党比较进行之助,但恨其程度尚不及耳。吾党所举政纲甚为单简,视之若老生常谈,然大厦将倾,仅可先以单简之政纲,实力进行,不必好高骛远,以学理论政治,譬之以美术论政治,必不适用。政治在学术中本无可论之价值。盖政治者事实也,非理论也(政治非学术问题,乃利害问题)。建设国家,究竟为研究学问起见乎?抑为国利民福起见乎?

“今日民间之监督在监督政府不为恶劣之政,非监督其不为皇帝也。中国古之皇帝皆以战功著,而今日之称皇帝者,试问其能以兵力战胜外国乎?然则今日之皇帝殆虚名而已。故吾国近日时势不愿有人称皇帝。

“伸张国权为吾党唯一之政见。吾党之监督政府者,监督其丧失国家权利耳。辅助政府者,辅助其勿再丧失权利耳。已丧失之权利,吾党希望其恢复而已。恢复权力,全赖有强有力之政府,吾党亦但尽其辅助之力而已。

“满清政府名为专制,其实放任而已。故今日中国时势虽不适用中央集权而又断断不可以采用联邦制度。美国兵力之薄弱,即联邦政体使然。中国欲中央集权,必须集合人材为中央政府之用。中国省、县区域太大,中央之力,时虞不及,故今日分划政区,不宜再蹈前辙,应废省用道,俾区域小而能从中央政府之命令。中国旧制不用本省人材,其实此亦不适于行政。故中国前此秕政已趋于注重本省,致成涣散之象。今日各省都督已嫌丛杂,统一以后,亦宜稍加裁汰,或为之对调,对调以后,便于办事。

“中国交通不便,并以彼此异地得为官吏,为交换知识之用。

“中国西藏问题已成越国鄙远之势,故不得不速设铁路干线。然地处边远,非由国办不可,民力断非可以担任。移民实边,亦可以通用彼处之知识。盖开通知识,不能持少数之学校,必须恃自然之灌输也。

“新疆可设一总督,彼处风气未通,不能强使之同化共和。且地势偏隘,人口稀少(不过数十万人),设一总督,已足敷治。

“关于国体经野之事,宜先缩小内部,扩拓外部。吾党全以国权为重,彼党之注重民权者实未能审识国势耳。

“社会党、自由党、同盟会大半发生于广东。岭南之人对于西藏、蒙古不但不能审识大势,即黄河流域、扬子江大势,彼亦不能洞悉也。

“此次建都问题,彼党之人,所见亦甚幼稚,凡以为建都于北,即无可得食之处,其可哂之甚,一至于此。

“彼党今日政见,不但无健全之理由,对于吾党,实无可讨论之价值。然以学术论,彼党之人,亦岂无高材(若奈端者),然皆不适于用。今之言社会主义者,即如昔之论政者论及于井田封建论。井田封建者,议论非不高,然断不适于实用。

“统一党发生于江苏都督所组之中华民国联合会。孙之同盟会,康之保皇党,其会长往往重于一人,谓之为会长专制可也。本会理事五人之组织,系欲以政纲为主体,不以个人为主体。

“孙、康主义本不相同,然试问其冲突之原因,以政见相冲突乎?抑以私人关系相冲突乎?故彼两党曰康党、曰孙党,皆以个人为代表,而非以政见相争论也。故本党力袪此弊。

“政党与平常结合不同,不得不多设分部、支部。分部、支部多,则人材多,可以为选举议员之预备(云南、四川设立分部,此两处交通不便,若专派人前往,殊非易事)。

“本党所用破坏手段,如汉冶萍、如参议院借债问题,亦系破坏手段,但与革命不同耳。虽所用种种手段不能必效,然唤起舆论,未尝不发生动力。但分部、支部能多设立,则将来救济之法,不虑其无矣。”

4 月 9 日,又至南通师范学校演说,张庸询以“苏报案”、《民报》封禁等事,张有答问,载《太炎最近文录》,《章太炎年谱长编》曾分别择录。查张庸,字景云,江苏昆山人,时在南通师范任国文编辑,此文初载《南通师范学校校友杂志》,今南通市图书馆藏有此件。

4 月 14 日,《大共和日报》载致黄侃书,略谓:“昨闻述黄克强语云:‘章太炎反对同盟会,同盟会人欲暗杀焉,以其所反对者,乃国利民福也,赖我抑止之耳。’咄哉克强,所善者独有恫疑虚愒耶?往者,陶焕卿死,彼即电陈其美保护,今又以斯言见恬,如是伎俩,但可于南洋土生间行之,何能施诸扬子江流域耶?暗杀本与盗贼同科,假令同盟会人诚有此志,则始终不脱鼠窃狗偷之域。克强以此恐人,而反令己党陷于下流卑污之名,亦当戒之,勿慎于语言也。

“国利民福,世人之通语。国利不过富强,民福不过安全,形式不同,而施行各异。同盟会所主张者,平均地权,以为民福矣;不知所谓国利者云何?假令拥兵自卫而云国利,一月靡饷八百馀万而云民福,恐孺子亦知其不可也。夫阻兵安忍,虑非老成谋国者之所为,然而不戢自焚,亦岂州吁之福。克强丛怨已深,兵在其颈,当自求全躯之术,毋汲汲为他人忧也。昨兼述遁初语,此子当任其优游,去秋之总理相期者,当时固无人敢为权首,秉钧之望,独在新起有功者,同盟会人,亦惟此君差可,非谓中国惟此材也。且各部总长,非有学富经验者弗能为,而总理则浮华疏通者多能任之,此岂为过誉耶?遁初于党务首鼠两端,斯乃谋虑有馀,断制不足,比于张坚白,具体而微,亦勿容深责矣。”遁初,宋教仁;秉钧,赵秉钧。

4 月 23 日,与张弧(岱杉)书:“抵津以后,想庶事略有规模。迩者鼎司覆竦,外似共和、同盟之争,其实广平蹙之,亦太不量力矣。弟为发明原委,人言汹汹,广平亦不敢干位超然。总理之议,舆论已成。大抵非士衡即东海也。天津支部向因箴之过于激烈,似与同盟会不甚分明。袁豹岑(项城次子)意欲改组,亦与国民协会先发起一俱乐部,近已寄志愿书、党证各种。豹岑颇慕兄之智略,而外间传闻过误,谓兄与共和党有缘。(盖由彼党所列交际员登兄姓名之故。)顷已发函明辩……大抵津、保二部将来可与本部合一。直隶一省不须更立支部之名,则中央之势,自厚其天津支部。"(《北洋军阀史料·袁世凯卷》,天津古籍出版社版。)

4月25日,与张弧书:"袁豹岑改组天津支部,及与国民协会联合,皆有端绪。兄素为党中健将,尤望极力扶持。张金波于此事想亦赞成,前因款项支绌,属筹画一二万圆。嗣得复书,谓当铢积寸累以报。得书至今已二十馀日矣。"(同上。)

5月1日,函钱玄同:"劳役政党之间,致国学会不能如约。今得来电,先请云成、怀瑾代理,可谓得人。拙著《文始》一编,亟欲付梓,望先雇钞手移书一过(自钞过缓,须顾钞)。所费无过百圆,当即汇寄也,项城有意修清史,(太抵项城平日政尚武断,名士不附,今亦借此以收物意耳。)属为物色史才。史才难得,即寻常文笔雅健综核者亦能胜任。至于作志,则经师转为近之。浙材尚有何人?望一一称举为要。念公近尚管理图书馆否?念甚。"项城,袁世凯。

5月16—17日,《大共和日报》发表"中央"(黄宗仰)《致章太炎先生书》:

"宗仰合十奉书　太炎先生执事,北上匝月,轸怀万端,海上见闻,日刺脑系,孑孑无复与语,兴言及此,不觉自送行后,即盼刀环,非仅离索之情鹿卢于方寸间也。独居深思,以为今日大势,开亘古未有之局,折衷取法,无一而适。要之皆学术程度庳隘浅薄,未能涵濡磅礴,发生支配之力,而所以致此之故,则以数千年我国学界,若通若塞,若明若昧,无人焉真能拨火传薪,播遗嘉种,而培植鼓鞴,以光大休烈,微言绝而大义乖。盖自孔氏直接以至于今矣。尝考欧西强盛之由,曰学曰政,其两大纲也。然自西历纪元以前之四五百年,则惟有学而已,哲学也,教育学也,皆发源于希腊,流衍于撒克逊、条顿诸族,其为两学派开幕之祖者,有若苏格拉底、柏拉图诸公,传至纪元后十六世纪以下,而笛卡儿、弥勒、约翰、达尔文、斯宾塞尔、赫胥黎、卢骚诸公出焉。其间若孟德斯鸠、若伯伦知理、若斯密亚丹,讲求殖民理财之政术者,大都起自十七世纪以后,由此以观,政术固为立国要图,而学术尤为孕毓政术之元素,渊源如是,其迹可寻。今民国成立,庶政待修,新旧人才,异趋同轨,盖虽政策不臧之为患,而犹非行政无人之为患,既非行政无人之为患,斯乃无学以支配行政权,为大可患耳。无政不足以成国,无学愈不足以存国,挟私见,忘公理,坐无学故;争权利,蔑义务,坐无学故;乃至社会昏惰,民生困穷,靡不由无学以牖觉而振起之故。先生曩者戢影东海,著书立说,翕合气类,阐幽发微。洎乎去年返驾沪渎,组织党会,先后十数年来,屏谢室家,清操壁立,坚苦卓绝,一意孤行。又尝精研内典,圆解出世法,期以学之一途,融铸大同主义,始终皦如也。明星泰斗,天下仰之,志行趣则蕴藉深广,或者知之寡而相谅之难也。不慧相从最久,承奉师友,风义炳然,不敢谓能知先生,然先生犹龙,不慧固角逐而窥见鳞爪。窃以为我国今日,如河汾教授之宗,雅典学派之脉,非先生无以树绵蕝,而振铎当世。使先生出其所学,为四海母校,不三四年,孳乳浸多,将所谓大哲学家、大教育家,左右提挈之,养其雏形,培其实力,以流转成就彼政治、法律、经济诸学之专门,而以之支配国内。夫而后民国之政治确定,法律完全,经济发达,岂非先生所乐闻乎?若是则高居局外,指导寰中,一言一行,国人必景从之不遑,奚有今日浅识之流而得非难先生耶?先生生平所持之宗旨,所守之天职,的然有些能力,未必以急于谋国,为爱国退而谋学为独善为厌世也。今先生北游,宁非蓄意委曲,将审择而处之也哉?此又不慧谬以为能知先生,窃过虑他人之知者寡,而相谅之难也。北都软红,夙号孽治,黄海虽浊,尚较专制旧魔窟略可收吸空气。辄因怀想,不尽觌缕,知白云在天,舒卷自如,示人以可仰,而终不示人以可测也。虽然,不慧实谬谓能知先生,愿先生察焉。敬承起居不宣,宗仰再拜。"

5 月,章太炎在北京攻击同盟会,反对孙中山、黄兴,引起舆论不满,但报道也有传闻失实,《民立报》载:

"京函,章太炎近因统一党各职员均已归并共和党,只存章一人独立,因愤发狂。十八日,忽在蒙古实业公司大放手枪,逢人乱击,以至巡警前来干涉。是日,章至袁总统府晚餐,正入座时,忽报唐总理至,袁即摇手,命侍者阻其不必直入,先到军事参谋处小坐,不意唐已贸然而入。章见面,即由怀中拔出手枪,欲击唐,袁即以手执其枪,大呼太炎先生醉了,饬左右扶掖上车,送之回寓。夜间,又对天放枪数响,闻者无不骇异。

"章现持白折扇一柄,大书'恨不能以此击竖子之头'十字,见人必以此扇示之。

"又,章对各团合并本极反对,特因张謇、熊希龄、唐文治及各团之中坚力主合并,陈说小党分裂之害,章始稍有转机。后因各团共拟之章程及共推之理事与章不合,章复力诋合并之说,屡与人书,谓宁披发入山,不能为阘茸小团之奴隶。又在各报遍登广告,辞共和理事之职,一面即发函电,与各省统一党支部嘱其不加入共和党。现在共和党各要人劝章平和维持,章毫无转机,并闻有仍回同盟会之意云。"

5 月,"外间谓袁氏(世凯)已入统一党,且谓宣言书系章太炎所作,则实系谣传"。(远生:《政界内形记》,1912 年 5 月 13 日,见《黄远生遗著》卷二。)

6 月 6 日,《越铎日报》载章氏《电复浙江统一党》,谈及"端方事件"。电云:"浙江统一党支部鉴:电悉。同盟会南北诸报皆举端方事件以为攻仆之词,其实不值一哂,请为诸君通其原委。仆自抵东办报,亲戚故旧音问俱绝,后见同盟会渐趋腐败,愤欲为僧,以求梵文于印度。又与安南、朝鲜诸学生立亚洲和亲会,闻印度革命党才高志坚,欲裹粮以从之,得所观法。于时假贷俱绝,惟南皮张孝达有一二日之旧游,□在东京,关于文字教育诸事,亦尝遗书献替。张于革命党素无恶感,不得已告贷焉。其书属长崎领事卞某带归,卞即之洞婿也。卞回国后,不敢请通,私以语端方,遂居为奇货。□属卞来告,其言十万金、五万金者,皆赁虚饵人之语,仆亦欲达初志耳,何论出资者为端为张,而端遂欲致之鼓山(福建岛)、普陀等处,仆遂决意不受。对敌之言,自有开合张弛,同盟会人遂云仆作侦探,然则黄兴出洋留学,亦端方特与官费,其侦探耶?非耶?

同盟会□业成而归者,亦多仕官,或为将弁幕府之属,其侦探耶?非耶?诬人之言,心所不可。《天铎》、《民报》诸报市井丑谈,未脱南洋、美洲口吻,夫何足致辩哉!肃此敬复,章炳麟白。”(《越铎日报》,1912年6月6日《章太炎电复统一党》。)

6月12日,章太炎致书张謇,谈及“同盟会与立宪党意见不同”,并论政党。函曰:“前上一书,计已察及。近得手书及易园来信,不胜慰藉。顾与鄙意复有径庭者。河汾之业,若有若无,大抵私家妄说。今京师污染已深,非峻刑酷法,不足以起其弊。欲以学说正人心,厉风俗,鄙意为非计。若有一二好学者,走门问字,聊以保持国学于不衰,亦所愿也。来书所云骏骨者,下走智识短浅,不足鉴衡。念同盟会与立宪党意见不同,云何为异,然内怀私利之情,而外有贼忮之状,造言簧鼓,淆乱是非,如一丘之貉,是以清流不归也。(日本游学中,有一部不愿入党者,相率谓之清流。)世之谈者,辄以权术手腕为言,夫运用之妙,使人虽知此乃为权术手腕耳。若朝发一言,夕便败露,甚者不过钟行五分,对面之言,质证即破,此乃无赖诈欺之术,何名为权术手腕耶?政党本行乎法律之中,而今利用法律未周,得以诡随自便,若二流竞爽,国家亦滋昏矣。尤可怪者,人之相与诚,非始终不渝然,未有朝暮异情,贤愚乍变者。今观二流之取人则不然,方其逢迎,誉之神圣不过也;逢迎不遂,诋之桀、跖不若也。汉高祖所以待英布者,而今用之政党攻取之间,明达之士,岂有受彼牢笼者哉。易园颇以政党污淖为言,然污淖亦犹有差等,喻若闺房之爱,本非清洁,视夫鄙夫鄙妇会于墙阴,则固宜分别矣。先生智术湛深,独能超然居上,时以奇赢发敛,制人短长,《大共和报》需金六千,抑而不予,指以奇术,以坐困统一党。而今共和党得发便利,实之与虚,较然殊绝,斯诚共和党人所未逮,而当推为上坐祭酒者也。回念去岁秋冬之顷,奸宄方兴,金陵正下,他人之欲甘心于先生者,何可偻指。坐上晏谈,色如深墨,为之屏蔽,岂曰无人。今先生于下走,扼之若此。自谓无负先生,愿先生有以教我矣。章炳麟白。”(《国民新报》〔汉口〕,1912年6月12日《章太炎致张季直书》。)

6月12日,与张弧书:“《论国民捐之弊》一篇,上海《大共和报》、《神州日报》、《民报》皆登载,《字林西报》亦译之。柏、谭两都督皆反对,遂将此事打消。然近日借款停顿,不知秉三又作何计划也。”(《北洋军阀史料·袁世凯卷》。)

7月15日,宫崎滔天《致小川平吉》,认为“章炳麟派之共和党则陷于孤立”。略曰:“孙、黄两氏今尚滞留在此地。统一共和党与同盟会近日可正式合并。假若如此,则合并之两党将在参议院中占大多数,而章炳麟派之共和党则陷于孤立。然今后情势如何发展,仍然不明,问题在于袁氏之态度究竟如何,孙、黄之进退亦不明了,目下似在观望之中。”(《宫崎滔天全集》第五卷,第387页,日本平凡社昭和五二年初版第二次印刷。)

7月,为“请大总统便宜行事致黎元洪电”,电曰:“武昌黎副总统鉴:借款不决,东使西行,处分支那,已在商议,往返四月,势即瓜分。原其借口,在中国政府之无能力;政府之无能力,在参议院之筑室道谋,议在锥刀破文折字。用一人必求同意,提一案必起忿争,始以党见忌人,终以攻人利己。财政部官制议二月而不成,六总长名单以众妒而反对。裁兵之案,延宕逾时;省制之文,磋磨累月。以至政务停顿,人才淹滞,名曰议员,实为奸府。时不待人,转瞬他族入主。当是时,议员已各鸟兽散矣,尚能为国民负责任耶?追念前清之亡,既由立宪;俯察后来之祸,亦在共和。迩来南北智士,佥谓改定约法,尚待来年,急在燃眉,岂可坐俟!大总统总揽政务,责任攸归,当此危急存亡之秋,国土之保全为重,民权之发达为轻。国之不存,议员焉托。宜请大总统暂以便宜行事,勿容拘牵约法,以待危亡。为议员者,亦当重视国家,弗院本院,暂舍高权,总己以听此。盖众心所同,而未有敢冒死以争者。某等铨材绵力,人微言轻,以公首倡大义,勋业格天,一言之重,逾于九鼎。为此冒死直陈,不避斧钺,敢请昌言建议,并与各都督府协商,速振维纲,以救灭亡。不胜惶悚迫切之至!章炳麟、张绍曾、孙毓筠、王赓叩。"(北京《新纪元报》1912 年 7 月 25 日,又见同日《时报》。)

8 月 1 日,《吴虞日记》记:"太炎喜霍宾索尔学说,宝重其书不轻借人。霍氏既发狂自杀,其书德国亦毁其版,欧洲近日亦罕流传。霍氏谓华、拿不过迎合社会之意,建立功业不足为真英雄,真英雄必独立社会之外,而先事指导者也。太炎颇不取严复,以其太旧而又仅采惟物派,专重科学实验,如社会学,非惟心派之说不能圆满。严氏所译《社会通诠》,则仍惟物派之老书也。然太炎于严氏,仍称其精深;于梁启超,亦谓其精深虽不及严氏,而智识之宽博则非严氏所及;最称佩康南海,谓善分别今古文者廖季平,独尊古文者刘申叔。又谓世界上人之心粗者殆无过于刘申叔,其考证几无不错误者。生平最爱康德派哲学。又曾取中外学者列一榜。王壬秋列斗方名士第一,康南海二等,谭嗣同、梁启超六等,古人则孔子列八等,在荀子、刘歆之下,其精识独出,真振古奇人也。"

8 月 2 日,《吴虞日记》记:"夜同小崖谈,余谓太炎学深而才小,小崖颇许为知音,因评太炎如此说者亦有其人也。太炎小学、经学、文学是其特长,史学不熟,精于子书。"

8 月 16 日,《顺天时报》载章氏之言曰:"邦家不造,谗慝弘多。前者公倡民社于上,而炳麟亦建统一党于下,以为群言淆乱,赖此整齐。迩者躬诣武昌,亲聆教益,以两党合并,排拒异谋。浃旬以来,默观近状,乃知中国之有政党,害有百端,利无毛末,若者健稳,若者暴乱,徒有议论形式之殊。乃其偕在议院,胡越同舟,无非以善腾口舌为名高,妄扩院权为奉职,奔走运动为真才,斯皆人民之蠹蠹,政治之秕稗,长此不息,游民愈多,国是愈坏。前清立宪党可为前车。

"夫政党本为议院预备,而议院即为众恶之原,驱使赤子,陷于潢池,非吾侪之过欤?今以盖世之略,施乾转坤,功德在人,本无待政党为之援助,虽以炳麟之驽下,发声振铎,坑谷皆盈,亦但以一身为先觉耳。妄借后先胥附为也。与其随逐乱流,终为罪首,岂若超然象外,振起群伦。若公能以廓然大公之心,率先凡庶,所愿执鞭奉弭,趋步后尘,风声所播,谁不倾靡?纵有暴乱党人,乌合万亿,不孚人望,势自崩离。此盖审观时势,而知非此不足以救国家之危亡也。惟公熟计而厉行之。"民社,孙武、刘成禺等发起于上海,1912 年 1 月 20 日建立。

9 月,南通共和党机关报《通报》载:"章太炎主张民主开明专制。谓:外患日逼,而内讧不已,政府疲于调和,政治等于敷衍,旦暮呻吟,奄奄待毙。而宵小贪权,鄙夫好利,摩拳擦掌,伺隙以乘,迁就调停,终于无补。必须以至果之决心,行至严厉之政令,大刀阔斧,斩此纠纷。先谈救国,再议立宪,毋庸审顾虚名,终受实祸。"(转引自管劲丞:《民国统一党共和党南通县分部的主要成员》,见政协南通市委《文史资料选辑》第一辑,1981年版。)

9月7日,函钱玄同:"季夏曾至武昌一过,黎公请主持党务,意亦许可。归而张、方狱起,熊希龄、范源濂辈皆输款于国民党(即同盟会变名)。统一党亦略有携贰者,意颇不欲,遂决意脱党。中山不为湘党所容(黄兴谋杀黎、孙二人),亦脱国民党籍。观张、方之事,知韩、彭菹醢不为过。观熊、范、黄、宋之事,知蔡京树《党人碑》亦可法也。平日反对君主立宪,今君主之制虽移,而立宪之祸方烈,必不欲半途而止。然项城亦非能为商鞅、诸葛亮者。此后游民喧哗于政府,土司盘据于地方,不知祸乱所届也。"

9月,《佛学丛报》创刊,第一期载章氏《章太炎与宗仰上人书》二通,其一署名"太炎",全文如下:

"大法东渐,阅岁二千,大乘经论,惟留此土。西瞻佛国,盈细有殊焉。仁山居士昔云:中夏当为佛法之宗,此非虚语。绛居东国五岁,数从彼土沙门宴游,标宗谈理,殊胜故乡。其于持戒习禅,则又弗逮远甚。弘教书院所印大藏,校勘甚精,句读或多误点。今者赴期摹印,未暇改更,达文字者亦能自了。流通以后,白衣多见全经。或令末法返于正像,弥勒速于降生,则有情无穷之福也。索序一扃,今已成办。言虽简劣,多有对治之方,录稿如别,以诒左右。再全藏所收唐疏,多有未完,如《海东起信疏》及《因明唯识二述记》。此皆佚在东瀛,重归禹域,金陵既有单行本矣。其法苑、义林章、《唯识枢要》、《二十唯识论述记》,皆窥基大师所撰,实法相之胜诠,慈宗之秘宝,并已购得,如能募资付梓,尤私心所愉快也。东方达梵语者颇有数人,尝与商榨〔榷〕,将小乘诸论(小乘论传东土者,惟一切有部)及外道吠檀多经(此宗亦不可薄,今在印度,殆与佛法争明。虽以梵天为主,而义多同佛语,远非基督天方可比。)译出,为之润文,是亦参考之书矣。书此致意,并问禅悦。"

其二曰:

"宗仰大师左右:得梵文阿弥陀经后,即复一函,并略举所得求诲。下走于止观六法,熚习未深,但随分动止,以驱烦恼,尚非三贤地位,况四果耶?而间取哲学诸书以与内典对校,则有彼此镕合,无少分相异者,特以文字不同,又更数译。立名既异,莫能明其一致。此则爬罗抉剔,自在其人。今者偃鼠饮河,未云满腹,然亦稍稍自慰矣。夫'见识'、'现识',名相则殊,而实际最难分别。'心王'、'心所',体用有别,而他书无此名词。详细思之,堪德所谓'事前之识'者,即是能见;所谓'事后之识'者,即是能现。此说自堪德发明而后,学者无不奉之,以为埻臬。削宾霍野尔立'认识充足主义'分四范畴。其中所谓'先论理取真理'、'先天的真理'者,亦皆是此能见。有此二说,而后内典大明。若以俗情言之,能见则当时已现;能现则当时已见,何见现之殊耶?心王心所,即‘心意’及‘心意化’。而百法中尚有‘心法’与‘心所有法’,其旨趣亦无大异,惟心法即是藏识,而心所有法,则非但意识,似亦兼有‘末那’。‘遍行境’中有‘作意’一法,作意者,以警觉为性。欲谓之思,而当时实无于思;欲言冥极,而当时又自在进动。乃由事前之识,与色相触,喷涌成用,即此介尔警动,分系两头。此非末那而何?虽然末那者,界于生灭之间,而此则界于事前事后两识之间。事前之识,虽非藏识,而亦永无生灭,则又不可竟属末那。若于三境之中,则非‘性境’、非‘独影境’,而与‘带质境’略有相似,然昔人亦未能明析也。若夫‘独影境’者,则‘有质独影’,即哲学家所谓‘写象’;‘无质独影’即哲学家所谓‘意象’。意象所舍,得去来生灭等,此瑜伽所谓‘缘无体识’也。乃如龟毛、兔角等念,物非无常,而实常无。然在人之意象,则固有此龟毛、兔角矣。彼既常无,而我之意象所造者,则未尝不有,此黑忌尔所谓有无一致也。而削宾霍野尔则分别‘世界原理’、‘意象原理’为二;陆野尔亦深诋黑忌尔说。二家皆自谓惟识一元,然已不能不流于二元矣。自佛家观之,色心不二,则识中本自有物。而凡人之思想所及者,即不得谓其物之无有,此非以主观武断也。今之所见,不过地球,华严世界,本所未窥,故科学所可定者,不能遽认为定见。(此亦陆野尔之言)况世间常识耶?夫此地球中龟无毛、兔无角矣,安知宇宙之大,不更有龟毛、兔角?以所未见而谓之无,此非特于主观不合,亦于客观不合也。龟毛、兔角犹曰恒理所有,今使设一念,曰有石女所生之儿,有一物亦方、亦圆、亦三角,此理所必无也。然而既有此念,则不得谓无此事。即使遍游华藏世界,初不见有此事,而此事仍不得言无,此龙树所谓中道观也。且‘无’之为名,本自无而已矣。及其名之曰‘无’,而人之意中已有此‘无’矣。‘无’既党无、而人意乃能有此‘无’,是‘无’亦<未>尝不‘有’也。夫是之谓绝对,夫是之谓一如。削、陆二家,立义虽精,惜其未明中观。故自谓一元,而仍不免于二元也。未识大师以为当否?如有所规,愿举菩萨造论为之条辨,莫近语录机锋之说也。

“观云近何所事,久不接信,前有印书经费寄去,亦未见复,祈问之。中山之往布哇已近两月,想返期不远也。下走狱事亦将了结。握手在迩,且当与姚少师同游燕邸耳!保皇逆党,近有消息相闻否?此间同系亦有木龙,相处既久,腐败情形一一呈露,不暇备述,亦如中苒之言,言之可丑。乃叹保皇会无一人类!而前此不免为叶公之好也。(大师恐未读《红楼梦》,若观赵姨娘、贾环、马道婆之事,则知此公情状矣。)此颂禅悦!恒河沙数,不可说,不可说。”

本函末署“章炳麟和南,九月二十八日”。又见本函手札释片,末有张继跋:“此苏报案时代太炎先生在沪狱中作。继织,民国廿八年三月四日。”则为 1903 年 6 月章氏入狱后所书。

9 月 29 日,《神州日报》载章氏《答友人书》,讥评黄兴。函曰:“有人以为黄兴好勇善战,仆疵之而并没其所长,此似平情之论,然亦未尝深睹黄兴之用兵也。观其飙起电逝,虽日行千里,犹似不足。及锋芒顿挫,未尝不只身逃逸。广州之役,黄兴驱少年才俊以殉之,死者六七十人,而黄兴仅伤两指。得脱者奔出广州,比至香港,黄兴已端拱于座中矣。汉阳之败,诚由南北不敌,而知兵者多,以轻率偾事讥之。黎公哀其苦战,遽即召还,乃复规弃武昌,退守岳州,将士愤激,横刀欲斫之,幸赖主帅矜全,保其馀命,声言自刭,拔剑刳股,遂以求援下江,可得精兵十万为辞,诳言脱失,失谋人之军师,败则死之,黄兴负众全躯者再矣。谓之勇敢善战,非震其虚名之过耶?尝闻清将有胜保者,素以骁桀见称,临敌则负羽冲锋,见败则单骑遁逸,胡林翼笑以'败保'称之。今之黄兴,殆其伯仲。仆本不知戎事,叩以成迹规求,亦若得其比拟焉。或又谓黄不知为政,不应责备。然如金陵召募之师,大半乞儿车仆,号称十馀万,有枪械者无几,徒竭民生,无益军用。又如国民捐募集法,古之算缗,亦无其厉。斯策若行,徒驱殷户,实香港、青岛,非所谓为渊驱鱼、为丛敺爵者欤?此虽鲰生下吏,略有常识悉知之,以师范学生而不知,此责之当非太过。

"呜呼!兴也才能不过中庸,本无中山开平之勋,湘乡、湘阴之略也。受人礼遇,不可谓不隆,得人赠遗,不可谓不厚,虽筑菟裘以终老,亦可以俯仰无愧矣。而横结党援,反噬故主,纠连宵小,画地指天,斯真豺虎所不食,有北所不受,士人侧目,怛其匕首弹丸之烈,无敢指斥其非者。仆虽驽下,宁得无片语以为折冲哉!熊秉三为兴总角之交,又尝受其援助,得为财政总长,语多阿附,良不足怪。观人者当以实事,不在乡曲浮誉,月日虚评也。章炳麟白。"(《神州日报》,1912 年 9 月 29 日《章太炎答友人书》。)

11 月,章氏与陈绍唐发起成立根本改革团,《呼吁改革政治意见书》曰:"根本改革团者,以武昌起义、南北共和,既成种族革命之业,而政治革命完美目的尚未达到。行百里者,顿挫于五十,与吾侪始念悬殊,故不得不继续进行,竟伸初志。今之人谁不怵心于二次革命者乎?吾见啖砒石者,少啖之则死,多啖之乃反不死。服附子、乌头者,少服之则致烦懑,多服之乃反清凉。以此知革命小成,力未及于政治则乱;革命大成,力已及于政治则治。此非短见者所能窥,又非狂悖者所能借口也。所谓政治革命者,非谓政体形式之变迁,易君主为民主,改专制为立宪也;今非以今为假共和而欲有所改更也。民之所望在实利,不在空权;士之所希在善政,不在徒法。譬如金铤,链锡铜铅,十分而混淆六七,攻金者务于提炼精镠,不问方圆句股之形何如也。若徒攻圆形以为方式,乃曰炼金之事毕矣,此为不问质而问形,假方固失之矣,真方亦奚益?皮相之士,所误正在此耳。

"有志改革者,当顺实事以进行,察前清之所以亡,而施今之所以补救。清之敝政,十年以前未甚矣,立宪党成立以后,政以贿成,百度废弛,具文空罫,有若蛛丝,视戊戌、庚子以前转甚。至于新朝,蒙清馀烈,政界之泯纷贪黩,又甚于清世。一二良材,逃荒裹足。其连袂登庭者,皆斗筲之材也。统一政府成立以来,已八月矣,而文官以罪致谴者,未见一人。岂吏皆守法,屏绝贪赃耶?足知官刑弛而惩戒微矣。推此以观,政治改革之端,当远虚谈而求实际,舍形式而治精神。嘘枯吹生,竟何益者。迩者蒙古衅起,士民痛心于政府之无能,立议欲推倒政府。夫不言政治改革,而徒较计于阁员进退之间,以丧失官能之当轴,问党见纷纶之议员,去一鸡来一鹜耳。方今蟊贼内讧,所忧非专在蒙古也,以游宴奔走为能,以秘密运动为美,各部衙门,贿赂公行,人言啧啧,其事有无耶?求一位置,馈银千两者,数有见告,其事有无耶?循此不变,虽蒙古内顺,岂有异清之季世乎?

"治病者当循审经脉,诊其伏变,非对证疏方所能了。今之锢病,发原在于前清之季,而立宪党为罪魁。南京改建,革命党以暴乱失之,故人心所愤,不及追远。若夫掊多益寡、称物平施者,对于彼为恕辞,对于此为炯戒,亦因时救敝之论然也。逮乎燕京统一,向之媚子不知幸予矜全为非分,更欲飞跃以超人上,涵濡卵育,日有孽生;而革命党亦渐染其风,变本加厉。然则暴乱者,革命党之本病也;贪险者,立宪党之本病也;变暴乱之形,而顺贪险之迹者,革命党被传染于立宪党之新病也。

"今之发议欲攻内阁者,非所谓民主党耶?此党本立宪党旧团。刘崇佑、刘崇杰辈,值去岁武汉倡义之初,曾欲乞援日本以平内乱,使此曹汉奸得志,视今之内阁将愈不逮,而可遂从其计哉?立宪党之说曰:'清廷以不能实行宪政故亡。'呜呼!此徒文过饰非之言耳。清之秕莫若任用亲贵。立宪党在当时攻击细故者多矣,至于权归肺腑,阶级显分,曾闻立宪党有以一言弹射者乎?非徒默尔而息而已,又逢迎将顺之。盖宗室王公干政,本请容旧制所不容;立宪党以日本尊崇皇族之例相推,一转而使执持政柄。然则亲贵用事,实立宪党为之厉阶。乃至铁道国有、格杀勿论之策,非建自立宪党之郑某乎?纵令清以立宪不成故败,而立宪党即为败政之魁;纵令宪政优于专制,而主张立宪之人其实不如主张专制之人。考其言行事迹,则必不能为遁辞矣。如此辈者,其不可使间代执政明矣。

"然以立宪党之攻政府为戒,而遂谓政府可以勿攻,此又似憎虺蛇而护豺虎也。成蒙古之叛乱者谁乎?受僚吏之赇赂者谁乎?朋党比周、瓮遏才俊者谁乎?伴食岩廊、废事不治者谁乎?若今之国务员可以幸存,亡国之祸尚将酷于前清之末。若徒易人受事,旧染不除,亦与未改组时等耳。故非举政治革命,大治贪墨,以正刑书,大选贤良,以持钧石,镮首赭衣者遍于阁部,封轺聘币者逮于细微,不足以惩方来而荡旧污。

"往日革命党中诸秀,以金陵失纪,恶言及身,不务一雪斯言,循直大刚方之辙,以慰问袍死难者于地下,是亦不可以为人矣。夫勋臣诚不可为吏,而革命党、革命军中之稳健明允者,何遽无三数人耶?其次则武昌倡义以后有力抗革命军者,本为保持地方秩序,志在安全,非欲乘时以取富贵,其胆智亦可任。又次则农商学士皆有清流,下位废官亦多循吏,皆当破格任用,而勿计较一党界划之间。人心已革,则大政日新,流民国之岂弟,荡亡清之流螯,然后昔之图谋革命其事始完。此吾党所以缵承前志而不欲拘牵文法之内者也。

"若曰务持现状,勿图破坏,夫外交总长可以委职遁逃,犹为国有人乎?弃地千里,秘不示人,犹为国有土乎?政府劝人维持现状已数月矣,而现状之破坏,不破坏于人民之奋激,乃政府自以姑息诡秘之策破坏之,则吾国所谓根本改革,正非破坏而为维持矣。若政府不察,以张振武、方维相视,系以尺组,射以短枪,丈夫固决死耳。抉目昌门,以观吴沼,有伍子胥之成事在。"下附"要求改革条件"是:一,"请大总统淘汰阁员,任用良吏,总揽大权,屏绝浮议";二,"请惩治外交总长弃职遁逃之罪";三,"请查办各部营私舞弊之事";四,"请撤去前颁各总长勋章";五,"请决定对待俄库方略"。(《章太炎、陈绍唐等发起根本改革团意见书》,《大共和日报》,1912年12月1日。)

11月25日,根本改革团在北京成立,章太炎发表演说。报载:"京函。二十五日下午,根本改革团在湖广会馆开成立会,章太炎君演说极为新奇。兹撮录于下:

"一,形势政体说 今日之政体,虽由专制而变为共和,然此不过形势问题耳,譬如方与圆之比较,本无何等之优劣可言。大家既以圆者为优,圆者便是好的;政体亦然,大家既以共和为好,于是皆赞成共和,并非共和果优于立宪,仍以民国之趋向为转移也。今日政体虽变,实质未变,前清官吏贪婪,民国官吏亦贪婪;前清政府卖国;民国政府依然卖国;前清政府尚以夤缘奔竞为可耻,民国则以夤缘奔竞为运动。以夤缘奔竞为可耻,尚有讳莫如深之意;以夤缘奔竞为运动,则视为当然之事。每况愈下,如此之共和,未必果优于前清专制也。若以前清十年以前之政治与今日政治比较,今日之政治尚有逊色。不过近十年来前清之政治有两大毛病:一,是政府贪婪无耻;二,是法令不能实行,以致于亡国。今日民国之毛病,实较前尤甚,此只变形势,未变实质之故,而根本改革团即欲从此处下手。

"一,梅毒传染论 民国成立,革命党人之功,不可没也。革命以后,政党发生,革命党人纷纷组党,今日国民党与共和党中,革命党人、立宪党人皆有之,统一党中虽无立宪党人,亦无革命党人,惟民主党乃纯粹立宪党人所组织者也。今日之最可恶者,惟有立宪人不可不深恶痛绝者。立宪党人所以可恶者,在于狐媚无耻,与娼妓无异。在前清时代,献媚亲贵,于中取利,本不知政党为何物,不过是肃党、泽党间党而已。前清倘无立宪党,其灭亡或不至如此之速,自有立宪党以后,运动二字始输入北京,粉饰文章始布满天下,立宪党既断送了前清,尚曰果真立宪不至亡国,真无耻之言也。至于革命党,亦非全是好人,其毛病在于乱暴,然以革命党与立宪党相比较,革命党人是强盗,立宪党人是娼妓,娼妓容有不强盗者也。所以'暴民政治'四字,对于革命党人可以骂他,惟立宪党人则尚不配说他。今以立宪党人骂人家为暴民政治,真可笑也。现在既是共和,立宪党又施其娼妓伎俩,求容于民国,此等娼妓,皆是有梅毒之娼妓,既染了前清,又要染民国。今日政府及革命党,大半为此梅毒所染,惟中病未深,尚可救药,若再不救,恐梅毒遍□身,将无完肤,只有此耳。根本改革团之宗旨即在对此症下药,绝不使立宪党人再有出头之一日,故民主党主张推翻政府,吾辈绝端的反对之。

"三,政府无命解 所谓根本改革者,并非是二次革命,如张振武辈之运动也,欲期以平和之道改良政治而已。盖亦鉴于种族革命虽已成功,而政治革命尚未作到,故不能不从根本上改革。其实现在之政府,总理逃跑无事,总长逃跑无事,土地丧失不管,已成了无命之人,虽欲革政府之命,政府乃无命可革。人皆以为俄蒙问题为重大,其实尚有重于俄蒙问题者,政府无命是也。不从根本改革,恐终无希望矣。

"四,大逆不道辩 鄙人原系革命党人而爱和平者也。从前对于前清政府尚不畏惧,今日对于民国又何有畏惧。从前革命人皆以大逆不道目之,今日究竟如何,可以一言以蔽之,无从前之大逆不道,尚无今日之民国也。今日在场者,革命党人甚多,可以为诸君进一言:我们既作了一次大逆不道,何妨再作第二次大逆不道,国家前途,或有希望,愿大家想想。”(《神州日报》1912 年 12 月 1 日“要闻”二《章太炎言语妙天下》。)

11 月 27 日,章氏被任为东三省筹边使,《吉林行省公署档案》:“中华民国元年十一月二十七日,准国务院谘开:为密咨事:奉大总统令,奉天、吉林、黑龙江沿边一带,可兴之利甚多,须有实心任事,洞明事局之员用力勘察,密为筹划。兹委任本府顾问章炳麟为筹边使,前往各地,随时令同该三省都督分筹办理。”(《吉林省政府档案》2—170 号。)

12 月 1 日,吉林都督陈昭常亦札示章氏任东三省筹边使:“给劝业道札文”:“密饬者:中华民国元年十一月二十七日,准国务院咨开,为密咨事。奉大总统令:奉天、吉林、黑龙江沿边一带,可兴之利甚多,须有实心任事、洞明事局之员,周历勘察,密为筹划。兹委任本府顾问章炳麟为筹边使,前往各边,随时会同该三省都督分筹边理等因。除分咨奉天、黑龙江都督外,相应咨行贵都督查照可也。等因。准此。除札民政司查照外,合行密饬,札到该道,即便查照,此札。”(《东三省筹边公署档案史料》,吉林省档案馆藏,下同。)

12 月 10 日,与张弧书,谈统一党事,略为:“协理应举两人:少侯、揖唐,皆其选也。但以两君皆著籍安徽,同时举为协理,恐外间或有异言。揖唐已任基金监,不忧无事,月波名望固未足,而北方之秀,惟此一人,其独为亲附河南也。锐侯终非安静者(亦恐其嗜利过甚)。若携以往东三省何如? 定夷信望交下,可寄《大共和报》,令彼处直持此信望季直处索取,当不能勒而不发也。”(《北洋军阀史料・袁世凯卷》。)

12 月 12 日,上书袁世凯,请委郭同为筹办公署参赞,文曰:“为呈请事,炳麟奉命筹边,事体甚宏,范围极广,关东公私皆匮,以绪为钞,自非输入华侨资本,规模难期远大。差夫入预机要,出联工商,尤非深沉缜密者不能从事。兹查有郭同一员,学识稳健,思虑精详,理合呈请委任为筹边参赞,必能竭力计划,以资臂助。该员现充参议院议员,不应垂行政官职,而筹边本系差委性质,与法定官缺不同。以之充任,实无冲突。合行呈明。谨呈大总统。”

12 月 14 日,章氏领到“奉天、吉林、黑龙江等省筹办使铜质防章”。(《东三省筹边公署档案》公字第 33 号。)

同日,为请领办公费用致财政部函:“经启者,准贵部函开,准国务院函称,筹边使请领开办费,业经议决银一万两,饬交应用等语。兹因本部核拨洋一万四千元,望速准员来署具领。一面仍将用途详晰开报,以凭送审计处核办。等因。查开办用途预算,只得大概,本使携代〔带〕各员赴东川资及沿途旅费,拟银一千两,派员分赴南北各处联络华侨,拟银三千两,派员分赴三省沿边调查,拟银二千两,在长春设立公署,置购器具,拟银四千两。如该处有官房可敷借用,所费自可节省。如须置买民房,或典、或租,皆须临时酌定。经费自有伸缩。总之,有馀即应缴还,不足仍当补领,是为至盼。此致财政部。”(《东三省筹边公署档案》。)

同日,呈袁世凯,请委张祖策任筹边公署参赞,云:“为呈请事:前以郭同一员与华侨感情素厚,欲以藉资联络,呈请委任为筹边参赞在案。惟该员现充参议院议员,未能常川在署,时相讨论。兹有东宁厅知事张祖策一员,极有经验,办事实心,向在吉林办理实业,卓著成效,为当今不可多得之员。拟请委任郭同为一等参赞,张祖策为二等参赞,该员于东三省情形,留心调查已历多年,尤为熟悉,以之委任二等参赞,必能尽心计划,以收实效。理合呈请委任该员。大总统。"

12 月 19 日,为筹办集款招股,致书湖南商工会:"为照会事:本使奉命筹边,举凡东三省应办实业,已经照令代表多方劝解在案。惟实业造端宏大,集款不丰,无以兴开大利。联络不广,方〔亦〕难结合巨资。我南中热心志士,对于东边实业,谅表同情,或能招致巨股,抑或组织机关相与图成。尤为切盼。除照会贵代表并派专员接洽外,相应再请贵商工会全体查照。须至照者。右照会湖南商工会。"

12 月 20 日,为筹实业基金,致函奉天及吉林都督:"径启者:炳麟奉命筹边,会商贵三省都督,办理实业,已由国务院咨行在案,关东地处边陲,天产宏富,久为各列族觊觎,如不及早自图,则必有先我着鞭者。与其交涉于事后,何如筹措于事前。贵部督军政、民政萃于一身,势难竭虑殚心谋此实业,故大总统有此任命,以与贵都督共相夹辅,但实业非资本无以措手,政府财资匮乏,未能筹备帑金,惟望贵都督荩筹硕当于无可提拨之中,作腾挪挹注之计,以三省之合力,开三省之利源。拟择其确有把握之实业先行办理,以作模范。一面派员联络南北华侨,一面派员分配各省召集内商,逐渐扩充,以图补救。且三省所筹之款,即系三省实业之基本金,绝非消耗费可比。炳麟拟驻长春公署,常年经费全由中央担任。兹派本署参赞张祖策先谒清尘,面聆指导,炳麟俟存置有绪,定期出京,再为电达。此致奉天都督张、吉林都督陈。"

12 月 22 日,致财政部函,请将东三省屯垦局存款提作筹边署屯垦经费。"径启者:前呈大总统一件,请将东三省屯垦局存银六十万两,拨作本署所辖屯垦经费。查屯垦局存银四十五万两,向储大清银行,改革后已无着落,而十五万存奉天官银号,本息具在。乃昨阅奉天专电,称该省度支司已行文屯垦局,提银十六万两,该局允即备文交付。等因。窃念该局为东三省所共有,非奉天一省所得专屯垦经费,何以度支司得擅行提取,其侵权一;该局所有资本系由国家借款,何以一省之地方官得擅动用,其侵权二。有此二因,贵部不应听其专擅。前次呈文一件,如已经国务院议决,望行文该省,提作本署屯垦经费,如未议决,恳望饬知该度支司,将此款归还屯垦局,以备他日提拔。总之,此款为东三省所有,非奉天一省所有。若以东三省机关为已经消灭耶?此款即应归之政府,若云本署即东三省实业机关耶,即应由部提归本署,以供三省屯垦之用,断无任地方官吏擅自取携之理。特此函知贵部,请烦查照,切实施行为要。此致财政部。"

同日,咨奉天、吉林、黑龙江三省都督,保护筹办署派员:"为咨行事:本使前派参赞张祖策先谒贵督:商办一切,业经函达在案。如有关于实业应行调卷查核事件,尚希饬知各该管局署,俟张参赞到时一体调齐,以便检阅。再实业以调查为根基,本使自应派员分途调查,并祈通饬各属府、厅、州、县,如有本署委派调查员到境,应饬警队一体保护,实纫公谊。须至咨者。右咨奉天都督张、吉林都督陈、黑龙江都督宋。"宋,即宋小濂。

同日,致黑龙江都督函:“径启者:炳麟奉命筹边,命商贵三省都督,办理实业,已由国务院咨行在案。关东地处边陲,天产宏富,久为各族觊觎,如不即早自图,则必有先我着鞭者,与其交涉于事后,何如筹措于事前,贵都督军政、民政萃于一身,势难竭虑殚心谋此实业,故大总统有斯委任,以与贵都督共相夹辅,但实业非资本无从措手,政府必须借款成立,方能拨济。此刻拟择其确有把握之扩垦,先办一二处,以为模范。惟望贵都督设法维持,倘能于无可提拨之中,作腾挪挹注之计,合三省之力作实业之中心,则炳麟之固愿而不敢请者也。炳麟一面派员联络南北华侨,一面派员分驰各省招集商股,以期逐渐推行。炳麟现拟驻长春,常年经费已由政府担任,三省所筹之款,全作实业本金,并不移作消耗。不日驰赴长春组织公署,俟一切就绪,即当亲诣□端,面商办法。如一时不能亲到,即先派本署参赞张祖策前往接洽也。此致黑龙江都督。”

同日,为商借英比银公司款项筹办实业银行等事照会张参事:“为照会事:关东地方物博,原称天府,矿产丰饶,土质肥沃,人所艳称。前清以丰沛故都,例居封禁,岩壑韬藏,菁华之郁,莫不之利,弃置有年。兹政府明鉴在远,特命本使筹边,惟以三省应办实业,如矿产、垦殖、森林、航路等,均关急要之图,欲期同时并举,势必先行筹设银行,开办金矿,以为人手准绳。值此新机甫辟,百縻待兴,生利固□无穷,母财苦于有限。前次接见东三省工商代表,佥谓比年物产有馀,现币奇绌,应以首办银行、流通金融为请。盖默窥时局,知非输入外资无以确立资本,适有英比银公司商允借银六百万两前来,以厚实利,惟此项借款用途,系专办筹边实业银行暨开采金矿及筹办垦殖、森林、航路之用,自非与行政消耗费可比。夙仰贵参事热诚爱国,信用素孚,持委托为全权代表,与该公司妥定合同、总朔称贷而不以速偿,折扣而不逾通例,抵押而无碍□权,适合借偿大纲,是为切盼。除将借款合同初稿另交贵参事向该公司磋订外,相应照会贵参事,请烦查照办理。须至照会者。”

12 月 26 日,复交通部函:“径启者:接准函复,二十七日并非开行直达卧车之期,已饬预备头等车一辆,等因。查本使随带员役不多,既为条例所未载,即请饬知该车站,勿庸预备专车,本使自行照章买票可也。此复交通部。”

同日,为请发特别密电码,电总统府秘书厅:“径启者:本使定于二十七日晚车起程赴奉,其开办后必有与大总统密商之件,请将特别密电号码,即日赐下一分,不胜至盼。此致总统府秘书厅。”

12 月 27 日,国务院为委章炳麟筹边使职,电吉林都督陈昭常:“吉林陈都督转省议会:奉大总统令,有电悉。东三省沿边实业,关系重要,亟应筹划,以资开发。都督兼管军民、外交、内政,日不暇给,故特派章炳麟为东三省筹边使,俾可赞助。乃吉林议会遽以三省财政奇穷,风云变幻,电请取消。不知救贫之策首在开源,强国之方厥维屯垦。筹边使之设,所以兴业固边,何至虚糜国币?该议会于政府筹边之至意既未深悉,而于约法上任官之特权亦欲干预,殊属非是,所请应勿庸议。等因,奉此。合电转知。国务院。沁。印。”

12 月 29 日,照会南洋华侨:“本使奉命筹边,目击现形,忧心如焚,以为农商实业藉交通为血脉,赖货币为源泉。今道路假于他人,现银蚀于内地,天产虽富,人力未充,惟有开银行以清其源,收沙金以固其本,然后大启坦途,力谋林垦为救本之策,若枝枝节节以言实业,非徒无益,只为他人守耳。然则巩卫东隅,恃全国之财力,非一方所能集合也。蔽遮大陆,赖东省之屏藩,非本部所能自了也。本使昔与执事同谋匡复,天诱其衷,幸而克济。自今以后,保全领土,力谋富强,实吾辈之责任。惟望通筹南北,交相灌输,以南纪之茧丝,供朔方之保障,其惟执事先天下之忧,后天下之乐而乐之,赤道寒带在一国之中,则首尾不可横决,知汉满同古,皆隶共和之治,则兵食贵于合筹,尚祈招集巨资,群起合作,远东边计,以兹巩固,有厚望焉。”(《盛京时报》1913 年 5 月 18 日。)

12 月 30 日,致陈昭常电:“吉林陈都督鉴:岁暮抵春,忽须设署,官民房皆陋,无地办公,惟旧道署尚堪敷用,本系民房,现驻军队,请饬诚统领移驻饷械局,旧道署,即由敝处接租,急迫之至。麟。印。”

本年,叶德辉作《章太炎》诗,对革命后章太炎“引重”叶德辉表示可感。诗前小序曰:章太炎,“原名炳麟,字枚叔,浙江馀杭人。以报诋朝政,逮系上海狱三年,期满释之,余素无一面。革命军起,君函探余踪迹,语吾湘诸党人曰:‘湖南不可杀叶某,杀之则读书种子绝矣。’君恒诋湘绮为词人,独引重余,是固可感也已。”诗云:“杀人如流寇,杀我必知己。而君独不然,交口誉相倚。平生未识面,倾倒胡若此?忆昔戊戌间,新旧方倾圮。志士罹党锢,瞀儒希朝旨。鲰生本不才,讲学各殊指。《墨守》发《公羊》,著书与之抵。君为曲园徒,乃亦曰否否。一时门户争,政变自兹始。台臣挟私怨,执政排异己。康、梁固厉阶,刚毅复可鄙。不审事是非,激怒同吊诡。君将奋笔争,钩距骫又起。去国岂初心,告讦恨投匭。《訄书》(君所著书名,文极博奥。)累万言,革命唱欧、美。朝纲自不振,天下土崩矣。黄中肆蜂屯,碧眼眈虎视。君急如焦焚,大声呼不已。有间时寄声,谓恐鲰生死。相交固有神,相感亦徒尔。国覆不再兴,家亡亦可喜。悠悠两人心,滔滔大江水。”(《郋园先生全书》:《书空集・两知己诗》之二。)

本年,致函黄宗仰:“中央先生左右:前得手书,殷殷致意,当兹风云如晦之时,鸡鸣不已,固所愿也。京师士庶犹染旧污,往时名士馀风尚未伏息,益以讲学,恐借寇兵资盗粮。鄙意任用法吏,严惩惰民,乃今日当务之急,击碎竖子脑袋,即谓此也。北人长厚者多,南行便坏,南人辨留者众,北行则愚。岂枳橘互化之性,将蜃雉为转变之形。诸佛菩萨或能说此耳。方今政界尚纷,无所借手,时有献替,亦只随俗。常谈南中解兵之会,近始有成,亦未知能无哗变否也。西林近状何似?闻其意气不衰,犹如曩昔秉鞭作牧,坐镇岩疆,固作斯人莫与矣。书此,敬问起居。章炳麟白。”(本文原载《学林》第一期。)

1913 年(民国二年癸丑)　四十六岁

1 月 1 日,组织东三省筹边公署就绪报大总统开办日期:“为咨报事:炳麟前将大致计划分条呈报在案。月馀以来,在京调员筹备。于元年十二月二十七日出京,路过奉天,已与张都督接洽。二十九日驰抵长春,组织公署。现于一月初一日开办公署,组织就绪。当赴吉林、黑龙江与各都督会商进行方针,理合将开办日期,先行具报。谨呈大总统。”(《东三省筹边公署档案史料》,吉林省档案馆藏,下同。)

同日,筹组东三省公署,报副总统:“为呈报事:炳麟奉大总统任命,为东三省筹边使,办理三省实业。遵于元年十二月二十七日出京,二十九日驰抵长春,取其交通便利,呼应灵通,设立公署,现于一月初一日开办,理合将开办日期,先行具报。谨呈副总统。”

咨吉林孟护军使,切实保护本使委员安全:(本件无日期,似亦1日所发。)“为咨行事:本使奉命筹边,兴办三省实业,其垦矿、森林非空旷无人之地,即山深箐密之乡。三省胡匪横行,所有派员调查、测量、勘估等事,在在俱涉危险,非有军队随时保护,无以保安康而期进行。相应咨请贵护军使,通饬分驻各军,遇有本使委员在各军驻扎地点,或亲往接洽,或具函知照,务希一体保护可也。此致吉林护军使孟。”

1 月 3 日,致财政部函,请发开办经费等:“为咨行事:元年十二月二十七日在京寓接准函复:准贵筹边使函开,请领本年十一月二十五日起至二年春季本署经费等因,查现在贵筹边使尚未履任,所有经费应俟设署以后,将一切详细章程报部立案,再行起支,一面并由主管官厅补送预算册过部以凭,先由审计处审查,庶此后可以按册复核,如数签发也。相应函复,即希查照,等因。本使于元年十二月二十九日行抵长春,前经呈明大总统驻扎长春在案。现已租定房舍设立公署。已于二年一月初一日实行开办。所有本署常年经费,应自民国二年〔一月〕初一日起,至三月底止,请领春季银六千五百两,派驻京委员万庆全另赍印领,前赴具领,相应将详细章程暨预算册并送贵部,请烦查照,迅速办理可也。此咨财政部。”

附:东三省筹边使公署办公员额暨暂行章程

计开:

参赞二员:辅佐本使一切计划暨调查各项实业,联络各省及华侨、工商各事宜。

秘书处:秘书一员、书记一员、缮写二名,管理拟稿、核算造册并一切存案卷宗,收发文件各事宜。

术艺处:术艺长一员,术艺员二员、管理复核测量、绘图、化验各事宜。

庶务处:庶务处长一员、庶务员一员,管理本署经费出入,置办应用官物、稽查雇用人役及接待来宾各事宜。

(说明)本署开办伊始,事体尚简,故各处派员均从减少,以节糜费。故以后实业发达,员额自应随时添派,合并说明。

兹对东三省筹边使公署民国二年常年经费预算、月支银数造册送请请审计。

计开:

经常类:本使月薪银五百两;一等参赞月薪银二百两;二等参赞月薪银一百八十两;秘书月薪银一百两;书记月薪银五十两;缮写二名,月薪共四十两;术艺长月薪银八十两;术艺员一等月薪五十两、二等三十两;庶务长月薪银三十两;驻京办事员月薪、公费共银一百二十两；卫兵正目月饷银十六两、副目月饷银十二两，共二十八两；卫兵八名月薪饷银共八十两；回事二名工食费共六两；当差二名工食费共六两；厨役二名工食费共七两；送信杂役一名工食费三两。以上每月银共一千五百九十两。

临时类：火食米、薪、菜蔬月支银一百两；冬月烧炭、夏月凉棚月支银三十六两；电灯、电话月支银三十两；马车费用支银八十两；纸张笔墨月支银三十两；包车两架月支银共二十两；租房费用支银八十两；临时调查费月约银一百两；电报、邮票费月约银一百两。以上每月临时费银共五百七十六两。

经常、临时合共每月支银二千一百六十两，以全年十二月计算，适合原请每年二万六千两之数。

同日，致吉林都督转裴少将，请让租房："急。吉林陈都督转裴少将鉴：本使经大总统指定驻扎长春，而长春惟旧道署方能复用，此房经执事早已租定，务请推让为感，并希迅复。炳麟。江。印。"

1月4日，致陈昭常电，为请藏旧道署房屋事："吉林都督鉴：孟道寄来尊处复电，旧道署裴不肯让。查南岭本有第三镇驻兵垒垒，原驻全镇，今岂不能容协司令部耶？军官本应与士卒同居，何必居城内，况旧道署经诚统领言明，当即偿还，请转致裴。炳麟。支。印。"

1月9日，《盛京时报》载章氏与奉省都督书："本使前派参赞张祖策先谒贵督，商办一切，业经函达在案。如有关于实业应行调卷查核事件，尚希饬各该管局署，俟参赞到时，一体调齐，以便检阅。再，实业以调查为初基，本使自应派员分途调查，并为通饬各属，如有本属派委调查员到境，应饬警卫一体保护。"

1月16日，《盛京时报》载章氏《与北京政府》："东三省实业借款已挪作兵饷之用，请电咨东督另行筹款弥补，应于垦务、边务，两有裨益。"

1月18日，为询借款事，致上海张伯纯电。先是1月1日，曾电张："上海新靶小路赫林里张伯纯鉴：借款有无眉目，条件何如？速复。麟。东。印。"1月15日又电："上海新靶小路赫林里张伯纯鉴：已签押否？复。炳麟。咸。印。"至是，又电："上海新靶小路赫林里张伯纯鉴：成则速定，败则改商。速付复电。炳麟。巧。印。"

同日，晓谕军民："为训令事：本使奉命筹边，兴办三省实业，以开利源，驻扎长春，组织公署，于二年一月初一日开幕，业经咨行三省都督转饬遵照在案。兹有晓谕军民通告，每□发下□张。为此，令仰该□知事，奉到此项通告，即行派役分路张贴。毋违此令，右令某□知事。"

1月20日，通告东三省军民："照得胡清坠绪，华夏重光，薄海生民，如出水火，而东北一隅格于形势，改革未行，以至将军时代之馀毒，迄今尚在。诸官吏虽良莠不齐，其间正清惠民者，实不多见。本使奉命筹边，听采舆论，想卓茂于新莽之国，求武罗于翠拙之墟。闻其前清黑龙江民政司赵渊、吉林东北路道王瑚皆能不畏强御，善得民心，即坐席未温，遽已投效，足知恶直丑正，其来久矣。从前所谓新政人才者，大都瘠国肥家之蠹,以故虽入日多,而行政经费亦愈加倍,至如牛马课税,任意侵吞,银号羡馀,坐分红股,官荒领费,半入私囊,辇璧舆金,各归乡里,以至现银支绌,外楮横行,光复改号易旂,而东省诸饕藉维持现状之名,为保固贪囊之计,及共和宣布,暮楚朝秦,官位依然无恙。大总统、副总统如天之仁,不忍尽戮,网开一面,冀其自新,犹复相视漠然,贪残载路,至有视政府如赘疣,倚叛匪外府者,衣冠之盗不除,则干戈之盗何以弭?良民归匪,亦固其宜。本使旨在厚生,以为豢养宂官,即为国蠹,廓清赃贿以开利源。为此通告军民人等,其有达官巧取、贪利营私者,悉许投函本署,据实详陈,查有实据,即当上告政府,立正官刑。其有不肖官吏藉兵队以恫赫贿报纸以讥弹者,本使涉历已多,非所畏惮,但为东方父老保障权利,勿受侵渔,于愿足矣。合亟通知,咸使闻知。"(《盛京时报》1913年1月31日。)

1月21日,聘杨福洲、松毓为顾问:"垦殖协会吉林支部部长杨福洲,调查真切,热心边务;国民党吉林支部评议员松毓首赞共和,热心公益,均聘为顾问。送秘书。"

2月5日,函钱玄同:"返京师数日,又将北征,案牍劳形,无暇精理故业,而旧时自著,尚拟校阅,诸刻皆备,惟《文始》未有副本。君处钞录已逾半年,原约腊底毕功,想已成就。不然则望速钞,将原本仍寄京师贤良寺可也。选举后南北必有变乱,左处辽东,姑附危邦不入之义。然而死丧无日,无几相见矣。"

2月13日,委任张祖策等任职:"二月初四日,在京办事处准国务院函开:贵筹边使呈请撤销参赞二员,以节经费等因。奉大总统批:据呈已悉,应即照准,此批相应函知查照。等因。本署既撤销参赞,亟应另行组织,以期完善。着自本日起,增设参事厅,委任张祖策、高鳣祥、汪谦三员为参事。张祖策月支薪津银一百两,高鳣祥、汪谦二员月支薪津银各八十两。缪学贤改委为术艺处处长,月支薪津银八十两。术艺员韩源涛、庶务员吕庆升尚属勤奋,着各月支银五十两,以示鼓励,此令。"

2月19日,咨吉林都督,请令农安等州县派警保护:"为咨行事:交通为实业之必要,航路为交通之一端。松江、辽河二水之间仅隔伊通州等处一百数十里高,原来能一线穿通,前清嘉庆时代,曾拟于松辽二水间开凿运河,以资输转,前人未为无见。但辽河南下,松花北流,两原之间地势分脊,必须详加测勘,方可规画。除已咨奉督借调英工程师秀思外,兹先委派本署术艺处副长杨待先行踏勘,绘具草图,以便英工程师前来再行复勘。据该委员呈称,测勘所经系农安县、伊通州、怀德县各辖境,需先知照各州、县,以资保护。查农安县、伊通州系吉林所属,相应咨请贵督饬令该州、县,俟该委员到境,选派巡警沿途照料可也。此咨。"

3月1日,为术艺处杨副长往长江一带发给护照:"为发给护照事:案照本使奉命筹边,先以垦矿为入手办法。兹派本署术艺处副长杨待前赴长江一带,招来垦丁兴办农业,并召集商家殷户开采金矿,以兴利源,自应给予护照,以利遄行。为此给照,仰该员收执。凡在各处召集垦丁及经过地方,应由各地方官警妥为保护,毋得留难阻挠,须至护照者,右照仰杨副长待执此。"

3月16日,《盛京时报》载:"三省屯垦以东宁根据地,矿产即兴龙沟。二处均紧接俄境,久为垂涎,今有奸商粤人某,欲将兴龙沟私售与俄人,业经禁止。查东宁用款约一万元,即可开办,兴龙沟约二万元,用款尚属无多,又足杜外人窥伺,请即照准。”

4月26日,令掷还农安县知事廖楚璜违式公文:“本使奉大总统任命之专使,经国务院议定为第一级长官,凡三省地方实业,均有直接管辖之权。前发通令,分饬三省知事,按照表式填注官荒、森林、矿产等因在案。乃该知事廖楚璜率用函复,已属违式,兼用准此、此致等字样,尤属荒谬已极。着将原函掷还,仍仰详细调查,此式呈报,以重要公,合行申饬,此令。”

此后,于7月13日,咨吉林民政长徐鼎康,为辞职撤署接管事:“为咨行事。本使辞职,长春机关结束办法,呈明大总统移交吉林民政长接管。本月初二日,准国务院冬电,业经函知吉林民政长在案。本署已定于七月十五号一律解散,除开办报销经费决算由本署该管职员自赴财政部呈给外,所有卷宗、铺垫相应咨请贵民政长迅速派员到长接收。现在本署经费已罄,不能久候,无任企盼。此咨吉林民政长徐。”

春,撰对于东三省筹边使属官文诰一章,文云:“照得胡清坠绪,华夏重光,薄海生民,如出水火。而东北一隅,格于形势,改革未行,以至将军时代之馀毒,迄今尚在。诸官史虽良莠不齐,其间清正惠民者,实不多见。本使奉命筹边,听采舆论,想卓茂新于莽之国,求武罗于羿浞之垆。闻有前清黑龙江民政司赵渊、吉林东北路道王瑚,皆能不畏强御,善得民心,而坐席未温,遽已投劾。足知恶直丑正,其来久矣。从前所谓新政人材者,大都瘠国肥家之蠹,以故岁入日多,而行政经费亦愈加倍。至如牛马课税,任意侵吞,银号羡馀,坐分红股,官荒领费,半入私囊,辇璧舆金,各归乡里,以至现银奇绌,外楮横行,斯民何辜,蒙此今毒。去岁各省光复,改号易旗,而东省诸饕,借维持现状之名,为保护贪囊之计。及共和宣布,暮楚朝秦,官位依然,簠簋无恙。大总统、副总统如天之仁,不忍尽戮,网开一面,冀其自新,犹复相视漠然,贫残载路。至有视政府如赘旒,倚叛匪为外府者。夫衣冠之盗不除,则干戈之盗何以弭绝,民归胡匪,亦固其宜。本使职在厚生,以为豢养冗官,即为国蠹,廓清贼贿,亦浚利源。为此通告君民人等,其有达官巧取,贪吏营私者,悉许投函本署,据实详陈,查有实据,即当上告政府,立正官刑。其有不肖官吏,借兵队以恫喝,赇报纸以讥弹者,本使涉历已多,非所畏弹。但为东方父老,保障权利,勿受侵渔,于愿足矣。合亟通告,咸使闻知。”(张破浪:《春雨杏花楼笔记》第82—83页,松江益智书社1933年11月铅字排印本。)

4月17日,章太炎在国民党上海交通部欢迎会上发表演说,认为“欲扫除劣政治,产生良政治,非先从医治国病,铲除专制劣根下手不可”。当时报载,章氏演说曰:“破坏、建设,本有钩连关系。反对者诬国民党只能破坏不能建设,实不通论。盖吾党能破坏即能建设,所用的手段虽不同,而能力作用则无不同。兄弟初见南方革命后秩序未复,颇不谓然。即至北京,又到东三省,观察种种政治现象,实异常腐败,深堪浩叹。盖北方受了腐败专制的遗传病,较诸南方革命的激烈病,其流毒更甚。吾辈欲扫除劣政治,产出良政治,非先从医治国病、铲除专制劣根下手不可。譬诸人身已抱重病,若仍维持病人现状,直是杀之而已。民国成立,辄曰维持现状。所谓现状,亦未说明。据兄弟看来,民国非维持现状也,乃维持现病耳。若坐视腐败专制之病常存留中央,则民国共和终成梦想。故今日吾革党对于建设民国一问题,当仍以猛进的手段,循文明的步调,急求破坏专制恶根,拼命力争共和二字,此后方有建设可言。不过主张稳健,与革命时期进行稍不同而已。盖革命乃大破坏,改良不良政治乃小破坏。各国政治之演进,万不能不经破坏就能改良的。至于南北人民的心理,均属一致想望共和,绝无意见不同之虑。盖公理自在,故人心不约而同。吾同盟会当日不过二三千人,到起义之日,遍地都是革命党,足见公理之势力,足以鞭策社会。今日政治不良,人人都知道的。主张改造政府、改良政治,国民无不赞成。

"自宋案发生,据中外喧传,群知主名之所在。政府若做贼心虚也者,将一切内政外交问题停止不办,表现一种无政府之状态,只知招兵购弹,保护权位,国家前途实危险已极。至于人民之大动公愤,亦发于良知,不能自禁。中山、克强均主张稳健,以法律解决。我恐怕做不到。试问杀人正犯能到法庭受审判否?若其不能,此案即非仅法律所能解决。况此案发生,各省人心异常愤激,亦有种种理由。使政府平日施政大公无私,为人民所信仰,则宋案发生,人心必不如是愤激。因政府平日行为极谬,国民已大受痛苦,故宋案发生,国民震怒,几不可遏。此亦公理不灭、人心不死的明证。试问中山、克强能劝止全国民党及国民不追问宋案正犯乎?不反对政府乎?所以,据兄弟看来,宋案当以政治解决为妥善,法律解决相提并进。若再勉强敷衍,结果终不堪问。故民党今日不必问政府如何强横、如何野蛮,只问政府行动能否合乎人道公理。若彼违反人道公理,吾党传公理人道以对付之。国民良心尚存,不患不赞成吾党,吾党共和目的不患不能达到。愿努力做去,则民国幸甚。"(《民立报》,1913 年 4 月 26 日。)

4 月 25 日,章氏在上海国民党交通部发表演说,对于宋案主张"法律解决与政治解决相扶并进";认为"政府宁可受人民堂堂正正之诘责,不宜防川致溃"。

4 月 27 日,国民党交通部并上海分部在上海张园开黄花岗诸烈士纪念大会,并追悼林述庆,到会二千馀人,由陈其美主持并宣读祭文。章氏发表演说,略谓:"上年北京开黄花岗诸烈士纪念会时,尝见钝初于会场,并闻钝初演说。今日此间开会纪念,钝初已作古人。回忆前尘,实深悲悼。然天下事祸福相倚,有七十二烈士之流血,然后有武昌之起义,然后有今日之民国,则诸烈士之流血,固属可悲,亦属可幸。诸烈士备尝艰苦,志行卓越,虽仅七十二人,卒能磅礴全国。林君志行与诸烈士无殊,甫建殊功,即奉身以退,其淡于荣利,与争权争利者截然不同,遽尔逝世,言之痛心云云。"继由戴天仇(季陶)等发言。(《申报》1913 年 4 月 28 日"本埠新闻"《张园开会纪事》。)

5 月 9 日,《顺天时报》本日载章氏致函袁世凯:"承示开国成家,小人勿用。足见大总统诚心体国,不庇奸谀。然宋案非仓猝可了。上下相疑,劳于对付。蒙、藏风云已急,而政府不遑过问,民心愤激已深,而孙、黄不抑制。如此延宕三四月,即成无政府景象。以大总统苦心经营,推倒清室,功不在黎、黄下,乃为宵人所误,不能不为公痛哭。要之,佞人得志,不专与宋案相关。法律解决,亦恐无效。若以政府问题去此数人,易如反掌,何苦保佞谀之禄位,堕一己之令名。诚能决心以推诚以待人材,保全倡义无勋,倚任武昌之夹辅,何不乐为!"

5月上旬,章氏与蒋智由、沈定一等在上海发起弭祸会,并于7月21日发出公启,"请袁世凯退位"。

5月中旬,在武昌,黎元洪"待如上宾"。据报载:

"章太炎此次来鄂,谒见黎公,力劝黎推崇项城,对于南方民党主张,颇不为然。谓:'迭次风潮,皆某一人主使。闻公于杀张、方之先,已获有某之确实证据,今为四万万同胞安居乐业计,应将伟人罪状,布告远近,咸使闻知。'并缕述宋案、借款,其中种种怪异之谈,多为他人所未道者。更论及总统问题,则云'现今之世,对内对外,须如快刀斩断丝,总统殆非袁莫属。余主张联合各省,电请参、众两院,仍举袁为正式总统,公为第二次总统可也'。黎公留之府中,待如上宾。是夜,章氏谈至高兴时,忽索纸笔草一电稿,面呈黎公,请通告各省,共讨乱党,以全大局。黎公阅过,即受而藏之,似有不以为然之意。次日,共和党人闻章主张维持大局,特设筵欢宴。章氏席间所论宋案、借款、选举总统三事,亦多与黎公所言相同。乃翌日,国民党鄂支部开欢迎会,章氏演说,忽顿改旨趣。略谓:'中央政府之不法,何止宋案及借款二事,实为万恶之总汇。'当将用人、行政二项逐一指摘,百端诋毁。其最要语有'近来之攻击政府者,惟于宋案、借款二端立论,而对于用人、行政种种坏象,无有揭而出之者。此后吾人立论,须将政府一切乱政切实道出,勿徒攻击宋案、借款,以免牵动客气,而予反对党以口实。盖此次南北纷争,党人水火,其关键只在总统问题,若徒以宋案、借款二题目,是非胜负,尚难确定,惟将政府种种不端昭示国人,则国人自无信任袁氏之心,而总统问题自易解决矣'。末又论将来选举总统,当以黎公为目标,其政治经验虽缺乏,而有政党的责任内阁以辅佐之,实足以促国民之进步。并希望国人一致推崇黎公云云。此种两面讨好之言论,两方初俱不知适〔道〕。汉口国民党交通部定于十六日欢宴章氏,而是日两党派之报纸,俱记载章氏一切言论,参观对照,昨今竟判若两人。盖章初以对于黎公言谈,外间必无从知之者,不料尽情披露,遂托疾不赴交通部之宴,而阅报者知其雅有疯子诮号,亦莫之异也。"(《申报》1913年5月21日第六版"要闻二"《章太炎疯病又发》。)

不久,章氏对在鄂报道,复书辩答。报载:

"章太炎此次来鄂,谒黎公之言论与对国民党之演说,大相矛盾,经共和、国民两党报纸披露后,国民党鄂支部诸人见之大愤,即遣人前往诘问,而章寄住都督府,门禁森严,一时未能会晤,特驰书要其答复。当接章氏复函:

"以前在沪上,与克强相见数次,并无暴乱之谋,纵四都督有示威运动,亦非有意兴戎。鄙人见黎公后,方为盛情解说。黎劝某拥戴袁氏之言则有之,某岂有劝其征讨之事。报章有意颠倒,殊不足信已。移书嘱其更正云云。然记载此事之某报,连日犹有评论章氏对于黎公之语,并未见更正之词云。"(《申报》1913年5月25日第六版"要闻一"《岑西林与章太炎》。)

5月下旬,据报载:

"日昨章太炎偕岑云阶、李仲仙、章士钊诸人,再谒黎督,进词良久。据闻黎答章氏语,有云:'总统一席,中山、克强皆优为之,吾自量才力,连湖北都督亦不胜任,君不见有派报章诋骂鄙夷我之词,何尝一日绝笔,幸我姓黎,黎、逆二字连贯不好念,未奉赐及,即欲举我,如舆论何?'章等乃相将而退。现闻有一派人拟联络黎公左右,合力劝黎勿却正式之任,并闻有人由沪来电极力颂扬黎公,惟闻黎公绝不为动耳。"(《申报》1913 年 5 月 30 日第六版"要闻二"《黎督之妙语》。)

章氏在鄂,曾与岑春煊连谒黎元洪,据报载:

"岑西林与章太炎近来无日不谒黎公,进其游说,黎公亦劝其共维大局,巩固国家,意见不免稍有参差。现章已晋京,岑仍不时渡江至都督府闲谈。"(《申报》1913 年 6 月 3 日第六版《岑西林之国事谈》。)

5 月下旬,由武昌到北京,报载:"北京电:章太炎前日到京,住金台旅馆。"(《申报》1913 年 5 月 31 日第二版"专电"。)又载:"章太炎日内即行受勋位礼。昨向人借礼服,但其语人,仍不主袁为总统,谓西林资格更胜袁。又谓若借款能成,则复赴筹边使任,否则不赴。"(《申报》1913 年 6 月 1 日第二版"专电"。)

5 月 25 日,袁世凯发令"章炳麟授以勋二位",并"以去沪办报为名",授以四万元支票一纸,章氏一时苦无善策。6 月 4 日,离京来沪。未几,张謇来见,"开门见山地说:听说项城给你拨款四万元去上海办报,今共和党在上海出版的《大共和日报》经费支绌,尔我同为共和党发起人,用此四万元维持《大共和日报》,既符合项城在沪办报之要求,又无须由君为此繁琐劳神,现在计亦良得。太炎便不再思索,将四万元支票交与张謇。事后始知,张季直有人布置在项城左右,所以太炎接受支票刚归,张便接踵而至"。(胡觉民:《汤国梨谈章太炎》,见上海政协《辛亥革命七十周年》,1981 年 8 月上海人民出版社版。)

6 月 4 日,《大共和日报》发表黄宗仰《与太炎先生书》并附诗一首,署名"乌目山人":

"太炎先生伟鉴:

"前计使星过鄂,小驻行骖,即当北上,故曾布函伸悃,邮达长春。今知德星尚留照汉皋,周道逶迟,熟筹大计,则前函自尚未登鉴。今日大局蒙翳,已如堕十重云雾,虽其有拨天手段,未易见功。执事以悲悯之怀,行其直道,申以谠言,固犹是二十年来,所抱转移世道之本旨。既不歌龙蛇而避赏,亦何尝欲与鸡虫争得失?乃公论不泯,久而益彰。昨阅报知已邀勋二位之典,此不足增执事道德之价值,而影响所及甚大,是可贺也,亦即为天下尚有公论贺也。鄙意窃虑时局变幻,凡我贤人君子,自宜纯以热诚,担任艰巨,然明哲之义,似亦未可厚非。前函断断及之(中略),此皆鄙俗之见,度不值通雅一哂。区区刍献,读之再三,诚亦不觉其可哂也。附呈小诗一首,即祈鉴印,藉颂勋祺。

芝兰避俗赏,松柏有本心。
公抱此二义,高尚匪自今。
天爵自然贵,人爵不足临。

处为天下瑞,出则为甘霖。
神功二十载,岱云何沉沉?
翻然鸿鹄举,不为龙蛇吟。
存心在利济,德量咸所钦。
岂待问功业?虚受名位歆。
前世有公论,荣辱非可侵。
岂无策功者?汶汶栖山林。
亦有致高位,斧柯曾未寻。
念此一慷慨,俯仰感不禁。
公今仅得此,诚天惭影衾。
犹惜报酬薄,一羽加万金。
差强人意耳,为公怀好音。”

6月26日,宋教仁葬于上海,送葬者多达数万人,谭人凤、王宠惠、居正、胡瑛和章氏等参加丧礼。

6月28日,《大共和日报》发表黄宗仰(署名“乌目山人”)《雨中偕太炎、孑民访观云畅谈,归记以诗》:

别时越雨秋,踪迹颇茫昧。
林林人海中,空谷宛然在。
僦居淞沪滨,姓名自韬晦。
弃我毋乃遐,我思实已痗。
昨者骖乘行,雨中一访戴。
兰言慰饥渴,蕉萃瞻风概。
自云隐海隅,相忘及宇内。
时还著我书,声闻绝侪辈。
抵掌各欷歔,伸眉重慷慨。
心长雄万夫,气素论当代。
愤控夲初弦,天窘柳州对。
罗织遍市朝,金钱恣赊贷。
日月堕旋渊,山川蒙腥秽。
乾坤若倒悬,左右无纳诲。
四凶奉一尊,奇诡极万态。
屯然否塞中,妖氛蔽真绛。
白宫居斯人,苍生定沦废。
来日知大难,谷稔恐不再。
斯言入吾耳,不觉悚然退。
吾党丁其冲,俯仰浑无赖。

相期诸巨贤,如云蓄泰岱。

起为天下雨,四海遍沾溉。

国魂重昭苏,伏游同覆载。

6、7月(五、六月)间,黄侃多次往访章氏,黄侃《癸巳日记》(见《黄侃日记》,江苏教育出版社2001年8月版,下同。)五月十六日(6月20日)记:"是日自斜桥徐庆里十号移居法租界打铁滨路明德里三弄底。"五月十八日(6月22日)记:"同旭初至张园,复至太炎家。"五月二十日(6月24日)记:"至太炎家遇边境宏女士,约太炎及汤女士明晚来便饭。"五月二十一日(6月25日)记:"太炎及汤女士来此晚饭。"五月廿二日(6月26日)记:"访太炎未遇。"六月初一日(7月4日):"又至太炎处乞集稿并抄太炎为先君所作墓铭。"(收禺生五十元、太炎五十元。)六月初三日(7月6日)记:"与旭初至章师处,遂同往张园、徐园,还至醉,呕晚餐,康心孚兄弟在座。"(康氏兄弟,即为太炎刊行1915年上海右文社铅字排印本。)

7月2日,《与共和党本部书》:"顷得贺君孝斋来书,知议员七十馀人志尚纯洁,不为利惑。而民社及旧统一党人实居多数。鄙人于去春合并志愿所在,惟此一端。谗慝间之,事以中寝,所以抉然独处,甘心长往,正以奸谀不可作援故也。其后苞苴流衍,谗贼公行,统一党非复旧观。两狐鼠之徒,凭依城社,舆台贱隶,所在成群。至三党合并议成,以为中国无可希望,不意诸君子愤发其所,为天下雄。将率群材,云蒸龙变,卷葹拔心而不死,秋菊晚岁而愈馨。逖听风声,欢喜踊跃。所愿众志成城,贞固干事,不屈威武,不挠利权,旗帜鲜明,则群伦自附。"(《顺天时报》1913年7月5日。)

7月11日,《民立报》载章氏《致共和党本部函》:"共和党本部诸君子鉴:群贤拔帜,日月为昭,用能上交不谄,下交不渎,实中夏无强之休。顷得贺君孝斋来书,知议员七十馀人志尚纯洁,不为利惑,而民社及旧统一党人实居多数。鄙人于去春合并,志愿所在,惟此一端。谗慝间之,事以中寝,所以块然独处,甘心长往,正以奸谀不可作援故也。其后苞苴流衍,谗贼公行,统一党非复旧观。而狐鼠之徒,凭依城社,舆台贱隶,所在成群。至三党合并议成,以为中国无可希望。不意诸君子愤发其所为天下雄,将率群材,云蒸龙变。卷葹拔心而不死,秋菊晚岁而愈馨,逖听风声,欢喜踊跃。所愿众志成城,贞固干事,不屈威武,不挠利权,旗帜鲜明,则群伦自坿,风雨不已,斯精色自开。敬祝共和党万岁!理事长黎公万岁!章炳麟鞠躬。"(《民立报》1913年7月11日,原题《章太炎大骂御用党》。)

7月14日,复钱玄同等函:"前以国事板荡,无术拯乱,有人劝以超然,无党之人建设学会,然亦'复社'、'几社'之流,不能纯讲朴学,鄙意所规乃别有在。惟西湖已被点污,浙中当事骄横逼人,蛰仙尚不能堪,况于我辈?既不能与周旋,则不欲托其宇下也。大学授书,本无所愧,抗颜为之,亦何不可?惟都下学子习俗颇深,恐粪土不可施杇槾耳。濂洛绪言,原多可取,鄙意请当与汉晋儒同观。苟无道统诸说横梗胸中,则正足以修身淑世耳。"

7月,广西梁烈亚访问章氏于沪寓,章氏手书篆文对联以赠,联曰"但保本来面目,莫诒千古话言”。并教育梁烈亚,“要保持革命者本来面目,不要被人收买,不要做遗臭万年的千古罪人。”(1981年7月,为纪念辛亥革命七十周年,九十高龄的梁烈亚将对联捐献国家。)

8月初,章氏冒危北上。当时友人劝他暂避海外,免遭袁氏毒手,章不以为然,说:“中国已光复而犹亡命,我不为也。”还对家人说:“当年无奈,出走日本,今天光复了,再避居国外,岂不为外人讪笑。我当入京面数袁世凯祸国之心。”于是不顾安危,毅然入京。(章导:《辛亥革命前后先父章太炎若干事》,见上海政协:《辛亥革命七十周年》,1981年版。)

8月,湖南《教育杂志》第二年第九期出版,载《章太炎先生拟定国歌及复教育部书》。初,教育部曾函请章氏暨王闿运等拟撰国歌,有人“欲取虞舜卿云之歌”,章不以为然,自拟国歌,并复教育部。函云:“径启者:顷准贵部公函,属拟国歌一首,当已草创邮寄。并闻兼请壬秋诸老四同布德音,斟酌取舍,是在大雅。如其无当,旧歌非无可采。乃者朝市纷纭,欲取虞舜卿云之歌,以表禅让,则鄙人实有不能已于言者。凡为国歌,盖以发扬民气,而非徒赞美政体之云云。民国承前清馀烈,庶事百孔千疮,加以外患频仍,亟思经武。然则表彰戡乱之功,提倡爱国之念,皆国歌所当言者。夫岂独云改专制为共和而已。唐虞禅让,本与民主殊情,况今之改革,非雍容拱揖而取之也。武昌倡义,金陵奠都,虽不过偏隅半壁之形,而创造民国之始基,实由于此,岂可视同刍狗,弃若弁髦,而以禅让虚情,尽掩前人之成绩,拂违全国之本情耶?清室失政,毒我烝民,凡有人心,皆思剸刃,其所以和平了事者,乃因外患逼迫使然,而外有南军主持正义,内有彭家珍疮陷腹心,彼清廷者,亦不得不俯首退让,比于轵道素车,仅全体貌。今欲比民国总统于舜,是欲比独夫于尧乎?则可谓邪说诬民矣。推其作始,无过一二亡国大夫,欲借禅让以自掩饰,不知舍逆取顺,虽为危素可也。若掩除暴定功之实,而效美新典引之诬,适使国家失其光荣,仍更贻之丑耳。魏文帝云,舜、禹之事,吾知之矣,纵使比隆虞、夏,亦不过与当涂比肩,江汉建康之烈,其可诬哉!鄙意以为虞歌不应采录,应亟取消,若少嫙婀,即为国民公敌,为此驰函警告,请审思事理,慎而行之。”

章氏所拟国歌为:“高高上苍,华山挺中央。夏水千里,南流下汉阳。四千年文物,化被遐荒。荡除帝制从民望。兵不血刃,楼船不震,青烟不飏,以复我土宇昄章,复我土宇昄章。吾知所乐,乐有法常,休矣吾族无有此界尔疆。万寿千岁,与天地久长。”

8月,章氏驳汤化龙致黄兴电:“汤化龙致黄兴电谓:‘公辈号召之名,方谓政府不良,激而为此。年来内阁无状,吾辈恒引为大憾。去岁十罪布,尚可复按。惟总统与内阁实为公体,断不能以改革内阁之故,掌及依约法进退之总统。’此所谓拘牵法理,不求事实之说也。一岁以来,内阁只为总统台隶,承流宣化,以衍其恶则有矣。而非能处于主动之地位。其主动者自以枢府昵近之人,即为汤君运动议长,数至百万者,亦自枢府派遣,何尝一经内阁之手?其他恶政,大抵类是。惟赵秉钧尝亲遣凶人,狙害良士,然其发动之点,亦尚有在赵以上者。故大总统七月二十三日命令:‘国务院为大政所出降格以求,实势所逼,踌躇满志,事安可期。'此即归过阁员,而深为其私人隐讳也。夫然,则内阁诸吏只为肉食茸鄙之材,非有梼机穷奇之恶,欲以李树代桃受僵,可谓不查其本根者,且汤君明言:'今昔情形迥异,革专制之名其名顺,革共和之命其名逆。'曾不思清世亦有资政议员,不纯专制。而最后弊政出于奕劻、载泽、盛宣怀之徒,非摄政、宣统亲自为之,亦可云皇帝与内阁实为分体,不能以改革内阁之故牵及神圣不可侵犯之皇帝乎?汤君去岁所以只责内阁者,岂有他肠?一则为元首护短,二乃为同党代攫钧衡。其心已历历如绘矣。赵、段去而熊希龄来。诡托脱党之名,以解营私之谤,此果能以一人之手而掩尽天下耳目耶?彼熊希龄者,昔曾为载泽、瑞澂死党,尝荐瑞澂以为第一政治家者也。其善行馈遗广通声气,以求必达,其目的者尚视昔之内阁为甚。汤君试思之,更置内阁公乎、私乎?于政本果有益乎?恐水益深火益热耳。然则改选总统,为今日根本解决之方,舍是更无长策。惟穷兵已逞,害及生民,则有过于操切者矣。黄兴而去,或有以暴易暴之忧,今黄兴已遁,而上游湘、蜀皆独立。天去其疾,宜有堂堂之阵、正正之谋,荡除毒螯,翌戴令主者乎?"(《盛京时报》1903 年 8 月 15 日。)

9 月 7 日,黄侃抵京访章。据《黄侃日记》,黄侃于 7 月 10 日至南京,7 月 12 日抵天津,次日"入都"。23 日,据《黄侃日记》,(《日记》用旧历,下注"新"历。今一列用公元,即"新"历。)他入京后,晚赴进步党俱乐部,晤汤化龙。旋返沪。8 月 9 记:"至北四川路章太炎处,太炎已往北,见师母,食面而归,面甚不佳。"太炎赴京后,黄侃于本日抵京,当晚即访章氏,是日记:"晚饭后至共和党,见太炎、禺生。十二时归。"此后,日记有关记载,并录于此。9 月 15 日记:"得太炎书,复太炎书。"9 月 16 日日记:"午后偕通一至太炎处,遇季旗同出吃饭,散步而归。"9 月 17 日记:"午后访旭初,又至尧卿处,嘱拟一稿。又为先生事。返,购帽,至太炎处。"9 月 19 日记:"午,出访尧卿,还,过章师。晚饭后散步而返。"9 月 21 日记:"晚诣章师。"9 月 25 日记:"午,出访先生。"9 月 26 日记:"晚诣章师,谈甚久。"9 月 27 日记:"午后少黄来为之作书,同看梅兰芳戏。夜,同至师处,一时归。"9 月 28 日记:"午后出至旭初寓,旭初约初二日行。遇章师,遇德潜、逖先。"9 月 30 日记:"晚,与通一及汪平同诣章师。"10 月 7 日黄侃返沪,10 月 26 日记:"以《伤乱赋》寄先生。"11 月 23 日记:"作《高丘》诗。以太炎馈及所著《伤离赋》寄晓敦。"12 月 25 日记:"复旭初书,言下月三、四日必北行。"惜 1914、1915 年《日记》均散佚,否则黄侃北上后与章氏晤谈以至反袁情况,当有记载云。

11 月上旬,上书袁世凯:"清失其鹿,民国肇兴,虽兵不血刃,百日而成,追维事前经营之力,所以摩荡人心者,盖十有馀年矣。炳麟不佞,始以历史民族之义提倡光复。时前总统孙公屏居日本,交游素寡,初与定交,同谋匪济。既而文字兴祸,絷于上海,海内为之激昂。幸而不死,东抵江户。以天之灵,黄、农、虞、夏之佑我子孙,腾书驰说,不为四百兆人遐弃,内外喁喁,延颈望义。逮乎辛亥,大义举于武昌,十有四省应如反掌。夫唯历史民族主义,足以为全国斗杓,故举兵不为犯顺,推亡不为篡盗。民国既定,以外患之亟,京宅之不可偏安,奠都宛平,躬实倡议。自以积年行事,可告无罪于同胞也。其后稍谋仕宦,发举贪墨数事,此则在官之责当然,亦以为无负于大总统也。不图谗谄交构,必欲制其死命,徒以语言不逊,谓之从乱。幽居京邸,宪兵相守者已三月矣。炳麟以眇眇之身,始执大象以厉国民,涉险垂危,幸而克济,其于民国,本艰难困苦而致之,虑任邪佞,以致覆亡,思勤之心,自不能一日去于怀也。曩者孙公草创金陵,纲纪未具,政事小有淩乱,其于炳麟又有同义肺腑之亲,然犹奋笔弹射,无所避回。今之政事,视金陵何如,此自大总统所明喻。纵欲为圣朝隐讳,心既不安,且无以对孙公于前日。四万万人之所具瞻者,又不能借好言美赂而蔽之也。防民之口,甚于防川,此之讥议,不专在炳麟一身明矣。既不相舍,故欲出居青岛,以反初服,而养痾疾。抵书警备副司令陆君以喻此意,七日以来,终无报命。昔乐毅佐燕,以报强齐,故鼎返乎磿室,大吕陈乎玄英,蓟丘之植,植于汶篁,谗人闻之,亡奔于赵。以炳麟之愚赣,诚不敢自比古人也。若大总统犹以为恨,未能相释,虽仰药系组,以从大命,势亦足以两解,而惧伤大总统之明耳。如可苟且隐忍以遵出疆,虽在异国,至死不敢谋燕,亦犹乐生之志也,敢布腹心,惟大总统鉴之。"(抄件,见《近代史料》,中国第二历史档案馆藏。此书曾载《顺天时报》,1913年11月9日,则此书应发于11月上旬。《章太炎年谱长编》原第471页所引不是全文,误系于1914年1月。)

11月17日,午后七时,陆建章驱马车至共和党本部接出章太炎,"招待"晚餐,就青岛之行言:国是未定,暂时仍留居北京。章氏表示:国史馆总裁一事,非其事渐次就绪,不能接受。至"顾问"一席,也无心情接受。陆建章又提出章太炎过去非议代议制,为袁世凯无耻国会的言行辩护。章氏答称:今昔情势有变,不容以此为袁世凯辩护。(《顺天时报》,1913年11月18日。)

12月9日起,章氏"主讲国学会,开始讲学"。18日,讲文学,据"听讲日记","讲课内容"为:"古人著书,多以篇名,如载于《汉书·艺文志》者,皆云某人书若干篇,且其命意,往往不在一篇之中,必就其全书逐篇读之,始能识其用意之所在。凡周、秦诸子之书皆然,岂惟诸子,即群经亦莫不如是也。自魏、晋以来,始有集名。集中体裁既多,命意亦殊,故读一篇可以得一篇之意,不必如古人著书,言在此而意或在彼也。至梁太子统,又择其精者,别为一集,于是而有总集之目。总集者,所以去别集之繁冗,而便学者之诵习也。曾涤生不识此意,乃以经史诸子入选。夫经子本自分篇,尚不容入选,况诸史为一代之成书乎?读《文选》序例,不录子史之语,不能不服昭明之卓见矣。

"清儒阮元,谓文以耦丽为主,又举《易·文言》传句多用韵以证之,不知古人言文无殊,言出诸口笔之于书即为文。古时如二典君臣诰诫之词,中世如《国策》说士之语,皆其言之笔于书者也。且古人日用常语,本有高下抗坠之度,所谓调也,有调即有韵,不然则叶声以求通,《尚书》诸篇,数见不鲜,不独《易传》为然。故古人文字非有意用韵,而曰必以耦俪为文,古人亦无是也。"(金毓黻:《国学会听讲日记》,见《东北丛刊》第七号,1930年7月出版。)

12月20日,讲诸子学。据"听讲日记",讲学内容为:"古之儒者,皆身通六艺,至孔子时亦然。然观孔子所著书,及其门人所记,往往论及时政之得失,风俗之隆污,视古之儒者为少侈矣。大抵孔子乃春秋时一政客,其七十子之徒,不过其政党中之党员耳。特其时以儒自命者,皆能身通六艺,尚为不失古儒之真。至战国之际,孟、荀诸子不必身通六艺,是已由儒者一变而为说士矣"。"孟、荀诸子,尚不失为政客。至汉族郦、贾,始纯为说士,然诸人固尝以儒自命者。

"西汉之世,始有经师,经师非儒也,然能遵守古人成说,造语精粹,亦自一时杰士。且古人经传,多借汉儒以存。先王典制,犹因其说以考见,以较儒家末流,驰骛政途,不知己身所学何事者,孰为有功于斯世耶?

"欲明经师与儒家之不同,可于数言得之。大抵经师之长,在造语精粹,切当不易,而笃守古人成说,拘于一偏,则其所短也。儒家之不如经师者,以其立论多驳而不纯,然其独伸己见,前无古人之气概,亦经师之所不及也。

"西汉经师,有古文家、今文家之分,若贾谊,若毛公,若张敞,皆古文家经师也。若董仲舒、夏侯始昌、京房、翼奉之徒,皆今文家经师也。所谓《春秋》断狱,《禹贡》治河,《三百五篇》当谏书,皆今文家所奉之鸿宝。至近世刘逢禄、宋翔凤之徒,益畅其支,而其害人也亦滋甚,非特不如古文家之实事求是,抑亦不如今文家(指汉儒)占验之精矣。

"近世儒家,皆由今文家蜕变而来,如以公羊家之说解经者皆是。

"近人有倡立孔教者,实厚诬孔子者也。大凡宗教家皆重迷信,如古者阴阳家一流。孔子曰:'丘之祷久矣。'又曰:'获罪于天,无所祷也。'是何尝有丝毫迷信之存在。且今之宗教,多与政治殊途。试思孔子当日尝以得君行道为归,而奉其教者,能置国事于不问乎?此孔教所以似宗教而非宗教也,以教主尊孔子,而反以侪孔子于耶稣、摩罕默得之列也,其厚诬孔子,为何如耶?

"且不独孔子为然也,即老、佛二氏,亦非宗教。老子崇虚无,明自然,独树一帜,与孔子对峙于南方,观其著书,极力破除迷信。(孔子之破除迷信,尚不如老子之甚。)何尝有一语似宗教家言,及为后世术士所依托,则为教矣。至若佛书之奥博精深,尤非老氏所及,印度之婆罗门教,既与佛氏绝然不同,而传入中国者,又不过窃其净土宗之馀绪耳(净土宗本为浅人而设,及传入中国,则士夫之不为富贵利达所囿者,多入之)。"(同上。)

12 月 22 日,讲小学,据"听讲日记",讲学内容为:"古人讲音理韵理,非字字可以音理韵理绳之也。如云:人一首二手二足无尾,此亦就人之多数言之耳。绝远之域,荒漠之区,忽有人焉,而二首四手三足有尾,则亦不谓之人乎?故今之所谓人者,举其多数言之耳,又举其常见者言之耳,世界之大,果尽能如吾所云与否,可不问也。讲音理韵理者,不可不悟此理。

"韵目之次序,本无一定,古人只取其音相近者排列之,惟求大致不差,不屑一一求安,《说文》分部之次第,即取其字义之相近者(近人韵表,惟戴氏书稍有次序)。

"《康熙字典》就楷书分部,谬误极多,如季字,《说文》本从禾从千,《字典》以楷书年不类篆书,改入干部,似此谬误,不胜枚举,《广韵》、《玉篇》虽有错谬,然不若斯之甚。

"六书之次第,以象形、指事为最先,至象形、指事二者之先后,则又有难定者。大氐凡物可画其形者象其形,如日月之类;其不能画形者指其事,如上下之类。形者,物之有形可象者也,同时非无可指之事;事者,事之无迹可求者也,同时亦有可象之物,二者不能以先后分也。凡象形字多属具体名词,指事多属抽象名词(毓黻按:黄道周《礼书通故》已有此说)。

“金坛段氏,谓指事、象形、形声、会意四者为字之体,转注、假借二者为字之用,有转注之法,而后能合多字为一义,有假借之法,而后能以一字生数义,其便于学者在此,而六书之妙用亦在此。其言韪矣。然考仓颉造字之初,字数必简于后世,如段氏举初哉首基,始也,为转注之例,是《尔雅》中所载之字,仓颉氏均已造之矣,有是理乎?寻段氏所误,在专就字义立言,而置字音于不顾,故举《尔雅》为证,不知许书举考、老为转注之例,不仅字义相同,亦为一音之转。他如天,颠也,颠,顶也之类,莫不如是。《尔雅》所列诸字,乃义同,非音同也。贤如段氏,乃不知此,甚矣古学之不易讲,而真理之难晰也。

“以西人词品以考吾国文字,则以感叹词发生最先,形容词次之,名词又次之,古人虽未知名物,而号咷嬉笑之作,则出于自然,故文字之记识为最先。又如见物必先鉴其色,次辨其形(如红白大小之类),然后定之以名称,故形容词次之,而名词又次之。”(同上。)

12 月 23 日,讲小学,据“听讲日记”,讲学内容为:“古韵不可尽以今韵绳也,古时分韵少,而今时分韵多,如《尚书》所载,舜、禹、皋陶之歌,用字不尽如今时所分之韵,可知古时分韵至少,字可相通,如明字,本在庚韵,而古音读如茫,则在阳韵。裘,本在尤韵,而古音读如箕,则在支韵。旂,本在支韵,而古音读如侵,则在侵韵。又可知古人之用韵,决不同于今人之叶韵也。

“古时无诗,《诗》三百篇,大抵皆古人之歌谣也。古之歌谣,犹今之戏曲。今日南北殊言,东西异语,齐鲁人之不明江浙语,犹川滇人之不谙交广语也。岂惟全国,即一省之中,亦各自为风气。方言杂糅,到处皆然。至于戏曲所吐之音,则与语言有别,某字某句,齐鲁喻之,江浙人亦喻之,而川滇交广人亦无不喻之,试一至沪津、广州、成都各大埠戏园,听其所吐之音,无不从同,是亦一异征也。故古时虽各地方言不同,而其流播之歌谣,妇人孺子亦可默喻。且古时中国土地狭小,各国方言,本无大异,如《国风》十五国,皆居黄河流域,以视今日国土之广,亦自有间,而民间传播之歌谣,岂反有不能共喻者乎?虽然,古时各国歌谣,其音虽同,其调则异,亦犹今日之戏曲,有皮簧秦腔之分也。

“古人于音转之字,皆造字以当之,即六书中之转注法也。盖古时各地方言不同。同一物,此处有一称,彼地又有一称,如首字,古音读如道,易地则以首如头,道头双声,即一音之转也。古人以首为头,则造一头字以当之,是故此地以为老也,彼地则以为考,考、老,一音之转也。此地以为颠也,彼地以为顶,颠、顶,一音之转也。类此者繁不胜举。至于后世,则与古时迥殊,如天字,汉人读如仙,天为一音,仙又为一音,天、仙,一音之转也。如在古人,必另造一音如仙之字以当之,而汉人则否。又如车字,汉人读如差,车为一音,差又为一音,车、差,一音之转也。如在古人,亦必另造一音如差之字以当之,而汉人则否。是以古人可造字,而今人不可造字,后世字书,如《广韵》中未尝无添造之字。迨日久音变,则其字即不能复用,是以知古时字随音而变(如转注之字皆是),近世字不随音而变。汉时音凡数变,而古音至今二千年,卒未能变,(有可变之迹,而无可变之理。)此古音所以可寻,而后人所造之字,为无味也。(近人所造之字,如⊡,口作声也,有读如莫,无有也之类,皆极荒谬。)

"试再举例以明之,如《说文》元,从一兀声,元、兀双声。首古音如道,道转为头,道、头双声。丘、虚同义,虚古音如区,丘、区双声。亡、亡同义,下亡字读如无,亡、无双声,又亡阳声,在阳韵,亡(无)阴声,在鱼韵,阳、鱼对转。至、臻同义,亦双声字。又至阴声,在至韵,臻阳声,在真韵,真、至对转。宽、阔亦双声,又宽阳声,在寒韵,阔阴声,在泰韵,寒泰对转。凡双声本皆一义,必异其字形者,即因字音之不同耳。设不另造异形之字,势必以一字而读两音,不惟有扞格难通之患,而声音亦为之混淆矣。

"凡字有义同而声音相近者,为转注,凡双声字及对转字皆属之。戴东原氏举《说文》考、老也,老、考也两字互训,为考老之例,遗字音于不问。不知《周官》保氏教国子以六书,其时本无类似《说文》之书,亦未尝有两字互训之义,不过知两字为义同耳。许书之释转注曰:建首一类,此所谓类者,声类而非语类,首者语根也,故转注字宜就语言上求之,非可专就文字求之也。戴氏不就语言考究,而专就文字考究,故误。

"古者字以声变,而字中之关系不变,其可变者字形,其不变者,开口、阖口、收声、收唇,如《尔雅·释诂》,我对转为言,而不对转为严是也。

"凡字有引申之义者为假借,如喜好之好引申为美好之好,号令之令引申为县令之令、令善之令皆是。"(同上。)

12 **月** 24 **日**,讲小学。据"听讲日记",讲学内容为:"古韵,不如近时分韵之多,如支、佳、古为一韵,今则分之。脂、哈、古为一韵,今则分之。又如之、微、齐、皆、灰、至、泰、怪、队、废,古皆为一韵,今亦分之。

"古韵去声与平声不为一韵,如歌与泰、队与脂,皆以平去分韵是也。

"侯与尤二韵,今人多不能分,其实侯韵开口一等也,如钩、讴之类。尤韵开口二等(即齐齿)也,如鸠、忧之类。凡开口一等字,皆在侯韵,如头、投、兜等字皆是。今广东人多不能辨侯尤二韵,故鸠字读若钩、忧字读若讴。

"古韵可分为二十三部,合数韵为一类,可得九类,而每类之中,又析为阴声、阳声二种,大氐先有阴声,而后有阳声,如阳、鱼二韵为正对转,阖口为鱼,开口则为阳,鱼、阳本为一音,不过以口有开阖,其音遂转,然必先有鱼音,而后有阳音,是先有阴声、后有阳声之证也。

"古韵分类,始于戴东原,惟于收喉、收舌、收唇三者之外,别标收鼻一类。夫音由鼻出,非由鼻收,收鼻二字,已为不文,而收舌、收唇之字,其气为唇舌所抵,乃不得不由鼻出,乃所谓收鼻之说,果何所据而云然耶?夫古时音韵,只分收声、收喉,阴声皆收喉,而阳声皆收声,收声又析为收舌、收唇二类,从未闻有收鼻之说。至其弟子段氏,又以之韵别为一类,之与宵、幽本为一类,而必别为一类者,盖以别异于戴氏也,其谬误与其师等矣。

"古韵又大别为六类,阳声、阴声各三:

“阳声 侈声(东、冬、侵、缉、蒸、谈、盍,皆收唇——唇在外,故为侈声。)
中声(阳,收喉。)
弇声(青、真、谆、寒,皆收舌——舌在内,故为弇声。)

“阴声 侈声(侯、幽、之、宵,皆收喉。)
中声(鱼,收喉。)
弇声(支、至、脂、队、泰、歌,皆收喉。)

“阴声,惟鱼可开口大声,馀皆不能,故为与阳韵同为中声,阳韵字收音后必有馀音,不然则与麻韵混。又前人以歌、鱼二韵,俱为阖口,实则鱼为阖口,歌为开口,此皆诸韵相异之点,不可不知。

“阳、鱼二韵,古本相通,闭口为鱼,开口则为阳,前既言之。考之古书,鱼、阳二韵,关系最多,例如去往往古音若匡,去匡双声,古本为一字。《说文》去为筶,筶筐之属,筶筐古为一物,二字则一音之转也。又吾与卬,余与阳,壑与隍(或溃),皆双声,闭口为去、吾、余、壑(皆鱼韵),开口则为匡、卬、阳、隍(皆阳韵),又女与娘,作与做,皆一音之转,《说文》无娘字。

“歌、寒二韵对转亦多,例如若干二字即对转,若古音若柯,柯歌韵,干寒韵,闭口为柯,开口则为干。又如嫛、婆、为(古音若讹)、蝯、勉(古音若蛮)、摩,皆对转。嫛、蝯、勉,皆寒韵,婆、为、摩,皆歌韵。

“附韵目表:

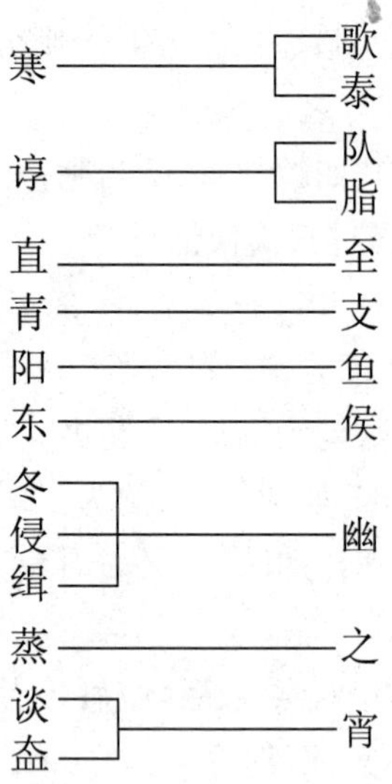

“上表九类,二十三部,左列者为阳声,右列者为阴声,横看为对转,竖看为旁转,其数部同居者,同一对转。

“古时入声字甚少,有则以入阴声,如《诗·关雎》篇:‘参差荇菜,左右芼之,窈窕淑女,钟鼓乐之。’芼,去声;乐,入声,乐,读如洛,则以入声为去声矣,故其音与芼叶。又,《公羊传》:‘伐者为主,伐者为客。’前伐字为被伐者,读为短音;后伐字为伐者,读为长音。一为去声,一为入声。二伐字本为入声,此亦以入声为去声矣。故古时入声有时读为去声,去声亦有时读为入声,不能谓古有去声,而无入声也,亦不能谓古时有入声,而无去声也。

"又如豔,《说文》从豐盍声(盍,入声),豔,去声,此则以入声作去声矣(盍从大,𧖴省声)。

"古韵之分阴阳,自孔氏广森始,斯于韵学功为最高,至其分配韵目,必取一阴一阳相偶,不为无失。其音韵本出于天然,不可以人力为,孔氏必欲一一分配,则近于造矣。"(同上。)

12 月 25 日,讲文学,据"听讲日记",讲学内容为:"传者,专之假借,《说文》训专为六寸簿,簿即手版,古谓之忽(忽,竹简,用以记事,备勿忘也,今作笏)。书思对命,以备忽忘,引申为书籍记事之称(以上录《国故论衡》原文)。若如后儒训传为展转相转之义,则《史记》列传,并非传述之书。

"古者官书尺寸皆有定数,如法典则长二尺四寸,举其总数,以赅其成,故后世有三尺法之语。

"今言肄业,古谓肄版,《尔雅》释器,大版谓之业,《诗》'虡业惟枞',虡业,钟架也。古者印书之术未明,书不易得,学者传写于版以读之,故谓之肄版。

"疋,古书字,记也,后世别作书字,疋乃作雅。

"昔人谓有句读者谓之文,无句读者不得谓之文,不知表谱图簿年月山水,皆有标识,曷尝有句读可分,然谓之非文章则可,谓之非文则不可也。大氐无句读文,古时少,而今世多,经典诸子皆有章句可分,且极精密,近世不然,图谱之属,日以繁兹,为用亦甚大,不能不以文称之者,势也。

"近世点窜时文,有点句画段之法,学者奉为秘诀,至有以施之古文者。夫古人文字,首尾衔接,数句一义,多有未易点断之处,如《尚书》'克明俊德'一节,其不能点断,固矣。《左传》:'鸟兽之肉,不登于俎,皮革、齿牙、骨角、毛羽,不登于器'二句,亦不能点断。盖次句皮革以下八字,承鸟兽之三字而来,肉固鸟兽之肉,而皮亦鸟兽之皮,革亦鸟兽之革也。古人文字,于可点断之中,皆含有不可点断之句,如《春秋》'元年春王正月',若以后世文法分之,必以元年为一句,春为一句,王正月为一句,实则六字一义蝉联,不可分也。又如《易》'乾元亨利贞',后人必以乾为一句,元亨利贞为一句(又有分'元亨利贞'为四句者),实则五字亦一义蝉联,不可分也。凡此数例,今人为之必酌加数动字,使其文可点断矣,故以古人之文绳今文,固拘,以今人之文绳古文,亦谬。

"文字与言语有殊,凡言语皆有线索可寻,一事一理皆能联贯。及夫万类坌集,众事杂陈,既无线索之可寻,亦非事理之能贯。言语之用,于是乎穷。文字之语言,盖有排比铺张之功矣。孔子曰:'文胜质则史。'质者言语,文者文字,言语之不能尽者,以文字载之于书,故曰'文胜质则史'。《周官》之名官,《春秋》之记事,以及《史记》之表书,近人之图录,凡以文字记之者,皆言语所不能司,此其所以为胜也。汉文如《两都赋》、《三都赋》,皆排比铺张之文,昭明尝取之以入《文选》,其有线索可寻之文,反多不录,足征特识,殆及近世,则此意晦矣。

“文字又与文章有殊,文字之有足述者谓之文,有音节可诵者谓之章,必二者兼备,始得谓之文章。

“文字体例,于官名、地名皆不可改用古称,以历代皆有定制,不可紊也。如山名、水名,可仍古称,如湖北大别山,旧称龟山,今亦可称龟山,以历代从未定制更名也。古官名、地名,明人文中喜用之(如山东称鲁、尚书称太宰之类)。清时奏折,亦往往有之。不独官名、地名,不可率用古称也,如鞠躬今日可用,顿首则不可用是也。近人诗中,尝用抽簪挂冠,亦惟古时有之,《诗》‘子孙绳绳兮’,又言‘周馀遗民,靡有孑遗’,皆非其实。一言其多,一言其甚耳。凡此诸类,用之于诗则可,用之于文则不可。

“古人修辞,以立其诚;今人修辞,但求其美。不知文愈求美,则愈失真。自六朝以迄唐初之文人,不求意美,但求辞工。然今人谈文,辄屏弃六朝者,以其修辞不诚也。是故文愈美则愈丑,因质以为文,平淡以纪事,则无丑矣。颜师古注《汉书》,颇知讲求声音,故其文能雅饬,及其注诗则一味求美而不足观。

“集部之兴,始于东汉之末,唐代收书,乃于经、史、子之外,别立集名。夫集部本不能独立,以其不经、不史、不子,而姑立集名以网之耳。集部中如箴、铭、诔、赞,固难以子史相绳,然论辨之文,有时似经,有时类子,传状碑志,则纯为史矣。又如汪容甫《述学》一书类子,其中又多论经之语。盖其名称难于论定也如此。大抵后人以书之为三代以上人所著,则谓之经;为周秦人所著,则谓之子;至若两汉以后著录之书,其文成条贯者,则谓之史;其篇章零杂者,则谓之集。经部之中,不乏类史之书(如《尚书》、《春秋》则类史)。子部之文,岂无名经之作(如《老子》、《庄子》、《离骚》,皆名经之类)。此中封域,原不可截然分也。章实斋谓宋人笔记及近人考订诸书,可入集部,其说甚是。

“近人书由本人撰者为子,由后人编辑者为集,其说亦不尽然,如《管子》及《晏子春秋》,皆为后人所纂,何以不名为集。盖子、集之名,亦无一定标准。

“凡论文之书,范围必广,无论集部之文宜论之,即经史诸子,亦无不宜论。如《文心雕龙》是也。凡选文之书,范围必狭,选文之书,古谓之总集。总集者,虑文章之溃散,故粹其精者,归于一编,经典成文之不虞溃散者则不入选,如《文选》即遵此例而作也。(如《周官》中《考工记》,选文者可以不选,而论文章体例则不能遗之。)

“古人文字,有一定之式,有无定之式,有一定之式者不变,如《周官》为后世官制之祖,汉律为后世法律之祖,九章为后世算数之祖,虽今日官制、法律、算数若何繁衍,然皆自此数书推衍以出,其文其式,未尝变也。有无定之式者常变,如单篇文字,汉异于周秦,唐以后又异于两汉,其变动之迹,常若可寻。惟宋苏氏兄弟对策之文,起首及结束,皆有定式,又单篇文字之例外者也。桐城论文,乃欲于无定式者,规规然使其有定式,不免为多事矣。”(同上。)

12月26日,讲史学。据“听讲日记”,讲课内容为:“地理家言,可大别为两部:一,天然地理,如详述天文、星变、山形、水道之书,古有《图经》,后世有《水经》(汉桑钦撰),以及游记之类皆属之。一,政治地理。详于山川之变迁,人口之增减,以及风俗之良窳,物产之丰绌,无不述之,如唐之《元和郡县志》、宋之《元丰九域志》是也。天然地理,亘古不变,故《图经》、《水经》诸书,可入子部;政治地理,随历史而变焉者也。故讲史学者,不能遗政治地理于不问,而《元和郡县志》诸书,宜入史部(游记之属,可入小说部)。

“隶于史部之地理,于天然地理可以从略,而于郡县之沿革则宜加详。如《汉书·地理志》、《隋书·地理志》莫不皆然。后世修地志者,殊于此旨,关于达官贵人之事则详,关于疆域县志之沿革则略,舍其所当言,而言其所不当言,轻重倒置,殊为可笑。试举其例,为历代地理志皆言中国东西万馀里,南北九千馀里,不知历代疆域,皆有广狭之殊。汉、唐疆域最广,宋代最狭,元代之盛,旁及东欧,明初兵力,及于缅甸,是各代疆域俱有不同,不能以同一之数计之。且中国一千三百馀万方里,宋代不能尽有,合藩属计之三千馀万方里,元代又远过之,面积之差,奚翅一倍,顾可皆曰东西万里、南北九千里耶？近人谓古人不明测量,故有此误。然古有准望之法,以测日躔,是古人未尝不明测量也。特古人足迹所至,仅本部数省,荒远之区,罕有能至之者。又无精密之地图可为依据,仅据官书所记之道里计之,曷怪其乖错而多误。清康熙帝喜言测量,绘有精图,深藏内府,外人不可得见。《汉书》、《隋书》之地志所以语焉能详者,大氐得见当日内府图本耳。(《大明一统志》谬误甚多,《大清一统志》则无东西万里、南北九千里之语,似较前人为愈,然魏源《圣武记》则误以西藏为佛国,殆不知西藏之西,又有印度也。)

“中国地名与外国不同,外国地名不甚更变,中国地名代有变迁,所辖之区域,亦不从同,讲沿革者,因之多误。如汉会稽郡,今人指为浙江绍兴府,抑知汉时郡之滨江者,区域甚大。会稽一郡,几包今浙江、福建两省。是故沿革虽不能不考,而欲精确无误,则不能得。至于山川之沿革,亦甚难考,山多别名,水道时徙,《汉志》所言,《禹贡》之九河,决非旧迹,《虞书》言舜窜三苗于三危,三危在今之新疆或青海,不能确指。清高宗乃谓三危即今西藏之卫地,卫即危之转音,亦可谓强作解人,而师心自用者矣。

“以碑版考证古代地理者亦多误,唐人都长安,而不能确指咸阳为何地,此亦一证也。又西安有文王墓,遂目其地为丰镐旧址。夫墓为文王,仅据传闻,即发冢而验之,其冢中人之为是为非,亦有难于论定者,此又一证也。

“作国土一统之地志易,作国土分裂之地志难。西晋之际,本部诸州皆仍《禹贡》旧称。迨至南北分裂,晋时疆理,多不能识。《禹贡》九州,在南则称南,在北则称北。北部之州,为南部所无者,必割裂其属土以当之,北部之于南部也亦然。有宋之世,紊乱尤甚,州军并立,名称纷歧,同一州也,有时或以为军,同一军也,有时裂为数州,故后人修六朝及宋世之史,于郡县沿革,多不能详,以较《汉书·地理志》、《隋书·地理志》之条例秩然,渺不可得,非班孟坚、颜师古之史才绝出后人,以汉时为一统之国,较易为整理故耳。使班、颜二氏,生于六朝、宋、元之世,文献无征,传闻多误,其能条例秩然,而精确无误乎。(唐时制度整理,故《元和郡县志》误少,宋时州制紊乱,故《元丰九域志》误多。)”

12月27日,讲玄学。据“听讲日记”,讲学内容为:“道家之名,出于《史记》,黄、老并言,始于汉人。当有周末造,诸子争鸣,老聃以自然学说倡于南方,未尝以道家自鸣也。汉初曹参、汲黯之流,始以黄老之学施于政治。夫黄帝无书,有则为后人伪托,如所言摄气、养生之术,多为老氏所不言,不过以张子房遇黄石公之寓言,后人信为事实,故以老子与黄帝并言耳。实则黄老非仙,而为说亦各不同,方士欲以神其说,依托之以耸人之听闻而已。

“老聃之言曰:‘古之善为道者,非以明民,将以愚之。’斯言乃可谓洞见专制之真相矣。何以知之?老聃尝言知此两者亦稽式。稽者,稽察也;式者,试验也。稽查两方之情形,而灼知其故,则专制之威不得逞,愚民之术不得施,老氏之言,所以揭示专制之真相,其所稽者至精,而所试者亦至巧矣,后儒谓老聃以愚民政策导人君,非真知老子者矣。

“假宗教言以愚民,老聃所不赞成者也,前识者,道之华而愚之始,前识者即宗教之预言也。古人之经验多,而积理富者,曷尝无事前之识,然冥心一志,以求前识,则积之日久,未有不堕魔障者,此宗教言,所以为识者不取也。世之误解老子者,以强梁不得其死,吾将以为教父之言,为崇奉宗教之证。然其书又曰:‘以道莅天下,其鬼不神。’又作何解?道者,政治修明之谓,政治修明,而鬼为之不神,则非崇奉宗教之意矣。窥老聃之意,以其人而果强梁也,守其教旨,死生不渝,曷尝不以教主奉之。然天下强梁者少,不强梁者多。苟修明政治,厉禁其说,有不戢戢于捶拊之下者乎?其有敢倡妖言以惑众者,则刑戮随之,如是而邪说不息,正理不伸者,未之有也。故以二语为老聃不喜宗教之证。

“唐时行征兵制,奉释、道二氏者免役,故当日迷信宗教者极多。至明清之世,行差役之法,征税以代兵役,人无所苦,故迷信宗教者颇少。盖政治之良窳,关系于宗教之消长,有如是者。

“《老子》天物篇,言万物生于有,有生于无,宜改为万物生于有物,有物生于无物。盖有无者,以对待而得名,未知有,何能知无。有者有物之谓,离物以言有,则不得谓之有;无者无物之谓,离物以言无,亦不得谓之无。故吾谓有无以物得名,无物则有即无,无即有也。离有物以言无物,则其为有物也,无物也,亦不得而辨也,盖其中实有因果之关系焉。夫万物生于有物,则万物为果,有物为因;有物生于无物,则有物为果,无物为因。故有物为万物之因,而无物又为万物因中之因也。如此因果递推,叠出不穷,必至有果可求,而无因可推矣。故万物生于有物,即吾国之形下而学,亦即西人之唯物论也。有物生于无物,即吾国之形而上学,亦即西人之唯心论也。言唯物论者,言宇宙一切皆由物质所成,无物质即无宇宙,然有物质,莫不有空间、有时间,言空间、时间,则轶于唯物论之外矣。若谓宇宙皆物质而成,则可舍空间、时间而不言。夫舍时间、空间以言物质,则物质将何所附丽乎?此唯物论所以不能离唯心论而独立也。唯物论有因果可寻,唯心论无因果可寻,如言三加二等于五,此有因果可寻者也。至问以何以等于五之理,则瞠目挢舌不能对矣。故万物生于有物,有理可寻,生于无物,无理可言。有物生于无物,当可推之以理,至有物何以生于无物,则不可推之以理。关于此类,老聃从未下一断语,然亦可见其书之广大精微,而无理不包矣。

"老聃读书甚多,而教人则曰绝学无忧,非如王阳明之讲心学、释氏之谈寂灭,可置书册于不问也。盖有周以前,流播之书甚多,如《尚书》所载,《春秋》所纪,(《春秋》为周时史书之通名。)文献无征,语或失实,故孟子曰:'尽信书,则不如无书。'非訾卫言也,亦当日之情势异耳。读征实之纪则怿,读荒诞之书则忧,亦非书中之言能使人忧也。过信其言,反以自陷,未有不贻终身之忧者。老聃之言,亦警示学者,慎于读书之意也。阳明读书本甚多,而教学子则曰,不以读书为贵,倘所谓恪守老聃之言,而不得其本意者欤!

"儒家不喜言生死之理,如孔子曰:'未知生,焉知死。'皆六合之外存而不论之义,道家亦然。庄子祖述老子者也,其言曰:死于此,不生于彼乎?此虽言此死彼生,而于此死彼生之理,则未尝言及,亦与儒家类也。

"老、庄二氏之说,大同小异。老子曰:物之苦,苦于有身。如饮食起居,皆以苦其身者也,此则以有身为累矣。至于庄子,主物以各适其性为乐,如言鹏鸟抟扶摇而上者九万里,然不能不有待于风,鲲鱼水击三千里,然不能不有待于水,惟其不知自适其性,故蜩与学鸒笑之,则庄子固未尝以身为累矣。

"老聃为东周史官,故其书详于人事者多,详于鬼神者少。"(同上。)

《国学会听讲日记》刊毕后,金毓黻按云:"民国二年,余就学燕都,值章先生设国学会于前门内某巷,余入会听讲凡八日,而先生遽以幽囚见告,会亦中辍。先生自撰讲义,称引甚繁,而于讲义之外,发挥之精言眇义,余皆条记于简,为之至专且勤。此稿藏于箧中者有年。今值《丛刊》问世,检以付之手民。余亲炙先生日浅,所记恐不免得貌遗神之诮,复校数过,不敢自信。然先生之弟子,如季刚、逖先、中季诸公,皆余所师事,自谓于先生之门因缘甚深,故忘其无似而终布之,傥使先生见之,虽以刻鹄类鹜见诃,所不计也。民国十九年四月二十日识。"(同上。)

本年,章氏校读严可均辑《全上古秦汉三国六朝文》,"手自批校,朱墨粲然"。书端写有识语:"严氏采摭秘逸,集为是编,博而有体,可谓勤矣。犹有遗阙,若仲景《伤寒论》序、士安《甲乙经》序,皆现在可见而不著录;郑玄《诗谱序》,杜、范之《春秋序》,并在采辑,独于辅嗣《周易略例》,阙然未备,皆其疏也。癸丑仲秋章炳麟识。"又曰:"又是编例不录诗,然武帝《秋风辞》则录之,而《瓠子歌》乃阙,至《大风》、《拔山》诸歌及琴操辈,并不可正名为诗,不应刊剟。章炳麟识。"章氏逝世后,章氏弟子王仲荦先生移录此书眉批全文,发表在《历史论丛》第一辑,名《全上古三代秦汉三国六朝文校评》。(齐鲁书社,1980 年 8 月第一版。)

1914 年(民国三年甲寅)　四十七岁

1 月 3 日,章氏欲乘车离京,为军警所阻。7 日,“以大勋章作扇坠,临总统府之门,大诟袁世凯之包藏祸心”。袁世凯命内务总长等查讯具复。1 月 14 日,内务总长、军政执法总长“呈复大总统文”云:

“为呈复事:本月□日,奉大总统面谕:‘据承宣官面呈:本日章炳麟到府投谒,在承宣处坐候,逾时未蒙传见,遂致咆哮不已,肆口谩骂,并有毁弃器物等情。该章炳麟在承宣处滋扰,是否精神有病,抑系另有别情,着交内务总长朱、军政执法总长陆会同查讯具复’等因,奉此。遵将章炳麟邀至执法处,会同查讯。该章炳麟语无伦次,迷离恍忽,再三诘问因何到府滋扰,则又瞠目直视,宛如梦呓,钤等复加详查,该章炳麟当此寒气严凝之时,手挥羽扇,指挥摇曳,旁若无人,并查见所用名片,系长一尺、径五寸之白纸,用墨填写二寸大‘章炳麟’三字,种种举动,悉异常人。若非丧心病狂,当不致此。钤等迭派中西医官为之诊视,据报称该员神筋瞀乱,举止失度,实由于身体薄弱,精神变质,易于感触幻觉,突然发作,有不可抑制之行为,是为精神病之主症等语。查该章炳麟精研汉学,旁通佛理,文章尔雅,尤负时名。前清之季,在沪倡言排满,被逮下狱,神精〔经〕过受戟刺,病根即伏于此时。故嗣后东游日本,往往哭笑无端,佯狂自恣,留日学生大概皆以‘章疯子’呼之。惟其提倡革命之宗旨,初终一贯,用能鼓吹舆论,激励青年,以此推翻帝制,建立民国。该章炳麟笔舌之劳,实不可没。且南京政府草创之顷,孙、黄诸人及其他暴乱分子淫威虐焰,炙手可热,该章炳麟尤能仰正论以遏凶锋,抒谠谋而扶大局。事定之后,我大总统论功行赏,授以勋位之崇,委以筹边之任,诚重之也。乃上年赣宁再乱,章炳麟弃职回南,非惟未尝排难解纷,乃复益以扬汤止沸。如七月十七日《时报》载《章太炎之宣言》,内有‘至于今日,江西师起,江南诸军一时响应,晋阳之甲庶义师’等语;七月二十二日《民意报》载《章先生之通电》,内中致黎副总统电,有‘急宜厉兵北向’等语。其馀狂悖之词,载于各报者,不胜指数。考其议论变迁,初衷顿改,一若甘心从逆,附和叛徒。而自今日观之,始知其为神经瞀乱,并非有意识之行为。按之暂行新刑律第十二条之规定,即当然不负法律上之责任。但该条虽有精神病人之行为不为罪之规定,而后半段复有‘因其情节得施以监禁处分’之明文。细绎律意,其所称应行监禁之情节,当系为强梁横暴之精神病人,若不拘束其自由,而俾与一般社会接触,则于精神病人及第三者之生命、身体,俱属易生危险。苟不至于发生危险,则法律亦无强制之规条。该章炳麟本一孱弱书生,年将五十,揆其年龄体魄,已不至猝有强暴行为。即此次在府滋扰,亦仅止恶声厉色,初非不可制止,即并无应行监禁之必要。所有此次在府滋扰一节,应请大总统曲赐矜全,免予深究,实为德便。惟章炳麟孑身作客,旅食京师,别无亲属可以为之监督,倘竟纯然放任,不加限制,难保不再滋事故,转无以副大总统保全之至意。钤等再四商酌,拟于章炳麟精神未能回复以前,暂行交由京师警察厅,另择相当住室,妥为安置。精备饮馔以安之,广置图史以娱之。仍常川派员监护,不时延医诊治,总期渐臻痊愈,日即健全。或以功业济时,或以文章鸣世,卒以完成民国有用之材,是又非徒章炳麟之幸也。是否有当,呈候监核施行。谨呈大总统。"(原件藏武昌辛亥革命纪念馆,曾载《团结报》1988年10月29日。据称,1913年内务部旧档三卷,由刘成禺出任湖北省参事室参事时交该室秘书主任钱远铎,由钱捐献辛亥革命纪念馆。)

文中内务总长即朱启钤,军政执法总长为陆建章。以章之"滋扰"总统府为"神经瞀乱",提出"暂行交由警察厅,另择相当住室,妥为安置"。

1月23日,京师警察厅接奉内务部关于"安置"章氏的训令,即行部署办理。3月6日,京师警察厅总监呈内务总长文云:

"为遵令安置章炳麟情形呈报事:本年一月二十三日,奉令开:'奉大总统交本部会同军政执法总长,查复章炳麟在府滋扰各节,当经查明,章炳麟确系神精〔经〕瞀乱所致,拟暂交京师警察厅,另择相当住室,妥为安置。呈奉大总统批:据呈已悉。应如所拟妥为办理。此批等因。应即抄录原呈,令交该厅遵照,办理情形随即报部。此令。等因。遵即觅租外石五区属龙泉寺内房屋十馀间,预备厨役仆从,并派警员妥为照料一切,遴选巡长二名、巡警六名,常川驻守,随时看护,所有饮食起居状态,逐日登记簿册,以便考察。兹于二月二十一日,已由京卫军教练处将章炳麟移住龙泉寺内。虽初次接洽不无小有滋闹,旋经派员再三劝慰,旬日以来,旧疾稍见平复。所有遵令安置章炳麟及看护情形,理合呈报鉴核。谨呈内务总长。京师警察厅总监吴炳湘谨呈。"(同上。)

京师警察厅总监呈文:

"敬呈者:窃查交厅安置之章炳麟,前因寓居龙泉寺,无故自断饮食,病势危殆,当饬移住医官徐延祚宅,俾资调理。嗣虽病愈,而神经瞀乱,□疾依然,时有发生。复于钱粮胡同官医院附近,另租相当住房,返往就医。□□前往龙泉寺□□□□长警□衣驻守妥为照料,并精备饮馔,广置图书,使养其固有之天真,以仰副我大总统始终保全之德意,惟章炳麟孑然独处,□□在所难免,以故稍不遂意,即举动失其常度,恒有偭规越矩行为。旋经钱参政恂来厅议商,遇有亲朋看视,请准其自由接见,俾慰岑寂。炳湘细察病状,亦实非医药所能奏效。为冀其安心适志起见,遂允量予变通。讵意近日到寓会晤者,足迹纷然,甚且有旅京日本人时往晤语。久恐本出□□□□横生,炳湘□□□□行责任□□□□得不取□前议,期保无虞。除加派长警在门守望,遇有往见之人随时禁阻,用昭慎重外,理合将安置章炳麟现在办理情形呈请钧鉴。京师警察厅总监吴炳湘谨呈。"

据上揭档册,章太炎于1月7日由军政执法处拘讯,暂押军事教练处(即呈文中所指京卫军教练处),2月21日囚禁龙泉寺。上引第二件"京师警察厅总监呈文"未署日期,据行文应为7月24日移居钱粮胡同之后。

3月6日,京师警察厅总监吴炳湘报告"安置章炳麟情形"云:

"为遵令安置章炳麟情形呈报事:本年一月二十三日,奉令开'前奉大总统交本部会同军政执法总长,查复章炳麟在府滋扰各节'。当经查明,章炳麟确系神经瞀乱所致,拟暂交京师警察厅,另择相当住室,妥为安置。呈奉大总统批:‘据呈已悉,应如所拟妥为办理。此批。’等因。应即抄寻原呈,令交该厅遵照办理情形随即报部,此令。等因。遵即觅租外右五区属龙泉寺内房室十馀间,预备厨役仆从,并流警员妥为照料一切,遴选巡长二名、巡警六名,常川驻守,随时看护,所有饮食起居状态逐日登记簿册,以便考察。兹于二月二十一日,已由京卫军教练处将章炳麟移住龙泉寺内。虽初次接洽不无小有滋闹,旋经派员再三劝慰,旬日以来,旧疾稍见平复。所有遵令安置章炳麟及看护情况,理合呈报鉴核。谨呈内务总长。京师警察厅总监吴炳湘。中华民国三年三月六日。”

据此,章氏被“移住龙泉寺”时间为本年“二月二十一日”。

8 月 1 日,拟函龚未生:

“二十四日发书,想已收到,尚未得复,甚怅怅也。

“是日下午,即迁居钱粮胡同新寓,连日扫除略定。房屋甚宽,兼栽竹木,复有花园一所,可以自娱。念劬为购全史、九通、《通鉴》、经疏、诸官料书,并作书架十馀具,而竟未能克栋。自馀希见之书,更当陆续自购也。杂役厨手共用三人,其暗探作仆者,亦已遣去。朋友欢聚,聊可破愁。前书劝内人与沈氏兄弟同行,想能同意,此后嫌疑当能尽释也。行计若犹未定,望速赴上海寻张伯纯夫妇,为之解喻,以伯纯素为内子所信服耳。所属堂幅、对联,书就寄上。自著书及藏书在哈同花园者,望询问仰师(在舍山),可知其处。《齐物论释》、《文始》想肆间存书尚多,请先寄二三十册为要。闻季刚近写文集,近作可添入者有《陆机赞》一篇,他日寄去。《左传读》今在行箧,尚拟改定。《訄书》改削之稿,尚在上海,近复拟大加修正。凡自文集而外,自著之稿,皆由内人携来为安。著述之心,追益汲汲矣。□□渐除,家人聚首之思亦殷勤于曩日矣。此事□望足下晓告,去其疑虑。章炳麟白。初一日。”

此函未发出,章氏家藏,后由章导捐赠杭州章太炎先生纪念馆,末署“初一日”,当 1914 年 8 月 1 日。

函称“二十四日发书”,指同年 7 月 24 日《致龚未生书三》,谈及“近日租得东城钱粮胡同一屋,尚觉宽裕”云云。(见《章谱》原第 477 页,本书 275 页。)念劬,钱恂,时任参政院参政。本年 7 月 15 日致龚未生书谓:“念劬本南皮旧僚,素非袁系,特以名誉素优,虚加礼貌,参政一席,亦等于闲散耳。”沈氏兄弟,指沈尹默、沈兼士。仰师,黄宗仰。季刚,黄侃。《陆机赞》,收入《太炎文录初编》卷二。《左传读》,即《春秋左传读》,有坊间石印本,潘景郑复印本。“《訄书》改削之稿,尚在上海”,章氏曾称:“感事既多,复取《訄书》增删,更名《检论》。”章氏《致龚未生书》多次提到《訄书》“未能惬意,今欲重加磨琢”,“尚未大定”。《訄书》曾多次修改,原刻本写底本,潘景郑藏,上海古籍出版社影行,1985 年 7 月出版。《齐物论释》撰于 1910 年,见《国粹学报》辛亥第七号,旋出单行本。《文始》初载《学林》第一、二号,未完,1913 年,手稿石印。

8 月 15 日,复钱玄同:“此时书史亦实未足,略计有万三千卷耳。势必增倍然后可适。所需者小字《藏经》约八千卷(二百圆)、《南菁经解》约千四百卷(四十圆)、《广雅丛书》亦约千四百卷(一百圆),其馀《书钞》等书,亦平日所需用者,合之共万二千卷,购之亦共四五百圆耳。今日买书,因有石印、排印各种,故与旧书木刻者相抵,价亦平均。当涂独悭吝于此,诚所不解。(往日令兄所说千圆之数,仆颇以为未足,及今估价,则切要之书千圆已够,乃当涂仅还半价,何耶?)兹事想不难成就,所望令兄勉为陈说也。(前之五百圆果出黎公,则虽向当涂要索五百圆可也。若出自当涂,而以黎公为名,则直言不够可也。)"

8 月 19 日,函钱玄同:"逖先来,知弟近甚郁郁。仆亦不甚舒畅,何不相过一谈,以解烦闷。所著音韵各条,近有所悟入否?"

9 月,《地学杂志》第五年第九期出版,内有章氏《地文学序》:

"审山川之流势,则可以知天时寒燠沙碛壤土金玉锡石经脉所由矣。《淮南》作《地形训》,儒者言三条四列,虽榷略财有端緖,踵事可精也。独若晚世方地员者,皆详于郡县沿革,而山四经纪弗详,略及天时物产,节解而言,又弗能成条贯。最近始分地理、地文、地质三种,各有宗极,而亦相与参伍,上考经纬则与玄象相应,远推山阜河海成形之始,查冥不可考而原也。桃源张蔚西者,习于行地实,始次《地文学》。其文虽略,而大端包举不遗。盖殖民安居以相教扰,非是无由,固非务为恢博,征之玄理而已。居之地著,犹家有场圃也。家居不能知水泉泥涂,虽欲治圃弗能。若蔚西者,可谓能勤生者矣。蔚西盖尝出北塞,抵归化城,望阴山,为余言,秦长城故址犹在,明世始移大同三边,按赵武灵王初筑长城,并阴山而塞高阙,秦得河南,亦因河为塞焉。故汉世朔方、五原、云中、定襄四郡皆在塞内,讫唐名号物色未改。阴山之城,《辽史》记之,盖包络四郡地,非当局促于近边者也。明正统始弃东胜,则移长城于大同固宜。失险丧地几五百里,而近世莫有留意者,信乎,远略之无人也。蔚西又言,东汉讫唐,黄河循轨无他患者,由四郡多居民穿渠溉田,水有所散,故不得奔凑下流。宋以下蒙古荐居,广牧不耕,故渠泾塞,则河水暴注下方,湍濑之力挟沙增坻,由是黄河岁岁溃决。今诚效汉世治田,北假收引其河以为沟洫,下游虽千载无患可也。是二者,皆经国大体,发自蔚西,闻其议论,而著书之心亦大可见矣。余既略识蔚西行事,因序其书以见端末。民国三年孟秋,章炳麟。"

《地文学序》收入《太炎文录》初编卷二。

孟秋,撰《春秋左传注疏跋》:"附音《春秋左传注疏》六十卷,即十行本,刻于宋,修于元、明,为阮氏所依据。卷首有吴越王孙印,即钱永。卷中或朱笔校字,亦据常行各本,正其讹夺,无所发明,不知校此者何人也。书亦出潮州丁氏。注疏中卷牒最多者,独《左传》、《礼记》,次即《周礼》,今皆完硕,无所缺遗,斯可不谓幸欤?民国三年孟秋,章炳麟书于北庭。"(手迹,浙江图书馆藏。)

12 月 17 日,《致冯国璋等书》:"勋二位东三省筹边使章炳麟敬白:国务卿及各总长阁下:

"炳麟以草泽寒儒,参佐光复,幸有微劳,过蒙拔擢,天性狷介,致成衅瑕。幸赖府中明察,群公助护,得稍解缓,而孤孽之身,危心远虑,有不能不直抒本怀者,敬为诸公

扬摧陈之:

“当炳麟初入龙泉寺也,政府相遇本无他怀,而巡警总监吴炳湘妄希风指,如遇重囚,禁止出入,检察家书,偶以开遣仆人,招其盛怒,夜派巡警三四十人前来围守。次日,即有巡查长汪宗镐带领巡警四名,盛气直入,扬鞭曳索,口称缚人侮辱之情,无所不极。退自惟念,炳麟虽不才,忝附元勋之末,假令有罪,加之菹醢,亦不敢辞,必不使厮舆下隶恣其淫威,仆役小人百端陵砾,明矣。怀欲上闻,而书疏壅隔,势不得通,是以情甘槁饿,冀就死地。警厅复遣医官徐延祚前来视疾,得迁居钱粮胡同。迩来屏居五月,势亦粗安。政府给予月饩五百元,悉由参政钱恂过手,而医官徐延祚情殷干没,尚复把持,月给三百,钱恂亦不敢与争。复惧事情败露,密荐巡警王德胜来充仆役,以相监制。弟子黄侃充北京大学文科教习,前来住宿。徐延祚、王德胜百端忌刻。诘问时来,密令黄侃仆人诬以丑语。又以东人偶至属改削墓志碑板数篇,遂疑有阴谋,妄相猜构。以炳麟身参创业,本为恢复汉官,若以失职怨望之故,而顿舍本志,与他人潜谋宗国者,有如苍天。警署亦知谗言无效,计未得行。及十一月三十日,炳麟遣王德胜归去,其夜,即有巡警前来逼迫黄侃迁出。自是站岗守门,禁阻来客。至十二月初二日,弟子内务部佥事汪东宝偶来存视,汪宗镐又率巡警二名,直前诘问,势不可当,原其用意,与前此妄希风指又殊。炳麟自念本无得罪,不应守卫诃问,囚虏相遇,皆由徐延祚欲壑未盈,怙威挟制。吴炳湘与徐延祚素有兄弟之交,其匿情庇护,亦所易知。悠悠终古,长此安穷!是以决志趣死,更无馀望。而弟子数人,时来劝慰,亦赖诸公从中调护,警署威棱,渐为衰减。然而挟仇报复,宵人恒情,既能陵藉于前,何难倾陷于后,虽政府明察,不至受其浸润之谮,而借端骚扰,势难永息。九重高远,何能屡次渎陈,此诸公虽欲为之调护,而势有难及者也。盖闻功名之地,鲜克有终,盈亏之情,成则当退。炳麟本露生畎亩,粗习儒书,虽性好博观,而归心尤在佛法。今有事业已就,学术有成,子房、长源虽难妄拟;萧瑀、耶律楚材之事,亦岂异人。惟欲舍身入道,以避尘网耳。况乎孑身孤处,戚戚无欢,上不得瞻坟墓,下不得畜妻孥,虽锦衣玉食,亦何聊赖。而又旁多睚眦,报复相寻,其能有一日之安哉!但愿奉还勋位,长与世辞,于金山、九华、国清、天童间,得住行脚,饥餐野果,渴饮流泉,庶或保此馀生,得免世患。业已形如槁木,心若死灰,政府当亦谅其无他志矣。诸公诚有意维持,惟望直据下情转陈天府,若蒙听许,即当缴上勋章,归受梵戒,如不获遂,虽强进饮食,时御药饵,亦终忧悒而死耳。惶恐待命,不胜战栗之至。章炳麟白,三年十二月十七日。”(原件藏国家图书馆,信封上书“呈国务院、各部总长钧启,章炳麟”,《文献》1986年第2期曾辑入。)

12月26日,龚未生致汤国梨书,谈及赴京省视章氏事:

“外姑大人尊鉴:昨日一函,计可达到。刻接朱逖先兄来函,于外舅现状,言之甚详,兹特抄奉。朱君嘱铨等往京,事本甚善。惟铨近来身体外观上较前稍形强健,而精神终未复原,夜唾闻声,不能成寐,步行里许,即觉疲劳。内人每至冬季,胃口不开,常患呕吐。今若束装北行,预计行程极速须两日夜。际此天寒,深虑途中骤生疾病,于事毫无裨补。故行止二字,现尚踌躇莫决,惟观外舅近状殊形危险,铨意属救急计,唯有请外姑先行赴京。铨一面再与春伯、仲铭两伯外舅商量,令小姨同往(实则小姨之去关系尚不甚重)。至善后之策,容后从长计议。铨与外姑等情关至戚,无事不可商量。外姑入京后南方之事,铨苟力所能及,当无不代为办理。外姑如以为然,请即示复。铨当来申接洽一切也。此请钧安。龚宝铨启。十二月二十六日。"

此函章氏家藏,后由章导捐赠杭州章太炎先生纪念馆,末署"十二月二十六日",当为 1914 年。朱逖先,朱希祖。

1915 年(民国四年乙卯)　四十八岁

春,章氏被幽禁,黄侃尝住章处,曾拟《致教育总长汤济武论救太炎师书》、《申请章太炎建议案——附太炎先生陈情书》,录如下:

《致教育总长汤济武论救太炎师书》曰:

"济武总长执事:近世学废,国故将泯。老宿倦于教授,后生靡所师资,独有馀杭章太炎先生,大雅宏达,并通儒玄。往岁居东,聚徒讲贯,希祖诸人事之最久。自其从政,踪迹始疏。中更留滞,音问几绝。近数月来,政府复修优容之礼,先生则谢事杜门,颐志著述。希祖等稍复得进而请益。窃谓斯文未丧,微学可弘。不图迩来警厅加以拘束,阻间往还。先生以非罪见辱,遂愤而绝粒,已及二旬,奄然殆尽。推迹致此之由,岂曰无故,惟其事实有无,则不能不辨。

"今兹警厅所藉以为口实者,以先生与日本国人往来也。不知日本国人,固非先生所愿延接,时以阍人不在,自入室内,亦既相见,何能遏绝!且所访问,不过文艺之事,日人夙仰先生,故持所作碑传,烦相定正。而仆役旁窥,不晓文义,疑为秘密,遂相加诬,以为罪状。盖此辈仆役,即警厅中人,日伺先生过差,藉以邀功,而先生不知也。夫主之于仆,不能有恩无威,先生方严,每加诃责。又分为主仆,不堪使令,法当遣去,而彼辈既为生事图功之人,宁复有主仆之谊?夕被恶言,朝即兴祸,此所以甫遣一仆,即遭此幽囚之厄也。希祖等闻见较确,知非其过,而警厅相待如彼者,明为左右所构也。

"方今海内大定,礼乐间作,宜修文事,以弘太平之业。观并世名儒耆旧,政府所以崇礼之者备至。而执事掌邦之教,兴学励贤,以昭德化,固其职也。若太炎先生者,才学宏博,求之古人,未知何如,今日实罕甚匹。夫麟凤为希世所珍,贤哲宁非国宝!时方向治,安可独使斯人长此仰日月而不见照烛,临风尘而不得经过,怅恨郁塞槁饿以死乎?《诗》不云乎:'人之云亡,邦国殄瘁。'文献之存,国有赖焉。希祖等哀师资之困辱,冀政府之明察,用敢竭情上闻,伏愿执事垂意,俾区区之微忱,得达于大总统之前,庶几乞师之诏,不得专美于汉廷矣。临颖无任迫切待命之至。"

希祖,朱希祖,时亦在北京大学任教。《申理章太炎建议案》云:

"国于大地,必有与立。无师武之臣,不足以扬国威;无师儒之选,不足以树邦交。若章太炎者,旷世弘才,博综坟籍,其意所经识,儒玄名法之学,方今硕士殆少能过之。

民国肇兴,学废不讲,国故将灭,人情所忧。窃谓崇化励贤,非所当缓,则政府隆礼攸加,宜首在斯人。乃闻章氏近被警厅监视,阻断交通,遂致绝食,已逾二旬,奄然将死,此实何辜而罹兹困厄?若谓其有罪民国,法当诛绝,何为改革以来,颇与优容之礼。若谓其交通党人,横议朝政,而文士不问,已有赦令。且闻章氏数月以前,与政府约,不作论政之文,故近今南北报章,无其笔墨,可谓不背约言矣。政府弘不问之恩,章氏履不议之约,二者交尽其道,夫何罪之可言。

"若谓其朋从过杂,友及异邦,方今世界开通,论学谈艺,谁无异邦之友,时相访问,讵为大戾!来咨章氏之人,不过学文之士,以此为罪,谅非所宜。即疑其有交关异谋,必预为之备,而未有确证,实同亿逆,以此罪之,谁能服之!

"夫干犯法纪,国有常刑,未闻拘检非罪,任其自尽。以法杀人,犹有动色大息之人;似兹枉抑,过伤士气,朝野能无寒心!国家养士,期其小就,动须百年。章氏一代英奇,而听其摧折,亦非计矣!昔者蔡邕以辞色及难,当时有灭纪废典之叹。今之章氏,学过蔡邕,关系国本,至非浅鲜。尔来政府,兴言国粹,古物法器,悉知珍存,而抱道之人,弃而不宝,非所以示海内、观异邦也。章氏戆直褊急,口舌过差,允其矜全,以申十世宥之之典。"

附:《太炎先生陈情书》:

"勋二位前东三省筹边使章炳麟敬白国务卿及各总长阁下:炳麟以草泽寒儒,参佐光复,幸有微劳,过蒙拔擢,天性狷介,致成衅瑕。幸赖府中明察,群公助护,得稍解缓。而孤孽之身,危心远虑,有不能不直抒本怀者,敬为诸公扬榷陈之。

"当炳麟初入龙泉寺也,政府相遇,本无他怀,而巡警总监某妄希风指,如遇重囚,禁止出入,检查家书。偶以开遣仆人,招其盛怒,夜派巡警三四十人前来围守。次日即有巡查长汪宗镐带领巡警四名,盛气直入,扬鞭曳索,口称缚人,侮辱之情,无所不极。退自惟念:炳麟虽不才,忝附元勋之末,假令有罪,加之菹醢,亦不敢辞,必不使厮舆下隶恣其淫威,仆役小人百端凌轹明矣!怀欲上闻,而书疏壅隔,势不得通。是以情甘槁饥,冀就死地。警厅复遣医官徐延祚前来视疾,得迁居钱粮胡同,迩来屏居五月,势亦粗安,政府给以月饩五百元,悉由参政某某过手,而医官徐延祚情殷干没,尚复把持,月给三百,某某亦不敢与争。复惧事情败露,密荐巡警王德胜来充仆役,以相监制。弟子黄侃充大学校文科教习,前来住宿,徐延祚、王德胜百端忌刻,诘问时来。密令黄侃仆人,诬以丑语。又以东人偶至,属改削墓志碑版数篇,遂疑有阴谋,妄想猜构。以炳麟身参创业,本为恢复汉官,若以失职怨望之故,而顿舍本志,与他人潜谋宗国者,有如苍天!警署亦知谗言无效,计未得行,及十一月三十日,炳麟遣王德胜归去,其夜即有巡警前来,逼迫黄侃迁出。自是站岗守门,禁阻来客。至十二月初二日,弟子内务部佥事汪东宝偶来存视,汪宗镐又率巡警二名,直前诘问,势不可当。原其用意,与前此妄希风指又殊。炳麟自念,本无得罪,不应守卫诃问,囚虏相遇。皆由徐延祚欲壑未盈,怙威挟制,某某某与徐延祚素有兄弟之交,其匿情庇护,亦所易知,悠悠终古,长此安穷!是以决志趣死,更无馀望,而弟子数人,时来劝慰,亦赖诸公从中调护,警厅威棱渐为衰减,然而挟仇报复,宵人恒情,既能凌藉于前,何难倾陷于后。虽政府明察,不至受其浸润之谮,而藉端骚扰,势难永息,九重高远,何能屡次陈此。诸公虽欲为之调护,而势有难及者矣。

"盖闻功名之地,鲜克有终;盈亏之情,成则当退。炳麟本露生畎亩,粗习儒书,虽性好博观,而归心尤在佛法。今者事业已就,学术有成,子房、长源,虽难妄拟;萧瑀、耶律楚材之事,亦岂异人!惟欲舍身入道,以避尘网耳。况乎孑身孤处,戚戚无欢,上不得瞻坟墓,下不得畜妻孥,虽锦衣玉食,亦何聊赖。而又傍多睚眦,报复相寻,其能有一日之安哉!但愿奉还勋位,长与世辞,于金山九华国清天童间,得住行脚,饥餐野果,渴饮流泉,庶几保此馀生,得免世患,业已形如槁木,心若死灰,政府当亦谅其无他志矣。

"诸公诚有意维持,惟望直据下情,转陈天府,若蒙听许,即当缴上勋章,归受梵戒。如不获遂,虽强游饮食,时御药饵,亦终忧悒而死耳。惶恐待命,不胜战栗之至!章炳麟白。"

以上两文及附件,均载潘重规:《量守遗文合钞》,台湾影行手抄本。汤济武,即汤化龙,湖北蕲县人。任教育总长。《太炎先生陈情书》记迁居钱粮胡同,又记载十一月、十二月事,则本函似草于 1915 年春。

5 月 16 日,《时报》载叶德辉"倾服太炎甚至",曾录《长编》,章氏有《与叶德辉书》,略谓:"与足下同治古文,而执守往往异趣。仆言小学,以疏通中夏语言,本之《说文》。《说文》者,语言之纲纪,贯古今而范围之,不应标识汉学以自拘挛。汉学之名,本起明时七子,特以文辞异宋,假为斯号。及惠定宇以是为说经准绳。"(《文献》1986 年第二期。)

6 月 26 日,函月霞法师:"相隔岁馀,人事万变,闻仰上人已归金山,而师仍主讲华严,想听受正法者,当如竿蔗竹林也。佛法之衰,实由谄曲。今之口言正觉,行如修罗者多矣。师独有大雄无畏风概,则此可昌吾宗,炳麟情想未除,生死不得自在,尔来事虽渐解,烦恼尚多。思杨文公手编传灯次第一千七百则,公于禅学甚深,卒以忧死,吾辈学佛,岂能出文公上?忧患所逼,何以自堪!况蒲柳之姿易于憔悴,姑以文史自娱,或保五年十年之寿,犹为天幸也。旧有书籍数箱,寄存园中,今遣人来取,望饬纪检点交付。又昔时著《齐物论》一册,仰上人为之排印,大半亦在频伽精舍,望付三四十册,以应友人之求。(如检不可得,函问仰公自知。)"下注:"哈同君、罗女士并望代候。仰上人亦望通函致候。"末署"二十六日",当写于 1915 年 6 月。(见《文献》,1986 年第二期。)"仰上人",黄宗仰。

10 月 8 日,京师警察厅致函汤国梨:

"径启者:前因章太炎君患神经病症,举言乖张,政府眷念前劳,恐其罹于非祸,交由本厅特别看护,实出于保全太炎之意也。所以对于太炎种种待遇,必丰必优,一切用度,悉出公家,其起居饮食无不适便,太炎久已处之泰然、安之若素矣。故前者曾屡约女士来京同居于此,已可见太炎在京并无所苦,而女士迄不能来,惟往来寄书,以通音问而已。不意太炎先后径寄女士二电,阅其词意,异常荒谬,自非神经别有感触,安得有此种电文。窃维女士与太炎谊属伉俪,关心尤切,既不能来京同居,随时匡救,则往来通函似应格外留意,多用慰藉宽解之词,开导其郁结,使彼无所枨触,庶几悖谬言词,不至形诸笔墨。否则扰乱治安,国有常刑。与其维持于后,曷若防范于先,用特函达聪听,希望嗣后通信措词平和,毋使太炎神经有所感触,则出辞吐气可免事端。此固太炎之福,想亦女士所愿也。此致汤国梨女士。京师警察厅启。中华民国四年十月八日。"

此信章氏家藏,后由章导捐赠杭州章太炎先生纪念馆,末署民国四年十月八日,当1915年。章氏长女㸚来京尊视,9月8日"平旦","无故自经",㸚适龚未生。㸚自经后,当时误传章氏身死,汤国梨"急电""问安"。章复以"在贼中岂能安",并有《家书》,京师警察厅患其"扰乱治安",发出此信。

11月,撰《云和魏氏诗集序》:"云和魏石生以其曾祖让泉、祖荇汀诗示余,其辞或工拙杂见,然神志夷旷,非笔舌所能为也。当风教未污,士或远在林薮,或近趣朝市,皆泊然不失其真。及其崩坏,虽矫矫欲自立者,无以出乎猥俗语,有效元亮师伯玉而卒不盖其志之杂污,故知陈诗可以观俗,非独一人一家之为也。如魏氏父子者,辞或未至,要其束身自好,从政有守,于其诗往往见之矣。余与石生交数年,观其身与匡复,荐更治乱,而纯朴之气未漓于世为难能,盖亦家泽之所留遗,愿卒守先世绪风,无与末流同好恶哉!民国四年十一月,章炳麟书。"

11月24日,《吴虞日记》记:"晚读梅村诗。汪容甫、洪北江、王壬秋、章太炎四家文。汪、洪、王、章为近代文学中脱去唐、宋八家气习者,读之可以上接六朝,王、章尤多名理。"(稿本,中国革命博物馆藏。)

本年,章氏有散札多封,藏国家图书馆,李希泌先生等编成《章太炎先生手札辑录》,载《文献》1986年第2期,因原件大都未详月日,暂照李先生所辑次序,录之如下。

《致顺天时报馆记者》云:

"来语云:去岁自八月至十二月止,付一千四百元者,以别支他费也。按去岁自二月十七至龙泉寺,六月十六日出龙泉寺,此五月中,应开二千五百元。而实支之数,与此大相悬绝。其间仆役薪费,及一身饭费,分文未尝取之他人,警厅所出,每月止房费三十元,灯电费二十元,加上杂费,每月不过八十元,五月合计四百元耳。其收拾寺中房屋,立电竿、铺漆布及裱糊等件,不过四百元,器具即国民党抄没者,约可抵三百元,共七百元,连前不过一千一百元耳。六月十六日出龙泉寺,至七月二十三日迁入钱粮胡同,中间二十馀日,住医生徐延祚家,此月亦应有五百元,而饮食之费,由徐经手,约计亦不过二百元,其装修钱粮胡同房屋,约不过三百元,别支接眷费五百元,连前所用,约二千一百元,通计此六月中,应得三千元,而实开不过二千一百元。有何他费,需待弥缝?至迁入钱粮胡同后,并无他故,更不能有别项款目可指。若实计亏欠之数,自二月至七月,共亏九百元,自八月至十二月亦共亏一千一百元,今于前项不计,但自八月至十二月所亏,应速补还。"(信封上书"顺天时报馆诸大记者",信上无年月。)

《致朱希祖书》云:

“逖先足下:心孚处信想已寄去,彼处仍无复信,抄写无人,断难于六月出版。刻《国故论衡》改订已了,正可抄写。《检论》亦在改订,正可递抄,而心孚急于出版,懒于移抄,纵使印成,既不惬意,亦多误字,似宜属彼出版稍缓。若急急为之,虽便贸易,终于拙著无与也,书此,即望转达。章炳麟。四月二十四日。”(下注:“足下能来商榷更好。”信封上书:“吉兆胡同朱逖先老爷,章缄。”)

“心孚”,康心孚。此书系指康心孚拟印《章氏丛书》事。(即“右文社版”。)

《致康宝忠书》云:

“佛称东机说法,儒有入国问俗。夫京师者,势利之场,非南方文化已开者比。封面乃对下人口吻,尤不得不然。足下如不信,往逖先、季中处,现仆所作封面皆然。此复心孚足下。章炳麟白。”(原无月日。)

《致季子》云:

“《齐物论释》已刻好,明日需印,足下所书封面,望速交来为盼,此上季子足下。章炳麟白。九日。”(季子,似为钱玄同,钱字季中。)

《致月霞法师书》云:

“月霞法师鉴:相隔岁馀,人事万变,闻仰上人已归金山,而师仍主讲华严,想听受正法者,当如竿蔗竹林也。佛法之衰,实由谄曲。今之口言正觉,行如修罗者多矣。师独有大雄无畏风概,即此可昌吾宗。炳麟情想未除,生死不得自在,尔来事虽渐解,烦恼尚多。思杨文公手编传灯次第一千七百则,公于禅宗甚深,卒以忧死,吾辈学佛,岂能出文公上?忧患相逼,何以自堪?况蒲柳之姿易于憔悴,姑以文史自娱,或保五年十年之寿,犹为天幸也。旧有书籍数箱,寄存园中,今遣人来取,望饬纪检点交付。又昔时著《齐物论》一册,仰上人为之排印,大半亦在频伽精舍,望付三四十册,以应友人之求。(原注:如检不可得,函问仰公自知。)南瞻淞沪,一苇可航,思食松江之鲈,欲听华亭之鹤,遂不可得矣。法师其有以慰我否也。天时溽暑,餐食自卫。章炳麟和南。二十六日。”(下注:“哈同君、罗女士并望代候,仰上人亦望通函致候。”信封上书:“哈同花园,月霞法师鉴。北京铁如意轩医院章缄。”无年月。“仰上人”,指黄宗仰。)

《致朱希祖书》云:

“前嘱君默为书《诚意集》序,本欲寄浙刻石。而交去一月尚未写来,恐不能待,望向君默处将原稿取来,想刘氏后裔自能请人书丹耳。人情既如此,亦不□强□矣。此问逖先近祉。章炳麟白。十二日。”(信封上书:“帘子胡同,朱逖先老爷,章缄”,原无年月。)

《致叶德辉书》云:

“章炳麟白:焕彬先生足下:与足下同治古文,而执守往往异趣。仆言小学,以疏通中夏语言,本之《说文》。《说文》者,语言之纲纪,贯古今而范围之,不应标识汉学以自拘牵。汉学之名,本起明时七子特以文辞异宋,假为斯号。及惠定宇,以是为说经准绳。是时儒言庞杂,如百诗、朏明诸公,犹沾沾滞于俗论,定宇所以定一尊者,蔽遮谰言,固不得已也。时极势迁,其门下又守残不悟。东原、晓徵、怀祖诸公,追而正之。自兹以降,学者虽同名汉师义法,然皆假其训诂制度还以相攻,若所谓以矛刺盾者是也。

凡治学者,犹大匠然,材朴自彼,而规矩尺度自我,故自东原以后者,与定宇之学殊科,而实超踊其上。《说文》之为书也,条理明备,不与经注同列,不应攻伐。虽然,仆固以为语言之纲纪也,非专表彰形体,如《干禄字书》而已。语言之发,宜于声音,足下尝惧于是,唯仆亦蠹然有忧焉。世变日亟,中夏不绝如线。仆以为天生烝民,形躯固相似耳,所以为国性者,独有语言史志之殊。二者摧夷,国亡其本也,虽民亦化于异族。故所治独在《春秋》、《说文》,由《世本》以上考下讫来兹,为论文化迁变之原则,所以治《春秋》也。由《说文》形声以推音韵,略于形体符号,独明语言迁易,文字孳乳所从来,盖所以治《说文》也。前世诸明哲说经,喜举贤圣训言,忘其与迁、固、寿、晔同流。言小学者,虽略涉音韵,但以为甄明斯、籀遗文,合足下始终牵于形体,且谓双声叠韵,休文所以为诗,阴声阳声,托如㧑约,其言皆不当援引。夫以中夏地域之广,言语殊声,非求其根系,辨其同物,何以会语言之极?古者瞽史同官,听声音谕书名,以起转注之术,考老之伦,训义与韵类皆同,为发声为有异,于是知方国殊音,一字而两读,一名而殊形。此犹中土自称曰秦,外人或称为支那,或称为楷那,或称为震旦,其音各殊,而本是一语。古昔封建之世,九州相隔,犹异国也。则考老一语,焉得不有殊音乎?推其名种,道通为一,是故异方殊语,虽至啧而可次也,宁当沾沾求之形体间耶?双声之名,本起晋代,非训汉师而已。又不悟语言统系,贯古今而不殊,音韵虽分古今,其大体固不越也。苟毁大朴以为小材,即六经为一家私言,而《说文》财以文分别点画,比次部居,书契与名言绝矣。比读足下书,以仆不喜《繁露》、《诗笺》为疑,又恳恳辨转注异同,仆以为仲舒、眭孟,其学本之燕、齐怪迂之士,谶记纬候,所以造端,以是说经,直白莲教、义和团之流也。《诗笺》专破《毛传》,其言多不应古文,如用《毛诗》改字之类,又使词不足以达志。如《绿衣》必改为'禒衣',强谓礼典所不制,诗人不得发诸其口。又如改哀窈窕为衷窈窕,文转难通,此类非一。今治古文,固当去其驳杂者矣。转注之说,始自休文,汉世读如、读若,直拟其音,而反语始自刘熙、服虔,声类始自李登等之汉儒,则读如、读若为无法,则反语为有法,反语作则双声之名自著矣,声类成则叠韵之名自出矣。永明周、沈诸公,用其术以作诗,非始创其名,韵类既繁,求其远近。近世乃有阴声阳声之说,苟从其质,阴声无鼻音,阳声有鼻音,此能发语言者所周知,而㧑约始为之名号,必若阴用其说,而阳避其名,则攘善也,拨而去之,则无以为群韵纪纲也。二者固仆所不敢出也。今足下必以汉儒称谓相稽,笃于汉学则不言双声、叠韵、阴声、阳声,有笃于西京之学者,又且谓读如、读若为当删矣。仆以为古之故训,犹材朴也,不可改。治故训者,犹匠人有规矩尺度。规矩尺度非材朴,而材朴赖之以治。诸所为建设名号者,犹为规矩尺度而已。是故天元四元,不害古之九章,观量比量,不害古之名家,非独不害,又使繁者得简,微者得彰。固非保顺汉师,不敢制作而已也。要之,温故知新,二者不可以□。章炳麟顿首。"(原无月日。)

查1914年7月24日,章氏《致龚未生书三》谓:"近日除念劬、柱中及诸学生外,得叶德辉一人,可与道古。"自注:"叶为力攻康、梁二人,遂以顽固得名,其实知识远过壬秋,而亦未尝与腐败官僚同气,因其素畜家财也。今岁为汤芗铭所杀,柱中救之获全,亦仍赖‘顽固党’三字。”又云:“此君亦不乐久留,仆与柱中强挽之,遂外借顽固之名,以解当涂疑虑,叶感仆意,当不遽去。”是叶德辉此时向章氏问学,故系于此。

又有《致马叙伦》书:

“彝初足下:前得手书,已付复函,交君默转寄矣。宗仰处已为致书。思彼近与哈同不协,正恐无能为力。足下才堪应世,局促沪滨,鄙意以为无益。凡人知见既明,胆气即须勇猛,此又当说知行合一腐话也。

“昨得柔桥、默盦二集,近世言国学者,求深则入义和团磨道;务浅则凌杂米盐。二君独无此病,然尝博涉而令深思(学无心得,则墨守者固是依傍门户,调和者亦是,两属保护国耳)。调和汉、宋,只为空言。由此而进,可以为师,未逮作述之林;由此而退,即堕入伯弢一流。大抵学忌浮华,亦戒琐碎。浮华者非诗歌文笔之谓;琐碎者非草木虫鱼之谓。欲速骛名,则兼综汉、宋者,亦浮华也;泛滥无统,则昌言经世者亦琐碎也。苟得之自心,则无华非朴;会之有统,则无小非大。此可为专门求是者言,不可为万能主义者言也。

“博闻不思,转入芜杂,劳于观览,未有自得之旨。欲除此病,唯有屏去书籍,令神明不为故纸所昏耳。宴坐观心,非徒为道,亦堪为学。次则涉患难,亲军旅,游山林,皆为有益。时亦取一二种书,反复观察,久之纷扰日除,和理日出,始为有得耳。仆三十六年之中,学本寻常,唯是随逐昔人成说,虽能别择是非,固未有自得也。及入上海狱,转至东京,迩及辛亥政革以还,学始成就,乃知老子所云‘为学日益,为道日损’者,不过个说大端,为学固亦有日损耳。足下云上海谈艺,不如京师之乐。究之朋友讲习,利害相参,京师本多浮名之士,金石宋椠,燕语津诗,以为名宝。日与此辈往来,唯有退堕,更无增进也。足下本好馀姚之学,胡不思文成所得,不在京师讲学时,而在龙场贬谪、南赣治军时耳。大抵德慧术知,存乎疢疾,斯言最信。即清世如慎修、东原辈,亦以经营生计,从事稗贩劳苦之中,自生慧解。若只凭书籍可以成学者,是则分散二三千圆,披览三四年顷即可为名儒大师,本无此易事也。

“仆欲求张无垢语录及《论语解》、杨慈湖甲乙稿已易,京师无有,浙中容或有之。如有所见,望为购取,价即寄还也。章炳麟白。”(手迹复影件。)

此书原无年月,查谓“三十六岁中”,章氏三十六岁,当 1903 年,即因“苏报案”系狱之年。又言“辛亥政革以还”,自应写于辛亥后;又提及黄宗仰,宗仰逝于 1921 年,应写于 1921 年前,又谓张无垢、杨慈湖书“京师无有”,似写于在京被羁时,故系于此。

1916 年(民国五年丙辰)　四十九岁

6 月 6 日,袁世凯死,7 日,副总统黎元洪代理大总统,章氏致电:“大总统执事:三岁以来,从公罹于忧患。自国体变革,欲一谒见,终尔迟回。天诱其衷,独夫陨命,我公得以应天顺人,正兹大位。而国基为固,隐忧尚多,其欲径诣大廷,一陈刍议。所苦凶人作慝,群警守门,进止不得自便。感慨系之,望宣明令,勒令警察退去,再定于何谒见,不胜屏营待命之至。”(手迹,国家图书馆藏。)

6月21日,浙江都督吕公望致电黎元洪、段祺瑞,以章太炎“横遭羁留”,请“照护”南归,电云:

“黎大总统暨段芝泉先生钧鉴:太炎先生直言招祸,横遭羁留,已经三载。窃谓公路既逝,暴政宜除。此公文章气节,冠冕东南,虎口之生,频思归隐。若为安车蒲轮之送,以示礼贤下士之忱,岂惟薄海播为美谈,行见史册传其盛德。馀孽弄权,犹加监视。方以公道示天下,岂宜有此。倘以此公家属南归只身远返为虑,自当派员北迎,妥为照护。谨先电达,希盼速复。吕公望叩。马。印。”(原件藏武昌辛亥革命纪念馆,曾载《团结报》1988年11月1日。)

6月22日,国务院复电吕公望:“当饬所司妥为护送”,电云:“华密。马电悉。太炎先生自离羁絷,都□康宁,并无监视之苦。如愿息埌归隐,颐养山脉,安车蒲轮,礼亦宜之。当饬所司妥为护送,借副盛意。院。养。印。”(同上。)

本年,章氏亲笔拟有《新闻一则》,写给北京报馆:

“章太炎自民国三年以来,为前政府所疾,常令巡警守门,监视出入,其间或有撤警之时,但以形式相欺而已。此次黎大总统接任,已宣口令于内务总长王揖唐氏,令转谕警厅撤警。而王揖唐别有怀抱,不欲借此名义撤销警察,乃挽参政钱恂作书与警厅吴炳湘氏,恳求撤警。传闻彼中口说,前此袁大总统曾有纸片交内务部,有监视保护等语,由内务部下行警厅。据此公文形式,故不能直接取消。然前此袁大总统纸片,本无命令形式,与今之口宣命令正同。彼辈不肯取消,而挽他人作信,试问旁人书札,果足以取消前大总统之令乎?此其别有怀抱可知。恐太后自此愈危矣。”(国家图书馆藏,载《文献》1986年第2期。)

在狱中函黄宗仰数函,并录于下:

其一曰:“得九月廿日复书,不胜忻慰。书籍既寄在藏中,愿发书明示园内下人也。来书以安乐公事相诮,盖未喻此中深趣。仆之怀归,如痿人不忘起,势不可耳。今春所以罹此殃咎者,正坐欲行之故,当涂所虑,以为南中皆革命党(原注:其愚稚可笑如此),深恐蛟龙得水,为之仇敌,虽百端解喻,而骇愚者终不信也。强欲成行,适以招疑速祸,故且浮沉偃仰,以解痴人之惑。佛学正素心所向,然北土无可与语。南方又不可速归,以是为恨耳。从前所购日本小字藏经,在东已多被鼠伤,半不可用,拟购频伽精舍藏经一部,闻价目需二百园,亦不知管帐姓名,烦上人示我,庶得往购。拥书未得百城,终无南面王乐。至于梵典,尤不可虚。昔人云三日不读《道德经》,令人舌本间强,诚非妄语。诸书譬如饮食,而佛典比于日光,日光不烛,虽有山海兼珍,食之少味,况燕都俗地,本无林下之风,自非日接黄面老子,亦何以洗涤尘襟耶?”末署“十月廿日”。

其二曰:“阔别岁馀,人事变幻。闻公又返金山禅悦,益当增进。鄙人前因谗谤,幽处龙泉,其住持道兴上人亦尚可谈,而意绪蕙索,终不能谈及妙谛。槁饿十馀日,亦不坐化。盖寻伺未断故也。尔来嫌疑颇释,阳历六月,出自龙泉。近乃于东城钱粮胡同自赁一屋,读书饮啖,聊以卒岁。维持之力,犹赖故人李柱中也。友人颇相从论学索观著述者,多因忆旧著《齐物论释》,承公校刻,想花园尚有存本,或寄售他方,皆所未悉。问之园丁,则云未了(原注:月霞师近亦不在),望审示此书所在,告知龚未生(西湖图书馆)得令往取。又前有书籍数箱,亦寄花园,园丁亦不知安顿何室,并望同示龚君也。何时握手,期以五年,南望江天,不胜驰系。"下署"十月三十日"。

其三曰:"接读手书,劝以南归,演畅楞伽,昌明佛法,万勿又被业风吹入政界,斯论深得我心,惜乎势不得行耳。黄陂就任已八日矣,其间亦有语言交涉,已命撤警,而内务部与巡警总监阻之,门禁尚未能解,而况于南归乎?此时小人尊长,黄陂亦不能自主,何论仆辈,屈平所以诃壁问天也。"末署"十五日"。又曰:"夫入山贵深,入林贵密,则维摩方丈之居,正可谢绝尘累。虽然,吾辈虚名已播,腐败官僚之嫉忌已深,此虽刳心剖腹,昌言谢绝政事,而彼何能信我乎?羁囚三载,与学生谈艺时多,论政极少,而彼亦不能释然无忌也。乌乎!此北京者,乃仆倡言所建,而今卒为自得之区,作蚕作茧之喻,岂不然乎?"

其四曰:"得复书,敬闻命矣。慈观既无其术,持名决是易行,顾鄙自念,知见有馀而精勤不易,盖以尘事牵缠,难趣一界,是亦夙业致然也。然此事自当以渐胜治,亦不能求速效耳。楞伽颂跋语已写成,原书阔四尺、高八尺,以是勒石本嫌肥短,今此跋语,正可横施其下也。时事变迁,得离系者已多,而鄙人尚在羁厄,迩来虽无逼迫,警卒犹在门堂,彼朱启钤、吴炳湘辈兵在其颈,(自注:政府因南方要求迫急,凡首赞帝制者皆暗中看守,欲诛成济耳。)尚尔娆人,真可笑也。"末无月日。

其五曰:"音问隔绝,倏及岁馀,少病少脑,气力健否?下走羁滞幽都,出缠无日,尔来唯以正法自遣,不悟园成,乃起颠倒。自去腊梦作焰摩,靡久不见自怪,判事理刑,梦中了了。昔闻范文正曾作此事,今所与共事者,则晋夏侯泰初、宋梅圣俞、明王文恪其人也。亦有欧洲、印度人在列,名字佚离,不能审记。毕竟吾辈未见道,真得此患梦,真学佛者,尚不能梵天王,况此那洛迦中魁帅耶?上人闻之,当何以教我也。内法日衰,无人振起,谛闲上人在此说法,托非其人,物议骚然。月霞师幸尚见几声价稍未损耳。世出世法,毕竟不可分离,如上人萧然物外,迥非此辈所能跂及矣。年来颇有著述,不获与上人亲一证之。前托写楞伽经,患难以来,心绪殊劣,未能专意为此。昨写得唯识三十颂,此颂即是楞伽精蕴,先以寄呈。次欲作楞伽四偈大字奉寄,颇以上人为大慧菩萨,而下走或是药叉王耳。哈同君处,尚通信否?有友人马叙伦(彝初)去岁在京师大学任教习事,因见国体变更,舍之而去,可谓有志之士。其人学问亦优,今在上海(在卡德路禅福里),颇忧贫乏,闻哈同君处设有仓圣学校,欲往教授,以备旅资,上人能为一言否?"下署"三月十九日"。

其六署"三月三十日",即1916年所书,曾载冯自由:《革命逸史》第二集,专述"幻梦事状",本书正编卷四1916年已言及,兹不赘。

按以上六函,均载《学林》第一期,1939年出版,为1914至1916年所书,为检阅方便,汇录于此。

7月3日,函黎元洪:"南中获见电文,对于龙、李之争,多方调护,斯诚我公仁覆群生之盛心,而于舆论反有相左。龙济光之残暴,粤人愿与偕亡;李烈钧仗义吊民,壶箪载路,此全国所周知,非独粤人一方之言也。我公虽意存调剂,而归曲于李,责其黩武。至于龙氏纵暴,独无一言,恐天下以庇护凶人疑公矣。炳麟以为滇、黔倡义,迄今六月,岂独袁氏帝制之为,实以伐暴安民为志。自项城殂陨,义师迟桡,于是恢复约法、召集国会二事,商度数旬,迄未成说,徒借海军一震之威,权奸褫魄,二令得以畅行,此则独立不为病国,而反足以辅毗大政明矣。况今之人事,尚有过于约法、国会者,以公肇建维新,而先摧残大义,使曩日凶顽馀孽,得以假托教令,逞其阴谋,想公本旨必不然也。迩来饕功偷事之徒,日以取消独立、拥护中央为口柄,不知民意寄于独立,国蠹本在中央,国蠹未除,先违民意,则虽约法,国会之彰彰者,亦适为奸回利用矣。以此纷饰太平,涂民耳目,辛亥覆辙,必将复见于今,此炳麟所为扼腕增欷者也。唯愿我公怀宁人之大略,推利害之本源,勿宴自以图苟安,勿委权以便豪贵,薄海蒸民,庶有重见天日之望。"(《时报》1916年7月5日。)

8月10日,上书北京大总统:"自帝制派逆犯不诛,潜逃作慝,以有九省联盟之事,力惩粤事,唯是借名反对国会,尚为表面。说者以为投间抵隙,为宗社党之中坚,王占元已曾电辨。炳麟以为人情趣势,断无有燃清室死灰者,况于彰德会议,徐州会议在人耳目,彰彰不讳。而袁乃宽、张镇方、段芝贵、陆建章等,莫不参预其间,海外则有梁士诒为之谋主,此岂复为清室计耶?当知宗社党有新旧之分,复辟论有满汉之异,旧宗社党不过反对袁氏一家,项城既亡,即旧消灭,即令小小蠢动,其责在地方军警耳。而新宗法党财力雄厚,萌孽潜滋,动员令可以自主选举事,可以妄干怀抱,与清室遗臣绝异。若非严令征剿,必将滋蔓难图。颇闻道路传言,谓政府利用此曹,冀以扫除民党。不悟狼子野心,非可自由操纵,祸机一发,岂独中华民国荡无孑遗,即今之执政,亦将无以自处。请赵孟所贵,仍赵孟所能贱耳。政府民党,休戚相同,事后噬脐,悔将何及!今日所患,不在殷遗,而在帝孽;不在塞外,而在中原。攻讨宜速,宣谕宜勤,不在一二电文涂饰耳目,所愿我与公执政诸君加意而已。"(《时报》1916年8月11日。)末署"蒸",当8月10日。

9月,章氏出访新加坡。按:6月,袁世凯死后,章氏"始得出入自由"。6月24日,接岑春煊电:"预期与公一夕谈为至快。"遂至肇庆。这时,岑春煊正与龙济光混战,不以"国是为重"。章氏"见南方无可与谋者,遂出游南洋群岛"。9月29日,由香港抵达新加坡,又由新加坡而槟榔屿,由庇能而怡保、吉隆坡、爪哇等地,多次发表演说。

章氏"游南洋",在他的《自编年谱》中只有"余见南方无可与谋者,遂出游南洋群岛,岁晚始归"数语,对他的"出游"情况,不知其详。1991年,我应新加坡国立大学之邀,前往星洲,蒙王慷鼎、叶钟铃两先生相助,得见新加坡《国民日报》、《振南报》所载章氏南洋行迹,录载于下。

9月29日,章太炎由香港抵达新加坡。当地报载:"章太炎先生为中国文豪,耳其名者无不倾倒崇拜。此次共和再造,厥功甚伟。今于国事一大段落之后,特由沪至肇庆,会晤岑、李诸公,并游览名胜后,复往香港搭皋因荷火船南来,意欲游历南洋各埠,视察华侨情状。至昨午后六点钟抵埠。时由陈楚楠、简英甫、胡仲选、张永福诸君二十馀人同往该船,迎迓登岸。旋往南洋烟草公司内,该公司设筵洗尘。筵毕,复本坡西北门王振璜君之住宅,(前者陈君武烈旧居,岑西林曾寓此)为其驻节。所闻先生在寓会客时间,系早8时起至12时止,而下午则为出门拜客时间。闻此次偕行者有严濬宣、廖仲任、萧韵珊、曾稚南、方光五位先生云。”(新加坡《国民日报》1916年9月30日,《大文豪南来》。)

10月2日,简英甫宴请章太炎于南顺会馆,章氏“演说发挥化除党见、振兴教育各事”。报载:“大文豪章太炎南来,耳其名者莫不欲聆其伟论,瞻其丰采。昨天,南洋烟草公司司理简君英甫大开筵会于单边街南顺会馆,款待章君,并邀请埠中各界知名人士齐集一堂,赴会者约八十馀人,车水马龙,确极一时之盛。晚八时许,太炎先生演说,发挥化除党见、振兴教育各事。听者动容,既醉以酒,又饱以德,吾为此会咏也。”(新加坡《国民日报》1916年10月3日,《宴会章大文豪志盛》。)

章太炎的演说词是:

“鄙人自投身革命以来,于南洋同志,通讯已多,而皆未尝晤面。此次南来,以简君英甫之介绍,得与诸君子相见,诚属幸事。惟近数年来,国事纷繁,难于详数,鄙人又不谙闽粤语言,深恐心所欲言,不能尽出诸口;口之所言,又不能悉达于诸君子之耳,是又一大憾事。兹于国家利益,且置不顾,但专为南洋谋进步耳。若得改良,则前途希望甚远。今以二事望于诸君:一,人在异乡,本有同舟共患之势,南洋各地,本无所谓朋党也,以康长素及孙中山、陶焕卿等,迭次南来,渐有所谓党会,而一般热心之华侨,各以爱国热忱,奔走呼号,不遗馀力。其后有保皇党、同盟会、光复会三派。辛亥以后,保皇党已无复存,其馀承内地党员之嘱咐复改组为国民党、共和党,最后又有进步党入其间。在发愿入党者各有深心,然争端亦因之而起。夫各党并立,彼此以政见不同,互招异议,此固无可讥议者。然前此南洋各党之机关报所攻讦者,与国家大计,或有〔无〕重要之关系,往往于个人私德上,指摘谩骂,致使此党彼党,化公愤而为私仇,且人之私德既无实证,初则指斥小过,终复加以诬蔑,而是非混淆,黑白挠乱,此于道德智慧皆进步阻碍之最深者。兹幸共和再造,凡我华侨,无论属于何党,要其愿入党会之心,皆因爱国而起耳。目下党见已渐消除,有互相提携之望,斯则鄙人惬心慰志之事也。抑鄙人犹有言者,消除党见,非即不党之谓。盖欲消除各党之畛域,而成一大民党耳。兹北京议会中,各党已渐联合,此间各党苟能联合进行,则南洋各岛,当永为吾中华民党根据也。

“二,南洋各岛华侨,不下数百万,谁无子弟,谁甘奴隶,欲子弟不沦为奴隶,则教育尚已。近知华侨所设小学,已达百馀所,毕业亦颇有人,但小学知识,究属有限。今欲高大生徒之志趣,非筹设中学不可。中学生徒额设二百名,每年经费不过三四万,事尚轻而易为。其校长及教员,须敦请祖国学行优长者为之,所有课程,可就教育部规定者,斟酌地方情形,略为变通办理,而于本国历史、本国地理及普通法学,尤宜注重。盖海外办学与内地办学不同。内地办学,务使生徒知世界大势;海外办学,并宜使生徒知国内情形。故中国地势物产,风俗人情,与夫历代之治乱兴亡,及圣贤豪杰各事业,均宜深晓。知前者则不至视归祖国为畏途,知后者则能发起志愿,不甘下就。至于普通法学,更为自为保卫所必需,有此知识,人自不敢以非法加我矣。诸君子热心爱国,对于教育一项,如能筹设中学,俾底于成,则为福南洋子弟当非浅鲜。鄙人近闻南洋各学校隶闽者有派,隶广者有派,隶潮、嘉者又有派,此虽以各方异语,不得不暂为区分,而终不可长久也。总之,吾南洋华侨宜以大公无私之热心毅力,化除偏见,消去畛域,凡关于政党、学校诸端,联络进行,将来吾中华民国之隆隆日上,当为诸君子是赖。鄙人谨拭目俟之。"(新加坡《国民日报》1916 年 10 月 4 日,《章太炎先生演说词》。)

以上演说词,新加坡《振南报》也于 1916 年 10 月 3 日、4 日、6 日分三次连载,署"在座者笔录"。其中"奔走呼号,不遗馀力,其后有保皇党、同盟会、光复会三派。辛亥以后,保皇党已无复存,其馀承内地党员之嘱咐,复改组为国民党、共和党,最后又有进步党入其间";《振南报》则作:"奔走呼号,不遗馀力,其后有秘密之各派。辛亥以后,又承内地党员之嘱咐,始明组为国民党、共和党,最后又有进步党。""入其间"三字无,其馀与《国民日报》尽同。

10 月 3 日,新加坡《国民日报》载《定期筵宴大文豪》云:"章太炎先生南来,大为侨界欢迎。兹曾生江君又定明天下午四句钟宴会章君于昇生园,该园在马厘士爹律(即往双林寺之街)云。"

10 月 4 日,新加坡《国民日报》载新加坡领事胡惟贤《欢迎章太炎先生词》:

"惟贤识先生于海上二十年矣。先生少有大志,不屑为举子业,故能博览古今群籍。及长,愤清政之不纲,设'爱国学社'于上海,同时兼主《苏报》席,为清廷忌,下令逮捕,囚禁三年。既出狱,往日本设帐授徒,鼓吹改革,从游者达数千人。同志敦请先生主持《民报》,一纸风行,舆论大振。辛亥民国成立,先生之志愿实已遂矣。癸丑,先生出任东三省筹边使,终以信任不专,不数月决然离去。时同志亡命海外,而先生独以党事北上,其幽于京师者几及三年。先生矢志不挠,益以扩世界之眼光,济人群于进化,夫讵他人之所能及耶?兹幸共和再造,先生得还其自由之身,来作南游,凡我侨胞,无不以得瞻先生丰采为幸。先生讨论侨界之状况,侨业之情形,侨学之程度,他日归去,行将笔之于书,垂之于后。即今闻先生一话一言,实足以针砭流俗,灌输文明,疏瀹智慧,尊崇德性,非独南洋群岛党见为之消融,学风为之一变,且能使海内有志之士,闻风兴起,感动奋发于不自已,则先生此来为有功也。"

章氏在新加坡演说后,当地报纸曾有评论,如《振南报》1916 年 10 月 4 日载《欢迎章氏馀谈》云:

"章太炎先生之抵叻也,商、学界开筵欢迎者连日不绝,亦有多持冷观态度者。其言曰:'章氏为同盟会、国民党一派人物也。'记者闻人言此,因告以:'公等毋乃误会(请观今日胡领欢迎词便详大略),且本坡向无同盟会,若国民党则取消解散久矣。去年帝制潮流,进步党团体无闻,职此故也。'闻余说者始为之意解。

"或者又疑章氏与老孙同气味,记者曰:'否。徐锡麟尚不肯为孙逸仙下,况章炳麟乎?章氏主《民报》时,谈佛学,与孙异趣;《民报》受困二百元,屡电告孙,孙不之应,《民报》以停,又坡商之所知也。'谈至此,或益恍然。"

《振南报》又于1916年10月7日在"来函照登"栏,刊载《对于章先生演说之质疑》,署"景堂稿"云:

"一昨见报载章先生在南顺会馆演说词,鄙人方读至篇首十数行,即曰:异哉!吾所闻也。先生语中,指事本坡,不歇有保皇、同盟两招牌。鄙人寓此数十年,尚未知所谓保、盟者究在坡中何所?领袖何人?而先生到此未满星期,便知之耶?或曰:以前皆秘密会,非正常会。若然,则吾又始终未闻有保派在坡秘集者也。先生又云:'自康、孙接迹,始有党派。'此又倒果为因之说矣。康来虽在孙先,然实庚子之岁。溯自戊戌,坡人士已倡维新,废清纪,用孔纪,行剪发,设女校,明组'好学会',逐期演说,会员五六百人,(按例立会必有案,非可空指)斯时不识孙亦不识康也。至于近组共和党,及改组为进步,其远因由黎公自武昌特派员之来,并有直授陈喜亭以委任状之据,而后存案成立,以至今存,与保派何涉?此等道听途说之言,若出于忧思痛一辈,(钞集日本人书稿改名南洋)可免置议。章先生闻人也,君子也,一言为智,一言为不智,鄙人故敢贡其诚悃焉。先生素与激派游,耳饫激论久矣,非激之言,亦有公道在焉。幸先生听之。"

《振南报》在文后加"按语"云:"敝报按:日前章氏演说,似非章之自作,不过旁座者笔录。敝报鉴知其然,故于录说中之显违事实者,为之抹去,以免俗说或为圭玷。而在他报,照稿执刊,均所难免,景堂氏右稿之所以作乎。此是事实佐证问题,不是理想论辩问题,凡以征信而已。"那么,上揭章氏在南顺会馆演说,《振南报》之所以较《国民日报》稍异者,即原于此。

10月6日,龚未生《致章太炎书》:

"外舅尊前:一月前,外姑忽胃肠、风斑两症,六、七日前病症加重,即入广仁医院,又隔三、四日间,似小产光景,其势甚急。据医云,不能少动,诚恐小产,现在卧榻不起。本以柔弱之躯,患此疾病,不可轻视。如尊驾或可及早言旋,最为盼祷。铨自初二日到申,兹以双十节筹备事务之须,明日回杭。俟事务粗了,拟十五日再行出来,专肃,敬颂旅社。铨谨上。十月六日。"

此函章氏家藏。原函信封寄"新加坡南洋兄弟烟草公司转章太炎先生"。署十月六日,当1916年章氏旅居南洋时。

10月7日,章氏由新加坡去槟榔屿。报载:"章太炎先生莅叻,已经多日,各处欢迎宴会,殆无虚时。兹闻先生已定于本日午后起即赴槟城云。"(新加坡《国民日报》1916年10月7日,《章太炎之游综》。)

10月10日,章太炎在槟榔屿"武昌首义纪念"庆祝典上演说。报载:

"(槟城)武昌首义纪念,槟城阅书报社诸君,特举行庆祝之典。社之内外,装饰辉煌,门前点缀绿草香花,国旗招展,旁悬联云:‘国基肯构思经始,庆典光荣祝共和。’至午后三时,特设茶会,并延章太炎先生欢叙。越一句钟,全体社友同往花园摄影,闻共拍照二次,首用为国纪念,次用以表示欢迎章太炎之意。是夕八时,则请章先生在社内演说,到听者座位皆满。演说中间,适提灯会游行及门,军乐歌声,喧闻堂内,演说因而停止。殆至提灯已去,听演说者尚端坐不散,众请章先生继续登台,再伸前说,至听者尽欢始散,诚近来演说会所未有者也。兹将所言,摘录如后。章先生云:

"国庆纪念,本属惯例,但今日之国庆纪念,实非容易得来,而海外之国庆纪念,尤鄙人所难常见。漫游至此,蒙诸君子竭诚相招,躬逢盛事,欣幸之馀,复有感于中,愿为诸君子言之。民国元年,举行国庆纪念于武昌,兴高采烈,各国一致。袁世凯闻而忌之,乃以大总统正式受任事,移置于国庆日,冀得人民祝贺。故民国元年之举行庆典,非为国庆也,实袁世凯借以自庆也。其后国庆纪念,遂寂寂无闻。今者共和再造,国庆纪念复行于海外,稚女黄童,皆知感奋,与民国元年之事正同。而即有不能不虑者,元年举行之国庆纪念,即为武昌倡义发也。武昌倡义,南军奄有十二省,组织政府,当时若乘势率师北伐,扫除满清旧僚,则袁氏不至乘机袭取,而中华全土,握于民党之手。今日举行之国庆纪念,犹是纪念武昌倡义也。然非有云南护国之师,则斯举已不可得。护国军之兴也,奄有八省,组织军务院,当时若乘势进攻,师抵武汉,要求惩办帝制馀孽,则今日之国庆纪念,亦可以永远保存。惟清亡而袁世凯在,一类亡国大夫,得附袁为逆;袁亡而帝制党在,一类阴险反侧之徒,或仍附帝党为恶。且今之帝党,其仇疾民党,有甚于清之亡国大夫矣。清之亡国大夫,虽无禄位,犹足自保,不必与民党为难。今之帝党,自知恶积罪盈,永难齿于人类,非与民党相仇,急图报复,必无存活之理。试观现时政界人物,虽有民党,亦多帝孽,将来权势偏倚,借压人民,吾人民何以自处?是不得不于最欣喜之国庆纪念日略为虑及也。吾中国人之特性,可与共患难,不可与共安乐,每作一事,略有成效,即将前此艰难困苦情形淡然若忘。民国二年之失败,正坐此耳。从今以后,遂永无民国二年之覆辙耶,则不能保也。要知‘中华民国’四字,断绝之日已久,使袁氏至今尚在,八十日后,即是帝国纪念日矣。今日所以复睹中华民国者,皆从流血拼命而来,譬爱子失而复得,手足断而复续,既得既续之时,不能不追念方失方断之苦。惟愿诸君抚今追昔,不忘疮痍,毋使今日之国庆纪念,复为民国元年之国庆纪念。庶几庆祝不在一时,而可与千古矣。"(新加坡《国民日报》1916 年 10 月 17 日,《章太炎先生演说志》。)

10 月 11 日,章太炎在槟榔屿益智书报社演说,强调:"第一须联合诸党以抑制馀孽,第二须振兴教育以为政治知识之根本。"报载:

"槟城函云:章太炎先生之来槟,都人士咸愿望见文旌以为荣。国庆日,延之演说于槟城阅书报社,已载昨报。而益智阅书报社诸君,又备茶话会邀之,先生在席间有所发表(演说词录下)。午后,先生往极乐寺游览,全体僧人大为欢迎,关于佛学,多所质证。今午十一时,陈新政君导之参观时中学校、中华学校、同善学校、丘氏学校,及璧如、务内二女学校。闻今夕八时,教育研究会特请先生演说,先生业已允之。先生原定

本日启程往游怡保,刻将行期更改矣。兹将在益智书报社演说之言,先录如后。章先生云:

"鄙人前在石叻,初接见同志数十,一昨到屿,又日与诸君子相晤谈,无任欣幸。吾国内政,将来能改良与否,实不敢知。惟南洋同志苟得一其意向,自可为国家动力,而联合意向之要旨,不外二端:一,宜对于各党,不分畛域;二,宜注意教育之进行。何以言之?教育不良,则贫富之阶级攸分,语言之隔阂益甚,故贫者力谋改革,而富者不愿也。一方兢谋爱国,而他派不知也。于是有党,于是有派,于是有党中之党、派中之派。若教育兴,则贫富无阶级,语言不隔阂,而党派自泯其意见。此间本无所谓党,自康长素来,而保皇以立;自同盟会发生,而革命党先后戾止;自光复会兴,而革命党自分为二,遂为国民、共和二派之基本;自立宪派加入,而进步党又起。党派愈多,意见愈歧,究其实在,要皆阶级不除、语言不通有以致之。现在保皇党名目已经取消,而进步党之在内地者,多以官僚为中坚。槟城无吾国官僚,则槟城进步党人亦不过挂名党籍而已。袁世凯窃国,消灭国民党、解散国会,势焰所及,各党敛迹。迨袁氏称帝,国民党急起声讨,而共和、进步二党,亦同时并起。故由吾人观之,此次革命成功,三党均与有力,而国内各党鉴于前此之纷争,为袁氏乘机利用,几被消灭,此番既同心协力,推倒袁氏,已各泯意见,互相联合,京师、上海几渐就绪。此间党中情形,虽尚未知,当亦无不乐从也。以鄙人观之,有一事最定阻挠党务之进行者,即嫉妒心与狭隘心也。盖革命成功,人之争权夺利,各不相下,故成纷扰之现象,辛亥以后是已。兹则诸党要人,幸无争兢,故得有调和之希望,国内如此,海外可知。设诸党仍纷争不已,则前之为袁利用,贻患犹浅,今后若为帝制党利用,其害尚有不忍言者。故今日诸党自息争端,实为联络之最好时机。时机一去,争端又起,虽欲调和,不可得矣。此鄙人对于党事之微旨也。何以言联合各党必从教育入手也?良以革命党有知识优长者,有知识短浅者,程度不齐,物议以起。世人谓革命党人但知破坏,不知建设,盖有由来也。兹吾人欲从事建设,当高其知识;欲高其知识,当注意教育一项。尝见往古开国良才,其始亦祈有马上事业耳,则以功成以后,仕学兼营受其常识充足之教育也。是以草泽英雄,素不识字读书,其后为国宣劳,亦颇博人嘉许。近世如清之刘坤一、蒋益沣一流,皆属草泽英雄,亦未尝不可勉强办事。何也?以事后稍受教育。故能破坏者,苟稍加以知识,未有不能建设者。此种人之品格,较诸官僚,实有过之。盖官僚中虽有贤良公正者,与帝制党或系旧交,未必能断绝关系,而廓清腐败政府之观念亦弱。革命党人素与帝制党相抗,而廓清腐败政治之念较深。故曰欲改良政治,非使破坏者谋其建设不可;欲使破坏者谋建设,非注重教育不可。一党之中,受教育者多,则党势坚定;受教育者少,则党势薄弱。国民党之健全分子皆曾受教育人也。至于海外,则渐不相及矣。鄙人在石叻,曾倡议设一中学,其办法稍参酌地方情形而变通之。大概南洋一带,办理中学,不必注重实科,应以普通法律及本国历史、本国地理为其主要。应使学者得知本国情形,而发生爱国之真忱。其风土人情,物产地势及古今往来英雄豪杰之事业,了然于心,则政治改革,不难参与其事也。总之,今日所宜知者:第一,须联合诸党以抵制帝制馀孽;第二,须振兴教育以为政治知识之根本。事果实行,即南洋同志可为国家之助,而国家亦惟南洋同志是赖。十年来之苦心经营为不虚矣。”(新加坡《国民日报》1916 年 10 月 18 日,《章太炎先生演说》。)

同日,章太炎游览槟榔屿极乐寺,演讲佛法,以“平等之义,举诸教以与佛法比较”。报载:

“(槟城函)国庆之后一日,章先生往游极乐寺,从游者达数十人。主持本忠迎入客堂,互谈佛法。本忠禅师演讲佛法平等,并言小乘与大乘之区别,在四谛十八缘生六度等等阐发妙旨,闻者动容。继由章先生起而言曰:

“三岁十二部,丈旨浩繁,难于陈数。今就本忠禅师所讲平等之义,举诸教以与佛法比较,则平等之真,惟在佛法矣。请试言之。佛法自称有大乘、缘觉乘、声闻乘三者,而天乘、人乘,通于外道俗士,合为五乘。今所见各家宗教,大抵皆天乘也。基督、天主二教以为人皆上帝所生,信仰上帝,遵行戒法,死后可以升侍上帝之旁,而终不能成为上帝;若加毁谤,便堕地狱,亦永无超脱之时,此未为平等也。稍进则印度吠坛多教,立梵天王为本,亦与上帝不甚差殊,而此教权说,以情界器界皆出梵天王,不须归化,是说较之前者二教,平等之真渐露。而终谓世界有报,说尚沾滞。又进则印度数论,不立梵天而立阿德摩为本。阿德摩者,译言神我,而神我为忧喜暗所迷,不能自见,而情器界以著,舍迷就悟,则神我自现,本无情界器界之纷纭也。是说较诸建立梵天者更为知本,亦终不免执着有我,我之为名,与彼相对,彼我对待,则犹未为平等也。数论本无升天之想,而列于天乘也。盖最初二教,其果欲在界天。吠坛多教,其果在色界天。数论虽能不堕色界,而终不免堕落色界天,至于此而天乘已圆满究竟矣。更进则惟有声闻、缘觉二乘,不立神我,而以无明为本。无明者何? 即不觉是。不觉者谁? 则此心是。于是十二缘生之说出,扫荡一切世界缘起,独以因果钩连,为万物所由出,不立神我,则我见亦空。以此较诸数论,平等之真益著。然而情界、器界犹是对立,人我之见已除,而法我之见未破,犹未为平等之至极也。何谓法我? 曰:认有主体是也。如见地水火风,而认地水火风为有本质,此即为法我见,于是又进而为大乘。大乘之说,以为真如本觉,即是一心,绝对无二,故不仅自见,即此不能自见,谓之不觉,谓之无穷,于是四生六道大地山河,宛然如梦境之现前矣。若识本心,即称始觉,渐渐修习,还于本觉,即谓之佛。是故情、器二界,等是虚幻,惟心是实,心迷即是众生,心悟即是佛果,佛非新成,本来是佛而自不见耳。一切皆有本觉,则一切等觉作佛,但其觉有迟速,终有且阙,故不得一时成就,亦犹稻熟,虽为早晚,而皆当结实一也。无物非心,故不隔情、器;无心非觉,故不闻圣凡,此乃平等之至,而非小乘、大乘所可并论者矣。要之,人所信仰,莫过于心,上帝、梵天王等,知其名始信之,不知其名则不能生信也。唯心不然,虽至婴儿鸟兽,无不以感觉所得为真,信此所感觉者,即由信此能感觉者,故欲人不信心,势不可得。以此观之,则心为三界万法之本,断可知矣。此又大乘最坚之义,而非娇造名词引人信佛也。”(新加坡《国民日报》1916 年 10 月 19 日,《章太炎先生演说》。)

章太炎在槟榔屿后,有人询以“选举副总统之时期”及人选,章氏发表意见,报载:

“(槟城函)太炎先生自莅屿以来,侨人往访者甚众,章先生在屿演说伟论,亦先后登录。闻徐洋溢君曾在谈话间,询章先生以副总统问题,章先生答云:‘现在先定宪法,后选副总统,故选举副总统之时期,大约当在新历年终。以国内人民之心理观之,副总统之选举,凡有三派,各有其欲选者:民党派则属意于岑春煊,帝制派则属意于徐世昌,非民党亦非帝制派则属意于冯国璋。’”(新加坡《国民日报》1916 年 10 月 21 日。)

10 月 14 日,章太炎由庇能到怡保。演讲“注重教育,化除党见”等。报载:

“(吡叻函)章君炳麟为我国文学泰斗,闻其大名者,咸欲睹其丰采。十四号,章君由庇能附车到怡保,由埠中知名之士迎至乐林俱乐部驻节,由该部设筵款待,各界人士均开欢迎大会。是日一句钟,章君到学会,与各职员致礼毕,暂坐片时,即与其随员严君相继演说,当时大发伟论,约有二小时之久,洋洋万言难以尽录,要不外注重教育、化除意见等。语多动听,切中华侨兴利除弊之旨。演毕时,钟已三鸣,旋茶会而别。闻章君又即赴国民党及进步党之欢迎会云。”(新加坡《国民日报》1916 年 10 月 20 日,《怡保欢迎章太炎》。)

10 月 16 日,章太炎抵吉隆坡。报载:“章太炎先生此次南游,由叻而庇能而怡保,所至大抒伟论,其所以饷我侨胞者,可谓语重心长矣。月之十六日下午,抵吉隆,埠中同志均切欢迎,以中国青年益赛会地较雅洁,遂为先生下榻焉。即夕八时,赴国民党支部演说。”(新加坡《国民日报》10 月 31 日,《章先生吉隆演说记》。)

10 月 17 日,在吉隆坡。“午前,往游安邦万发公司,考察矿务。是晚,在青年益赛会演华侨教育之要旨,发挥靡遗。男女来宾,几及千人,座不能容。虽骈肩鹄立,而秩序肃然,盛会也。”其演说词为:

“兄弟南来,虽为日无多,亦略识此间状况。今日所切望于南洋侨胞者,大兴教育是矣。何者?非教育不能养成侨胞子弟之永固爱国心,非教育不能破除资本家贫富阶级之陋习,非教育不能作在外谋生之保障,非教育不能望享外国法律平等之看待。夫教育之道非一端,而以国民教育为要素。海外侨民之教育与国内平民教育又稍殊。近年南洋教育虽略有进步,然尚须研究一个完全办法,方不负出资兴学者之苦心。凡教育之最要者,莫如多设小学,而侨民小学之最要者,必须用普通语为教授。而尤其要者,则宜从速筹办中学,诚以中学乃国民教育之人才制造厂也。我国人尚有一种天然之积病,在乎言语不能统一,交通上既形窒碍,感情上亦生出许多误会。在国内南北省如是,在海外各埠亦然。至南洋侨胞,以闽粤人为最众,惟常以方言不同,交接亦不甚亲洽,广府音与客语差别,甚或有谓客家非广东人者,此团体所以不能固结,而社会与国家,亦均受情形之牵累也。查马来半岛所设之小学,不下数十,各以方言为教授尚多,苟循此不改,终难望多得普通知识之侨民。故今日欲改良教育,非从小学入手,一律以国语教授不可;欲造成共和国民资格,非从速筹办中学不可也。

“吾向闻南洋华侨子弟偏重西文,多有不识祖国为何名,本身为某省某县人者。此非其子弟之过,实为父兄者不讲国民教育之过。惟设立中学,则有地理、历史之教科,使知其身与祖国有密切之关系,自能感发其爱国心,而养成其国民之资格也。前时革命党人南来,提倡救国主义,虽已唤起一般华侨之爱国心,然热诚为党人所唤起者在一时。若今后少年人之爱国心为中学所养成者,则永久不变也。吾故谓非教育不能养成侨胞子弟之永固爱国心者此也。

"我国已改建民主政体,本无贵贱阶级之可言,惟贫富之阶级,有非法律所能破除者,如资本家之对于伙伴,大都颐指气使,总不免骄矜之陋习,此便是有贫富阶级之见存。夫南洋创业富人,其财产多非由祖父传来,赤贫儿忽然暴富,理当无贫富之阶级。惟闻若辈富人,多不识祖国文字者,望其富而无骄,戛戛乎难矣。然吾人须知世界人犹有胜于金钱者,道德学术是也。如教育大兴,侨民后进之英,多有道德学术,即可以与富人争衡,至是而资本家自不能骄矣。且富人子弟,既受此完善教育,亦必有道德学术,更不屑为骄矜之言动矣。吾故谓非教育不能破除资本家贫富阶级之陋习者此也。百数十年来,华侨之在南洋起家者,固不乏人,然未必尽由学术而来,不过借天时地利之助,幸获机会耳。如办矿者具一种冒险性质,挖得锡米仓,即作富翁。试问其曾肄业于矿学诸书否乎?如业种植者,全靠此南温带之好天时,园艺稍事整理,即获厚利。试问其寓目于植物学等书否乎?

"然或者曰:此间马拉人,亦同享此天时地利,其计何以不发达?此则由于我华人之知识,略优于彼族故也。倘有别种人,其学术较胜于我者,与我竞争,侨胞不及今力图振作,难保将来不落人后。英国虽素来主张自由营业,然英商在南洋所设矿务、种植各大公司,气雄力厚,实足以垄断我侨民之利权。试回想前几年,炒树乳股份之投机家,良可惊也。又如日本人之南洋种植事业日益展发,复以其经验成绩,著为树乳专书,为饷其国人,极力研究。其近年组织南洋种植社会,尚骎骎不已。二十世纪为商战时代,苟无营业之实学,生计必有穷促之时。惟有中学,则农工商矿植物诸学,均有切实之教授,吾故谓非教育不能为在外谋生之保障者此也。

"更如我华侨现在居留地法治之下,究竟能与白人同受法律平等之看待否?其大原因虽关乎国势,然亦缘于多数侨民无普通法律之知识,以何怪外人不以平等待我?苟吾人皆识普通法律,外人有不另眼相看乎?吾故谓非教育不能望享外国法律平等之看待者此也。

"是知上举四事,必改良小学教授,始足为制造国民之根基;尤必速立中学,斯足以扩张巩固侨民之大业。然而更有进者,办学之道,必须有办学之人才,乃得良好之效果。窃闻南洋学董,常有妄行干涉校长、教员之权限者,此或由于地方习惯使然。吾谓学董既已尽捐资兴学之义务,已足享受名誉矣。若夫用人与教法,则校长、教员之责也。语云:耕当问奴,织当问婢。耕织小事且然,而况为教育之职务乎?吾甚望兴学者一切须切实改良,则教育前途必日益进步,固侨胞之福,亦中国之幸也。"(新加坡《国民日报》1916年10月31日,《章先生吉隆演说记》。)

11月9日,《国民日报》载《章太炎在爪哇言论》曰:"(爪哇)章太炎先生到爪哇后,演说甚多。兹有李君铁夫与章先生话祖国要点,特志之:余(李君自称,下同)请教先生曰:'元凶已殒,共和复兴,吾国前途之景状,以先生高见测之,将如何耶?'先生曰:‘斯次革命之结果,与辛亥同出一辙,定非佳兆,望各党消除意见,组合一强而有力之民党,庶足以敌彼帝制党耳。’余曰:‘广东方面,得陆督镇守,秩序谅不难渐次恢复。’先生曰:‘然。广东方面,目前所可靠者,只陆督一人耳。若陆督能久于其任,是则广东之福也。’余又曰:‘省长民选制度,究宜行于今日之中国乎?’先生曰:‘省长民选,本极良之制度,若人民程度高之国,用之则利莫大焉;若人民程度不足,往往供党援以蹂躏选举,则反为不美。要视其民之程度如何,则效果如何耳。’廿六晚,予又与梁君诣先生所,先生谓梁君曰:‘余此行以联络党派为最大宗旨,拟将旧之国民、进步、共和各党,组合为一大团体,名曰中华民党联合会。会中设三大本部:一设于北京,一设于上海,一设于星洲。设支、分部于各处,而三大本部之中,复设一总机关以统辖之。所以要设三本部者,因恐将来有第二袁氏出而解散其本部,则支、分部同归于尽。癸丑之役,可为前车。若有三本部,则北京之本部,纵令为野心家所解散,而上海、星洲之本部,固无恙也。上海之本部,万一不幸又被解散,则星洲之本部,系中国势力所不及之地,仍无恙也。本部无恙,则支、分部不致同时瓦解。’”

11 月,章氏自南洋归,途经广州,在岭南大学演讲,报载:

“章君于离省前一日,应岭南学校大学生会之请,偕同数友乘广通巡轮赴该校演说,兹将大要追述如下:以饷阅者。章君谓:凡人求学须有宗旨,从前求学是学做官,今日求学是学做民。学做民有二:一在学校教育,一在社会教育。二者相辅而行。中国从前多是讲学校教育,所谓社会教育者极少,惟演说革命亦是社会教育之一。革命宗旨在教民做人。现中华民国无须革命,则学校教育最宜注意教民做人。学校教授各科多是教人以知识,若夫学做人之人格,所谓宗旨也。有宗旨而无学识尚不失为正士,有学识而无宗旨,如严又陵、辜鸿铭辈,至于附和帝制,身败名裂。岂非大惑不解。贵校有大学生,有中学生,有小学生,但不拘某级学生必须有一求学宗旨,宗旨何也?曰不外立志为中华民国国民一语而已。此宗旨最单纯、最易了解。宗旨既定,将来无论干事皆发挥此一语,将来无论时势变更如何,持此一语做宗旨,便万万无碍。日本人之学校以‘大日本帝国’五字为宗旨,我则当以‘中华民国国民’六字为宗旨,此为天经地义、最要特要者也云云。”(长沙《大公报》1917 年 1 月 2 日。)

本年,有《复吴承仕书》:“数得手书,事冗未复。所问佛典教义,烦剧之际,未暇多述。尔者,士人多以人心偷薄,欲改良社会,以遏贪克之原。时时来请讲学,鄙意以为时未可也。大抵人心所以偷薄者,皆由政治不良致之。清之末造,业多败坏,及袁政府跳梁五岁,鸡鸣狗盗,皆作上宾,赌博吸烟,另为善士。于是人心颓靡,日趋下流。然外观各省,其弊犹未如京邑之甚也。同是各省所产之人,而一入都城,泾渭立判。此则咎不在社会,而在政治审矣。若中央非有绝大改革,虽日谈道义,渐以礼法,一朝入都作官,自恶如崩,亦何益乎?来示谓皖系、官僚二者,为近人口头常语,而又亟亟以不生淮泗为自幸。所谓皖系者,本只谓皖北耳,于丹杨故鄣所与耶?官僚与非官僚之辨,则视其习气何如而定,亦非谓一膺荐任,便不齿于人伦也。仆所忧者,北方诸省将来必有大兵,京师亦废为荆棘耳。燕巢幕上,则为足下辈危之。”(末署初二日,无月份,手迹,摄片,见吴承仕藏《章炳麟论学集》,北京师范大学出版社 1982 年 8 月版。)

1917 年(民国六年丁巳)　五十岁

2 月 9 日,上书北京大总统、国务院、参政两院。“闻近日有加入协约之议,不胜怪诧。欧人交战各有利害,我无与焉。此次美德邦交决裂,原为德人败其商务,中国无商务可言,何取邯郸学步。或谓法胜则共和巩固,德胜则帝祸蔓延难除,怀此恫疑殊为浅谬。借观西南护国军起,共和如法则赞助之,如美则未尝赞助也。帝国如英则障碍之,如日则未尝障碍也。然则国体问题,内固发于自力,外亦自有他因,不在德法之胜负明矣。至亲仁善邻,自有长策,非加入协约,遂足以动其感情。迩来军实空虚,士心怯弱,蒙匪小寇,尚不能速奏荡平,加入战争,果有何方。假使德人战胜,则赔款割地之害,嫁祸于穷。细审此事有百害而无一利,譬如勇夫角力,以羸弱者交构其间,无益于彼而有害自身,亦不自量甚矣。存亡之机,系于一发,愿勿以国家之孤注也。若英美两国邦交,自宜新睦,亦曰亚东主义而外,非我所敢知而已。”(《革命文献》第四十九辑。)由“谭人风、章太炎合署”。系“佳”电,当 1917 年 2 月 9 日。此后,又于 3 月 6 日,再电告黎元洪,反对“加入协约”,见后。

2 月 25 日,中华国民禁烟会在上海开会,章氏被推为副会长,并发表演说。报载:“昨日为中华国民禁烟会在法租界霞飞路尚贤堂开会之期,本埠政绅商学各界男女来宾之到会者约计千馀人。午后三时开会,先由来宾推于右任为临时主席。由于主席报告开会宗旨,略谓今日之会为国民争人格,为政府复信用,为‘中华民国付总统’七字保价值。”次由章氏演说,“次由谢复初、叶惠钧、戈朋云、谢碧田、拓鲁生、舒蕙桢、严濬宣演说。次由众来宾讨论致政府电,一面派代表进京请愿。于氏草成电稿。次推于右任为正会长,章太炎、谢复初副之”。电文原文为:“北京大总统、段总理、各总长钧鉴:收买存土,辱国殃民,本日特开大会讨论,国民誓不承认,请即废约。除公推代表某某北上吁恳外,先此电闻。”致参、众两院电为:“北京参、众两院公鉴:收买存土,辱国殃民,本日特开大会讨论,国民誓不承认。除电恳政府废约,并电各省一致力争外,谨先电请继续严重质问政府。请愿代表某某即日北上。”另有致各省议会及商会电。

章氏演说辞为:“破坏烟禁,实犯刑法,总检察厅本可起诉,今并国会质问者,亦居少数,不能不令人疑其受贿。昔袁世凯曾有言谓:‘能吸烟者即为良民。’今政府或亦有此意。又以冯(国璋)之贪利,遂铸大错。本会之意,第一在求废约;第二即约不能废,亦宜当从禁毁烟土。惟恐国民虽有请愿,政府置若罔闻。今日政象较前清为劣,民意虽极激昂,终置不理。惟国民既有廓清烟毒之决心,当誓死达此目的。鸦片害人性命,不得不以性命相搏。政府如决欲害民性命,吾民不得不自筹保命之策。今有以集会为作诈财手段,本会固不至此,惟亦不可仅以发电了事,惟望积极进行,勿逾始终。”(《中华新报》1917 年 2 月 26 日“本埠要闻”《昨日禁烟大会纪盛》。)

又,《申报》所载,较此为详,电文亦微异,并录于下:

“中华国民禁烟大会在上海法租界霞飞路尚贤里召开千人禁烟大会,上海总商会、自由党总部、中华工党总部、工商研究会、中华国贸维持会、上海商团筹备处及各省同乡会、各学校等团体参加,由于右任宣布开会宗旨,章太炎、叶惠钧等先后演说,章氏演说谓:‘德国施行潜行艇战策,吾国竟起而抗议,是吾政府之注重人道主义也。今于鸦片行将禁绝之时,忽有收买存土之约,实与人道主义背驰,抑且违犯刑法。袁世凯尝谓吸烟者系良民,今政府竟订此收买存土之约,用意乃类此。近来政府举动,并不尊重民意,鄙人以为打电国会,于事无济,姑先有两个主张:一、请政府将收买存土之约作废;二、或将二千万公债票悉数牺牲,将所买存土付之一炬。’公决致电北京政府,表明‘国民誓不承认’,请即‘依限禁绝’;通电各省,请‘一致力争’;并推举代表北上请愿。章太炎、唐绍仪被推举为该会正副主任。”(《申报》1917 年 2 月 26 日第十版“本埠新闻”《国民禁烟大会开会记》。)

是日报载拟定致北京政府、北京参众两院、各省省议会商会电,旋又删定。删定电稿为:“一,北京大总统钧鉴:收买存土,伪称制药,既犯刑律,亦害民命。本日特开大会讨论,国民誓不承认,请即依限禁绝。二,北京参、众两院公鉴:以政府之命,收买存土,伪称制药,既犯刑律,亦害民命。本日特开大会讨论,国民誓不承认。除电政府依限禁绝,并通电各省一致力争外,谨电请继续严重责问政府。三,各省省议会、商会鉴:收买存土,伪称制药,既犯刑律,亦害民命。本日特开大会讨论,国民誓不承认。除电政府及参、众两院外,务乞一致力争。立候电复。国民禁烟大会章炳麟、唐绍仪、于右任、伍平一、韩恢并各团体公叩。”(《申报》1917 年 2 月 27 日第十版“本埠新闻”《唐少川之对于禁烟大会》。)

2 月 28 日,《申报》载有《章太炎之加入协约意见》,原文为:“近来京中各报,竞传上海名流对于政府外交政策多怀不满,究其真实意气何在,无人能言其详。顷有京友得章太炎由沪来书,略云:‘加入协约之说,去岁七月已有所闻,今果发动。……此间中山、少川皆反对加入,商人尤恶闻战事,但以身多牵挂,不得放言。精卫、亮畴有意加入,前日在中山邸中解说利害,二君亦渐明白矣。抗议已出,不可反汗。假使德无答语,或答我而词多玩弄,既与国体有关,恐政府不能默尔。今既见及国家利害,亦当为政府解围。无已,则取缔德商,防其侵轶,既可以对英、日,而于德人亦不为已甚。’”

并附有对于此问题之意见文云:“欧洲交战之始,中国不能乘机以收青岛,障塞有所不顾,封域有所弃捐,而会英、日联兵取之,已失计于前矣。扰攘三年,未尝偏有所助。近见美、德邦交决裂,突思步其后尘,抗议既成,则加入协约,将随其后,甚非愚鲁所敢知也。谨按德人通牒,所谓中立国轮船航行于一定禁止区域内,概与危险,其区域未尝及于支那边境。中国运输之舰,蕞焉无几,南暨广州,北至营口,皆不过傍岸游行,未有横渡大洋而至他国者。求在禁止区域以内,尚惧其不可得也。前此华人生命财产有寄附他国商船而被损伤者。英、法诸国,德之雠敌,乘彼雠敌之船,而为潜艇袭击,此又非我所能争也。而政府答复,又以保持国际公法为名。夫以潜艇袭击中立商船,斯皆悖人道之小者耳。中国受人之侮,不以人道待遇者,何胜计。盖有不战而攘我封土、蔑我主权者矣,有略买我人民而暴施箠楚至于死亡者矣,有以贩卖鸦片而兴战争者矣,是之不图,而为他国商船发愤,此殆非发于自动也。非自动则为他人诱胁,相牵以入战团,是尚有国家资格乎?是不以中国为他人奴隶乎?德人之在中国,其数本少。今中国加入协约,非能总率六师以与德人交战也。欲减价以卖军需,而又不能强迫商人也。所能行者,驱遣德商于国外耳。以宣战庄严之令,而其实不过放逐十数商人,斯亦不武之甚也。外则不武,而其后患尚有难知者。假令德人战胜,则中国亦分认赔偿,是无故以求损害也。借使协约诸国得操胜算,而中国以区区放逐德商之劳,乃欲求人酬报,是所谓操豚蹄以求五谷满家也。故甲胜利召害,乙胜则无利,徒使人忽忘内政,颠倒神魂于交战之中,进退相征,为救国耶?为辱国耶?为求利耶?为求害耶?或曰:今不加入协约,不幸德胜他国,将以其所得于我者转赠德人。今之加入,非求利也,聊以避害耳。应之曰:今大国之中立者唯中与美矣,美又加入战团,他日两方和议,非中国谁任居间之役?我以居间为人讲解,而人能以所得于我者转赠乎?是我为主也。今屈从他人之后,而使他日无居间讲解之馀地,是人为主而我为从也。为主犹可,倔强为从,则任人屠制耳。诚欲避害,其策适与事情相反矣。或曰:德人无人道,潜毁他国商船,加入协约者,为伸公理,非计理害也。应之曰:列国相处,亦以施报言耳。亚洲诸国为他人夷灭,亚洲人种为他人陵践者,其数可偻指而计耶?一国为之,而他国未尝为伸公理也。进观中国之事,如前所说,他人不以人道遇我者,一国为之,而他国未尝为伸公理也。迩者,护国军起,所以反抗帝制叛人,其阴相扶助者,略有一二国耳。而终不肯认为交战团体,且有助叛人而鱼肉我者,是亦未能为伸公理也。他人之于亚洲、于中国,视公理若土苴,然而中国以袭击邻船小故,乃欲沽借虚名,不恤破坏中立以殉之,岂所道施报之道者乎?且夫德商之居中国者,零落不过千数,非能为他国患也。彼以狭小之见,忮嫉之心,欲中国悉数而驱除之,而假以人道为名,此曷足语于大方之门乎?或云:今者不入协约,与美人联和,以防德祸,言似近理,抑未知美人真意,所憎所受,果在何人耶?国情变幻,险而难知,名为援美,其实或为最无人道之国所玩弄耳。颇闻今之从政者不能惠民理财,而有朝不及夕之虑,欲以借款支持危局,乃假为亲睦以媚之,借贷以偷一日之便 ,已不足言为政矣,又必行谄持媚而后可以致,是他日借贷至无穷也。一开其径,将何以为国乎?抗议已行,而德人未有答复,必不得已,取缔德商,以防侵轶,绝言借贷,以杜疑言。德不我犯则如是可也;德若犯我,乃以己意与之绝交,而不引他人以生枝蔓可也。助美之与协约,义皆非是。葑汉阁主人议。”(《申报》1917年2月28日第六版“要闻二”《章太炎之加入协约意见》。)

2月,为《云南首义拥护共和始末记》作序,略谓:“自武昌倡义,荡覆逆胡,功冠诸夏,而其事黯留无传书。先是,同盟会之迹,亦仿是也。元凶僭位,恶革命为佗人功,务摧灭之,其事益没难理。今云南独有传述,斯岂非君子所乐闻哉!

“凡事多成于难知而败于可睹。往者江滨诸部,南暨闽、广,非不挺进与袁氏争,明也。裸露而谋易泄,是以得为备豫。云南之域,山有点苍耸雪之峻,川有金沙、阑仓之限,封守险阻,地方广远,而去宛平绝远,藏兵九地之下,则巨奸无所觇伺,故能慎固经画,蹶起有功,比绩武昌,号曰中兴焉。威棱既著,而人知所忌惮,其备云南又不缓于江滨、闽、广也。

"当云南初倡义时,宣言退黜袁氏及诛帝制首恶十九人。袁氏已踣,而逆谋者不惩,辁材琐生,拘牵琐文,以挠大法。军务院既罢,政府伪逮首恶八人,先纵之去,其馀或任吏事如故,竟不能如云南言。功虽显赫,终未成就也。而诸首恶恶其害己,日夜从臾当事,为不可知之谋。由是观之,废兴之际,易险之几,固难言之矣。处危道者,非可以孙言解忌以供奉交欢也,又非能以辟谷种菁之术自晦也。独有明是非,定逆顺,为无瑕以视天下,信顺立,而后其德不孤,是故史传记载与兵符同功。

"章炳麟曰:吾观旧史多矣,盖唐世有张柬之者,尝为姚州司马,则云南吏也。辅唐中兴,而不决于武氏馀孽,终以自害。乃者䌷其列传,犹使人怦怦心悸。余愿后之读是记者,毋以《张柬之传》连类而观之也。"(《云南首义拥护共和始末记》,庾恩旸撰,云南省图书馆1917年印行,凡七章。)

3月5日,与谭人凤联名致西南各省函:"加入协约,顾小利而惹大祸,智者皆知其谬。""诸公藩翰西南,干城是职,惟愿戮力一心,嘉猷入告,使南陂外得援助,则争去就者不能安挟,而黩武之祸自纾。稍一迟疑,噬脐何及,唯诸公实图利之。"(《革命文献》第四十九辑。)末署"微",当1917年3月5日。

3月6日,致黎元洪电:"加入协约之谬,通国皆知。闻公始终坚持,而执政以去就要挟。夫宣战为元首大权,外交为中国自主,既非他国所能协迫,亦非阁僚所得自专。彼要挟者,或称将士一心,以相恫喝,或称他国强制,以相劫持,技止此耳。我公功在中华,人民同戴,岂以少数异议,遂能动摇国有主权,外人亦断无强迫之理。唯愿始终坚定,以保国家资格,国民舆论,日有后援,仁者有勇,是非望于元首。"(《革命文献》第四十九辑。)与谭人凤同署,系"鱼"电,当3月6日。

3月6日,与谭人凤合电段祺瑞:"加入协约之谬,通国皆知,纵使小利可图,后患岂堪设想。近闻黎公坚持中立,而公以去就相争。夫中国外交素持审慎,今忽失其常度,而欲冒险要功,下风默揣,未必出于本情,恐为阴谋者所诒误耳。诚能以北洋练士直度欧西,以与德人争命,人凤等岂不额手崇拜。而又不能实地攻战,但以加入协约徒博虚民,恐全国亦轻视先生矣。唯望屏绝莠言,光辅元首,勿以浩然长往,使人有要挟之疑。若能转危为安,国人讴颂,传于永世,岂但一时之利耶。"(《革命文献》第四十九辑。)末署"鱼",当1917年3月6日。

3月13日,章氏在南洋公学演说,谓:"贵校乃工业专门学校,乃诸君研究交通工业之地,鄙人于此道素无学验,今来演说,甚恐无以餍诸君之望。惟本所理想推言,交通事业之大概,则容有一得,请略而言之:

"盖工业者,技艺之谓也。技艺二字,所包甚广。凡天地之间,形形色色,无非技艺之类。孔子教门人,亦以艺为言。至汉代,以四书、礼乐、《春秋》称为六艺。然则六经之精博广深,乃以一艺字括之,艺之时义大矣哉!由是观之,圣人之籍,且以艺名,天地事物,有过于此者乎?则虽谓技艺二字,足以概括天地之事物亦无不可。语有之云:

形而上者谓之道,形而下者谓之艺。似乎艺之与道,有尊卑之异,不知道亦艺也。道者,路也,凡人希至圣贤之域,则道不可一日离,由是道乃可以臻其至,则道非路乎？路非技艺乎？今人多谓物质之学为技艺,不知即非物质之学,亦技艺之类也。姚江学派于世间事物,无不在应学之列,而终归于正心诚意。夫正心诚意之功,似乎非技艺矣,而不知所以成是功者,亦舍技艺无以为也。故夫世之穷极学理者,无不在技艺之列,技艺非恶名词也。农商之徒,虽所业不同,其为技艺则一也。精于商者,使之为农固不可;惯于农商,使之经商亦复手足倒置,必至愤事。世之无所不能者,世之一无所能者也。人苟精世之一艺,即一生受用无穷,不必他骛,亦不暇他骛。然己之艺则重视之,外此则轻视之,亦大悖于理。盖社会者何？一技艺合组之团体耳。凡百技艺,缺一不可,我即此团体中之一份子,乌可以所能傲其所不能哉！今贵校专讲交通上之工业,是亦技艺之一部分,其他技艺,皆无大关系。纵有所学,亦不过借径耳。独是交通之事业,有大有小。今之最要者,无过于铁路等,而电气次之。今因交通事业而牵想及于政府,则政府之为物,亦可以技艺目之。即如内阁总理,其行政设施,无不有技艺之性质,与诸君之学业,固大同而小异也。诸君来此,必有学成之日,惟学成之后,出而任事,试思为人用乎？抑自用乎？中国所有交通事业,其初未尝无辛苦经营者,其终乃属诸他人,甚可叹也(中略)。政府日日言交通计画,而所以为伟大计画者,不过由某至某,国内之短,铁道耳。交通事业必不可限于国内,边海之地及海岛等为尤急之举,乃知小而失大,窃为当局不取也。诸君在此,所学者乃交通之工业。鄙意请诸君百尺竿头,再进一步,有伟大计画之决心,则我中国之交通事业,横绝大地,莫之与京矣。若以交通事业而为他人所用,不能自用,则有何以自别,其害亦无穷,则今仆之所说,大都理想,人必有嗤为愚妄者。其实中国果能自强,此种目的,数十年后亦复不难达耳。”(《申报》1917年3月14、15日第十一版“本埠新闻”《章太炎在南洋公学之演说》。)又,南洋公学,当时改名交通部工业学校,本年4月为其二十周年校庆。

5月11日,续电黎元洪:“宣战之议,元首不敢专断,而征意见于国会。乃京师不逞之徒自称请愿公民,殴伤议员,欲行迫协,使国会不得自由表决。法治之下,而有此象,我公不严加惩办,是推危难于议员,而付国论于群小,何以对全国人民？应请迅发严令,将伪公民犯法乱记之人捕获锄治,庶保国会尊严,而杜宵人之指嗾,国民幸甚。”(《革命文献》第四十九辑。)合署者有孙文、岑春煊、唐绍仪、温宗尧。系“真”电,当五月十一日。

5月20日,长沙《大公报》载《章太炎致民友会书》录如下:

“民友会诸君子鉴:连奉两函,想已察悉。近知国会反对加入者,多当事无策,于是派人疏通,中山、少川二君主见已定,必有抗言,然今之主脑仍在诸公。鄙意以为国会当自示严重而不可使人轻亵,如某派(按:指政学会。)以任用西林与加入协约为□换条件,此真令人绝倒。西林督川,人情所愿,假使见拒,亦应别有良图,乃以牺牲国家之事与之交换,微论社会群相指摘,而当事亦笑其鄙吝矣。诸事当以直道行之,万不可以商人营业之道转用于国家也。某派既自认为民党,忠告善道亦应在诸君矣。又闻宣战一案,当事以去就相争,此岂诚轻禄位,亦要挟之策耳。盖以宣战不成则内阁必倒,不得已出此强□硬讨之计。鄙意亦谓外交之与倒阁不必并为一谈,使坦途化为荆棘,且人之欲贵,谁不如我。今以倒阁宣言适令铤而走险,唯当直捷反对宣战,而不以机智相攻,以安其意。假令愤然径去,固亦不可勉留。若其贪恋饭碗,靦颜尸位,亦未必不可姑容。所以然者,袁遗僚吏大概相同,纵去此人,来者仍是同恶耳。要令去职之事发于当事自动,而不必先加煎迫,则国事或可解决矣。总之,反对宣战为国家安危计也,推倒内阁为政治良恶计也,政治固应置重,而对于国家安危则为轻,但当权其本末□序进行,勿令以彼之轻牵此之重。昔人所谓瞻言百里远犹辰告者,盖谓此也。至于解散军事会议,力防徐逆干政,前书已详,尤望注意。章炳麟白(初八日)。"

末署"初八日",无年月,长沙《大公报》所载,文中有的字迹不清,只能以□号表之。

5 月 30 日,与孙中山合电北京大总统及参、众两院议员:"乱党独立,要求元首退位、国会解散,此但威吓行为,断不可长其骄气。中国素习首重名器,若褫其官位,彼自无所藉手,部曲离散,焉能久长?愿大总统秉至公以待有功,严诛谴以惩有罪,信赏必罚,勿事调停,人心助顺,自无不克。两院诸公宜与宪法共死生,勿惶遽奔散,稍存让步,以保民国代表之尊严。若方针不定,进退失据,则贼焰愈张,而正人丧气矣。危疑之间,亟待决断。"(《孙中山全集》,中华书局 1985 年版第四卷第 110 页。)

6 月 10 日,与孙中山联名《致黎元洪伍廷芳电》:

"北京黎大总统、伍总理鉴:近知天津伪政府不得列国承认,形见势绌,不得已复求庇荫于我公。张勋、熊希龄身任调停,倪嗣冲、汤化龙复称翊戴,调停战事之人,即主张复辟之人,拥护元首之人,即主张废立之人,诪张为幻,至于此极。盖自去岁帝制罪魁未及惩治,虽有通缉之令,而往来腹地如故,是以奸人反覆,绰有馀裕。若复任其调和,以口头之拥护欺总统,以违法之解散威国会,国会去则民国有名无实,总统徒守府,仰成亡民国之责,恐无人能与总统分任之矣。今者西南诸省扶义而起,为救民国,非但为扶总统一人,伪政府首领徐世昌及倡乱督军、省长、护军使辈,以及去岁帝制罪犯,指嗾叛乱之段祺瑞、□□□、张勋,身为主谋梁启超、汤化龙、熊希龄等,有一不诛,西南诸省之兵义不能罢。总统若徇彼叛徒强请,赦其既往,或至危及国会,各省恐亦不能信为中央之治命,违法曲从。种种维持统一之迂言,列强干涉之危语,皆不足以感西南真正之舆论。愿总统勿为所蔽,奉大法以治国,依民意以御暴,文等庶几得长为民国一国民。事迫势危,不暇饰言,惟愿谅察。孙文、章炳麟。蒸。"(《民国日报》,1917 年 6 月 11 日。)

6 月 15 日,《致唐继尧函》:

"蓂赓督军左右:迭次密电往来,有意未尽。顷李经羲、夏寿康等勾结张勋,迫胁元首,解散国会,命令已下,而黄陂未知,若依大法,元首不能无咎。但以功德在人,罪非由己,全国军民,应加矜恕。目前除出师讨伐外,应组织军政府,以收指臂之效。一切伪令,悉拒勿受,此庚子刘、张之已事也。待群贼肃清,京邑底定之日,黎公恢复自由,方能承命,此为稳便之策。若遽不认黎公,冯逆即当继任,其祸甚长。总之,今日国会已亡,约法无据,要有二件决心,方能成事,一曰法律不足守,二曰分裂不足惧,无此决心,兵虽盛而为群疑众难所牵,必自处败地矣。

"今日所畏,不在复辟,不在废立,不在叛人窃据,而在冯逆从中簸弄。诸君虚与委蛇,亦自无害,但不可存利用心。凡事可以利用者,在权力在我足以驾驭彼耳。若由彼驾驭,则我之利益甚少,而彼之利益甚多。日本与英人同盟,即其成鉴。章炳麟白。六月十五日。"(原件藏中国国民党革命委员会云南省委员会,曾载《文献》1986年第2期,信中未署年份,据辑录者称:"这封信是章先生在一九一七年六月张勋带领辫子军北人,通电胁迫黎元洪解散国会后写给唐继尧的。")

7月13日,章氏抵粤;17日,孙中山亦至。21日,函汤国梨:"十三日抵粤,已发一电,想已接到。近住黄埔公园,中山与海军亦至,六省联合本早可成,因粤督欲推干卿为主,三电云南,皆不见复,彼辈不知,唐、陆同功,莫肯相下,而欲以一人专主,宜其寡助也。中山到后或可将此解决,近正在筹画中也。""别致精卫一书请少黄带去。"少黄,平少璜,贵州人。所附《致汪精卫函》云:"十三抵粤,十七中山亦至。近住黄埔公园。陈舜钦态度尚未十分明了,盖因六省联合,本欲推干卿为主,三次发电,滇府不应,是以愤懑耳。不知唐、陆同功,焉肯相下,欲以一人专主,宜其寡助也。中山为主,唐当推服,而陈又未必满意,缘彼辈村落思想,但知有干卿一人耳。兄宜与伍、唐诸公偕来,不然亦望先到,国会开于广州(人数不足则用紧急会议),最为适当。中山与省议会皆有电。"(两函均系手迹,苏州章氏家藏。)

7月21日,《家书》:"十三日抵粤,已发一电,想已接到。近住黄埔公园,中山与海军亦至,六省联合本是可成,因粤督欲推干卿为主,三电云南,皆不见复,彼辈不知,唐、陆同功,莫肯相下,而欲以一人专主,宜其寡助也。中山到后或可将此解决,近正在筹画中也。"(《苏州文史资料》第七辑,1981年10月出版。)

7月,长子导生。

10月2日,电孙中山:"密抵滇七日,唐帅态度甚明,决心北伐。于军政府事亦赞同一致,绝无异论。顷外间闻有改组军务院事。此时军政府已由国会议决,若复改组,非独事同儿戏,且尊崇国会之旨谓何?我公独立支持,若心如见。振天下之大任,必先拂乱其所为。深愿我公平心忍气,容纳群言,以副天下之望。总一师旅,仗仪前驱。军府议会,尤当和衷商酌,共济艰难。人心苟定,进取自易,此非特为我公一身久长计,亦欲谋国会之军政府俱安也。"(《军政府公报》第十一号,文末置"章炳麟冬",当1917年10月2日。)

10月16日,电孙中山:"唐元帅于七日亲受印证,已电非常国会。……抑炳麟尤有进者,军府之设,所以宣示大义,树之风声,非以对内为能事。今之所患,在认冯倒段一语。军政各界皆受其煽惑,莠言乱国,资寇粮而助资兵。我公已宣言勘定内乱、恢复国会、奉迎黄陂,此旨宜坚持到底。若舍此义,而空投兵力于段字一人战争,此但为冯逆作嫁,将置国会议员于他地?"(《军政府公报》第十六号,下署"铣印","铣",十六日,当发于

1917 年 10 月 16 日。)

10 月 20 日,与郭同等电广州国会非常会议等:“密。近读国会、军府及各处讨逆通电,援律论罪,均在段氏。军事权宜,无妨尔尔。唯吾辈目的在拥护约法,以造成真共和,段氏果去,初愿岂遂能偿。故此时应定远方之计划,怀最后之决心,以与乱法之伪共和党人决战。冯国璋之代理总统,本依约法而取得执行国务,岂能擅越法轨。乃上月廿九日命令组织参政院、改造新国会,通缉非常会议及军府人员,于约法上过去之参议院则擅使回复,于国会之组织选举则擅令修改,于拥护国法之人则擅命捕拿,此等行为谓非违宪而何?违宪之罪成立,即冯氏副总统之资格消灭。是故上月廿九日以前之冯氏,吾人犹得认为代理总统,廿九日以后之冯氏,实为谋叛民国之罪人。前此黄陂命令解散国会,事本不法,然其时叛兵围迫京师,张勋坐胁天津,略迹原心,犹可相谅。今冯氏果受迫于何人,受胁于何人?即日三次乱命,均创自内阁,然谓非甘心附逆,虽苏、张亦难为之曲辨。此种元恶大憝,若使之再护高权,仍据大位,将与昔之袁世凯何以异耶?是故吾人为拥护国法,造成真共和之目的计,不能不出于倒冯。假令如近人主张置冯不论,果一旦冯罢段职,遂我要求,此时西南各省前敌诸将,倘不退兵以待解决,则冯氏责我有词。退兵以待解决,则吾人将听其召集参议院,选举新国会及捕拿国会军府人员乎?所希望之法治共和又将安在?辛亥之役,国人同声排满,满去而政府问题均置不议。丙辰之役,国人同声倒袁,袁死而政治问题又置不议。前车两次,覆辙犹存,溯昔例今,应怀觉悟。务望公等速倡正义,警醒舆情,使知此次战争目的,非仅在段,庶段去我犹可进,且使首义诸公不至徒劳兵力而无报酬,则人心不至于灰挫。若谓投鼠忌器,不妨先段后冯,此为行军步骤而非终局目的。公等均居倡议地位,万不能不以大义为天下先。事关远大,稍纵即逝。心所谓危,不敢不告。临电神驰,无任祷盼。”(同署者有郭同、段雄、李国定、李华林、刘泽龙、王乃昌、平刚。系“号”电,当 10 月 20 日。见中国第二历史档案馆、云南省档案馆编《护法运动》,档案出版社 1993 年版。)

10 月 22 日,谭人凤致书章氏:“自遭大难,风逐公幽,两地暌违,领教日少。元凶殂没,始获自由,遽又别去,人间天上,会见未缘,满腹牢骚,无从告诉。今兹局势,不逮初元,倖进者流,诸事敷衍,巧言利用,愚弄于人。过爱和平,反遗巨祸,党同伐异,徒事纷争,内政外交,谁遑注意。凡兹险象,触目伤怀。欲警国人,厥惟报馆。现拟着手组织,分为日报、杂志两种:日报所以抵制帝党所办二百万金之《民德报》,用劈妖言;杂志则专为厘定国事。开办之费,已与华侨郑君克绳稍有筹备。基金百万,尚待招募,借重我公列名发起,想老同志不我摈弃。日报尽先出版,杂志待公主任。知公忧国情殷,必能俯如所请。瞻望南云,曷胜伫候尊驾,倘逮富翁,尚乞便中劝募巨款,以固根基。”(手迹,苏州章氏家藏。)

10 月下旬,在重庆民苏报社,写了《扪虱斋曲本序》,谓:“天地一戏场也,人生一戏境也。老幼男女,悲愉欣戚,非戏中之点缀乎?富贵贫贱,穷通寿夭,非戏中之变化乎?文章事业,彪炳当时,照耀史册,非戏中之情文乎?特无人焉从旁窥透,故天下之人皆迷于戏而鲜觉者,识者尤之。今有同志王君觉吾,爰就世所见闻者,编为曲本,借以广吾党革命主义之宣传,且使伶界有所循习,其改良社会,补助教育,是诚有功于人心风俗者也。君本浙人,与仆同乡。今仆由滇入蜀,适君在渝主《民苏报》笔政,出其稿,颜曰《扪虱斋曲本》,将以振发聋聩,觉醒愚蒙,其功不在苏格拉下,艺云乎哉!"《扪虱斋曲本》,王觉吾作,系"警醒世俗"的剧本。王祖籍浙江,其父于清末宦游四川,遂居于蜀。武昌起义后,王觉吾在重庆主编《民苏报》,后去成都创办《蜀锦画报》,序文即载《蜀锦画报》周刊第八十三期,1929 年在成都出版。(见樊鹊:录章太炎《扪虱斋曲本序》,《辛亥革命史丛刊》第四辑,中华书局 1982 年版。)

11 月 16 日,上书孙中山:"大元帅麾下:昨晚抵威宁,由蓂帅交到钧处所寄到刘存厚任命状一纸,刘至今态度尚未明了,其部下降者抗者均有。吴、王两使已入成都,现亦尚无书来。各方民党运动,响应则尚烈也。刘事拟俟至泸州后酌量办理,至时当再电告。张煦于数日前宣告独立,与滇军一致行动。传闻熊锦帆与黔军已约定响应,滇军在自流井一带本迭获大胜利,嗣因退军不善,为敌所乘,不无损失。永川一带与朔军连战七八昼夜,已占得其第一防御线,周、钟两军所部,残留无几。唯自近七八日来,永宁一带,电线被毁,近情因以不明。大约滇军赶速集中泸州,黔军(王文华军长于四五日前由贵阳启程赴綦江)日内亦可开始攻击,将来不难取得重庆,此为川中近日大概<情>形也。川人与滇恶感太深,各处散处之民军辄起而与滇军为难,最为可虑,炳麟拟至泸时,别设军政府驻川临时办事处,请公任炳麟为临时办事全权委员(任命状外加一公文)。并另文声明:凡川中军政、民政、财政、外交等事,由全权委员就近承商唐帅便宜处置;又电唐帅及刘,亦声明此节。此外请任命郭同、王乃昌两人为办事处参赞(四劳军使当然招致同处办事)。如此以五省之联合,使川人就范围,以军政府之名义,使川人平意气,则滇无占川之嫌疑,川无降滇之惭悔,可以融洽川、滇两军,免生冲突,更可使军<政>府实力及于川中。鄙见如此,乞公于得此书后,即以电令发表。约计炳麟到泸,亦当在此前后也。若国会电蓂帅请联名电日本政府,破坏伪廷借款购械,蓂帅电公,日久尚无复音,不识何故。又蓂帅为防他省单独媾和,曾拟定四事电公,此事命意所在,当具在洞见之中,无庸赘述。尚乞公速复,并就近运动陆、陈、谭等均赞其议为是。"(《章炳麟请委为军政府驻川临时办事处全体委员上国父函》,原件藏台湾,见《革命文献》第五十辑《护法战役与南北议和史料》第 275—276 页,台版。)吴、王两使,吴宗慈、王湘;陆、陈、谭,陆荣廷、陈炳焜、谭浩明。

12 月 6 日,《时报》载章氏致孙中山等书,略为:"迭接非常国会与两粤、湘南通电,皆严诛段氏,而曲贷冯君……按冯国璋行事,于倪逆称兵则养寇中立,于张勋复辟则端坐事成,罪比段氏,初无末减。近复伪设参议院,逮捕非常国会议员,骫法灭纪,出于自动,非段祺瑞所能诱胁,与黎公被迫屈法之事大殊矣。……昔徐世昌阻言,不附帝制,而实为助命首功,此袁系人物之故智则然。今之冯氏,岂异于彼?而诸君子信其荧惑,而不惜牺牲法律、屈抑名义以就之,无乃信虚言而忘实事、听浮说而乱大谋乎?依上二者,以法则冯氏不可宽容,以势则冯、段不能离间,直系有仗正之人,引为同志可也。因直系而媚冯氏则不可也。……鄙人以为冯氏若遂尸大位,吾辈当披发入夷,身为左衽,不能受彼魁统治。人之好义,岂异于我。应请国会、军界一律声讨,但有顺逆之人,焉论直皖之异。谨披沥肝胆以告,愿请诸君子勿弃刍荛。"

12 **月** 23 **日**,上孙中山书:"廿二日发一电后,复与同志商榷进行。今日(23)知襄阳确已独立,推黎天才为湖北靖国联军总司令,石星川则称湖北靖国第一军总司令,其意皆远陆而亲唐。又得协和来电,征闽军已出发,此后破闽援浙,胥惟协和是赖。协和以功高被抑之人,今在莠言瞀乱之时,独能力破群疑,挺身前进,我公当爱之重之,如手足肢体而亲之,藻林等怨尤之言,切勿轻信也。滇军于十八日已下泸州,今日又克永川,川东南一带,业已肃清。因败后军队未加编练,故暂遣熊、王等派兵接应下游,稍俟整顿,必出宜昌矣。大约此次战争,阴历年关以前,必不骤了。年关为北京恐慌之时,此后又可生一变动。和议倡自桂省,今当无效。云阶作西南代表之说,公宜力破。平少璜已往湘西。炳麟不日亦赴重庆,黎石处或容一往,然川事收拾,恐或需时,公仍宜派武汉旧人往与接洽也。"(影印手迹,曾载南京《中央日报》1936 年 6 月 15 日。)

本年岁尾,有与泸州赵军长等电:"自张勋倡逆,冯、段通谋,蛮触相争,迭为起灭,以致元首废黜,大法荡然。唯西南六省为民国之中坚,同护共和,式遏乱略,此实北廷贸首衔骨之仇也。不佞以为西南门户,实在湘、鄂,湘、粤沦陷,则西南无进取之途。用是躬赴粤垣,期两广陆巡阅使就近赴援,以遏北军之南下,计划未成,长沙已陷。国会诸君子以为非设军事合议机关,不足以联指臂而资策应,乃于九月一日由国会非常会议选举前临时大总统孙公为大元帅,会泽唐公、武鸣陆公为元帅,期于总辑师干共筹征讨。不佞奉命来滇,参观戎备,见军容整肃,将士用命,乃知丙辰护国之功固非虚致。闻前乱诸将,远渡川南,卓行千里,所以不惮征戎之劳者,盖上为再造共和之计,下为南方自卫之图,唐帅能主其谋,而诸君能分其责也。今北方首领渐以乖离□才能自保。张勋旧部以段氏卖其主帅,亦已通款南军,愿效死力。唯吴光新、傅自佐所统四师,尘集岳州,为南方腹心之疾。零陵虽宣告自主,桂军出而应之,然比较军实,止能守卫湘南,又未足定破贼之计也。滇、黔军之有蜀者,东瞻江汉,宜有同仇敌忾之心,只以近衅未除,不克远略,道途遂听,知蜀中群将已有悔心,非独保卫西南人情不远,亦由唐帅之威德远孚,诸君之明达大体有以致之也。当今之计,惟望三省旧嫌从速解决,使帅行在道,彼此无猜。滇军一日得下宜昌,则荆、襄二镇,必为前导,直至北军之背。今后防断绝饷馈不继,大军抵荆州而攻其后,黔军出湘西而断其臂,湘、桂出衡州而折其锋,蠢兹丑虏,必当歼灭。岳州已破,则武汉自在掌中。形势在我,饷械无忧。此时江、淮、秦、晋,异军特起,必当闻风响应,戮力进攻。于是伪廷颠仆,黎公复职,国会再开。此唯诸君能成其业而非粤、桂所能专任也。所恐濡滞蜀中,纠纷未解,师不速出,则北军犹有转施之地。不佞所以远随唐帅、期望诸君者,正以西南唇齿,当弃小忿而就大功耳。夫国内战争,实力居其半,人心亦居其半。滇、黔军队所以小衄于川中,而必可得志于湘、鄂者,则人心之迎拒为之。昨已有电致川中刘军长,表示赤心,晓以利害,想诸君襟期远大,必与有同心也。不日当追随戎旆,北涉金沙,相见匪远,先此电陈,不胜恳切期望之至。"(中国第二历史档案馆、云南省档案馆编《护法运动》,档案出版社 1993 年版。)

冬,在四川,为"儒生军吏"讲演,自称:"民国六年冬,尝以事至四川,宿巴下,儒生军吏千馀人期以一言为敕。余为之言:蜀中自文翁倡教,尊宠儒学,至今蜀人闻有名德方闻之士来,礼之若恐不至,虽草窃之寇,途遇学校教师于前,则不忍劫其资,其俗天下无有。且士民锐敏,闻义勇赴,在行陈之中则忘其身,其兵亦然。班氏有言,巴蜀广汉,俗不可用也。愁苦,而轻易淫泆褊厄。景、武间文翁为蜀守,教民读书法令,未能笃信道德,反以好文刺讥贵慕权势,其俗亦至今存。蜀之文士,相如、扬雄、陈子昂为天下选,相如虽薄行,犹有开西南夷功;雄与子昂,直附会莽、武而已矣。其达而有名行者,唯虞允文、杨廷和为奇伟,如范镇、苏轼、张浚之伦,虽少负失,德业亦不至。清时大帅封公侯者,颇往往出蜀地,率为人役使,无自立者。以全蜀之广,表里厄塞,稻芋盐丝材木铜铁未尝匮,得自为一国。然自昔之王于蜀者,盖七人矣:一公孙述,二刘备,三李特,四王建,五孟知祥,六明玉珍,七张献忠。此七人者,有一为蜀之土著者乎?奥区上腴,奉手而授之人,蜀人曾不得分其腐馀,非以其格则贵慕权势,其度则轻易褊厄,其学则未能信道而专好文之由耶?凡人以其学施于政事,则宜与校舍有异。校舍之学,欲其精与创;治事之学,欲其疏与平。精则寡用,创则不与民同好恶。然则明孔、老之指要,识经史之大体,以高其墙宇、广其幅度者,今日蜀人之所有事也。"(章太炎:《蜀语》,见《长虹月刊》第一期。)

本年,有《复吴承仕书》:"接手书,知《蓟汉微言》销售甚少,盖京师素少学人,唯有玩弄版本者耳。即经史常业,亦无专心治之者,而况其深至者耶?昔人云:'非但能言人不可得,正索解人亦不可得。'古今一概,有如是也。夫曲高则今人寡和,义精则古人寡倡。近更细绎宋明儒言,冀有先觉,然偶中者,什无一二。其于大体,则远不相逮矣。其中亦有不讳言禅者,只为圆滑酬应之谈,未必有根柢也。且寄一二十册来,以俟人间要索,其馀随足下所便耳。大抵此事常应宣说,使其易受。不然,直视此为龙宫秘册矣。"(手迹,摄片,无月日,见吴承仕藏《章炳麟论学集》,北京师范大学出版社1982年8月版,本年另有4月3日、4月27日、无月日、5月23日、6月26日诸函,均见该书,不具录。)

1918年(民国七年戊午)　五十一岁

1月6日,"致广州程玉堂、汪精卫、胡展堂、黄子荫"电:"申密。并译呈孙大元帅钧鉴:近日湘中战事进步甚少。闻系因吴、张串通,龙、梁谋占两广,陆、陈因固根本,故援湘之军未能尽数出发。湘事不进,西南终无巩固之日。风闻莫等所为,仍由桂、粤不调而起。窃意陈既免职,不能不发愤为雄,与前日之宣布自主,借息争端,而全无实事者当然不同,所患者他人蹑其后耳。公等皆公诚体国之士,当能洞见及此,望速主张大义,以息内讧,使陆、陈无内顾之忧,而促湘事之进行,实为个中要着。"(中国第二历史档案馆、云南省档案馆编《护法运动》,档案出版社1993年。)末署"章炳麟、郭同、秀昌、刘泽龙、段雄、平刚叩。麻。印"。"麻",六日,当写于1918年1月。

1月10日,偕郭同等抵重庆。"重庆镇守使熊克武至离重庆四十里之鹿角场迎迓,各界人士千馀人齐集大平门外等候。午后一时,章氏在重庆对岸黄角垭广益学校出席《民苏报》全体职员欢迎会,熊克武亦在座。渡江后,至巴县邹容祠凭吊。晚宿五福宫下前督军周道刚公馆。”(《国民公报》,1918 年 1 月 18 日。)

1 月 11 日,自重庆致电孙中山,报告四川护法进展情况:“火急。广州孙大元帅钧鉴:中密。昨午克抵渝城,刘存厚顽梗抗命,至今未悟。靖国联军决意声讨。日□进抵至离成都约三里地,平定当不在远。川中人心,多归熊镇守使,其军实亦较前大有增加。川定尚有馀力东下。<知>注谨闻。章炳麟、郭同叩真。”(原件藏台湾,见《革命文献》第五十辑《护法战役与南北议和》第 277—278 页。)克,熊克武。章氏和郭同,为军政府赴川代表。

本日,章氏于住处对渝报记者发表谈话,认为民国以来,南北分裂,“政党政见,少数恶劣分子所造成也,此少数恶劣分子之所以敢以恶劣者,因有不良政府为之助势也”。“以南方而论,能得十二三省合力图强,世界列强中除俄、美而外,亦未有如是大国”。(《国民公报》,1918 年 1 月 18 日。)

1 月 12 日,重庆军政绅商学各界,假商会隆重欢迎章氏及郭同等,并庆祝章氏五十寿诞,由熊克武主持。熊首先报告:“太炎先生学问道德事功,海内外人所尽知,当前清失政,先生以革命自任,唤醒国人,即改建共和。六年以来,如帝制之役,几濒于危,复辟事起,尽力驳斥。此次起义护法,由滇、黔入川,崎岖万里,此今日各界所以欢迎并祝五旬寿庆。”报告毕,各界人士向章氏行三鞠躬礼,奏军乐。接着,由黄柽祥宣读欢迎辞:“玄黄龙战,风雨鸡鸣。大块噫气,雷霆发声。矞黄国光,於铄炎精。字铸鬼泣,文成天惊。何史续班,何经补郑?猗与章公,作者谓圣。振聩发矇,拨乱反正。翩如鸾奋,矫若龙性。别开壁垒,毛瑟三千。警钟喟呟,独妙言筌。大风卷起,朝暾起天。发皇民气,此其源泉。卷土重来,厥势虎虎。宏我汉京,寒彼索虏。允矣《民报》,灵山法鼓。民国开山,庶几神禹。翳彼百皆,苋兹子云。侯门戢翼,音尘无闻。公独岳岳,高张吾军。夫惟大雅,卓尔不群。伧夫不武,日惟告劳。一击不中,振翅远翱。一蹶不起,偃蹇蓬蒿。公真健者,不挠不逃。蠢尔帝孽,阻社凭城。光光军府,张皇师征。皇皇星轺,蜀道纪程。据鞍顾盼,揽辔澄清。岭海波黄,巴江水碧。万派朝宗,军威咫尺。谁谓不敏,南针在席。谁谓多苦,正夫有责。”(《国民公报》,1918 年 1 月 19 日。)

在欢迎会上,章氏也作了重要讲话,谓:“今日各界欢迎祝寿,感谢感谢。余在东京与四川友人相见者甚多。兹由熊锦帆先生介绍又与各界相见。余今年五十,为古人五十而知非之年。且革命后至今已七年,在曩者之故智,以为革命成功后,国事可渐上理。乃时至今日,事益纷乱,至今而始知昔日所见之非。辛亥起义,不凭武力以解决大局,半途偷安,卒至革命一次不已,至于二三四次,未始非昔日之误。当满清将挫之日,势本不支。而袁氏得志,发生帝制,段氏阴视其隙反对,至形于色。滇黔起义,以段氏为不赞帝制之人,效辛亥之故智,不惜以国家之大权悉托于段,今段之失望矣。功亏一篑,一误再误,是则今日对于兴师之宗旨,不可不重为审慎。为今日计:

“一,南北问题,不可不从根本上解决。因为中华民国本无南北之分。以世界主义论,不特满汉,即黄白人种亦当一视同仁,况南北同为隶中国版图乎?不过南北人民性质有差,北方之歧视南人,有如满人之对于汉族,我南方人民不能不以满人对待之。共和民国,南方所造成,其政权常〔当〕操之南人。辛亥起义,当其发难,南北虽属有人,然武昌举义,实为南人,及南方响应者多至十二省,而后北方诸省始加入。以公理论,起义最迟者,反得攫取政权,揆之事理,讵得谓平?从前所深讳者,矜功争权,故牺牲一切。不知争权攘利固属不可,而放弃权利,坐听宰割,亦所不宜。今日兴师,为南方争权利,非为个人争权利(大拍掌)。总之,既为民国,一切行政当以民意为转移。一国之元首,虽无论为南北,而民意之向背,要皆本乎功罪以为定,冯国璋对于民国,何功可言?张勋辈虽效忠清室,因袁氏出山,亦不始终怙恶。冯乃火烧汉阳,一意主战。前此张勋复辟,冯氏实亦预谋。是故以功罪论,对于民国,袁则有功有罪,冯则有罪无功。建造共和之人,多为南方,而执国柄政权,乃属于北,且为北方有罪无功之人,南人乌得而不与之争?现在战争一切宣言,皆为虚憍,对于竞争政权一层,深讳而不言。以为一言权利,即为人所唾弃,与辛亥之役同为一病。不知辛亥政权操之满人,为革满人之命,今次政权操之此人,为革北人之命,南之对北,亦如汉之对满。申包胥曰:'子能废之,我能兴之。'民国为南人所造成,总统当为南人,其理至正,其势至顺,有何不能出诸口?此今日南北问题宜认明真确者一也。

"二,法律问题。宜认明今次战争,只言倒段,并未言倒冯。在一般人民谓冯氏代理总统,系依约法,其实徐州会议,阴谋复辟,冯予密约亦有确据。至于国会,政府以非法解散,国会不受非法解散,故有广东非常国会之召集。冯氏命令逮捕议长,是为违背约法。国会为代表民意之机关,逮捕议长,是为背叛民意。违背约法,违背民意,其总统资格当然丧失。如袁死黎继,始为依法继任;今冯代总统,黎氏尚在天津,与黎氏继任总统迥然不同。以非法继任之总统,南人当然不能承认。吴光新、傅良佐亦为冯、段任用之人,彼二氏一则赴湘,一则入川,皆系奉冯令而来,并非奉段令而来。南人与之作战,即系对于冯、段同一反对也。革命尤贵名义正大,倘讨段不讨冯,认冯为总统,而又与冯命之人作战,是则吾辈已成叛逆,法律其何能容此。对于法律,宜审慎二也。

"三,利害不可不明。北人既拥政府名义以召天下,则任命官吏,滥借外债,皆可为所欲为。今南人若不起而与之争,达到自建政府之目的,譬诸一个面包,既不可以分食,则北人得之,南人不得近尝一脔。政府既由南人自建,则任命官吏、借款诸权皆操诸南人,总统亦自选之南方。倘南人不自建政府,则赏勋酬庸不得其平。若罗佩金、戴勘、刘存厚,护国之役,皆有功也,皆可为督军也。南人以不得势则无所安置,致怀怨望,北方政府利用此弱点而从中挑拨于中,亦足时时酿南方之乱事。此利害之不可不明者三也。

"四,形势不可不明。用兵不明形势,虽百战百胜,徒劳无益。今南方既有滇、黔、川、粤、桂、湘六省,势不能不争中原。今之中原,即武汉是也。是故会师武汉,为今日急可缓之举。譬诸奕旗,必先经营边隅,以其易成两孔,即可求活。但欲求最后之胜利,宜占形势于中心。若固守边隅,其结果终必致负。护国之役,南人徒以兵力拒龙济光于广东,而不能用兵力以经营江西、湖南,以致南方势力卒不能发展,而北人之势力因得以自完而无损。此对于形势不可不明者四也。

"以上四者,因前日退社之误,至今始知其非法,各位大家知之(大拍掌)。"(《国民公报》,1918年1月19日、21日。)

1月26日,再次到邹容旧址看望,并与其家属合影。

1月31日,电孙中山,略谓:"兹得报告,知冯国璋踉跄南行,后二日,兵州克敌,胜算将定,而某窃以为犹有可虑。盖南北战争本自解散国会、迫胁总统而起,此事造意于段党,而决议实在冯国璋。……夫卧榻之旁不容他人鼾睡,则宜以进取武汉为第一步。冯国璋行为非法,举国皆知,今又带印潜逃,擅离职守,中途被截,匍匐还都,与亡将溃兵何异?则宜以不承认代理总统为第二步。形势既得,名号复褫,然后按法措施奠安生活,唯南方群帅所欲为耳。……今者退让已穷,义可归一,若犹多方瞻顾,则是暴师数月,战血盈城,只为冯国璋一人作,而于护法何与焉?然此非独将师之任也。……某等陈此概论,盖已再三,诸公当仁不让,夫岂后我?今当言论现实之时,是故重竭区区,飞电以告,望诸公留意焉。"(《军政府公报》第五十号,1918年2月28日,末署"章炳麟、郭同叩。卅一印"。)

2月12日,电唐继尧等:"得东京确信,日政府决定警告北政府,若不速罢兵,即派兵干涉等语。此事出于北方政府之运动,抑寺内内阁本身外交方针之变更,均不可知。惟炳麟等细观北庭,本分为冯、段两派,段派素与寺内接近,冯派不然。主战之策,本出段派。今警告罢兵,是与段派相反。冯将利用警告以铲除段派势力。但此种警告,北人受切身之痛,加以段派之运动,人心抗冯,必见剧烈。段派谋自全之策,必利用以倒冯。其结果大略如此。至谓此事出于北庭运动,似未必然。寺内夙主助段,颇受国人攻击。今见南势日伸,北势日蹙,反而助南乱北,矛盾过甚,非其心之所安,亦不足免国人悠悠之口,故突出此策。以取满洲为目的,示与南北均无偏袒,不过以我自身利益为前提。但果出于真取满洲,我国人必愤恨冯、段愈甚,是亦无利于北也。以此观之,是出于寺内本身外交方针变更之说较为确当。根本既明,然后可谈对付。满洲今日主权虽仍在我,实等鸡肋而已。吾人固不能主张放弃,然过于强硬抗日,破其面目,害将岌于全身,而冯氏亦将利用日人以制我,是又不可不虑。如此则我之对付,刚柔缓急,须得其中。惟此事发见,冯必利用以引起和议,而于中对段对南,均能得庠科。麟等以为此说果至,我南人应先拍电声明,此种外交危险之责任,实应由冯、段负之。当此之时,冯果不能负责,应仍速自引退,另由贤能出当其任。冯果能退,战事根本既绝,日人自无所借口,则满洲危险,何自发生?是冯欲利用外交以制我,我即以子矛攻子盾也。所虑者,今之调停派用其机附会冯说,以自张其势。此说果至,吾人亦宜以破之。使国人知肇此祸者实为冯、段,既有最公平之主张以成舆论,则冯、段自知理穷,加以日势之□□亦自知危险,我□时即退而与之议和之条件,况易得其承认也。此事务望诸帅竭力主张。少公、秩公夙善外交,尤望通告各方,使咸知其内容。主张既一,对内对外均不至失着。抑炳麟尤有言者,此事发生,冯、段之困难实甚于吾人。以吾人既无满洲,未尝不可以立国。冯、段果于丧满洲,姑无论外势逼进幽燕,吾以自全,即人心对之,认为丧失国土之戎首者,将士无间,南北效□,吾人此时应乘其穷途以强□之主张,则大局之结束或反较易。若徒执对外一致空论,示我同情。彼狡猾阴险者,反得逞其计也,诸公爱国,谁不如我。一得之见,伏希采择。"(与郭同合署。中国第二历史档案馆、云南省档案馆编《护法运动》,档案出版社1993年版。)

自春迄夏,在重庆四月有馀,曾对重庆学界演说,词曰:"鄙人于蜀,素忝师友之谊,今日承学界欢迎,敢不竭其愚戆,以备刍荛之献。

"蜀中地大物博,号称天府。……蜀中文化,自西汉已称冠冕,相如、子云,当时无与抗衡者。唐则陈伯玉、李太白,为诗人宗。宋时三苏文章,亦足千古,文化之高远如此,而政治人材,不能与之相应。北宋范镇,人虽正而干济殊少,南宋张浚志虽忠而每战辙败,惟虞允文一战破敌,有谢安肥水之功。次则明时杨廷和坐镇中枢,使暴君佞人不能紊乱朝政,此二人为政界伟大人物耳。若清之岳钟琪、杨遇春,则战将之材,非经国之器矣。然则屈指而数,大器不过虞、杨二人。……推其因果,得无有近华远实之病耶?前世相如、子云,亦有实学,而世所崇尚者,在其华辞。伯玉、太白则纯为诗家。苏氏虽推论政治,仍多策士纵横之见,语可动听而难见施行,犹不免为浮华也。蜀中文化来历既如此矣,近则王壬秋教于成都,风流远被。王本词章之士,以说经为表面,语无实证,惟模《毛传》,仿《郑笺》,以为研雅,始终不离文人说经之习。其他朴实可据者,未尝言焉,是又近世尚华之病也。夫专务华辞则于持身经国之道相远。最下或堕入斗方名士一流,能依人而不能独立,胸襟何以能阔,大事业何以能远至耶?

"鄙人前在东京,夙知此敝,故与学子相对,皆崇实黜华之言。是时清室未亡,深恐中国不能自保,以为欲保国性,惟语言文字不变,历史不二,若可以持久耳。语言文字之学,本有条理,故多与学子言之,历史繁博,故未尝详悉诵数。今至蜀中,当为诸君更进一步,可乎!

"大抵人之志量,不皆天成,率由见闻戟刺,情不自已,然后发为志愿,见诸施行。凡诸伟大事业,惟于历史见之,而举事之成败得失,亦于历史征之。人人皆习历史,则豪杰之士自挺出于其间。六七年来所见国中人物,皆暴起一时,小成即堕,此由不习历史,胸襟浅漏之故。至有历史知识者,举国似无其人。袁世凯虽有野心,本无帝王南面之术,虽欲称尊,而行事拂戾,卒不能达其所望。操、莽之事,果如是乎!

"乃民党之有政治思想者,亦皆不察习惯,只欲以己意施行。譬之推舟于陆,动而窒碍,斯皆不具历史知识,故自致败亡也。盖历史之于任事,如棋谱之于行棋,不习谱而妄行者,甲乙相对,今日甲或胜乙数十子,明日乙又胜甲数十子。近世所谓伟人亦然。成败利钝,绝无把握,时或投机制胜,则徼幸而成伟人之名。逮其败挫,名又去之,故一国人物,未有可保五年之人,而中坚主干之位遂虚矣。

"回思曩日,曾国藩、胡林翼、左宗棠辈……历史知识,素所储备故也。乃如晚世张之洞辈,尚于温公《通鉴》口能谙诵,其用不恃他种学术,惟此为得力耳。……而遍观近世人物中,如此数君者无有也,岂三四十年之间,人材相去悬绝如此耶?察其病因,皆近人不习历史,小智自私,小器自满,背逆形便,而不知违反人情而不顾,故一国无长可倚赖之人也。鄙人于全国所见既然,今为蜀中诸友计,则尤在激发远志,以成大业,无负地灵人杰之名,故所望于学界诸君者,在普修历史之学而已。

"盖学有求实致用二途。求实之学,但期精诣确当,不论适用与否。此在承平之世,所当竭力,乱世虽当有其人,而不必望其多也。致用之学,为乱世所当预储。历史知识,譬如稻米面麦,其味不如珍馐,时当荒歉,则亟宜储蓄矣。

"鄙人之于文学,所好多途。华者如文辞,高远者如佛学,精至者如小学,平正通达者如历史,亦自谓各有所长,而涉世应变,则专恃历史之力。往日主张排满,实由历史得之。

"光复以来,料量成败,幸无差误。亦常苦心直言,而听者多不见信,逮其事败,始觉吾言不谬。

"今以平生所得,贡献于素所亲爱的蜀人,历史篇籍虽多,而观览实易。至如《通鉴》、《通考》,不过数百卷书。观之稍悉,处事何患于穷。但愿蜀人以历史为普通知识,则远志自生,而计划自审。"(谢任甫:《章太炎先生佚文》,《历史知识》1984 年第一期。据称"系清理周文钦先生遗稿时"所得,"原件均为新闻纸排印品,从右到左竖排,无标点,未分段。太炎先生于 1918 年自春迄夏莅重庆四月有馀,周文钦那时任重庆启明印刷公司董事长、巴县教育会会长,曾接待太炎先生,所遗新闻纸排印品,当系按章太炎原件照印的"。文中有四处删节共约二百馀字。)

5 月 20 日,孙中山愤而离穗。章氏亦于 23 日电渝启程赴湖北利川等地护法部队前线,随行者仅电报翻译王无身一人,议员郭同、张志群仍留守。报载:"章太炎先生,文章巨子,又民党伟人也。前次奉孙大元帅命令,经滇、黔至重庆,西南政策赖以促进者甚多。连日警告频来,谣诼迭起。先生不忍睹大局之危亡,誓集合义师而抗北,遂于二十一号夜,预备赴利川、鄂施南属,与川省石柱交界一行,以觇前方战况。此即太炎先生离渝之内幕也。"黄复生、王文华总司令等及军政学各界"亦均留驾,先生去志坚决,不为稍动"。(《国民公报》,1918 年 5 月 29 日。)于 23 日离开重庆。

6 月 19 日,《复刘英书》,以为"兵出经年,暴骨满野,若仍以高权授之北人,不如罢兵之为愈",对黎元洪仍抱幻想,函曰:"雄群来,诵悉手书,不胜感慨。此次西南大局,误在联冯倒段一言,以至师出无名,为人所卖。两联帅之意志,唯欲割据三省,自图封殖,而鄂省非一家所能专有,兼欲市德王占元氏,是以援师迟挠裴回莫救,相实之出,亦自告奋勇耳。赓赓训令,则但欲固守夔、万也。今大势崩沮,鄂省唯有施南一角。鄙人视鄂,有如桑梓,非但以首义之邦,知友众多也。西南以鄂为门户,扬子江以鄂为上游,南北以鄂为中心点,不得鄂省,彼西南亦在瓮中,何能腾跃?屡次晓告,而听者漠然,是知人心不同,难与共济,所以襆被东行,径出施、利,以目的地殆在此而不在彼也。辅臣遏守巫山,寄人篱下,果能恢复归、巴,则暂时降志,未为无益;然窃料吴光新之智计,非可轻敌,欲复归、巴,不能专以峡口一面正攻,必令援增多,一旅驻守施南,由后尾击,而峡口军队正当其前,然后可以得志。滇军素志唯欲固守门户(除相实一人),川、黔则未必然也。以人与利害相异者谋,不如与利害相同者谋,以高出己上者谋,不如与己平等者谋,是故南合湘西,上合川、黔,较之远求滇、桂,其难易相百也。进攻之策既然,即为后来建置计,亦宜妙取均势,勿偏一方。鄂省之在中国,正如中国之在亚洲,得均势则主权不至失坠矣。

"幼襄、仲文近怨稍解。仲文自称各军总司令,颇滋嘲笑,仆劝其取消,并劝幼襄、仲文各改称第几军总司令,以归画一。辅臣似亦宜改称第二军,取消联军名义。今日为恢复计,在实力不在虚名,总司令与督军名义相去本只一间,而今则相去甚远。恢复武汉,未知何人?非今日所能悬拟。若谓名号预定,可为他日升任督军地步,则与事实相去远矣。

"近日因段氏卖国事件,日本学生全体回国,下江抵制日货之声,日益腾沸。卖国之罪,视解散国会为重,人心怨愤,亦较解散国会为深,此时若能顺用民心,较去岁必有进步。盖鼓舞军心者在顺从民意,国会本非人心所向,以法律为出师之名,响应自寡;至兵工厂、海军要塞等项,系国家生死存亡之计,虽在至愚,亦可了解,人心踊跃,自倍于前。但今日不可单称讨段,而于冯氏置之不论。鄙人去岁在中山前,力以遥戴黄陂相劝,至今犹抱此旨,非谓黄陂功德果足为青出庶物之人也,孙既不为唐、陆所召,南方已无元首,不戴黄陂,则阿附冯酋之议自起;若戴黄陂,唐、陆亦不能异议,然后可以抵拒冯氏耳。兵出经年,暴骨满野,若仍以高权授之北人,不如罢兵之为愈也。"(手迹,张难先旧藏,生前捐赠湖北图书馆。)刘英,名光铭,字聃述,湖北京山人。曾参加护法之役,任靖国军第四军司令,旋改湖北靖国军第三梯团司令。函中"雄群",赵鹏飞,刘英部属;两联帅,唐继尧、陆荣廷;王占元,时为湖北督军;相实,叶荃。辅臣,黎天才;吴光新,时为长江上游总司令兼四川查办使。幼襄、仲文,蔡济民、刘公。札后有张难先、周震鳞跋。

9月29日,报载章氏"宣言不预闻和战"。查章氏于本年由四川经湖北,入湖南,长沙《大公报》今日载其"宣言"。谓:"章炳麟自辰州电上海、汉口、重庆各报馆均鉴:鄙人于南北两政府悉难满意,两方和战,先事宣言概不预闻。"有《辰州》诗:"天道有夷险,神仙非久长。秦皇与避世,陵谷两茫茫。"又有《桃源叹》,自注:"去辰州作",均载《华国月刊》。

10月30日,致钱玄同书:"岁馀与同人隔绝,而南方十二省亦游历几遍矣。今年孟夏始由重庆南行至施南,迤行至辰州,所过一千三百馀里,山川狞恶,乃识槃瓠典型,朅来出桃源,渡洞庭,抵夏口,归至上海,则重九之前二日也。前后所行一万四千二百五里,有铁道轮舰者九千四百六十里;无铁道轮舰者四千七百四十五里。山行困瘁,抵家后鉴镜自照,殆如昆仑偃息,二旬始还故态,中原逐鹿,燕市尤嚣,贤辈在大学或是别一世界邪?拙著由浙江图书馆刻木,仿宋颇精,唯书画题署未善,欲足下为书之,积类与右文所印相等,唯多《蓟汉微言》一种,纸幅阔陕可与右文一律,或宽五六分亦得,左书浙江公立图书馆刊。写成后即寄敝寓(法界爱多亚路七百廿一)可也。"

11月13日,《复吴承仕书》:"昨沪城某君递到手书一械,阅之快慰。仆此行自广东过交趾,入昆明。北出毕节,至于重庆。沿江抵万县,陆行至施南。南抵永顺、辰州,沿沅水至常德,渡洞庭入夏口以归。环绕南方各省一帀,凡百四千二百馀里,山行居三分一。西南绝域,洞苗磐亘之地,亦间及焉。……颇闻宛平大学又有新文学、旧文学之争,往者季刚辈与桐城诸子争辨骈散,仆甚谓不宜。老成攘臂未终,而浮薄子又从旁出,无异元祐党人之召章、蔡也。佛法义解非难,要有亲证。如足下则近之,季刚恐如谢康乐耳。仆在此亦不欲问时事……"(手迹摄片,见吴承仕藏《章炳麟论学集》,北京师范大学出版社 1982 年 8 月版。又,本年 12 月 6 日,章氏又有《复吴承仕书》,同见该书。)

12 月 13 日,《致徐谦书》:"得复书,疑徐去岁称大元帅,尚未现实。案徐拟称大元帅,令曹汝霖携照会通告天津领事团,为领事团却还,乃始不敢就职。是已有谋望实据,如袁世凯已变帝制拥戴,特未即真耳。其与伪总参谋处雷震春同谋,事迹显露,岂得以身未就职为解。国会非如裁叛所之拘泥,必待证人证物齐备而后议罪也。鄙意当速宣布,绝人观望。外人强迫南方承认,断无其事,皆汉奸恐吓之词,切勿受诈。"(《吴景濂函电存稿》,天津市历史博物馆藏,见《近代史资料》1980 年第一期。)又附在 12 月 13 日徐谦《致吴景濂等函》之后。徐函谓:"兹得太炎先生来函,对于徐世昌去年谋乱之事,续有所摘发,合之前函(尚在尊处,未蒙交下),可备两院宣布徐世昌罪状之资料,尚望集议实行。"末谓:"附太炎信,阅后祈并前信掷还。"据此,章在此以前,尚有一函,未见。

章太炎年谱长编补编　卷五

1919 年—1936 年

1919 年(民国八年己未)　五十二岁

1 月 11 日,《复吴承仕书》:“得书久未复,因近亦有少许烦恼也,欧阳所述,大抵故言,此即佛法中,惠定宇、孙渊如一派。倡始之初,此种不可少,渐有心得,则义解当转道矣。博戏虽无伤,然习之既久,费日耗资,亦甚无谓。娄见新进吏人,亦无他种恶劣状态,但以此故,不得不有所取求,以故夺官听勘,甚可叹悼。足下长年有智,岂可随此波流?欲断此习,岂以事类相近者移之,如围模蹴鞠之流是也……”(手迹摄片,见吴承仕藏《章炳麟论学集》,北京师范大学出版社 1982 年 8 月版。)吴承仕后来即遵师嘱,“改变成两个嗜好,一是下围棋,二是看篮、排球赛”。(张致祥:《忆我的老师和同志吴承仕》,见《吴承仕同志诞生百周年纪念文集》,北京师范大学 1984 年 2 月版。)

1 月 19 日,《致参众两院议员函》,以为“和战两穷,唯有速选总统以绝北人希望”,并告已组织护法后援会。函曰:

“昨者,和平之说风靡一世。苟以民生憔悴,兵力单窳,不得不少望息肩,鄙人亦何敢独持异议。而寻窥微旨,似不与始愿相符。南政府有二总裁,唯以副总统、总理为目的,则不得不拥戴罪魁以为其主。敉法乱政,非所问也。

“鄙人以为时至今日,和战两穷,唯有速选总统以绝北人希望。若遂分裂,北方亦已不能作战矣。若仍持和议,则主体在我而不在彼。可取消者,北政府与新国会也。而南方斗极,得以屹然不动,维持大体,莫善于此。

“昨闻参议院 <议>员高振霄君已提出组织选举法案,乃知闭门造车,果有合辙。嗣得元日两院通电,又云改军政府为护法政府。此事,得无与选举抵触,将以是苟长喘息,以为议和之主体耶?抑以是堵塞选举耶?其或提议组织选举会者,本无诚意,而姑以虚声恫赫北方,以遂敲诈之目的耶?甚非愚黯所敢知也。

“近闻南方私议,以为选举果成,必召外人干涉。此乃徐世昌、唐绍仪辈造作虚词,以欺国人之耳目耳。苟有智识,何惮于此。中国元首之废兴,固非外人所得宰制。

“以近事言,清西太后之兴义和团,外人毒恨,可谓至矣。袁世凯谄事欧、美,其交欢亦可谓至矣。然前者外人不能胁废西太后,后者外人不能明助袁世凯。今徐世昌之于外交,未若袁世凯之受宠幸也。南方所选之总统无论谁氏,未有如西太后之挑衅召忿者也,而谓外人必从旁干涉,谁其信之。南方工行选举,和议既成,徐世昌即安居而升主座,非谓民党不能生存,而滇、桂亦将旰食。其得瞬息之荣者,唯岑、唐两汉奸耳。若信世昌之才为可以安抚中国者,吾见清、袁两代,皆以徐世昌为宰相而相继灭亡也。

亡国大夫而可选为大总统,帝制派之谋主而可选为大总统,倪嗣冲、雷震春所推戴之大元帅而可选为大总统,则前此之革命护国者,当处极刑,尚何护法之有?故鄙意谓选举会必当成立。实事求是,勿为赫诈,仗义执言,勿为畏葸,此固在诸公掌握中耳。至于平民鼓吹,鄙人固能任胥吏之劳,迩已与吴受天等结护法后援会,受天至粤,即属其将宣言散布。诸君扶义秉直,为国司命,其或有取乎此也。”(《吴景濂函电存稿》,天津市历史博物馆藏,《近代史资料》1980 年第一辑。)

3 月 12 日,上孙中山书,述对南北议和意见。函曰:

“子琴、子荫续来,告以勿听传言,勿怀异议。炳麟于先生,本非有反对意也,但和议本有害于西南,而陕事未了,于战争中赓续开议,尤为人所不满。少川无奈,人言何权借先生一言,以为弭谤地步,则先生乃为彼利用也。道路传言,诚难轻信,而报章之所登载,先生亦宜作书更正,以塞群疑。不然,众口交訾,岂一人所能抵制耶?炳麟以为此次战争,非驴非马,至于图穷匕见,而当事者亦不获其利,岑、唐、陆信用已堕,无可挽救。然本谋护法者,先生也。岑、唐、陆信用虽堕,而先生之信用犹存,若主张和议,为彼附翼,则信用亦随之以销,炳麟不能为岑、唐、陆恢复信用,而自处民党,尚求信用之保存。盖尝深察此中利病,而后设计发言,反对和议。异日者,西南诸公,感受痛苦,亦当复思吾言。先生之在广州,非无实事可记,然使军政府不改组,先生不去,必无此鼠窃狗偷之和议。纵使言和,惩办祸首与国会行使职权两件,必当提出。西南权利,亦不至刮削净尽,此先生可以自表于众者也。要之,吾辈不忧无啖饭地,而忧信用之差。自民国元年,赵秉钧、梁士诒辈相率入同盟会,吴景濂、谷钟秀相率入国民党,已使民党受人指摘。至于癸丑革命,有识者已不尽赞成。若复随波逐流,为汉奸所利用,他日虽欲自白,谁能信之。至于五国劝告、四国劝告之说,本由小人运动,非出本怀,即有答复,亦不过两方酬酢,而非成形之契约。事后陕战不停,则咎实归于北,何虑无辞自解耶?”(手迹,原件藏台湾,见《革命文献》第五十辑《护法战争与南北议和史料》第 418—419 页。台版。)

末署“十二日”。据《革命文献》“编者按”:“子琴,即田桐,字梓琴;子荫,黄大伟字;少川,唐绍仪字。此函无年月,当在民国八年初。”

查《太炎先生自定年谱》本年三月记“和会”事,故系于此。

6 月 15 日,长沙《大公报》载《章太炎大骂南方各总裁》,录如下:

“章太炎近致军政府一电云:广州岑总裁、伍总裁、林总裁、武鸣陆总裁、云南唐总裁鉴:‘中略’诸君两年以来功不足书,但当补过,若复逾分妄觊,期以全国田赋抵借分润,身受盗赃,罪将安避?案□□两君,向于张勋□辟逆谋未能自洁,岳州、长沙之挫,又岑君阻攻武汉致之,近且容留帝制犯薛大可,任其鼓煽,致粤中诸将无一干净,□国保奸,谁能曲贷?伍君虽年逾大耋,鲜闻过咎,身为总裁,而要求其子为□□专使,不得无罪。唐、林两君颇少汗染,唐君视荆襄之败而不援,林君受闽督之任而不进,逗挠蹙地,夫复何辞?盖闻谋人邦国,败则死之,项王垓下之自劲〔尽〕、武侯街亭之受贬,诸君岂未闻乎?乃复垂涎大款,以补偿损失为辞。五省金钱丝毫未尝流溢于外,所发饷项亦出诸内库而授之军人耳。楚人亡弓,楚人得之,于本省何损毫末?□□暂时支绌,而所得□军与龙济光之军械所截盐馀之款项,其值何啻数千万。包赌贩私复在其外,尚不足以满意,乃欲浚民脂膏抵全国田赋,以充数省人数入□之私橐,是何欲壑之难盈也?无功者诸君!误国者诸君!容奸者诸君!保障卖国者诸君!如□系心南土,与诸君不无瓜葛,又以中华民国自我创之,袁氏帝国自唐、陆、岑诸君覆之,先后同功,皆吾臭味,故不忍尽情排斥,而尚以正言策励,冀诸君收桑榆之效。青年志士非尽如仆也,破天荒之革命党,但知诸君此次为有罪,不知诸君前次为有功,国民自决之势成,则视诸君为小丑跳梁,而诸君将与□□同受显戮矣。勉择良图以期晚□,如再冥顽不灵,唯有宣布罪状。"末署"章炳麟叩。东"。"东",似发于6月1日。《大公报》影行本有的字迹不清,只得以□号代之。

6月26日,《致易培基书》,"论湘中人物",函为:

"寅村我兄左右:湘事败坏,书问邈然。昨得手书,并无异敦拓本,《湘军志平议》,展玩尺札,如对故人,衡宾亦时相聚,精采尚不损曩时也。无异敦释文无误,《湘军志平议》掎摭利病,摘发爱憎之笔甚善,中有数条,尚不免馆阁口吻也。葵园与湘绮、蛰仙同传,可见史馆无识。鄙意非独葵园应归清史,即蛰仙、湘绮亦非一例。尝督浙江,部分兵事成南京克捷之功,沈幼岚、王铁珊、程雪楼与汤蛰仙似可为一传,王、程尚存,幼岚已没,不以两人并列,而旁牵一不预政事之湘绮,此乃拟于不伦。湘绮事袁长国史,犹梅伯言、包慎伯仕洪氏为三老五更,亦不必以杨彪故事相诮也。聊说湖南大学振起人材,于今为急,近见湘人士用世者皆浮华徼运之徒,求如湘军时三四等人物已不可得。鄙人十馀年前,曾向宋遁初言之,见拙著《检论·对二宋》篇,此时无他教术,唯有一求温公《通鉴》,使知功名不可幸成耳。去年曾至辰州,历涉苗洞,一见沅水峻险之势,而来窥衡阳形势。今者又为人事所牵,道途多梗,稍迟留赴潭会语。吾衰矣,恐只能与学子陈说门径,未能与讲肄之事也。商周铜器,可尽拓以见遗否?焕宾向说君家多古钱,不知湘中旧藏,更有几许能为罗致一二否?尚闻夏忠靖、刘忠宣遗墨,湘中犹有存者,不知是何物也。果存则亦世所共宝。昨岁至重庆,求蹇忠定遗迹,独有所谓天官署耳。明世政治才,实高出清□远□,亦由军民不挠,故文吏得以发舒,其遗迹见存者,皆宜馨香事之也。章炳麟白。六月二十六日。"(《章太炎最近与易寅村手札》,载长沙《大公报》1919年11月27日第九版《杂纂》类《书札》栏。)

查此书在长沙《大公报》刊载时,编者加有按语:"章太炎与长沙易培基寅村订交,在民国二年,是时民党与袁氏不协,而太炎尤为所忌,幽之宛平龙树〔泉〕寺,始犹优待,继则疏玩。太炎愤怒,绝食数日,寅村适至京师,闻之急谒黄陂黎公,请设法保全,竟得出狱。翩然南下,与寅村通问甚多,此其最近函牍也。中多论湘中人物掌故及讲学之语,故表而出之。"该报先后刊录章氏书信四通,均辑入本年。

10月1日,《正议周刊》第二期出版。该刊"以拥护法权,排斥武人政治,反对卖国乱法之恶政府为天职"。本期"论说"为章氏《救命谈》。文曰:

"西南与北方争,首尾三岁。方其初起,仇敌众,纠葛多,而倡乱之徐世昌反隐。

今则首恶著现,又重以僭立卖国二罪。然则歼厥渠魁,胁从罔治,其事亦至简矣。纵不能讨,首恶固不可与和。前者朱启钤至而群情迷醉,今者王揖唐至而醉者渐醒,诚能晚盖,则和议可以斩断,然后徐图其后可也。而一方论者以为破坏和议,唯是消极反对,非正本清源之策,窥其用意,唯有进战而已。亦会湘、桂诸军稍有斗志,国会亦有改建政府之议。仆谓改建之与进战,事可偕行,而改建又视进战为急。一方论者以改建为分立之端,是弃山东不顾,而寒北方诸将向义之心,因欲沮其成谋,藉进战以求得志,是乃姜维沓中之策耳。进战之议,起于桂军,桂军固未能越衡岭而前也。此外,则川云贵三省,内相劫持,兵不得动,粤之二李,其气亦浸衰矣。小之如陈炯明、唐克明辈,株守一方,才足自固,关中于右任则摧败之馀也。海军素以宴安为乐,又非能与陆军齐力也。然则桂军所赖以为前锋者,独谭延闿与吴佩孚二军耳。吴佩孚陈义慷慨,天下想望其风,或言其似云南张开儒,以壮言诂名,其实不能使令士卒,仆固未之敢信。要之一道出师,诸道不应,则未能使敌人震动也。而吴之与谭,其相处又不可知,就令交权让位,同心死敌,亦不过恢复长沙耳。吴佩孚者,不尝言清君侧之奸乎?彼所与深怨者,独段祺瑞、徐树铮辈,固不与首恶为敌,果得长沙,复肯与王占元相攻否也。

"夫不得武汉,则北廷之气不摧,无以惊其匕鬯,吴既不必有再进之心,而西南群帅,于徐世昌犹未绝望。如是长江三督,复以北方屏障自居,为之居间媒介,则和议又自此开,虽拓地千里,犹是赠之徐世昌也。仆谓西南群帅,皆志量狭小之人,深山穷谷,自以为甘衣美食,其最陋者,有终身未睹江汉者矣。而其志趣流漫,易与徐世昌苟合偷容。今骤语之以统一,犹语夏虫以冰也。骤语之以廓清,犹强虎豹以入城市也。然则因其陋志而使之安,变其流质而使之定,实莫善于改建政府矣。

"军政府者,本流液未凝之物也,战而不为犯顺,和而不为乞降,狙诈之人,乃得以翻覆其手,其势固非改建不可。往者孙中山欲复临时政府,张勋既败,则名不可居,于是设军政府,称大元帅。仆尝劝以遥戴黄陂,使同义者不得前却,意固欲凝定之也。中山虽貌从,而不肯力主其议,军政府乃终为流质矣。中山之时名虽流,志非甚流也。今西南之当事者,以其流之性,与其流之名相合,不改建政府以为堤防,其溃决将不可止。夫总裁者,可以取消可以降人之名;大总统、副总统者,不可取消不可降人之名。西南当事虽无志,而于名犹有格碍,戴法冠衣朝服以为他人担粪,固不能也。此所谓因其陋志而使之安,变其流质而使之定也。流质既定,则和议不再兴,而北廷之名号,终于僭伪,其威令亦终不能行其全部,卖国契约,的然无效,如是外交势穷,内衅潜构,吾能进战,得寸则吾之寸也,得尺则吾之尺也。就令不能进战,彼不坐困,亦必自崩矣。今一方论者,必弃长久制胜之算,徒取局促挺进之谋,是固尝取二者而比较其短长乎?抑专为乡党私人计也。

"仆之于人,非有憎爱,自徐世昌、唐绍仪二逆及诸复辟犯、帝制犯外,其他虽时与抨弹,或至加以辱嫚,亦望其能反正耳。诚能反正,而于大计有所补益,其前事何足问哉!当今之时,人才实寡,必绳之以礼宪,则群帅皆尝干纪,衡之以伯王之略,则六总裁'除逆党唐绍仪'皆市井下材,而彼北方之统师专征者,材亦何以相远乎?直系、皖系之辨,桂人、粤人之争,各于其党。仆之所不欲言。一方论者,必牢持偏党之见,而以吾说为短。以若所为,求若所欲,能黜逐徐世昌者谁乎?彼哉彼哉,有假手于段氏耳。"

10月,撰《支那内学院缘起》。支那内学院是欧阳竟无先生为培养研究佛家思想学说人才而创。1922年在南京公园路正式开办以前,刊布《简章》,第一章总纲第一条称:"本内学院以阐扬佛法养成利世之才,非养成自利之士为宗旨。"第二章修业年限第七条为:"中学部修业年限四年。大学部补习科一年,特科二年,预科二年,本科三年,研究部不定。"章氏《缘起》即刊布在《支那内学院简章》中。《缘起》曰:

"自清之季,佛法不在缁衣,而流入居士长者间。以居士说佛法,得人则视苾刍为盛;不得则无绳格,亦易入于奇衰。是故遵道而行,昔之富郑公、张安道是矣。杂引他宗,迤入左道,今时稗贩言佛者是矣。

"余素以先秦经法教,步骤不出孙卿、贾生,中遭忧患,而好治心之言。始窥大乘,终以慈氏、无著为主,每有所说,听者或洒然。晚更括囊无所宣发,盖不欲助伪者之焰。

"友人欧阳竟无尝受业石埭杨居士,独精《瑜伽师地》,所学与余同。尝言:'唯识法相唐以来并为一宗,其实通局、大小殊焉。'余初惊怪其言,审思释然,谓其识足以独步千祀也。

"竟无以佛法垂绝,而己所见深博出恒人上,不欲褭窑韫璭效师拳者所为,因发愿设支那内学院以启信解之士,由其道推之,必将异于苾刍颛固之伦,又不得与天磨奇说混淆可知也。世之变也,道术或时盛衰,而皆转趣翔实,诸游谈不根者为人所厌听久矣。自清世士大夫好言朴学,或失则琐,然诡诞私造者渐绝,转益确质,医方、工巧二明于是大著。佛法者可以质言,亦可以滑易谈也。然非质言,无以应今之机,此则唯识法相为易入。观世质文,固非苾刍所能知,亦非浮华之士所能为也。以竟无之辨才而行之以其坚苦之志,其庶几足以济变哉!

"若夫挹取玄智,转及萌俗,具体则为文、孔、老、庄,偏得则为横浦、象山、慈湖、阳明之侪,其以修己治人,所补益博,此固居士之所有事,而余颇尝涉其樊杝者也。"

11月下旬,长沙《大公报》刊载《章太炎最近与易寅村手札》四通,除6月26日第一札已见前文外,尚有三札,第二札为:

"寅村我兄左右:得书并左季高联一事,欣领感谢。季高节概才略,皆出伦类,唯以事非其主为恨。亦由洪氏全无纪纲,至此反抗,往时不能不加谯让。今也,贵省士风日益卑下,所见皆江湖浮浪,亦未有策士之才,而好尚游说,湘军遗绪,于今斩焉。章行严少年时,仆颇爱其英发,以弟畜之,至今十有七年,而沦下转甚,辄为之叹息也。足下欲振起学风,似宜崇尚廉耻,而学术次之。湘军诸贤,且不必论,如夏忠靖、刘忠宣、李文正,真湖南之弁冕所宜矜式,以励国人。杨文襄虽滇户,亦生巴陵。□以临财不廉,难为师表耳。其才则正与季高相似也。

"北方发土日深,土器出者不少,而钟彝甚鲜,一二编钟,非大器也。蜀中则颇有錞于,铜多器巨,不能伪造,仆亦于彭山得之。大抵公孙子阳所为,以无铭文,不能臆断。据《容斋随笔》,当时慈利、长杨,各得一器,则湘西亦有也。而北方未见周錞,岂非铜多易毁之故耶？上海古泉多自北来，周、秦、十六国泉亦尚可致，唯莽之六泉中十布殊不易得。十布只大布易得，六泉只大泉易得，小泉亦尚易，其馀四泉各布，则较错刀尤少。大抵北方亦不见出土耳。问之旧家，或尚可得。仆在蜀多得直五百铢，在北多得小泉直一，在倭多得利同开珍，其有以莽泉、莽布相易者，蹇裳赴之矣。唯莽泉除大泉、货泉，莽布除大布、货布，大著各种释文，稍一浏览，极是。再得审读，当有所贡献也。此候起居多福。章炳麟手状。”(长沙《大公报》1919年11月28日第九版《类纂》类《书札》栏。)

第三书为：

“寅村我兄左右：前致书，计已收到。湘中兵燹以还，收藏家多被蹂躏，然他人得此，殊无所用，想稗贩摊肆，必有散卖者，不及此时收聚，他时将为灰土矣。顷得日本同和开珍一枚，即以奉赠。湘中有莽泉、莽布，亦望代为注意也。鄙人近览时人泉谱，多不惬心，盖为此者多非经史专家，非于小学粗浅，是以多为臆说，近考证旧文，多有所获。世传蚁鼻钱，其文□幵字，说者往往不同，鄙意此直巽字耳。《平准书》汉武造白金重八两，名曰‘白選’，《食货志》作‘白撰’。《索隐》引《尚书大传》死罪罚□千□，《萧望之传》张敞称甫刑□金選之品。選、撰、馔，一也，于古皆作巽字耳。甫刑亦作钱，或云六两，或云十一铢二十五分铢之十三，而武帝白金则八两，蚁鼻则不及十铢，此犹秦半两本重十二铢，而高后之八铢，文帝之五铢，初汉之榆荚，亦可名曰半两尔。又疑锊字或非古文，古文但作選，一選，犹言一算。《诗经》選训算，或古文本无算字。但選，《檀弓》正义：王莽货泉。《食货志》云：今世谓之竿钱，竿即算之俗字。称钱为算，亦犹乎選，然则古语流传，至南北朝诸家作《礼》疏时，犹能识之。蚁鼻之文于是定，质之明达，以为何如也。章炳麟白。”(长沙《大公报》1919年11月29日第九版《杂纂》类《书札》栏。)

第四书云：

“寅村我兄左右：玄黄反复，荏及三年，处浊世为戮民，学殖荒落，唯有电报文章，其馀半已阁笔矣。令弟白沙山人时时来访，抢攘之中，论学不能罄尽。从友人许得醴陵兵燹图观之，不胜感愤。然遭蹂躏者，不独湖南一方而已。湘中昔多才俊，而今衰惫至是，盖朴气渐削，人务利禄使然。清末已与渔父言之，黄、蔡二君，所谓回光返照耳。白沙颇因悲愤，渐好少年激宕之言，以此救时，恐俟河上清也。劝以仍学明代白沙，以舞雩风咏涵濯人心，或亦靖献之道，过此则入象山、姚江一途，于今世为有用，如仆本怀，只欲人多识史事耳。人事胜负，其如弈棋，自非□窥棋谱，鲜有不败。今之两方相持，雌雄未决者，幸彼此皆无谱也。书此，敬问起居不具。章炳麟鞠躬。十一月十六日。”(同上。)

12月4日，在寰球学生会发起讲演会，请章氏讲求学之道(全文由《新闻报》1919年12月7日)。查此讲演即四川印行的《太炎学说》中，题目《说求学》，见本书第358页。

12月，撰《曼殊遗画弁言》。除述苏元瑛身世外，云：“子縠善艺事，尤工绘画，而不解人事,至不辨稻麦期候”。“子穀既死,遗画十馀幅,友人李根源印泉、蔡守哲夫为印传之。”(《苏曼殊全集》第五册第77—78页,北洋书局1928年版。)

1920年(民国九年庚申)　五十三岁

6月15日,电谭延闿:“迭承通电,知贵军累战皆捷,近闻收复长沙,敌师鼠窜,湘川南岳,重秀而明,非特为湖南雪此沉冤,亦为扬子江全域争存人格。自克强云亡,石屏继逝,常恐直道将泯。得公振起,大义复申,逖听凯声,曷胜凫藻。是役也,西林前日误湘之罪,似亦可以晚盖。果如新沐弹冠,勿滋旧秽,张魏公初附汪、黄,后更与会之立异可也。匡维之责,犹在大贤。”(《申报》1920年6月18日。末署“删”,当6月15日。)

7月,陈纪云(明侯)将“章太炎手书”刻石,书曰:“明侯我兄如见。连接数书,未知覆处。近接手教,知青岛大有可为。喜极。鄙意学堂不当骤办,盖此事既须经费,讲师又不易求,不如专志学会讲社会主义为妙。溥泉可至青岛一游,与同人开讲社会主义一两礼拜,但今尚无旅费,由日抵胶,不过二三十圆而已,又不可骤得。君若能为溥泉筹集以资寄下,则甚好也。手此,敬颂岁祉。冬至后三日。章炳麟白。”此信无月日,据拓片录入。溥泉,张继(1882—1947),直隶沧县人,光绪二十五年(1899年)赴日本留学。曾加入同盟会,与章氏等发起“亚洲和亲会”。此信原无年代,函云“由日抵胶”,似写于辛亥前。

12月14日,与熊克武电:“滇唐逃遁,川滇解仇。近知粤中联省政府之议,亦将提向各省征求同意。窥其态度,仍是独裁,并谓省宪未成以前,军民兵官仍由联省政府任命。此乃阻遏省宪、破坏自治之端。夫各省军民兵官既由地方军民公推公认,虽省宪未成,不为正式,而临时职位,已有定型,又焉用他人任命,自取侮辱。反言之,省宪未成,则联省亦是假定;国宪未就,则政府何自产生?彼临时之联省政府首领是否亦待他人任命耶?贵省现既脱离南北漩涡,军民两长亟应早推。粤中提议,务须反抗,以免自诒伊戚。”(《近代史资料》总36期。)末署“寒”电,当12月14日。

12月20日,王无为:《湖南自治运动史》出版,中有《章太炎联省自治之建议》,录之如下:

“章太炎除了上头一致演说外,还有一个联省自治建议书,录之如下:

“民国成立以来,九年三乱,近且有借名护法,阴图割据者,自湖南建义,破走北军,光复旧壤,而四川亦击走滇黔,自固疆圉。广东之于桂军,骎有朝夕之势。下及湖北、江浙,靡不以地方自治为声,是知敬恭桑梓,无滋他族,为人心所同然,亦事势所必至;欲济横流,在此道也。自今以后,各省人民,宜自制省宪法,文武大吏,以及地方军队,并以本省人充之,自县知事以至省长,悉由人民直选;督军则由营长以上各级军官会推,令省长处省城,而督军居要塞,分地而处,则军民两政,自不相牵。其有跨越兼圻,称巡阅使或联军总司令者,斯皆割据之端,宜划去,此各省内治之大略也。然近世所以致乱者,皆由中央政府权藉过高,致总统、总理二职,为夸者所必争,而得此者又牵归于军阀攘夺,一生内变,旋作祸始。京邑鱼烂,及于四方,非不豫置国会以相监察,以卵触石,徒自碎耳。今宜虚置中央政府,但令有颁给勋章,授予军官之权,其馀一切毋得自擅。军政则分于各省督军,中央不得有一兵一骑,外交条约,则由各该省督军省长副署,然后有效。币制银行,都由各省委托中央而监督造币成色,审核银行发券之权,独在各省。如是政府难存,等于虚牝,自无争位攘权之事。联省各派参事一人,足资监察,而国会亦可不设;则内乱庶其弭矣。或云:外交大权,中央不能专主,则应敌为难,不知今日所举,不在外人之迫胁,而在中央之贩卖路矿,以偷一时之外耳。中央之所贩卖者,其实还在各省,而非中央自能有之,以中央去人民远,密谋贩鬻,人民无自审知,比其觉察,则签约已成,不可追改,此正外患所由生也。今使事涉某省者,皆由该省督军省长副署,其负责任,督军省长去人民近,苟有奸私,事易宣露,身为是省之人,而与外人朋友以贩鬻本省人民之公产,千夫所指,其倾覆可立而期,虽甚贪愚,焉得不深自敛戢,故外交权归于各省,则贩卖自止,而应敌反易,外患亦可渐息矣。此种联省制度,为各国所未有,要之中国所宜,无过于此。若得如德、美联邦之制,则中央尚有大权行之中土,祸乱未有艾也。谨议。”(《湖南自治运动史》上编,泰东图书局发行,民国九年十二月二十日出版。)

本年,章氏有《致吴承仕书》二通,一通写于 5 月 5 日,另一通无月日,谈古泉、音韵,手迹摄片,见吴承仕藏《章炳麟论学集》,北京师范大学出版社 1982 年 8 月版。

1921 年(民国十年辛酉)　五十四岁

1 月 14 日,《复吴承仕》:“湘游归后,疲于人事。得足下《经典旧音序例》一首,爱其精致,未暇作答。天寒始炉旁复书耳。”下谈音韵,见吴承仕藏《章炳麟论学集》,北京师范大学出版社 1982 年 8 月版。

3 月 6 日,宫崎滔天、萱野长知来华,船靠上海。往访章氏,赠堀才吉所写达摩像。宫崎滔天记录:“达摩神像是由慧可大师的启示而产生的,悉陀罗长老托我们把它送给大学者章炳麟先生。宴会结束后,我们由居正、戴天仇两君陪伴去拜访章炳麟先生。我曾在二三年前见过他,但萱兄和他自从民报社会见以来已有十八年不见面了。我们稍许寒暄一番,就由戴君翻译,申明来意,捧出悉陀多长老的礼物。章先生打开来一看,微笑连声说:‘很好,很好。’欣赏不止。接着他听了萱兄关于悉陀罗长老的说明,他又连声说:‘奇怪,奇怪。’现在虽然不能把预期聊博先生一笑的达摩神像摹画在这里,是一件憾事,但可以把同样是由于慧可师的启示而作的赞词介绍如下。”(宫崎滔天:《由上海至香港》,《宫崎滔天全集》第一卷,日本平凡社版。)查悉陀罗述《述摩灵示》为:“大哉,慈世居士!人必需住所,亦必需衣食。鸟兽草木则生而具此。人为万物之灵,而衣食住独不生来与具,此乃神之慈悲,以促人进化。人唯有万灵,足矣。只因草木无言,供人住所;如鸟兽能言,必大喝不平,汝之慈心,我能欢喜。然而还愿大死大生得慈济。人身乐园在于唯知小进之中。大正九年十二月十二日上午四时。是达摩莲华法。”

(《宫崎滔天年谱》"参考资料四十五",译文见《辛亥革命史丛刊》第一辑第173页。)

3月11日,电熊克武等:"自西南各省恢复旧疆,顽愚之见,即以联省自治相勖,幸协同情,各守多地。其间步骤,本分三期,有省自治而后有联省自治,有联省自治而后有联省政府,节次稍差,便为躐等。广州欲亟设联省政府,鄙人已斥其非矣。今者根本法律虽未形成,而客军退于境外,长官出于土著,已定自治之式,互相联络,理亦宜之。夫既已联省自治宣布,所联者不必问其属于南北,而不得不以省民为限。今西南自治,各省之所联者,又阑及于东南,东南各省本无自治,其督军有一出于土著者乎?其省长有一出于推选者乎,以客军之威力,制在籍之人民,此与唐继尧、陆荣廷所为原无大异,在内则深嫉自治之名,而代表之赴川、赴湘、赴粤者,又仿托联省自治以为号,碱砆混玉,紫色乱朱,诸公岂应听其簧鼓。"(《申报》1921年3月15日,末署"章炳麟。真",当3月11日。)

3月19日,宫崎滔天再访章太炎,章氏赠以条幅。宫崎滔天记录:"我们辞别袁家,(按:袁不同家,引者,下同。)伴同杜、邓两君(按为杜义、邓恢宇)拜访章炳麟先生,想向他领取先前约定的赠给悉陀罗长老的墨宝。然而先生早已忘却了。我让杜君提醒说:'前些日子约定的墨宝。……'他一下子站起来,在堆积如山的图书堆里左看右看,走走停停,突然想起似地由一角落里取出两卷条幅递给了我。我正在推测这就是送给悉陀罗长老的礼物吧!然而他又收了回来,展开条幅提笔写道:'书此本以遗会故人〇〇来,赠之为纪念。'('遗'字后疑有漏字。)真是意外至极,受宠若惊。如此贵重的条幅竟归我所有了。

"我虽觉遗憾,但却请杜君说:'此物意外归我所有,真是无上幸福,不过这是先生前些日子约定送给悉陀罗长老的礼物。'他突然想起来似起随即展开一张白纸,粗笔浓墨地写了'元气淋漓障犹湿,真宰上诉天应泣'这样的字句,这大概是赠给长老对其达摩画的赞美之词吧!萱兄见他一写完,也鼓足勇气说:'我也要一幅。'他说:'好好。'又摊开白纸写了一幅'腹中贮书一万卷,有闲低头在草幕'。我们谢了他的厚意,祝他健康,抱着这一字值千金的字匆匆告辞了。"(《宫崎滔天全集》第一卷608页。)

9月9至10日,长沙《大公报》载章氏《白沙子传》,录如下:

"白沙子者,姓易氏,名坤,长沙人也。以居白沙井,又慕白沙陈文恭为人,故自署白沙子也。易氏故将家,而白沙子与兄培基独好学。年十二,即颂'九经'、《资治通鉴》上口。十六,主永绥师范学校,其后,教于安徽。年少貌端重,与学子言,无智愚皆尽情。诸老儒朱孔彰、邓艺孙、马其昶、姚永朴、永概皆重焉。顾尝读郑思肖《心史》,更明季遗佚诸书,心好之。发意欲驱建虏,出之大幕,故与民党尤昵。

"清宣统三年,武昌兵起,安徽巡抚朱家宝走,怀宁无主。白沙子集学生为青年军,以遮□剽略。及孙毓筠称都督,有巡防统领王瞎子者,起群盗,剽悍过侪伍,白昼劫民财无算,又略士人女为侍妾。白沙子上其事都督,欲因计事枭之坐上。及期,督府卫兵惮瞎子威,无适先发。白沙子遽麾青年军击之,断右臂。瞎子起,左手持小铳前击不中,众共殴杀之,怀宁始安。

“及袁世凯得政,杀宋教仁,海上江南诸部皆起兵讨袁氏。白沙子自怀宁反走长沙,起其师,事败,亡走日本。数腾书斥世凯罪。世凯败,归。复以文学教,更湖南省立师范、天津南开、上海复旦诸校,皆不久即解去。时北方群帅已横,明年倪嗣冲叛,张勋以清溥仪盗位,护法军起,南北相持几四年,白沙子益感激,谓军人不足龛大乱,欲更变人民视听以定之。

“初好治诸子,尤喜墨家,贵任侠。至是侵寻向新学矣。著《帝王春秋》,语尤奇。尝过余斋中,余怪其神采有异,因曰:‘解难当因其势,如决水转关然。徒感慨无益,且伤其生。子素慕陈文恭,宜以其术自将。欲为奇侅,至杨敬仲、王伯安止矣。夫淡泊以明志,宁静以致远,虽奇才不能越也。’长沙已平,余前宿留四十日,而白沙子方幽忧杜门,不得遇。明年,白沙子走广东,请北伐,不省,竟以夏正五月五日赴陈邨蹈海死。不得其尸。陈邨者,文恭故里也。

“古者有处乱世发愤为宕辞者,或非汤武,薄周孔。有遗若庄周、傫隐若嵇康之伦,言似湍激,皆内恕己外度世,发于不自已,如白沙子近之矣。及夫学不中程,识不当务,又恶礼法清议害己,与其震于域外之议,托为佹言以自容阅,回远其说以避其不能为近谋者,此可以劫达官,为幻于校舍,顾不可以欺恒民。是故田巴毁五帝、罪三王、贱五伯,一日服千人。鲁连诮之曰:‘先生之言有似枭鸣,出声而人恶之。’今之自大学出者,皆是也。余不欲世之以此曹与白沙子连类而并颂之也。”

10 月 12 日,长沙《大公报》载《章太炎责于右任》,录如下:

“章太炎昨致于右任电云:三原于右任先生鉴:接左子衡等二百九十六人来电,称颂吴逆功德,赞成庐山会议。降虏发言,公然通电,无耻乃尔!而君幸未署名,但既取消靖国军,推君为北贼管下之自治会会长,知君亦与同情。不意历年称民党,而竟为此,真有愧陈树藩多矣。魏武云:于禁从孤三十年,何期临难不如庞德?思君家法,为之慨然。”

末署“章炳麟叩。江”。江,为 3 日,当发于 10 月 3 日。

冬,为苏曼殊遗画作跋:“元瑛画已有为付印者,此又其平时粉本也。笔墨精妙,虽草草者亦有之,其间亦有不可解者。至画叶尔羌城,患所未到,不知何自得之,殆亦乾闼婆之类欤?民国十年孟冬,章炳麟识。”(《章太炎曼殊遗画题跋》,见《曼殊遗墨》,北新书局 1929 年 6 月版。)

本年,直军阎相文、冯玉祥入陕,陈树藻败退汉中,据回忆:“初,胡景翼受冯编,章太炎误以为于(右任)亦从之,引魏武‘于禁从孤三十年,临难不如庞德’语讥之。”(周伯敏:《我所知道的于右任》,见上海《文史资料选辑》1980 年第 6 辑。)

1922 年(民国十一年壬戌)　五十五岁

2 月 2 日(正月初六日),黄侃记:“扈湊君去(晨忽差池,且泣且詈,吁!可畏也),托带一书上太炎师。”(《六祝斋日记》卷二,见《黄侃日记》第 71 页。)

4 月 16 日(三月廿日),黄侃记:"昨夕梦太炎师示以新著,行间细字,略似河南。寤后尚能忆其旨趣,寻乃忘之,不省是何因缘也。"(《六祝斋日记》卷五,见《黄侃日记》第 147 页。)

6 月 6 日,函蔡元培:"阅公劝中山停止北伐一电。南方十二省唯六省尚称自治,其馀悉为北方驻防军所蹂躏,贪残无道,甚于奉张。此次北伐及南方自争生存,原动不在一人,举事不关护法。公本南人,而愿北军永据南省,是否欲作南方之李完用耶?或者身食其禄,有箭在弦上之势,则非愚者所敢知也。"(末署"鱼",当6 日,见《申报》1922 年6 月7 日。)

6 月 14 日,函蔡元培:

"得六月十日复电称:身食其禄,身事伪廷,皆君主时代之陈言等语。不知官吏与佣工不同,佣工可以自由去来,官吏不得潜逃而去;佣工与主位对等契约,官吏则受任命之书。两者不同,无间于君主、民主时代,不得强借职工之事以例官吏也。北廷既有非法总统,则受其命令者,自为附逆;受其俸禄者,无疑分赃。所谓相当之义务者,则附逆是;所谓相当之报酬者,即分赃是。足下以为南人、北人,同为中华民国国民,不能以李宗用为喻。原电本云南方之李完用,不云纯粹之李完用,何以犹有未解?若云置身炮火不及之地而鼓吹战争,足下以责他人,未为不可。鄙人则于六七年间,身入滇、川、黔交战之区,且曾亲赴施南,为彼方划守御之策矣,非置身炮火不及之地也。足下前为革命党人物,身处柏林,未尝为革命尽丝毫之义务,自是以来,国安则归为官吏,国危则去之欧洲。鼓吹战争,诚非足下所宜,而必以停战息兵为说者,亦由久与南方脱离,未见南人受炮火之惨,故不愿以炮火转加南人之仇耳。要之足下一生尽是外国人旁观中国之见,视北京为首都,谓之神圣不可侵犯;视南人为土匪,谓之无事而弄兵戈。彼欧洲人素于中国无与,言此亦自无妨,而足下以中国之人民,作欧美之论调,以后转籍他国,似较相宜,不须株守山阴旧籍,但终身无游行自在之地也。"(末署"六月十四日",当 1922 年,见《申报》1922 年6 月15 日。)

6 月 16 日,陈炯明令叶举围攻总政府,通电促孙中山下野。章氏除与褚辅成联名电孙,希望孙中山"惠然来沪"外,(见本书第 368 页。)又与柏文蔚等电陈炯明"向孙先生请罪"。柏文蔚回忆:"孙中山先生蒙难以后,被迫亦回上海。余乃约居留上海之老同志唐少川、章太炎、蒋雨岩、但植之等电陈炯明,劝其向孙先生请罪,先生伟大,量如沧海,必将相谅也。乃电发出后,始终不得复,且与军阀残馀吴佩孚、齐燮元、孙传芳等合作,大唱联省自治,甘为叛逆,可诛亦可惜哉!"(柏文蔚:《五十年经历》,《近代史资料》,1979 年第 3 期 52 页。)

6 月 25 日,请"广州探送孙中山":"徐世昌伏罪,我公内践前言,外从舆论,翩然下野,信若丹青,无任钦佩。时局尚有纠纷,望公惠然来沪,赐以教言,鹄立待命。"(《申报》,1922 年6 月26 日,与褚慧僧同署。)

8 月 8 日,长沙《大公报》载《章太炎关于省宪之来电》,录如下:

"省议会林议长昨接章太炎氏自上海来电云:特生议长左右:前寄两函,想已收到。贵会宣传联省自治主义,诚急救之策,然空言招致,所得其少。鄙意宜将湖南省宪石印小册二三千份,由宣传员各带百册,分送各处省会法团,问以彼省情形与湖南有无异同,如有异同之点,请逐条指出,以免削趾适履之诮。如是行去,各省法团,自能切实考虑,而省宪次第可成,较之空言传布,收效宏远矣。因见贵会宣传员到沪者,未有何种办法,故陈鄙见如此。"

查 7 月 22 日,章氏与柏文蔚等"及川湘等省委派来沪商洽联席会议之代表甘子川"等"及国会议员多人开叙餐会",谈联省自治,见 7 月 23 日《申报》,本书已载(原第 644 页,本书第 372—373 页)。此电末署"章炳麟顿,八月一日",则发于 8 月 1 日。

8 月 10 日,长沙《大公报》载《章太炎再商联省会议电》,录如下:

"长沙省议会并转成都、重庆、贵阳、云南、广东、南宁、悟〔梧〕州各省议会、省政府鉴:前发佳电,称西南各省自治会议,应在长沙、重庆等处集合,再于上海设一机关,以为耳目。等语。上海声气交通,而不欲正式会议处此者,盖以先制省宪后制国宪,为当然之步骤。而上海方面,政党宏多,唯欲以中央集权为其回旋之地,若以先制省宪后制国宪与商,无异以水投石,正恐西南代表受其软化,不能到底□持,故决以西南本区为正式会议之地,上海亦为补助机关,如促进会、后援会等是也。联省自治虽当普遍全国,而事前必先由西南各省集议,然后加入东北各省,庶几枢机在手,不受掣挠。大抵召集之法,省政府、省议会,而省政府已归消灭或淆乱秩序者,则专由省议会特派一人;其省议会尚未召集者,则由各法团推派一人,如此简选精□,庶几无庞杂失伦之弊。川中现在已开战衅,重庆非会议适宜之点,则应择定长沙为集会地。他日加入在北各省,长沙亦远近适中。现无主张集权者,从旁掣肘,群情一致,自易见诸施行。目下时机已迫,召集贵于神速,毋令国会先我着鞭可也。至上海一面,交通便利,易于传达,□此设一团体,为作辅助,亦可造成舆论。唯利害相□,位置宜定,若倒其本末,则利少而害多,唯请诸事严察焉。"

9 月 13 日,《致汤芗铭书》谈及时局,函曰:

"尧卿来沪,得谂近状,时事至此,夫复何言。然默察人心,敌忾之机已作,迎机善运,亦自有可以挽回者。以湘诸帅问于主座,皆有感情,而不肯受中央支配。鄙人亦劝其缓于承认者,正恐当涂得意,则汉胙立倾也。执事肃将大部还抚旧乡,为强梁者所扼,形似屈衄,而未必不可借以大伸,一朝振袂,则从前皆如昨日死,从后皆如今日生矣。目下民党情形渐已涣散,而将领新起者,则视前日为多。中山不善拊循,坐致离逷,黄陂则意自淡然也。鄙意欲从新结合,不尚浮夸,唯取实用,但选精锐,不务猥多。苟鸠合有意,一朝遇变,不至怅然无主。窃意主极纵不可扶,而骁雄窃命者,必可使就颠仆。方略万端,难可具就。以时事煎迫,渴图鸠聚,其间支应,略须万金。既知执事坚贞之心,隐与合辙,能为暗中筹策,则所望也。鲁阳挥戈虽难,自必包胥存楚,当非虚期,并愿与执事勉之也。"(手迹,中国社会科学院近代史研究所藏。)

此书末署"九月十三日",缺年份,查孙岳于本年八月底来沪,章氏曾面斥,函称"尧卿来沪",故系于此。此函上款铸新,即汤芗铭,7 月 6 日黎元洪命为湖北省长,因直系反对,未就职。

11 月 1 日,曹聚仁整理的章氏讲稿,以《国学概论》为题,由上海泰东图书局排印出版。查章氏于本年 4 至 6 月,应江苏省教育会之邀,在上海讲学十次,报纸大肆宣传,又有记录登出,曹聚仁回忆:这年"开始把章太炎师的《国故论衡》、《检论》读了一遍,这才每逢星期六,到南市职业教育社去纪录章师的国学讲稿,那便是《国学概论》的来源"。"章太炎师的国学讲演,原是江苏省教育会邀约在职业教育社按周举行,会方请了几位老夫子在讲坛边记录,《申报》所载讲题实在不高明。邵先生称许我的记录稿,在《觉悟》连载,连章师也十分惊异,想不到我这个执笔的,乃是年方二十的小伙子。因为钱玄同先生的嫂嫂是单师的姊姊,章先生就叫钱先生转告单师,要我去拜门,我便成为章门最年轻的弟子了。"(曹聚仁:《我与我的世界》,见《新文学史料》1981 年第 1 期。)

11 月 18 日,长江《大公报》载《章太炎对时局之主张》,谓:政府方面,昨接章太炎电云:现闽事尚未结束,长江各省,均属危急,中央果能开诚布公,前途亦当另有解决之望。请即再将最后办法确定,俟有真正段落,尤应实行联省制度,否则全局难忘和平云云。

11 月 23 日,有《复吴承仕书》:"抢攘半年,殊不复亲坟籍。昨因友人来问音韵,稍授大略。近得大著五册,续又到一册共六册。因以暇日披寻。校正《释文》,极为精当,视臧氏《经义杂记》,有其过之,无不及也。间为发正数事,亦无宏旨者。"(手迹,摄片,见吴承仕藏《章炳麟论学集》,北京师范大学出版社 1982 年 8 月版,另有一函,亦载此书,但无月日。)

12 月 21—24 日,长沙《大公报》连载《章太炎论中国语言统系》,录如下:

"中国现在的语言,是从四千年以前,慢慢的变化、慢慢的衍进而来的。语言之为物,决不能突然发明,是经过很长的时期,一步一步的变,或由简而繁,或由繁而简,我们只要仔细从文字学上去追根,便可以寻出他的系统来。今天所讲的,便是举些例来说明这种方法。至于有些语言,是由外国输入的,不在我们研究的范围以内,例如'珊瑚'、'蒲陶'、'骆驼'这一类的名词,都非中国所固有,因为这些东西,不产于中国,'珊瑚'产于红海一带,'蒲陶'产于西域,'骆驼'产于汉时匈奴的境内,我们研究的是中国语言的统系,这一类从外国输入的名词,例当除外。

"中国古来的文字,是没有什么样大的变化的,他们的变法,只不过把这个字由名词变为动词,或由动词变为名词,因之而异其绎。至于字形方面,没有什么显著的变化,所变的不过是声音罢了。现在且从原始讲起。中国最早的文字,就是独体的象形字,如山水这一类的字是。这一类字,只不过是简当的象形,并不是由许多字体合成的,《说文》上大概有四百多的光景。自然古人只有这样少的字,是不够用的,但是那些独体的象形字,并非一字一义,同时一字却含有几种意义在里边。惟其一字含有数义,易于含混,故后来才有许多字衍化出来。我们可以把那些最早的独体字叫做'文',把随后衍化出来的字叫做'字'。'文'的通则是'依类象形','字'的通则是

‘孳乳浸多’。如果没有‘孳乳浸多’这一条通则,则语言统系,简直无从研究,因为字之由简而繁,非由辗转孳乳的结果,我们如何能寻出他的根来呢?

“我们研究文字学时,常常撞到下列的两种情形:(一)同字异义,(二)同义异字。比方一个字,形体不变,声音不变(或稍变),但一方面可以用作名词,同时又可以用作动词,意义截然不同。这种字的变法,在六书中叫做‘假借’;又一种字,虽有两个,但义同、语同、音同(有时或不同),实际上只能算一个字。这种字的变法,在六书中叫做‘转注’。先拿‘假借’来说。《说文》上替‘假借’所下的定义说:‘本无其字,依声托事。’怎么叫‘本无其字,依声托事’呢?最好举个例来说明他。比方‘令’字,最□只含有‘发号施令’之义,是个动词,后来假借而为名词,凡是所发的命令,统称曰‘令’,更进而连发命令的人,也都称为‘令’了,如‘县令’之类的名称是。命令、县令之‘令’,‘本无其字’,乃由‘发号施令’之义,展转引申而出,此即所谓‘依声托事’也。更拿‘长’字来说,‘长’字本训为‘高’,是个形容词,后来一变而为长幼之‘长’,但还有‘高’字的意义在内,因为年纪渐长,身体便会渐高起来,再变而为‘长者’之‘长’,又变而为‘官长’之‘长’。这几个‘长’字都是名词,意义小有出入。这一类的字,为什么不单独造出,而要假借,这就是因为要求简的缘故了。另外还有一种变声的假借字,如好恶之假借而为好恶,但是好恶二字的读音是后人变的,古人一如作名词用时的读法。像这类假借字的意义多从本字的意义孳乳而出,例如因其好而引起人家的好,因其恶而引起大家的恶,线索井然,我们决不致于弄错的。另外还有一种字,本是从某字假借而来的,但附加一二笔画,意义便截然不同了。

“总括以上同字异义的假借字,就是所谓‘本无其字,依声托事’。他们的变法,都是有一的统系可寻的。‘假借’既已讲明,现在且讲‘转注’。《说文》上替‘转注’下的定义说:‘建类一首,同意相授。’这就是说,凡是意义相同的字,可以属于一类的,就叫做‘转注’。大概属于转注的字,多为变声或叠韵(凡二字之起音相同者为双声,收音相同者为叠韵),而且是可以互训的。例如‘考’、‘老’二字,意义是完全一样的,起初因为这个地方,叫‘年高’曰‘考’,那个地方曰‘老’,形声虽稍有不同,而语义绝无二致,后来我们便把‘考’字来解释‘老’字,或把‘老’字来解释‘考’字,这便是‘互训’。‘考’、‘老’二字的收音相同,所以是叠韵的例。把‘老’字建为一类,而‘考’、‘寿’(古音读如畴)等字属之,这正是‘建韵一首,同意相投’之意。现在且举几个关于双声的例。比方‘无’字,南音读‘嘸’,北音读‘没’,湖南读若‘毛’,而这些字都是可以互训的。由双声推出去,这一类的例,举不胜举,像‘但’(同袒)、‘裼’、‘裎’三字,同是裸体之意,义同语同,实是一字。‘裼’音同‘鬄’,‘裎’音如‘听’,‘仄声’,他们同是双声。我们从双声叠韵之例去寻,可以寻出许多‘建韵一首,同意相投’的转注字来。

“上面已将古来文字两种重要的变法,‘假借’、‘转注’约略说明了,现在在此地要矫正一个谬误的观念,就是历来的人,都以为字是仓颉造的,其实甚不可靠,因为语言文字这类的东西,少数人断断包办不来(如果字是由少数人包办的,则转注的字就不会有了)。大概那四百多个独体的象形字,不过经仓颉汇集拢来,像许慎之汇集《说文》而已。且我们知道,文字是随着语言变的,语言不是一二人所能发明出来,是由各地方慢慢衍变出来的。明乎此,一面可以打倒个人(仓颉)包办造字的谬说,一面可以从文字变化的痕迹上研究出语言的统系来。有一种字,他的变化的痕迹,是很显然的,就是由意义相反或相对的关系而引申出来的,例如'乱'之于'治','苦'之于'快','故'之于'今'之类是。像这些字的意义,现在虽然相反,古来却可互训。又如'生''死'、'始''终'、'阴''阳'之类的字,也都是由连带的关系变来,且都属于变声。始终二字,现在的读音,虽有不同,但古人只读这两字的右边,音如冬台,所以也是双声。其他如'文''武'、'长''短'、'疏''数'、'疾''除〔徐〕'等字,同属比〔此〕例。长短二字,也是双声,不过读音有舌头舌上之分罢了。总括这一类的字的变法,我们可以□出,必是先有了这个字,然后因连带的关系,将双声稍变而有另一意义相反或相对的字,所以这些字决非凭空而来,都是关连贯串的。我们懂得这些例,便可进而研究最初的语言文字了。

"上文已经说过,中国最初的独体字,见于《说文》的,约有三四百个的光景。这些字多是依物象形的,例如'马'、'牛''羊'、'犬'、'豕'、'雨'之类,这一类的字,简直是写意画,虽不像现在的工笔画那样逼真,可是一望而即能识。还有属于指事方面的字,如'上'、'下'二字是,像这种字,无形可象,所以只好先设一划以为标准,然后加丨以为识别,只要看见丨是向上的,就是'上'字;丨是向下的就是'下'字,犹之于现在有许多侧〔厕〕所的门首,画了一只手向里指着,是有同样的意义与作用。还有一类的字,在《文字蒙求》上称为会意的字,其实也可以说是指事的字。如'豖'字,是指豕的腿被缚住了;'絷'字系指队足被羁;'爬'字,系指犬足为物所绊,不能立行。这三个字通是寓意于事。至于动词也有属于指事的,例如'栖'字,从西是指鸟归巢之状,从卤是指日头偏西而言,日偏西而鸟归巢,正合于'栖'字之义。不过这字也可以说是半象形、半指事的。还有𠀚(不)、𡉀(至)二字,亦属此例。大概古人造字,多喜先设一画以为标准,一画横于上者为天,一画横于下者为地。'不'字上面的一画,系指天而言,下面系象一鸟向天飞去之状,以代表'不'字之义;'至'字下面的一画,系指地而言,上面系指一鸟向地飞下,以表'至'字之义。显然可见这两字是半属象形,半属指事的。另外还有一种因物见义的形容字,如'高'字是拿□楼的样子来象征的;'方'(匚)字是拿盛物之器(如篮子之类,因为这字一方是缺的)来象征的;'曲'字是拿曲尺之类的东西来象征的,因为这些字实在无法把他单独表现出来,势不得不藉他物以表现其意义。

"以上各种名词、动词、形容词等,都是古来的独体字。古来像这一类的字,仅四百馀。虽然古人的语言简当,无论如何,这样少的字是不够用的,于是不得不出于'假借'之一途。我们初看起来,古来的独体的象形字,如马、牛、羊、犬之类,似乎不能含有他义的,其实不然。现在就'马'字来说,'马'音读如'母',含有'武'字之义,大概因为马跑得非常之快,故亦训'马'为'武'。'牛'字读若'利',含有'事'字之义,大概因为那时用牛力的地方很多,牛非常之忙,故训'牛'为事。至于'羊'训为'祥',□义实不可考。记得有一个民族,除酋长之外,小百姓是不许吃羊肉的,他们这样把羊肉看得贵重,‘羊’训为‘祥’,于此或不无关系。至‘犬’训为‘卷’,很易解释,因为犬字本有卷卧之象,故因以得义。这些字之变化,都是一音转,最初只用‘马’字代表‘武’字,易于含混,所以后来渐渐孳乳出‘武’字来。‘孳乳’这一条原则,对于研究语言系统,极为要,因为有许多字,都是展转孳乳出来的。比方‘马’字孳乳出‘武’字,如果‘武’字又含有他义,则可以更孳乳出一个新字来,以此递相推演下去,文字便可以繁衍起来了。

“还有一条原则,我们应当知道,就是古人造字,多半是近取诸身的。例如《说文》上说:‘天,颠也’,其实古来并无‘天’字,‘天’字是山‘颠’字孳乳而出的。‘颠’与‘顶’为转注,古人因为人身最高的部分就是颠,故把一切最高的部分都叫做‘颠’,连天也包括在内,后来因不易分别,才把声音稍变而另造出一个‘天’字来。还有一个‘巅’字,这字不见于《说文》,大约是魏晋之间造的,因为‘颠’字用得太泛了,所以有把山顶另造一字的必要,‘巅’字大概就在这种情形之下孳乳出来的。照这样推起来,我们大可以把屋顶造个‘巅’字,然而为什么不这样办呢?因为如果这样一来。造不胜造,所以只要不十分含糊,也便算了。再拿‘地’字来说,‘地’字本单独作‘也’,《说文》上说:‘也,女阴也’,地是生长万物之原,所以最初拿‘也’字作‘地’字用。‘池’字最初亦作‘也’,后来因为太含混了,才孳乳出‘地’字、‘池’字来,这都是‘近取诸身’之例。

“上面所有的例,意在说明古来的字,都是有根可寻的。古来的独体字,只有四百多个的光景,经过上述的种种变法,才有《说文》上的九千字,才有宋朝《集韵类编》的五万字,清朝的《康熙字典》,也不过五万多字的光景。我们若下一番功夫,一定可以把他个个归根,从五万字归到九千字,从九千字归到四百字。然若欲寻出这个字,为什么叫这个字的本原来,恐怕却办不到。例如,‘鸡’之所以叫‘鸡’,很不容易考出他的所以然来。然闻亦有可考的,如‘鸦’字,大概因鸦的叫声是如此,所以才叫做‘鸦’。但可考的究竟很少。至于兽类、植物的名称,尤其难考了。

“由上所述,我们研究中国语言统系,只有将所有的字,个个归根之一法,然而这事是极不便宜做的。中国的语言,虽不曾经过大的变化,然却也经过几次小变。例如从汉到唐,唐到北宋,北宋到南宋,南宋到现在,中间都小有变更,不过却还可考,然可考的也只是古之正音,方音是无法可考的。无已,只好先就现在的语言,托诸文字者,来加一番‘追源溯流’的功夫。因语言少于文字,这是我们知道的,字典里有五万多字,而吾人日常所用的,只过数千字的光景。语言所以少于文字,就是因为从前有好多方言,现在都已废弃不用之故。古来方言虽不可考,但现在的方言是可考的,考之之法,当把全国的方言,调查统计起来,这事固然极难办到,不过我认为是极应当赶快去做的。现在有一班人,主张以北京音为正音,其实是很不对的,试问未做到语言统计这一步,我们却拿什么来做标准,即此一端,亦可见语言统计之重要了。

“上面虽然说了一大篇,其作只有一过〔个〕重要的观念贡献诸位,就是研究中国语言统系,应从‘寻源溯流’四字下手,因为语言文字,不是凭空而来的,是衍化而出的,是有根的。”

查此文在长沙《大公报》副刊《现代思想》连载四天,章氏讲演,吴熙笔记。

1923 年(民国十二年癸亥) 五十六岁

1 月 16 日(十一月三十日),章氏五十六岁寿辰,据上海工部局警务处“情报”:“1 月 16 日下午七时十五分,约有四十二个国民党人在大东旅馆设宴祝贺著名文人章炳麟五十六岁寿辰。宴会纯属社交性的,在晚上九时三十分散席。章炳麟曾在不同的时候充任政府的顾问。”(《上海公共租界工部局警务处情报选译》,见《档案与历史》1986 年第 3 期。)

1 月,日本宫崎滔天于去冬病逝。本月,孙中山在上海主持召开追悼大会。会前,由孙中山领衔,廖仲恺、胡汉民、陈少白等列名,章氏也列名其中,发表追悼大会筹备处通告第一号。其中指出:宫崎寅藏是“日本之大改革家”,对中国革命“尤著有极大之功绩”,他的逝世,使中国人民“失去一良友”。(《宫崎滔天全集》第五卷卷首,原件影印,日本平凡社版。)

1 月,为项士元《中国书目考》、《台州经籍志》作序,谓:“慈园先取《台州经籍志》著于录,所志益广,旁及诸家书目,用相参伍,知其不可以相无也,实始删治略要,以为是考,首以提要、总录,而四部又各分署:禁书、征访,所以存遗佚;乡著、丛刻,所以阅众甫。其馀治书之术又为数类,都而集之,分部十六,于诸目中又为目焉。而谓多闻守之以约,多见守之以卓者欤!抑自季清而下,海外新著相继内输,其已为此土译述者,如《隋志》志释典之例,计其都数,名以别录可也。其未释者,宜不与域中典籍数。以存义法。”(《中国书目考序》。)慈园,项士元。两序,未曾辑入《太炎文录续编》,见江曦《章太炎佚文三则》,载《文献》2006 年第二期。另一篇为《项元哲墓志铭》。江曦录此三文后说明:“项士元(1887—1959),名元勋,字慈园,浙江临海人,辛亥年优贡生。项元哲,士元弟,字启元。……项元哲去世后,士元来告(章氏),乃为之铭。”

2 月 11 日,长沙《大公报》载《章太炎将编议员历史》,录如下:

“国会中分子复杂,以近日之所传,尤令人心伤。章炳麟近拟将彼等行为,编为一书,特发出‘征求国会议员历史’通启,征集材料。其原文如下:

“自国会恢复即有六年、八年之争,吾人虽不必力主八年国会,而于六年国会,则认定为伪。盖其中作伪第二届国会议员,选举徐酋,奖成篡窃者,断不容复有议员资格。国会全体不予除名,是全体为助逆,即全体为伪国会也。乃闻近日议长、议员等,廉耻道丧,卖身督军团叛魁麾下,报章所载有亲赴保定祝寿者,有往山海关刘宅祝寿者,□谀贵势,奔竞道途。并议院开会之事,而亦搁置,且有阴谋拥戴督军团叛魁为首领者,人员啧啧,当非无因。以名义言今之国会既为伪体,则制宪权、选举权、同意权当然归于褫夺。然人情习常,往往付之不论。如前此徐酋被选,竟得窃据数年,是其前鉴。至其作伪之谋、苟贱之迹,终非言词所能掩饰。鄙人拟将十一年六月以后议员历史,编为一书,以诛奸谀而彰直道。凡有知此类情事者,请将稿寄上海法租界敏体尼荫路裕福里二號〔号〕章寓可也。"

4 月 15 日,与张学良书:"此次战争,实生死存亡之会,西南、东北,休戚是同。中山先生与各省首领现已结合巩固,待关东出师以后,亦能急起直追,相为犄角。唯湖南一省自十年战败以后,子弹缺乏,前卢子嘉允与接济,犹恐浙江一省力不足供,贵省如能量与补助,湘军岂肯端坐待毙?好在海军独立,运输之事较前为便。以上望致意孙公,力为扶助,是则老病病夫所馨香顶礼以求之者也。详情统属济安面罄。"(《文献》1986 年第 2 期。)

6 月 14 日,电"广州孙中山先生、云南唐省长、成都刘省长、熊督办、长沙赵省长、贵阳刘省长、奉天张总司令、浙江卢督办、张省长公鉴:黄陂于元日被冯玉祥迫走,北京无主,现式国会有已解职之议员糅杂其间,非合法国会,无选举总统之权。张绍曾等内阁,由非法国会同意,非真正内阁,无摄行大政之理。目下已由驻沪合法议员促驻京合法议员离京另组,仍望各省根据大法,力持正义。已破之甑,原难复顾,未来奸伪,必予严诛,民国幸甚"。(《申报》1923 年 6 月 15 日,系"寒"电,当发于 6 月 14 日。)

6 月 28 日,又电"广州转送大元帅鉴:报载香港二十七日电,(孙洪伊电告启程来粤,胡汉民派员赴港迎孙。)是否属实?查此次京都扰乱,冯玉祥、王怀庆、王承斌实为下手巨犯。冯、王之事,曹锟容可委为不知。至王承斌以直隶省长兼第三师师长,明是曹锟辖下属官,公行劫印,则曹实为主使。人心对于曹、冯,无不切齿,本非为黄陂一人雪愤也。公尚有议和代表在沪,如孙洪伊、徐谦辈,即应速予裁撤,示与曹、冯诸贼断绝关系。至孙洪伊为曹氏私党,种种计划,无不与闻。其阳示尊崇我公者,正以牵公下水。去岁介绍孙岳前来侮弄,已损我公名誉不小,然其时曹锟恶迹,已往者人不复忆,未来者尚在难知,犹可模糊权与也。今则公为盗匪,觊觎篡窃,事实彰明,而孙洪伊所部议员王乃昌、牟琳等正奖盗媚贼不暇,曹锟所收买之议员,方以流言惑众,谓孙、曹已归调和,冀以解民党之心,惰西南之气,我公为是非计,为利害计,为名誉计,如孙洪伊辈,速应屏绝勿通,任彼归贼,何可典意招致,受其间谍之术,自损正值之名。如有此事,务望速即变计。不佞对于精卫,已致规戒之辞,更望我公厉行刚断,斥招奸邪,以明大义而全誉望。如必以鄙言为违忤,人情向背,事已可知,虽以文言法论种种辩护,亦无益而已"。(《申报》1923 年 6 月 29 日,末署"章炳麟,勘","勘,二十八日",发于 1923 年 6 月。)

10 月,松江张破浪谒章氏,询问医事,章嘱张破浪抄录所撰《时病新论》一卷。其时但焘在侧,"促太炎师刊印此书,师以其间尚有未尽善处,拟待修正后再布示于世"。并赠张"神化潜通"四字,"刊作通信之笺"。(张破浪:《春雨杏花楼笔记》第 83—84 页,松江益智书社 1933 年 11 月铅字排印本。)

10 月 31 日,致张学良书:

"半岁以来,天地否塞,直系僭窃,已阅旬馀,东南兵弱,殆无进取之望,贵省待时而动,亦审时察势者所应有,所幸川、滇合作,已下重庆,夔、万亦指日可破。事定以还,川军只患其多,滇亦不能坐守,直下施宜,盖必然之势。悬揣两军精锐,窥鄂者可三四万人,西南声势,唯赖此方。贵省尔时与之犄角,或不以孤军挺进为忧耳。至鄂西一方,民党相时观衅者亦属不少,而急起直追则以杨玉山为最,计所部地方民军枪枝,不下万六七千,大部多驻枣阳,与豫南张国信等合势,出军计划则在直捣襄阳。民军纪律或不如正式军队,然倡勇敢死,不惮牺牲,则有胜于正军者,直此群情观望之时,此种奋身直前之民军,断不可少。唯饷糈多取之地方,不可长久,军行在即,执事能代启尊公,量与补助,裨益实多。玉山亦武昌元勋蔡济民部下,今者仗义而兴,非独为国家效力,亦为其旧帅复仇,此鄙人所深知,断不忍逗留观衅也。其军队编制及驻扎地点,另有节略,并托杨秀翘兄代陈。"(《文献》1986 年第 2 期。)

1924 年(民国十三年甲子)　五十七岁

1 月 20 日,孙中山在广州国民党第一次代表大会开幕词中说:"一般同志,头脑太简单,见得武昌起义后,各省一致赞成革命,从前反对革命的官僚也赞造成革命,由此少数的革命党,就被多数的官僚所包围,那般官僚说'革命军起,革命党消',当时的革命党也赞成这种言论,于是大家同声附合。"(邹鲁:《中国国民党党史稿》第一册第 319—320 页。)据黄一欧回忆,孙中山所指系黄兴。(《辛亥革命杂忆》,见《湖南文史资料》第十辑,查"革命军起,革命党消",见章氏《致谭人凤等电》,见《章太炎年谱长编》上册原 367 页,本书第 212 页。)

4 月 3 日,复叶德辉:

"报载电书,护宪毁宪,各不相容,于义不应作复。然举国持论,皆以兄为不可理喻之人,而仆优不敢决然割席。则以兄本儒人,非可与专作鹰犬者并论也。……故仆所望于湖南者,唯欲其保存自治,维护省宪,不与内乱诸贼同污,此本退一步言。而兄犹持承平之论,斤斤以统一相抵。诚欲统一,则当号师仗顺,致届宛平,歼厥渠魁,屈此群丑,然后万方和会,自无分离之势矣。苟不能然,即应为南方留干净土。""来书又云:'岳州驻兵,湖南已为俘虏。'是兄亦知附北之可耻也。不能令岳州如湖南全省,而反欲使湖南全省尽如岳州,此何说耶?""如仆愚赣,终以读书种子为可惜。且念兄平生制行,虽多不检,而犹守朋友久要之义,终非如路粹、谢朓辈以倾陷故旧为事者。"(《申报》1924 年 4 月 6 日。)

9 月,支伟成以所拟《清代朴学大师列传序目》函请章氏论订,章氏于本月 14 日函复,录如下:

"得书,并《清代朴学大师列传序目》。世衰道微,足下独能存此典型,所序亦甚精审,然陡欲著书传世,则不惮加功切劘;纵出书稍迟数月,不嫌其晚。故鄙意有见为未是者,即识以纸端,大义未申,复作书以明吾旨:

"一,原书'先导大师'一类,列顾、黄、王、颜、阎诸公于前,其实非只此也,如朱鹤龄、陈启源于《诗》独尊毛、郑,埽徽国《集传》之芜,其功不在阎百诗下(一《诗》一《书》)。黄生研精小学,与专求篆隶,审定形体者不同。——此数人者,或与百诗同时,或稍在前,其名不如百诗之广,其实则未必有歉,似宜并著‘先导’传中。而毛奇龄诋朱有馀,自身瑕垢则或转过于朱,(如四书改错可笑可鄙之处甚多。)允宜删去。如以朱、陈、黄等不可称‘大师’,则一切皆称‘先导耆宿’可也。

“二,史学分‘浙派’、‘别派’,皆非允惬。代嬗之间,知明代旧事者,自以浙人为多,然所重则在外史耳。‘作史’、‘考史’二者才本不同。今宜将‘作史’、‘考史’分列,不必以‘浙派’、‘别派’分列。‘作史’者如:万斯同(《明史》原稿有列传五百卷,其纪志则未成,今所行王鸿绪史稿,非万氏原本)、温睿临(《南疆逸史》)、王夫之(《永历实录》)皆端然自成一书。而陈黄中之于宋史(《宋史新编》)、吴任臣之于九国、邵晋涵之于南宋事(《南都事略》)、谢启昆之于西魏,皆‘作史’者也。毕沅之《续通鉴》,虽不逮温公,亦有所出于正史外者。馀如补表诸家,皆当以‘作史’论矣。(如《明鉴》收纪之类,不能出于《明史》外,则不足道。)若王鸣盛、赵翼,则‘考史’者也。钱之《廿二史考异》,虽校王、赵为精,亦‘考史’者也。史有三长,谓才、学、识。‘作史’者必兼具三事,‘考史’者只须一‘学’字耳。其难易不同。然今之‘作史’者,不过及一二代,而‘考史’者乃通贯古今,则范围又有大小。是以两者不容轩轾,而不得不分也。

“三,校雠家之功罪,在清代正宜分别。其私家校雠者,虽微有数卷,但能勘对停审,则皆于古书有别。其官局校雠者则异是。清修四库,本藉此以禁明代书籍,为其有所刺讥也。(《史记》集部笔记皆有。)观违禁书目所载,有令毁者,则四库不载矣;有抽毁者,则四库亦加以删改矣。今且未论四库定本,即自违禁之谕一出,而民间刻书亦多依以删改,今所传《日知录》、《天下郡国利病书》之流,已非真本。此则编纂四库者之罪也。纪昀之类,亟宜删去。惟朱筠请集《永乐大典》,其后遂有武英殿丛书,此则不为无功者也。

“四,今文之学,不专在常州。其庄、刘、宋、戴(宋之弟子)诸家,执守今文,深闭固拒,而附会之词亦众,则常州之家法也。若凌曙之说《公羊》,陈立之疏《白虎》,陈乔枞之辑三家《诗》、三家《尚书》,只以古书难理,为之征明,亦非定立一宗旨者,其学亦不出自常州。此种与吴派专主汉学者当为一类,而不当与常州派并存也。当汉学初兴时,尚无古今文之分别。惠氏于《易》,兼明荀、虞,荀则古文,虞则今文也。及张惠言之申虞氏,亦今文也。其他如孙之《尚书》、江之《礼》书,或采《大传》,或说《戴记》,皆今古文不分者。故不得以偶说今文经传,遂以常州家法概之。《春秋》三传,《穀梁》最微,桐乡之钟、丹徒之柳、番禺之侯(尚有江都梅蕴生,其书未见),皆具扶微补绝之心,而非牢守一家以概六艺者,与常州家法绝殊。要之,皆吴派之变迁而已。

“以上四事,总次时宜折衷至当,不应卤莽而为之也。

× × × ×

“若夫汉、宋兼采者,亦不止浙、粤为然。宝应刘台拱、朱彬二家皆兼宋学意味,而朱之《礼记》为甚。即皖学大师江、戴二公亦然(江本兼谈宋学,戴氏《孟子字义疏证》力与宋学相攻,而说经实兼采宋学,惟小学、音韵、历算、地理,不涉宋学耳)。至高邮、曲阜始醇粹无杂耳。

"龚自珍不可纯称今文,以其附经于史,与章学诚相类,亦由其外祖段氏二十一经之说,尊史为经,相与推移也。(段氏《经韵楼集》有《十经斋记》,欲于十三经外,加入《大戴记》、《国语》、《史记》、《汉书》、《资治通鉴》、《说文解字》、《周髀算经》、《九章算术》为二十一经。)

"魏源不得附常州学派,如《诗》多出三家之外(以《小雅》'念彼共人'为厉王既放,共和摄位时代)。说《书》不能守欧阳、夏侯(以黄道周三易洞玑说《洪范》,杂糅瞀乱,真是不古不今、非汉非宋之学也)。

"王闿运亦非常州学派,其说经虽简,亦兼采古今,且笺《周官》(庄氏亦讲《周官》,刘氏兼说《书序》,是知当时只攻左氏,犹未尽攻古文也。逮邵懿辰始书攻古文耳。王氏生于邵后,独兼古今,且笺《周官》,则亦不得云常州派也)。此但于惠、戴二派外独树一帜,而亦不肯服从常州也(王少年,尝至广州,为陈澧所诃,不肯服惠、戴,又与邵懿辰意见不合,故不肯步常州后尘)。

"此数事,虽无关宏旨,能审正则更善矣。原稿附上,章炳麟顿首。九月十四日。"

此函之后,"附有问答之词",并录于后:

"问:前奉手书,渥承明教,诸所指正,悉当遵示更改。惟愚昧之资,尚有怀疑莫决者,辄胪陈于后,伏愿先生再进而教之,抑又伟成之厚幸也。

"答:烽火接天,吾与子犹效鲁城弦诵,亦一佳事,所答如左。

"问:陈长发《毛诗稽古篇》纯宗毛、郑,辨正《集传》,实开吴派之先声;谨遵先生言,列诸"先导"传中。至朱愚庵《诗经通义》,则兼采宋儒欧阳、小苏、吕、严之说,尊汉殊不若长发之笃;只以愚庵名大,故后人率以陈附朱。今拟以陈为主,而愚庵附见,似较平允。帷臧玉琳博通群经,辈行为清初诸老同时,是否可与陈、朱同升?

"答:陈长发学优于朱,以陈列'先导',朱附之可也。臧玉琳行辈亦老,同入'先导'为得。

"问:清代作史考史,实均自浙派开之。杭大宗《三国志补注》、《补金史》,厉太鸿之《辽史拾遗》,皆'考史'而出乾、嘉前者也。但以派分,正所以尊浙之意,不过浙派以'作史'为重,故'考史'止著大宗,聊见先河。若梁曜北、洪筠轩诸君虽浙人,则仍入诸乾、嘉以来之别派。惟马宛斯、顾复初行辈既高,又所著虽仅述古,实非兼具才、学、识三者不能;列诸别派,未免有屈,故拟遵先生言,分'史学大师列传',黄、万诸先生外,加宛斯、复初。继以'作史学家列传',吴任臣、全祖望、陈氏父子、谢启昆等属之。再继以'考史学家列传',钱竹汀、王西庄等属之。先生以为然否?至若补表补志诸家,究应属'作史''考史',疑莫能决,尚乞示知。

"答:史学分'作史''考史',足下所拟极是。其补表、补志诸家,亦兼有'考史'之作,视其所补者长,则入'作史'列;所考者长,则入'考史'列。

"问:温氏《南疆逸史》,纪载明季事迹,诚具史裁;惟议者有谓温为体仁谊子,未免于彼党多所回护,而不言'东林'若潘力田、吴赤溟两先生,虽书佚不得,其致力明代掌献,实足与黄、万方驾。且潘氏《国榷》尚存稿本,可为后人重修《明史》之所取资,故鄙意与其列温氏,不若补入潘、吴两公,或应并补温氏,均请指示。

"答:温睿临为体仁族人,不直"东林",故有偏党,然史道邻、瞿稼轩皆为'东林',而温无贬辞,则于大者不失,其馀小小不足为咎。'东林'始崇气节,而谋国不必皆臧,末流气节亦坠,唯党见牢持不破,其人亦不必尽是也。且温氏亦与万季野交,不得以一眚掩之。潘柽章亦宜列入。

"问:陈左海父子、师友多皖派,而笃守汉学,实与吴派为近,究应何列?

"答:左海父子,学本近吴,列吴派下为得。

"问:王壬秋诚独立一派,拟为单立'湖南派古今文兼采经学家列传'而以王先谦、皮锡瑞附之,未知可否?惟王先谦经学书未见,仅皮氏《经学通论》中极言推许,故拟列入。先生既谓其经学不足道,必有卓见,其《汉书补注》不如《荀子集解》之精,可否列入'诸子学家'?

"答:湖南经学,唯有单立湘派而已。考其始,如邹叔绩辈,不过粗闻经义,王从词章入经学,一意笃古,文体规摹毛、郑,发明虽少,然亦杂采古今,无仲舒、翼奉妖妄之见。皮氏先亦从吴、皖二派入手,久之,以翁、潘当道,非言今文则诸生将绌,故以此投时好,然亦不尽采今文也。王益吾说经之书其少,《荀子集解》优于《汉书补注》,又尝校注《水经》,亦不能列入'诸子学家';若别入'显贵提倡传'中,兼附著述,似为得之。(南菁书院之设,与诂经精舍相近也。)大抵湘中经学亦颇杂沓。然有一事则为诸家同病,盖于江、戴、段、孔古音之学实未得其分豪也。偶一举及,其疵病亦见矣。

"问:汉、宋兼采,原不始自浙、粤,惟自嘉、道后,此派旗帜始鲜,而浙、粤为最盛,故特于皖派中析出。否则诚如先生言,不独刘端临、朱武曹为然,即江、戴亦颇出入于宋学也。惟如此分析,究未知合义法否?抑须别立名目,统乞示知。

"答:湘派既分,浙、粤亦分之可也。

"问:张惠言师传在皖,家法近吴,究应何列?

"答:张之《易》近吴派,在《礼图》则得诸皖,仍可入皖。

"问:宝应刘氏三世,既遵示移吴入皖。而仪征刘孟瞻父子祖孙及凌晓楼、陈硕甫诸先生虽出皖系,其笃守汉儒,实吴派之家法,亦可移皖入吴否?

"答:仪征刘孟瞻本凌晓楼弟子,学在吴、皖之间,入皖可也。陈硕甫专守毛传,尚与吴派不同。盖吴派专守汉学,不论毛、郑,亦不排斥三家;硕甫专守毛传,意以郑笺颇杂,三家不如毛之纯也,仍应入皖。

"问:秦蕙田可否与马宛斯、顾震沧同列?

"答:秦蕙田可与马、顾同列。

"问:'地理学家列传'遵示补入郑元庆。董士锡亦续修《行水全鉴》者,可附见郑下否?

"答:董士锡于地学亦大家,宜附郑。

"问:李文田为兼治经、史、地理、校勘、金石之学,宜属何家?

"答:李文田虽兼治诸学,然其所长在西北地理,宜入'地理学家',与徐松、张穆相次。

“问:李竹朋只见其《古泉汇》,其他关于金石著作未见,乞示知。

“答:李竹朋所著,以《古泉汇》为最,即此一书,足以千古。较其学术,在金石家中为尤难,盖事须贯穿也。至翁宜泉、刘燕庭,则于李传开端言之为宜。

“问:俞理初学问典博,辨论精切,贯串经史百家,不易分派,拟入“诸子学家”,继思亦有未安,或径列皖派何如?

“答:俞理初学问甚博,而不能自名其家,其言皖派,又与先哲不同,入之‘诸子学家’,亦有未安,大抵学博考核而不能成家者,宋世多有,如沈存中、洪容斋是也。其书只宜入‘诸子’中‘杂家’或‘小说家’。然清代此类甚少,如赵瓯北《陔馀丛考》、严九能《娱亲雅言》,又不如俞氏远甚,既无朋类汇集,只有附入皖派,稍似妥帖。

“问:再清儒‘音律’、‘方志’诸学,均有专家,可否析出单列。

“答:所询‘音律’、‘方志’诸家应否分列,‘方志’即史学之裨(亦有考核舆地独为精审者,然不多见)。然佳者终少,似不必列。‘音律’亦有二派:其一,借此衍算,如钱溉亭是。其一,专门乐艺,如诸琴谱是。兼综二者,盖只凌次仲、陈兰甫而已。其人既少,亦难分出也。章炳麟顿首,中秋前一日。”

章氏复支伟成函及答问,对清代学术分派及各人论著,较《訄书·清儒》更具体,故全录之。(见支伟成:《清代朴学大师列传》,1925 年初版,1928 年再版。)

12 月 3 日,长沙《大公报》载《章太炎反对段祺瑞执政府》,录如下:

“章太炎昨又有电反对临时执政政府,电云:各报馆鉴:夫己氏自称临时执政,其去曹吴,盖亦无几。以地则皆非合法政府,以人则皆为民国罪魁。从前嗾督军团内乱,与夫毁法卖国诸状,曾经西南声讨,国人想未忘也。今者就职前后,彻底改革之电,洋洋盈耳,然其所任用者,犹是安福馀孽;其所包庇者,犹是曹吴之同恶。而于驻防军之当撤、私债之不当继续,未有一切实之言,此其顽梗难化可知已。盖自袁氏得志以后,政权为北洋派垄断,十有三年,欲增置爪牙,则私举外债;欲役属南省,则遍置驻防,以是为其保固权位之术,故北洋派虽更仆迭起,其实不出一家。北洋派而在,中国终无清宁之日;北洋派而在,名曰民国,其实与君主世袭无异。今之临时政府,既非合法,国民似不应冒昧承认。是以罪魁莅政,则受其官秩者,与身污伪命亦相等。若向曾从事护法者,则尤无面目矣。敬告邦人父老,愿共察之。”

查本年 11 月 19 日,章氏有《致段祺瑞书》,反对段祺瑞出任临时执政,段不听。11 月 24 日,执政府成立。本文末署“章炳麟。宥”,“宥”为 26 日,则发于 11 月 26 日,即报载执政府成立之次日。

12 月 7 日,长沙《大公报》载《章太炎等挽留冯玉祥电》,录于下:

“章太炎等挽留冯玉祥电云:北京国民军冯总司令鉴:按执事解除兵柄电,凤翔千仞,脱屣尘坌,何容,复有□言,屈君雅尚。惟念此次兴师,非徒戡定伪曹,兼亦廓清孱虏支柱中华,赖兹一役。而悠悠之口,铄金渐多,执事果有澄清之志,直道在人何惧谗构,况逋寇□强于洛阳,殷顽潜伏于朝野,大局阽危,如燕巢幕,执事一去,则宗社之遗孽复横,洛派之死灰更燃,事败垂成,未得为功成身退。尚望迟回数月,坐致清明,使民仅大伸,国基永固。所谓军不成阀,阀不代与者,于此实现然后远师郭令,近法靳王,不亦可乎?

"章炳麟、徐绍桢、伯文蔚、杨庶堪、马君武、焦子静、石青阳、庞元澂、谢持、居正、周震鳞、刘成禺、颜德基、冯自由、谢良牧、管鹏、但焘、邓泰中、茅祖权、周佩箴、顾乃斌、顾忠琛、郭泰祺、刘咏闿、张一鸣、马素、田桐。"

本年,章氏寓上海南阳桥裕福里,十四幢二号。

本年,章氏"于医经亦勤求之",《猝病新论》亦成于本年。在此以前,章氏曾手录古医方。上海中医学院图书馆藏有《章太炎先生手写古医书》一册,潘承弼先生旧藏,第五十叶后有"章炳麟"正方形的白文印书。此书系章氏从《外台秘要》、《苏沈良方》、《和剂局方》和《普济本事方》等古医书中抄录的三百二十多个方子,间有手写按语。另有手稿《精神病治法》、《治鼠瘘方法》二篇。《精神病治法》是参考《金匮要略》、《外台秘要》、《千金翼方》写成。书上有潘承弼的识语:"先师太炎先生手录古医方一册,戊寅五月,金石山房主人自苏携来,索值二十元,即购藏行笈,永保遗泽。""金石山房",苏州旧书店,则此册系抗战初从章氏寓所散出,流入书肆,而为潘氏购得的。

本年,章氏注意明季清季史事,与弟子吴承仕函札往返,论满洲旧事,并撰《清建国别记》。他为"清主泰山为长白山回脉之说",函询张相文(慰西)。函曰:

"向闻清主泰山为长白山回脉之说,亦颇信之。近因考满洲事状,彼于康熙十七年尚不知长白山安在,而令吴木讷等探索,乃遂妄谈山脉,是本悬揣之谈。以今观之,长白山蜿蜒而西,至于大连、旅顺,其势已尽,隔海则芝罘特起,其间海岛连接,若相传注,谓芝罘与长白相系可矣。若泰山与芝罘则中隔潍水,潍水纵截其间,故登莱胶之山皆南北行,不得越潍水而至泰山也。其青州武定外海则列岛甚稀,与长白绝不相涉。且泰山之东尚有淄水北流入海,则中脊高而北方下,地势可知,长白山脉又无由自北而南也。观上诸证,则知清主所论,实属妄谈。盖时犹信堪舆之说,欲举中国孔、颜诸圣,悉谓之长白山灵所生,以此夸耀于我耳。至泰山起脉,本不可知,然东部诸山往往有此,亦不独泰山也。窃谓山脉之说,亦有不可尽拘者,彼谓地球初成,水土凝结,如牛乳绉文,审如是,其绉本非相因而至,则不得谓众山同出一脉甚明。特山势迤长有可踪迹者,则谓之山脉云尔。其间小山凝结者不必尽与大势相连,何足异哉!长白山来历亦不可知,今吉林东北部松花、黑龙合流之处,其南有完达山脉,纵长几二千里,至朝鲜釜山而尽,而长白特其中间所起之峰,自北又分支而行焉。然长白出于完达则可知,而完达之来,殊为无因,此亦不可不寻其根干者也。兄研精地学,能解我所疑否?"(《章太炎致张慰西书》,原载群治大学年刊;收入《南园丛稿》卷九《沌谷笔谈》卷一第 25—26 页,线装铅字排印本。)

张相文复称:

“山脉之说,犹之日出日没,流俗旧沿而知其误者也。”“山岳之成,由于横压力之挤逼,而决非如水之分派,木之分枝之自然生成。”“长山、泰山居此群山之中,其成立固属同一时代,盖与东海之陷落也。为同时事也。完达与兴安岭间凹为内海,遗迹显然。”“古者囿于方舆,第见泰山与嵩高不相属,而与隔海之长白多相同之点,因谓泰山为长白之回脉,其说固大谬不然,然亦先生所谓有可疑迹者,则谓之山脉云尔。”(《张慰西复章太炎书》,同上第26—27页。)

本年,章氏有《致吴承仕书》数通,多谈“满洲旧事”,北京师范大学出版之吴承仕藏《章炳麟论学集》中,所藏手札顺序为:1月19日、6月11日、7月14日、8月9日、13日、8月15日、8月21日、8月24日、无月日、9月20日、中秋夜、9月29日、9月30日、10月9日、10月14日、10月23日。同年,在《华国月刊》第二期第二册、第三册发表《与吴承仕论满洲旧事书》一——五、六——八。另《论吴承仕论三体石经书》、《与吴承仕论尚书古今文书》,亦发于《华国月刊》第二期第四册、第六册。

1925年(民国十四年乙丑)　五十八岁

3月12日,孙中山逝世,章氏参加商议治丧事宜,东方社记者询以“孙中山死后之意见”,章氏答以:“孙之离粤,广东大局无何等影响,现已成林虎、许崇智、云南、广西四派之逐鹿场。孙北上之际,时局尚未安定,经多数劝阻无效,徒劳精神,使沉疴增重,自促其寿。又国民党内部必发生种种差异,如汪兆铭等或联络共产党另组一派,对于继承者采取合议制,颇与唐氏意见相合。”并“言及中国时局、将来东南或另成一势云”。(长沙《大公报》1925年3月17日。)

3月20日,报载唐绍仪与章氏等“联合反对孙中山国葬电”谓:

“又讯:昨,上海唐少川、章太炎来一反对国葬电云:‘孙科先生转国民党中央执行委员会公鉴:得报知孙公逝世论功本应国葬,惟现在未有正式政府、正式国会,此事无法可循,应由家属及人民以礼行葬,待正式政府成立,追予国葬,始受命令,毋使孙公身后贻非法之差。’”

见本年长沙《大公报》3月20日,末署“唐绍仪、章炳麟等。元”。“元”为十三日。从电文语气看,并不是“反对国葬”,而是“现在无正式政府”,“待正式政府成立,追予国葬”。

4月12日,上海各界追悼孙中山大会,悬有章太炎挽联:“孙郎使天下三分,当魏德萌芽,江表岂曾忘袭许;南国本吾家旧物,怨灵修浩荡,武关无故入盟秦。”(见本书第463—464页。)

查下联以楚怀王不听屈原劝阻,“入武关,秦兵绝其后,因留怀王”,怀王“竟死于秦而归葬”事,指1924年11月孙中山北上路过上海,章太炎曾劝其不要去北京,孙中山未能接受。上联“孙郎”指三国时孙策,《三国志·吴志·孙破虏讨逆传》:“建安五年,曹公与袁绍相拒于官渡,策阴欲袭许,迎汉帝,密治兵,部署诸将。”章氏引用此典,与 1922—1923 年间章氏对“孙曹合作”的误会有关。

1922 年夏,直系军阀在第一次直奉战争中获胜,逐出徐世昌,捧出黎元洪,佯言拥护《临时约法》,实际上是企图夺过孙中山“护法”旗帜,为建立直系军阀一统天下作准备。直系军阀孙传芳、齐燮元等通电要求徐世昌、孙中山同时放弃总统职位。1922 年 6 月 16 日陈炯明叛变,孙中山离粤赴沪。在沪的曹锟代表孙岳和吴佩孚代表与孙中山秘密接触,不久,便有“孙曹合作”、“孙吴合作”的传闻。

章太炎听到这种传闻,甚表不满,于 8 月 23 日,曾当众斥孙岳为“蒋干”。27 日,章氏给熊克武信中又云“中山亦受曹氏运动”。30 日,在《儆告上海民党书》中,更抨击所谓“孙曹提携”。(见本书第 377—378 页。)9 月 1 日,《申报》载《上海民党致章太炎书》,驳斥章氏所谓“选中山为大总统,曹锟为副总统”为“向壁虚造”。次日,章氏又公开发表《再复上海民党书》说是“中山之败,由于事前不听仆言,所谓‘切勿负气忿事,致遭反动’者,在仆视为药石之言,而中山听之藐藐,以召失败”。(见本书第 378 页。)此后,章氏还不时对“孙曹合作”传闻发表意见。

这时,章太炎主张黎元洪、孙中山“相倚”以反对北洋军阀,说是“此时黎、孙相倚,犹吴、蜀之联盟也”。以孙中山比作孙策。1923 年 6 月,直系军阀发动驱逐黎元洪的“北京政变”后,孙洪伊等人又想促成“孙曹合作”,章氏又于 7 月初,“批评孙洪伊主张”,以为“讨贼靖乱与护法非一事”。(见本书第 413—414 页。)他虽批的是孙洪伊,但仍批评孙中山“接受”“孙曹携手”的主张。

“孙曹合作”,当时引起了一些人的怀疑,章太炎对此屡加抨击,又起了“推波助澜”作用。当然,也有一些人比较实事求是地加以剖析,章氏仍在《挽联》中对此有微词。

4 月 12 日,胡适看了章氏主编的《华国》和柳诒徵等编的《学衡》后,加以讥评,说:“《华国》、《学衡》都已读过。读了我实在忍不住要大笑。近来思想界昏谬的奇特,真是出人意表。我也想出点力来打他们,但我不大愿意做零星的谩骂文章。这种膏肓之病不是几篇小品文字能医的呵。‘法宜补泻兼用’:补者何?尽量输入科学的知识、方法、思想。泻者何?整理国故,使人明了古文化不过如此。‘七年之病,求三年之艾’,虽似迂远,实为要图。老兄不要怪我的忍耐性太高,我见了这些糊涂东西,心里的难受也决不下于你。不过我有点爱惜子弹,将来你总会见我开炮的,别性急呵。”(《胡适致钱玄同》,1925 年 4 月 12 日,《中国哲学》第一辑,1979 年 8 月三联书店版。)

10 月 7 日,《与陈鼎忠书》:

“天倪足下:承示大著《治法》一册,所论官学之弊、法吏之谬,选举不如考试,新律不如旧律,斯皆先得我心。所拟制度,亦多可见之施行,实今之仲长公理也。唯谓以道治民,而省但设参事。鄙人于民国初元,议亦相似。由今证验,则省之自治,盖有不可变者。夫使今之元首,果有秦皇、明祖之能,相与大一统焉可也。其或政府如赘旒,人主如守府,怜而奉之亦可也。今则选举所出,不能不归之军人,而军人又不能不限于北洋,肆其凶暴,陵轹南纪。顾其立政施治,则无秦皇、明祖万分之一,而税权归于总税务司,政府仰其鼻息,则财政大半操于外人。如是者所谓既不能强,又不能弱也。各省屈而从之,一则所在受其陵藉,二则名奉中央,实奉外人,是以省之自治,有不得骤废者也。如惧民治不进,则不如于省县间规复府制。凡诸大政,受成于省,凡诸小政,则府得专主之。如是钤辖百县,而使涣散,势亦足以为治。盖以旧防为无用而废之者,必有水患。清末之废府,亦取法于日本耳(日本之府,实即大县)。究之疆宇不同,民俗殊异,胡可以彼拟此也。夷考宋人分州、明人设府以后,循良之吏,虽未足上比龚、黄,然亦不乏其选。世人以其不主催科,遂视之若无用,此为重视货财,轻视政事,其不足语治亦明矣。道与府只疆域大小之分,然集权于国,则重当在道;集权于省,则重当在府。今之不能集权于国,证明如上,则以省为自治之宗,而下置府以统县可也,不识达者以为何如。匆复,不及详思,唯望裁正。章炳麟顿首。十月七日。”(手迹,陈鼎忠之子陈述元提供。)

陈鼎忠,字天倪,湖南益阳人,清增广生,民国时,任东北大学、湖南大学等校教授。1925 年,所著《治法》出版。9 月,章氏应湖南省长赵恒惕之邀,至长沙主持县长考试,离长前数日写此信。陈鼎忠于信后附有跋语,中云“先生主张省自治,与拙著主张统一,形似相反,然先生所论者一时之规,而拙著所言者经史之法,寻其义旨,固殊途而同归也。既以此复先生,还赘于此”。

11 月 5 日,长沙《大公报》载有《章太炎对日记者团之谈话》,录如下:

“沪讯。章太炎氏辞任反奉联军总司令部总参议,于前(二十七)日午后四时,由汉乘瑞和轮回沪。昨在法租界南阳桥裕福里寓所语日记者团云:冯玉祥取观望态度,不成问题。直派主张护宪,所谓贿选议员将再复活,此与国民党之主义不能相容,因此余辞任总参议回沪。自吴氏出山后,贿选议员多集汉口,通电护宪,然此于大局上殆不成问题。且吴氏自身,处今日之地位,因有孙传芳等之关系,表面亦难坚主护宪,故国民党与直派间,主张当不致龃龉。联军之目标,在一致推倒段政府,团结确已巩固。而段氏并无实力,系以奉张为背影,故致力于讨伐奉张之一派军阀。吴氏首谋假道豫省,攻击鲁张,计划不行,即将入宁联孙,会攻徐州。在联军方面,不取徐州,东南五省,不能安定,将尽全力取徐。而奉方亦竭力防备,派兵应战,故解决当不易易。浙孙与豫岳之谅解,似已充分成立,盖岳氏拥有二十八万大兵,其出兵自不能如浙孙之易,因须从事准备,尚未表明态度,故以岳氏之通告拒绝吴氏直军入豫,认为与奉派有新结合者,乃系误解。战备既成,必出兵策应联军。孙氏恐亦以攻徐为大举,在鄂豫未策应前,当不出于积极行动。唯余信一星期内,湖北方面将起变化云云。又章氏因浙人治浙事,于昨二十九日午后乘车赴杭云。”

按:此为 10 月 28 日,章太炎由汉口乘轮返沪时日本记者采访时的谈话。

本年,于右任来函,谈借用宋公园(宋教仁墓)开设学校事,函曰:

“罗某初来海上,约人提倡群治大学,曾声明校在长沙,不意近来彼想入非非,欲设分校在宋园。彼在事业上与钝初无丝毫关系,况右任办上海大学,曾经声明在先,宋园可用地皮仅数十亩,一上海大学尚不足,岂能再容第二校。望先生晤罗某时阻其勿再四处鼓吹,为上海大学之障碍,至幸至幸。此请大安,右任上言。"(手迹,温州市文物管理处藏。按上海大学创办于 1922 年,本函自应撰于 1922 年以后。又本年 7 月 1 日,群治大学学生代表曾访问章氏,见《章太炎年谱长编》原下册第 810 页,本书第 467—468 页。)

本年,撰《蜀语》。初,章氏于 1917 年途经四川巴县,曾为"儒生军吏"讲演,勉以"明孔、老之指要,识经史之大体,以高其墙宇,广其幅度"。(见本书"1917 年〔民国六年丁巳〕,五十岁"条。)至是,欲以"巴下所语,推之万方"。自称,自巴县归江南后,"六七年中,所见诸方文武之士,犹蜀材也。任将帅者,皆器小易满,不足以容物,流怨所极,即被反噬,故朝有桓、文之名,而夕处囚虏之势。其人犹曰,共和之政,天泽无辨,故在上者易为偏裨侮。诚如是,凡起自草泽者,素无等次,何以能相保哉。不自咎其不能拊循,而归怨于共和之无定位,适以彰其负尔。而诸文儒法家小智薄材者,以其辩慧幸于大人,术不过道腴,能不过离间,位至卿相,其行事无以逾于昔之吏目典史。主人昏躁,往往见信任,及其败始知之,孟氏所谓以顺为正者也。是故介胄之败,皆坐度不广,荐绅之丧其望实,皆坐格不峻,若是者非独一隅然。因念昔时巴下所语,推之万方,具论其意如此。

"虽然,格与度皆少成,在其父兄长者以身为则而导之,其次当读书,及遇穷困悔而勉之,非学校讲论之师所能教。清之末,以人材为尽在学校,偏裨之任,登以为将军;佐史之技,举以为公辅。至于今,众口纷纭,未尝言格与度也亦宜。唐裴行俭有言,士先器识后文艺,由今观之,当后者岂徒文艺云云邪?辩者如名理,华者如辞章,核者如法律,精者如算术、物理以逮百工之学,此皆所谓文艺也。冶戎理财专对之能,此有馀于文艺者也。施于政事,大小皆以资用,苟无格以将之,无度以持之,犹束小薪,不可以为栋柱,其去大人经国之术远矣。"(章太炎:《蜀语》,《长虹月刊》第一期。)

本年,章氏有《致吴承仕书》数通,有论《古文尚书》的(4 月 4 日),有谈吴著《杜孔异同考》的(6 月 19 日),有谈黄侃"在鄂,乃与校长石瑛冲突"的(6 月 21 日、7 月 3 日、无月日),有谈中医的(7 月 6 日),有谈时事、石经等的(12 月 26 日)。至于本年《华国月刊》所载《与吴承仕论满洲旧事书》六——八(第二期第三册),《与吴承仕论三体石经书》(第二期第四册),《与吴承仕论尚书古今文书》二——三(第二期第六册)、《与吴承仕论尚书古今文书》四——五(第二期第七册)、《又与吴承仕论尚书书》(第二期第十二册),则并非全是今年所撰。

1926 年(民国十六年丙寅)　五十九岁

1 月 13 日,长沙《大公报》记《章太炎关于冯玉祥下野谈》云:

"沪讯。昨有人以冯玉祥下野事访问章太炎氏,其问答如下。

"问:冯玉祥此次下野,有何计划?

"答:以消极言之,只腾出地位以让张之江耳,然恐更有积极者在。

"问:积极者何事?

“答:冯有大欲,而前后不能自相违戾,则嗾其亲信者为之。悬揣冯之积极计划,当分五步:第一步下野,第二步使部下逼退段氏,第三步黄郛摄政,第四步召集旧国会,第五步选举大总统。大总统选举后冯即归来矣。

“问:冯竟作大总统耶?

“答:以旧国会论,恐未必遽以大位奉冯。冯本有忍耐性,亦不求遽膺大选,恐必以他人当之,而冯任其副耳,副选既得,则继任如拾芥也。

“问:谁肯受其愚弄者?

“答:利令智昏,所见皆是,正恐与彼作敌者,亦不免受其甘言,何论馀子乎?

“问:黄郛摄政可承认否?

“答:仆复谷钟秀电言之矣。使认曹锟为伪,则黄郛摄者,即摄曹锟任内之政,谓之法统,于义何居?使认曹锟为真,则前此黄郛内阁,本冯所挟以倒曹之具,其任命由胁迫而成,非曹锟自由为之,亦不能以此摄曹之政也。更进一步言,段氏就临时执政时,黄郛内阁业已辞职,以辞职之内阁而复可使摄政,则前此曾作内阁者,皆有摄政之资格矣。即段祺瑞在黎、冯时代,亦曾作内阁总理,何不可纠合阁员重称摄政耶?此乃近于滑稽,而北部人士犹昌言不讳,舞文曲法,至于如此,岂非所谓指鹿为马者欤?”

1 月 25 日,函顺天时报馆:“中东路以扣车事件,捕拘局长伊万诺夫,俄人借口路权,致欲自行办理。案中东路为中俄共有,局长即兼为中国之职员。车费小故,阻挠军行,当事以便宜拘捕,不为过当。惟俄人以小小衅端,遽怀侵略,其间难免无主使之人。……三省既以自标明,榆关已收,疆圉无缺,即应自固封守,不再进趣,惟以全力抵御苏俄,为保国保疆之计。若师出两歧,必无一应敌矣。至于中原将帅,近自直鲁,远及江南,当国基动摇之时,悉应戮力北征,共除赤化。盖为患边疆者□□,而延致苏俄者冯氏,非讨伐□奸,何以使敌人失助?民党同志亦有为冯氏用者,亟应□斯高举,勿涉乱流,当念光复中华,成立民国,本以艰难辛苦得之,岂可输致苏俄,不稍顾惜。”冯氏,冯玉祥。(《顺天时报》1926 年 2 月 2 日。)

4 月 25 日,长沙《大公报》载《章太炎对时局之表示》云:

“有往访章太炎叩以对国军离京后之意见者,章氏谓:当兹国军离京,大局已□舍军事而入于政治。此固目前唯一急务,然曹锟复职与段氏延任及曹、段二人如何处分问题,尤为政治开幕前之先决问题。如对此先决问题而措置乖误,则全局将重剧变。但以该问题而予任何政党以机会,至引起因权位利禄而发之杂乱争议,无论结果如何,均足造成一种不良导线。故欲决此先决问题,自当从曹、段间之事实与法律,先为彻底□正。曹之贿选,尤非段比。章氏又谓:现已根据曹氏□代院秘书某报告贿选经过情形之通电,而草一通电稿,对时局有所表示云云。”

内有数字,《大公报》影行字迹不清,以“□”号代之。

5 月 24 日,《致黎元洪书》:“英初来,奉到大札并所馈二千圆,祇领。谢谢。此时机会虽未成熟,而大势所趋,终必至此。愿我公放开局面,不必以嫌疑介心。厚哉闻已赴沈,此后子荫亦当来津,所怀不尽,俟子荫到后再面罄也。肃复,敬颂起居万福,即希亮鉴,章炳麟启。五月二十四日。"(手迹,中国历史博物馆藏,下钤篆字印章一方。)英初,胡人俊,湖北天门人,厚载(手札作"厚哉"),吴醒汉,湖北巴东人,子荫,姓黄,时与章氏同为国民外交学会名誉会长。查本年,直系吴佩孚与奉系张作霖以"反赤"为名,联合进攻国民军。国民军被迫退出北京。吴佩孚提出起用颜惠卿为国务总理摄行临时执政职务。章氏于4月下旬由杭返沪,参加"反赤大联合"干事会,并致电颜惠卿劝其"勿摄阁",主张恢复法统,拥黎再任总统,而发此信。又中国历史博物馆藏章太炎《致黎元洪》手札凡二通,除上函外,另一通无年月,亦应发于本年,函曰:

"大总统钧鉴:英初来,述及现状。斯时伪颜摄政,人情不与。吴佩孚以执拗闻于天下,不察军情,悍然如此,致使关东猜疑,赤军复活,恐覆亡亦将不远。观其力小志骄,不顾利害,酷似孙中山矣。吴果覆亡,而赤军复盛,则于国家主权有可忧者。段氏一方恨吴最深,其与赤军联合以掣吴之肘,未可知也;其为我公运动,亦未可知也。由前之说则危,由后之说则安。段派铤而走险,原无一定,而我公所以抚接之耳。闻彼处有人入谒,愿布悃忱,公辄以毁法之人拒之,此大误也。段之讨曹,虽无实力,志亦可嘉,与冯玉祥之反复无常者固自大异,其自称'执政',不守《约法》,并属过去之事,安可以一端瑕眚而弃此大援哉。段派尚有人材,较之吴方僚佐识略为高,公不宜遽加侮蔑也。所望廓开门户,使人尽其言论,竭其智谋,以此鼓舞,事半功倍。若偏听鲰生,拒人千里,则大事必无成就矣。

"又凡一事之起,虽出于人心自然,然经营布置亦不可少。大抵派遣人员四出运动,招致才俊坐而与谋,此二者最为紧要。其间不能无费金钱,而亦不致滥用。愚谓派遣一人,远行者宜予千圆,近行者宜予五百圆,少则不足以供行旅酒食之费。然使派至十人,亦不过万圆。至有设立机关赁屋会议者,为助其僦资,给其厨膳,一月所费,不满千圆。此种费用,为数有限,收效甚多。不如是则人皆裹足,莫肯尽力,徒与官僚图事,或反得对方侦探之人,岂唯无益,为害多矣。大抵公处今日,除赤军、伪颜以外,其馀人材杂遝,各分派别,皆宜好与接见,冶为一炉。于以解人之纷,树己之业,则收功速而为益闳。偏听生奸,遴财沮事,切宜痛戒。兹因子荫北上,为公经画,属带此书,唯希洞鉴。"

5月25日,章氏《复吴承仕书》:"得本月十八日书,斯时禄仕在都者,奇窘之状,自不待言。足下向亦兼充教员,此时如何?如并此失之,唯有在南方谋一善地,且俟学术中人商之。但暑假以后,情势变迁,都中或又有苟安之日,未知足下尔时愿他就否耳。"(手迹摄片,吴承仕《章炳麟论学集》,北京师范大学出版社1982年版。)

6月30日,长沙《大公报》载《章太炎反赤》,原文如下:

"章太炎氏近来对于时局,积极主张反赤。乃联合各方重要人物,在沪组织反赤大同盟联合会,闻会务进行甚速。远东社记者昨日下午往访章氏于私邸,并叩询其最近对于时局之意见,兹将谈话中最重要之点摘录如下(记者问,章氏答):

"问:先生主张反赤,惟最近工作如何,可得闻乎?

"答:反赤即所以救国,故欲救国舍反赤外,其道莫由。最近自反赤联合会成立后,同志加入者甚众,由此足见人心不死,国事前途,甚有希望。至于共产学说,在个人之信仰者,并无足虑。所可怕者,为蒋介石与冯玉祥,因其自身有武装,复有俄人从中参与一切。反赤工作除联合同志外,尤望有血性之军人解决冯、蒋,免贻后患。

“问:但冯、蒋两人,曾声明其非赤化,先生曾听闻乎?

“答:俄国主张实行共产,是为人所共知,如冯、蒋非赤化,即应脱离俄国人关系。

“问:日前报载先生将赴奉天、天津一行,究竟如何?

“答:日前奉张与在津友人,本约余北上一行,余本有此意,但行期尚未定。

“问:吴、张至今尚未晤面,依先生之观察,将来时局结果如何?

“答:吴、张政见争点,为护宪与护法,今后如能开诚相见,总不致于破裂。

“问:奉张前主政治公开之说,尊见如何?

“答:余以为此等主张,适合群众心理,与今日潮流。

“问:最近上海收回会审公廨案,交涉多次,尚无结果,先生对此意见如何?

“答:现租界当局既觉悟与华人谋亲善,当能畅快了结,惟吾方交涉当局夺度,似稍嫌弱耳。”

8 月 13 日,章太炎发出通电,反对北伐,已辑入《章太炎年谱长编》下册原第 878 页。(见本书第 506 页。)华东师范大学图书馆另藏首尾不具的手稿残卷,吁请滇省人士支持唐继尧联合滇、川、黔三省地方势力阻挠国民革命军北伐,与上述通电相表里,并辑于下:

“云南吾旧游,蓂公(蓂赓,唐继尧)于扫除帝制勋尤高。今者赤祸偾起,输款苏俄,而自谓国民;延致外患,而自谓革命。逾岭北出,两湖、江西悉遭蹂躏,计南方之土属于第三国际所辖者已有五省,所恃者西南半壁能拊其背耳。西南三省不相谋,则不足以戡乱禁暴;云南不能为川、黔倡导,则出师先后参差不齐,或反为贼乘。蓂公往昔举义讨袁,卒使国体恢复,其后南方义师靡不尽力,以是为三省纲领。旋以军计小误,威声渐损,二省亦纷然无所趣问。今蓂公痛心赤祸,复遣使节与川、滇修好,不以盟主自居,而以平交相遇,此三省复合之机也。

“闻自西南来者,犹以财政竭蹶有所归咎,甚者有不逊之言。计蓂公之于民国,勋业卓然,无可掩抑,且于北廷不法之举未尝有所阿附,此尤今人所难能。若夫行政小失为处大任者所不能免,而他省政事不逮云南者亦尚众,若赤党之掊克聚敛,则彼此悬绝矣。云南为天下奥区,蓂公之才足以当天下重任。若蓂公不自菲薄,则当养贤和众,勤思补阙,教以治莠民,谦以接川、黔群帅,以成攘除赤化,恢复国权之业。若云南将吏欲有所建树,则当思辑和三省,戮力戡乱。而于己土之能当大任者,不应以一眚掩其大德矣。吾往日自云南归,于蓂公亦微有不满。次闻举兵攻蜀,谪言尤甚。今去此土,殆逾十年,思云南表里山河之固,与蓂公为国之忠,真于他省有求之不可得者。

“比岁以来,痛心赤祸,思有握兵符、据形势者,苟无坐延外寇之事,虽素负瑕衅,犹将遏恶扬善,藉以靖难。求之夏口吴氏(吴佩孚)而吴氏遽挫,求之金陵孙氏(孙传芳)而孙氏旋进即退。国之旧勋,吾党之同志,有持志确固能为国尽力者,独蓂公仅存,其能无引领以望哉！夫硕果不食,则剥可以复;师贞丈人,则众有所比。云南贤达必有忠信如我者焉。”

此信缺首尾,但由此可见章氏在吴佩孚、孙传芳败亡时,寄希望于云南唐继尧,望他联合川、黔以挠北伐。此计不成,次年 1 月 5 日致函章士钊,“但苦主兵者不能尽能吾言,乃令丁零群丑,轶荡中原”。且作一印“亚夫者范增也”以自况。

8 月 19 日,长沙《大公报》载《章太炎对中医审霍乱之治》录如下:

“章太炎因时疫盛行,昨特发表劝中医审霍乱之治文如下:

“今岁霍乱盛行,时医丁甘仁亦染疾死。或讥中西医师彼此相妒,虽病甚耻求救于异道者,至于就死不悔□是固医家之症结,然非所论于霍乱一病也。

“霍乱甚者,厥利交作,渐至脉脱,在此土则以四逆汤通脉四逆汤救之,在西土则以樟脑盐水针救之。四逆汤□方,并以生附子为君,□其心脏,以干姜为臣,止其吐利,二者相合,脉自得通。樟脑针亦强心之术,与此同意。若夫以水淡血,以盐收拾脉管,则所谓以针养脉者也(以鹾养脉见《周官·疗医》)。二者之治,初不甚殊,至于评其证状,则西医称吐利不腹痛者为率霍乱,吐利腹痛者为似霍乱,按之此土《伤寒论》,则霍乱篇本未言及腹痛,观其手足厥逆,盖少阴□寒之属,而吐利腹痛者,别为太阴伤寒。太阴伤寒,病不甚剧。试以病机言,腹痛者犹有所格拒;不痛者,则如桔槔抽水,莫之能御矣。以病情言,腹痛者无过肠胃不调之候,不痛者则危及心君,脉脱而毙矣。此则评论证状,彼此亦不甚殊也。惟得病之因,彼以为霍乱菌,此以为清浊出气自相干乱,无可和会。要之,治疗之术,彼亦急于强心,而不暇沾沾杀菌,此上下里之治霍乱者,或以明矾,或以石榴皮,或以铜青,乃皆有杀菌之用,惟大方则异是。是固病因同异,亦可以不论也。中医遇此,果早用四逆汤,自不待以盐水注射,若迁延不进,须臾口噤胃反,药不可下,非盐水注射即无以济之,此正所谓异曲同工者。犹同一中医,汤药得所,则不必问针艾。不然,则非针艾无以疗矣。

“然霍乱之为病也,其界甚严,若但举形式,则夫饮食过差,□有感冒而致吐利者,或亦滥以霍乱名之。自名医别录、千金、本草已言香薰、薄荷、橘皮、厚朴等药能治霍乱,近代徐灵胎、王孟英辈竟谓霍乱不可以热药疗,热药入口即死,然试质其病状,腹果不痛乎？下果如米汁乎？手足果厥冷乎？则未然也。若前者所指,即寻常之吐利,后者所见,亦伤暑之类。本非霍乱而强以霍乱命之者也,名实□负,朱紫混淆,医师之不辨其真伪者,遂定以二说为主,若所遇非真霍乱,虽少差误未为害;若遇真霍乱,厥逆脉脱之候,虽理中汤辈犹无所济,而可以表散消导清凉之药促其心之绝乎？余恐丁君之死,非在耻任西医,而有其自习中医之入于歧途也。

“方今天灾流行,民命危如朝露,苟治之不误,无论其为中医、西医,什必可以救六七。为中医者,耻吾术之不若人固也,然苟观西医强心之术,用之多效,退而求之于吾人经方,有与之冥然相契者。且川东□府、湘西辰沅一带,三伏日即以生附子、猪肉合煎饮之以防霍乱;北方直隶、山东之民,常啖〔啖〕生蒜,亦无霍乱病,此皆强心健胃之热剂也。是固四逆汤法,推之四裔而皆准,考之民俗而不惑,医者何故不信经方,而信徐王之歧说耶？通脉四逆汤等载在大论，医者人人习知，今不必更为疏录，但愿习中医者学乏以约，勿以多岐亡羊，则民免夭扎矣。又上二方并用生附子，若以市肆所行淡附片进，则殊无丝毫之效也。又经方虽有□式，剂之大小，亦许临时视病轻重消息行之，惟诸药比例，则不可差。以通脉四逆汤论，大附子一个，即今川附子，干者可重□八钱，干姜三两，甘草二两，以孔继涵《同度记》所质，古一两当今法马二钱五分有奇，大致可以四分之一约之，则干姜七钱五分、甘草五钱，分温□服，则一服得全剂之半，若随意轻重，比例□乱，亦不足以著效也。"

11 月 2 日，《致吴承仕书》："季刚性情乖戾，人所素谂。去岁曾以忠信笃敬勉之，彼甚不服。来书所说事状，先已从季刚弟子某君闻其概略，彼亦云吴先生是，而先生非是。在都与诸交游断绝，欲来上海，就暨南大学教员。适诸校党争激烈，有暗杀校长、教员者。友人或告以畏途，遂止不来。来书云：季刚已去，是否往关东耶?"下谈佛学。(手迹摄片，吴承仕藏《章炳麟论学集》，北京师范大学出版社 1982 年版。)

本年，有复叶德辉书，论医学医书，略云："因医事得复书，足启吾梦。尚有未慊者，疏录如左：赵清常刻《仲景全书》，只见成无己注本。其自序称复得宋版《伤寒论》，而后知成之荒，因复并刻之。然此单论本今竟不可得见。""《金匮要略》，《隋志》只称张仲景方，《外台秘要》所述亦同，而林校称《金匮玉函要略方》。然其序云：臣奇先校定《伤寒论》，次校定《金匮玉函经》。许叔微《本事方》、成无己《伤寒论注》亦数引《玉函》，皆在《金匮要略》以外，不知果否仲景之书？抑是葛洪之作?""今欲考其原流、补其遗逸，非一时所能措手，但问赵清常《仲景全书》本之外，有无旧本更佳者耳?""权衡度量，仆不能深信恪斋，以其性好附会者也……

"近世西医盛行，苟其术果足以治万病，则吾辈亦可不言矣。而临诊所得，治疗所验，则中西亦得失参半。《素问》、《太素》、《甲乙》之流，所论经脉出入，于今解剖所见，多失其真，而又附以五行，益为荒忽。惟仲景《伤寒论》、葛氏《肘后方》依证用药，不说经脉起止，亦不虚附五行，为切实可信之书。喻、徐辈亦后来之秀，然喻氏推论，往往涉于悬虚，徐氏性爱奇博，而用药偏任清凉，皆不可恃。"(《文献》1991 年第 3 期。)

1927 年(民国十六年丁卯)　六十岁

6 月 19 日，致书余云岫，论水药重量之比例，函曰："云岫我兄左右：日来因考古方水药重量之比例，大致顺水与米重量之比，须自验而知之。按米粒入水皆沉，则米必重于水，乃数次以同积之米相权，则米重仅与水等，或以积成立体中多空隙之故，及属渊雷权之，则米之重仅视水为十二分之十，此或米有不同也。知兄处有天平，请以同量之，水米比重当得其实，米色各有不同，但用二色以上相较，亦得其大概矣。得数后统望示复。小事相烦，可笑之至，容后致谢。此问起居多福。章炳麟顿首。六月十九日。"(抄件，潘景郑先生抄赠。)

本年，章氏有诗三首，刊《太平杂志》，一曰《田家》，诗曰："拾芋荆离下，荆上霜未晞。县官今劭农,谁家趋朝归。跫然顿步履,踯躅从二妃。识君善樗蒲,今是大农非。朝者语田家,神化困难几。终岁勤耘耔,所收不疗饥。白圭道已觳,计然宁足希。南海起上圣,貉桀相因依。授我青赤幡,被服缇罽衣。冉冉陌头行,翕然生光辉。大农耕都市,何必锄葵莃。不见古重华,龙腾兴侧微。公孙封平津,岂复顾收豨。尔曹但燕爵,黄鹄能高飞。感者神农教,谋富有枢机,始知收芋薄,不如趋朝肥。”(《太平杂志》第一卷第二号,1929 年 11 月 1 日出版。)

其二曰《四思》,诗曰:“吾思李秘监,弱冠振长翮。正色轩陛间,媚子为辟易。直道岂诸世,垂老四五谪。河图出东序,华裔想笔迹。试诵云麾碑,避谗竟何益。

“吾思马贵与,殷献负深痛。怀玉岂自衒,岩楼无安栋。相娆呼好人,需官被羁控。白锦虽成章,裁为员版弄。感彼鲁两生,千载激清讽。

“吾思王元美,文肆质犹鳣。高义摩云霓,词章辨流派。颇省批鳞士,死生思未懈。惜考几事疏,所天为尔絓。失意在秋曹,岂为一图画。

“吾思黄太冲,遭时亦凄紧。袖锥廷尉前,意气厉秋隼。摇落歌式微,忠孝道已尽。微书驰驿来,何其忘远引。嚼嚼於陵翁,食壤宁为蚓。”(同上。)

其三为《除夕简曾重伯广钧》:“湘乡有狂客,未始藏狂言。少壮负华选,豪饮江海边。晚节始治生,而营湖壖田。长沙昨于役,道故浆酒间。君老意未下,送难来我前。未见五经师,力能转坤乾。新莽古作者,君其同渊泉。我言文章伯,伊谁格皇天。邈矣魏武王,次乃君之先。狂谑虽相劫,意气殊茫然。旄失横岭来,湘上无人烟。君既尽室下,虽困心犹坚。我病遂失聪,终日床上跧。廿年喜论议,精驳常自怜。及尔同颂白,变故纷相煎。大地黪黪色,焉知茅兴荃。新魏亦何失,仰视皆上贤。正得张公祺,闾里犹安眠。众甫苟尽阅,媸者都成研。作诗寄狂语,君其赓新篇。”(同上。)

本年,有《致吴承仕函》二通,谈“丧服废兴”(11 月 27 日)和“礼制”(12 月 17 日)。(手迹摄片,见吴承仕藏《章炳麟论学集》,北京师范大学出版社 1982 年版。)

1928 年(民国十七年戊辰)　六十一岁

季春,撰《重订三字经题辞》:

“《三字经》者,世传王伯厚所作。其叙历代废兴,本讫于宋,自辽金以下,则明清人所续也。其书先举方名事类,次及经史诸子,所以启导蒙稚者略备。观其分别部居,不相杂厕,以较梁人所集《千字》,虽字有重复,辞无藻采,其启人知识,过之《急就章》与《凡将篇》之比矣。余观今学校诸生,或并五经题名,历朝次第而不能举,而大学生有不知周公者。乃欲其通经义、知史法,其犹使眇者视、跛者履也欤!今欲重理旧常,使人人诵《诗》《书》,窥纪传,吾之力有弗能已;若所以诏小子者,则今之教科书,固勿如《三字经》远甚也。间常举以语人,渐有信者。然诸所举人事部类,其切者犹未具,明、清人所增尤鄙。于是重为修订,增入者三之一,更定者亦百之三四,以付家塾。使知昔儒所作,非苟而已矣。中华民国十七年季春之月,章炳麟。”

章氏对《三字经》有修改增删,如"清太祖,膺景命,靖四方,克大定",改为"清太祖,兴辽东,金之后,受明封。至世祖,乃大同,十二世,清祚终"。又如"幼而学,壮而行,上致君,下泽民",改为"幼习业,壮致身,上匡国,下利民"。

10 月 17 日,章氏《致汪东书》:

"旭初足下:别五十日,想意兴转佳。仆近作单钩书略已成就,但笔势过于沉着,近《天发神谶》,意与前此专求韵味者稍殊,盖亦由巧入拙矣。单钩本非篆正则,而今人殊鲜为之。五指握笔,殊非古法,但观少温、鼎臣所书,恐亦只用双钩。双钩易现神韵而或失弱,单钩易见腕力而或失之火气。真书中欧、虞、褚、薛盖亦只用双钩,平原乃单钩矣。明人唯香光从颜入手,故汲汲以单钩传授也。仆因单钩易入《天发神谶》一路,故欲得其真本。金陵督署重摹之本,不足轻重,唯此石被毁在清嘉庆世,与南监史版同焚。今南监诸史传者尚多,意此碑拓本不至遂绝。足下为我于金陵旧家访之,或坊肆尚有此本,则问其价格可也。此问起居,季刚均此。期章炳麟顿首。十月十七日。"

黄侃是年 10 月 19 日日记:"旭初来共午饭,出示师与彼书。"因录入《戊辰九月日记》。(见《黄侃日记》第 370 页。)

10 月 26 日,章氏《致黄侃书》:

"季刚足下:得手书,并严、戴二君写书四册,楷法精致,在王、欧门庑之中,不入清代书家窠臼,犹可想先辈风流,欲葆录之。《天发神谶》此间原有摄影本,但此亦与重摹者无甚高下。欲睹其真,然后快意,求之当亦不能甚急也。书此,即问起居。期章炳麟顿首,十月二十六日。"(同上第 375 页。)

11 月 9 日,章氏《致汪旭初书》:

"旭初足下:得书,知各本《史记》皆作'毋礼',则殿本妄改可知。足下尚疑《集解》、《索隐》所据或是'豊'字,按《集解》纯用孔《传》,于《史记》正文有所不顾。其云'不当特豊于近',非但不解'礼'字,亦并不解'弃道'二字也。《索隐》则云'无为豊杀之礼',不云'特豊',而云'豊杀之礼',是其所据,已作'礼'字,特欲牵合史文于伪孔《尚书》,故其语迂曲如此也。此经自马季长训尼为祢,于是不得不改'豊'为'豐',其实尼本训近,亦通作昵,凡嬖幸媟近之人,皆得言尼,妾不得祔庙,故言'毋礼于尼'也。史公改'尼'为'弃道'者,当谓生子不举,弃之道旁者。高宗之子孝已被放而死,是即弃道之事,或后更悔悟,祀以天子之礼,则为过隆,故言'毋礼于弃道'也。尼亦读昵。孝已未尝抚军监国,故以私昵言之,弃道乃举其事,非以弃道训尼也。古义或如此,愿足下详之。季刚丧女,望代为吊唁。第二书亦已收到矣。此问起居康胜。期章炳麟顿首。十一月九日。"(黄侃:《戊辰十月日记》,《黄侃日记》第 381—382 页;又见抄件,用"北平中国大学国学丛编"稿纸,今经互勘。)

1929 年(民国十八年己巳)　六十二岁

1 月 19 日,梁启超在北京协和医院逝世,年仅五十七岁,章氏有挽梁氏一联,并自序一节,录如下:“至客腊闻尊公疾笃,未及□□,竟于报纸得讣。平生知友,零落殆尽,恻怆何极。所致挽联,虽无奇特,然以为能写尊公心迹,亦即鄙人与尊公相知之素也。”挽联为:

“进退上下,式跃在渊,以师长责言,匡复深心姑屈己。恢诡譎怪,道通为一,逮枭雄僭制,共和再造赖斯人。”(《章太炎《与梁世兄书》,见《梁任公先生年谱长编初稿》“民国、十八年己巳,五十七岁”。)

1 月 30 日,《致吴承仕书》:“得书知欲为《三礼辨名记》,此事体大,恐非一时所了。既以礼为郑学,而又不满于郑君傅会之说,则用思益不易。鄙意《周礼》、《仪礼》本无纠葛,唯《小戴记》杂以今文,郑君欲为会通,遂不免于辞遁。今于《小戴记》不合者,直驳斥之可也。至夏、殷文献,本无可征,郑说原非有时据。然如封建地域之事,亦不能谓其尽诬”。“《戴记》多杂汉初著作,非独《王制》一篇,如《大戴记·公冠篇》且明著孝昭冠辞矣。”附言:“再《王制疏证序》文献宜稍令平易,不必慕为醇古,方令习者易之。”(手迹摄片,见吴承仕藏《章炳麟论学集》,北京师范大学出版社 1982 年版。)

4 月 2 日,黄侃以四月二日玄武湖集分韵得柳字,赋长句,请章氏改正。(《黄侃日记》第 412 页。)

4 月 7 日,黄侃以四月七夕石桥集连句请章氏改正。(同上第 414 页。)

10 月 6 日,复陶冶公书:

“望潮足下:手书具悉。牢落之中,仍宜厉精自奋,若一积堕,终身不振矣。大凡师出无名,鲜不挫败,前此蔡、唐、陆诸公皆知名义,故能有所成就,而今之人不知,其识见真有天渊之隔也。霖生问光复会及焕卿事。光复会之起在癸卯、壬寅间,其时亦无组织,而五人者为之魁,则徐伯孙(锡麟)、陶焕卿(成章)、沈馥生(钧业)、龚薇生(宝铨)、陈子美(忘其名)是。初,伯孙有学生许崇卿者,家赀百馀万,五人谋捐赀入官,得而凭藉,然后反正。其赀则崇卿出之。伯孙得道员,焕卿以下皆得同知。其后伯孙入官颇得意,焕卿等不见其动静,疑其变志,与争甚烈。及伯孙杀恩铭,始信之。光复会同人后多加入同盟会,伯孙独不入。伯孙死,焕卿游南洋,与中山不相能,乃重建光复会,推鄙人为首,而焕卿常奔走南洋焉。会本起于浙江,其后伯孙官安徽,焕卿亦教于芜湖中学,又数游爪哇,故二处同志亦多,而江苏、广东次之。熊成基、夏芝岩、夏超、陈陶遗皆光复会人物也。南洋教员则李燮和最有成就,广东惠潮间则有许雪秋、陈芸生之徒,亦颇慷慨。雪秋当陈炯明穷乏时资助不少,及陈得志,反杀雪秋、芸生,以此不为世所直也。来书求作一丈大书,上海一丈宣祇堪作画,北京当有佳者,仆前在北京且曾得一丈六尺者,亦甚洁厚,今望各寄一张,其一丈者即为足下分之也。书复,即问起居。章炳麟顿首。”(见《浙江辛亥革命回忆录》,浙江人民出版社 1981 年版。)

12 月 27 日,《黄侃日记》:“午后雨中偕旭初、石禅赴沪祝太炎师六十二生日,夜半到,冒雨投宿上海新旅社。”28 日记:“午后诣师。”29 日记:“太炎师为书谢监:‘既秉上皇心,岂屑末代诮。始信安期术,得尽养生年’四语作一长联。午与旭初备酒为师上寿。夜,师设席款余及旭初。”30 日记:“师生辰,晨往叩祝。晤通一、心如、尧卿、品山诸熟人。夜斗牌。师出《春秋疑义》一册三卷,令看,得细读一过。”

12 月 31 日,黄侃返南京。(黄侃:《读古籀拾遗日记》,见《黄侃日记》第 591 页。)

1930 年(民国十九年庚午)　六十三岁

1 月 31 日,《黄侃日记》:“午后呼摩托车絜全家邀袭善出游,先诣孝陵,登宝城,还至享殿,见太炎师联语已撤,易以何人联,可怪。”(《黄侃日记》第 601 页。)

4 月 14 日,《黄侃日记》:“旭初今日自沪持来太炎师见赐书四纸,封署曰‘季刚足下’。”书曰:“季刚足下,去冬示以《春秋疑义》当有会心。鄙言于凡例虽取征南,而亦上推曾申、吴起、贾谊、史迁之说,以相规正。贾、服有善,亦采焉。迩来二三月间又加修治,且增入向所未备者十馀事。近说成公经立武宫事。据传称:听于人以救其难,不可以立武,立武由己,非由人也。则武宫断不得为武公之宫。《公羊》以立炀宫辞例相比,始为此说,而《左氏》不然。杜既采《公羊》,又知于传文难通,故云兼筑武军,此则支离亦甚。今请武宫直是讲武之处,即成周宣榭之类,服氏说宣榭为宣扬威武,则武宫亦其类也。又僖公经‘夫人氏之丧至自齐’。《穀梁》贾氏皆谓以杀子贬姜,杜则直称阙文。据传云:‘君子以齐人杀哀姜也,为已甚矣。女子从人者也’,此正释经文去姜之义。哀姜之罪,当由鲁讨;今齐人讨之,见其不容于父母之国,是以去姜。不于薨葬去姜者,彼但齐、鲁一方之事,此则齐、鲁相会之事也。正义以为姜氏者,夫人之姓,二字共为一义,不得去姜存氏,去氏存姜,然传有左师见夫人之步马者问之,对曰:‘君夫人氏也。’《诗》有‘母氏圣善’,则夫人氏原自成文,不得以为阙文也。如此之类,驳杜者甚著,然亦不欲如前世拘守汉学,沾沾以贾、服为主,盖上则寻求传文,次或采之贾谊、史迁,是鄙人著书之旨也。足下前说熟诵注疏,然于左氏则取疏而不取注,疏不破注,未知足下何以为别也。前者作《三字经》,今求者甚多,此已无稿,有一本在足下处,望即移写寄来为要。此问起居佳胜。章炳麟顿首。”(黄侃:《寄勤闲室日记》,见《黄侃日记》第 618 页。)

4 月 17 日,章氏《与旭初书》曰:

“鄙人所说《左氏春秋》,近复加十馀条,自谓精审,惜乎士燮《长经》今已不传,未知比之何如也。览彭尺木《二林居集》,有答袁蕙讓书(焯案,讓疑纕之误,宜检彭集),袁作《春秋论》,谓《春秋》不经孔子笔削,直是鲁史之书,其言虽过,然向来素王制法之障蔀,可以一扫而空。原论未见,其人与尺木友,恐是苏人,未知苏州有袁氏集否?愿为访求,幸甚。某顿首。四月十七日。”(同上第 620—621 页。)

4 月 19 日(三月二十一日),黄侃《上章先生书》曰:

“三月廿一日,弟子侃叩头先生门下:旭初还自上海,因悉尊安隐胜常,下怀欣慰。蒙赐手书四纸,开示《春秋》疑义二条,诚足以匡杜、孔之违,又异于拘牵贾、服者。尊于《春秋》,独寻孔、左之简书之微旨,下及曾、吴、张、贾之逸说,义苟有当,虽元凯不遗;例果不安,虽红体亦舍,要之简去异端,错综尽变,可谓开门于千载之下,妙契乎善志之心者矣。尊说成六年,立武宫事,谓立武公之宫,传岂得徒称立武?至谛。侃疑武宫盖即宣十二年之武军,彼注说武军云筑军营,明其有壁垒射堂,可以经久,是亦宫室之类,故得言宫。楚子不立武军,但以先君宫以告成事,如使武宫果为武公之宫,即与楚子告成事何异?传必无立武之讥。是知以武名宫,正如以楚名宫,以祇名宫,皆随事取义,不得以炀宫比矣。尊又说僖元年夫人氏去姜事,以传文宋有夫人氏,明其可以去姓。此又确当不易。侃谓哀姜称夫人氏,正似声子称君氏。孔谓不可去姜称氏既非,又云不可去氏存姜,并与逆妇姜于齐之经不照矣。侃前为尊言,熟诵注疏,推寻汉诂,正为今之臆说穿凿者太众,思欲遏止其流。若夫深思广证,符合遗经如我大师,侃岂有间然也。去年谒师,蒙以《春秋疑义答问》稿本令读,昭若发矇。归来伏念,自诧希闻,独恨耳学不精,必须寻本。敢求属世扬移者一通见赐,俾得由此上窥经义,即受恩无极矣。侃尔来温寻古子,已及《吕氏春秋》,疑义猥多,不审尊于此书曾有札记在匧中否?容荷示以要最,尤为昇然也。肃此,恭叩福安。弟子侃叩头。”(同上,《黄侃日记》第621 页。)

7 月,在钞本《金镜内台方议》上亲笔撰序,曰:

“《金镜内台方议》十二卷,明永乐时许宏撰。宏字宗道,建安人也。是书以《伤寒》诸方类列,即吴江徐氏《伤寒类方》所从出,而《方议》加详。援引宋人方书,至许叔微、陈无择、杨仁斋而止,其金、元四家屏置勿谈,可谓善于裁别者矣。清《四库全书总目》未著录,故医师鲜见其书,然亦颇有援引者。余数求之不得,会族人章成之得钞本一帙,署‘古吴程永培校’,书口有‘心导楼’三字,知即六醴斋本。其后友人余云岫复得刊本,题署正同,其版口行列亦与六醴斋诸书不异。顾何以不编入丛书,盖程氏得此书稍晚也。是本为同郡徐质卿所藏,而许宏字皆作弘,因知心导楼作宏者为避清高宗讳改;是本不讳,则意其犹在乾隆前也。余未识质卿,成之为言家藏方志甚富,即是书可知矣。精著旧钞,于世希有,愿质卿宝之。”(《金镜内台方议序》,钞本,上海中医学院图书馆藏。)

上海中医学院图书馆另藏郑文倬《医诂》,上篇有章氏案语十二条,系对古代医家、医籍的考证与对《医诂》某些说法的批评。其中有的按语是章氏后来写的《张仲景事状考》和《王叔和考》的基础,《张仲景事状考》发表在 1929 年 7 月《上海国医学院院刊》第二期,所以按语应写在 1929 年以前。他对医籍考证的按语如:“章炳麟案:医经同名者多矣。《经籍志》有《黄帝针经》九卷,下注梁有,《黄帝针灸经》十二卷,《杂针经》四卷,程天祚《针经》六卷,别有《玉匮针经》一卷,《赤乌神针经》一卷;其名‘针经’则同,其书则异。《唐艺文志》所录《针经》亦众,其《灵宝注黄帝九灵经》十二卷与皇甫谧《黄帝三部针经》十二卷、《黄帝针灸经》十二卷并列者,因注者有异,故分疏之。凡经籍艺文诸志单经单注,往往异录,安得以别出为疑。”(《医诂》上篇《灵枢》条眉批按语,第九叶。)他对《医诂》的批评如:“医方非审证,饮药本无从;校其是非,此岂可以空言论定者乎?”(《医诂》上篇《伤寒论》条眉批按语,第十九叶。)“此说可笑。《素问》已有三部九候论,何得言不及脉法?史传虽多言视病,不详诊脉,彼本简略之辞,岂得执文为说。”(《医诂》上篇《脉经》条眉批按语,第二十三叶。)“不知六气三候,而欲按病疏方,则人人能为医矣。此本专门之技,岂文儒泛滥者能袭取。”(《医诂》上篇《总论》条眉批按语,第二十九叶。)《医诂》眉批,吴佐忻同志曾有专文介绍,并辑录眉批按语十二条。(《中华医史杂志》1981年第十一卷第四期。)

本年,为鲁宗鼎“十五以前书画”题记,全文为:

“新会鲁杉彬宗鼎集其十五以前书画为此册,山水遒逸,令人有出尘之想。其竹石花鸟、人物杂画,亦各有致。末附《论画》一首,盖其自叙也。临摹款识六笔自然,与时俗描写者有别。分隶轻美,微少沈着耳。杉彬年未及冠,而所为如是,岂其天才卓绝,有人所不可仰企者耶;其诸山木之绪,至今未沫,而钟美于是欤!清世名儒大木书斋世泽大氏斩矣。余愿杉彬益勉之也。庚午孟秋章炳麟识。”

手迹,鲁氏家藏。鲁宗鼎(1913—1976),字杉彬,号栖霖山樵,江西黎川人。山木,清代著名文学家鲁九皋良后裔。鲁宗鼎精通诗文书画,少时由其父瑾光(芝祥)带领揭见马相伯,马氏介绍他受业于章氏之门,章氏称赞他:“山水遒逸,令人有出尘之想。”有《鲁宗鼎书画集》。

1931年(民国二十年辛未) 六十四岁

3月7日,黄焯于黄侃处“取太炎师《春秋左传疑义答问》稿去誊清”。(黄侃:《寄勤闲室日记》,见《黄侃日记》第673页。)

4月11日,黄侃以“手写《春秋疑义答问后叙》寄上先生”。(同上第681页。)

4月16日,黄侃接章氏书,“请改作《后序》,辞意允惬,不须修改一字。又论及刘君左氏之学,其言甚长”。(同上第682页。)

5月7日,《黄侃日记》:“奉师手书,并补《春秋左氏疑义答问》七条稿,命以次缮写补入。又索稿纸,即此半叶十七字者也。”(同上第691页。)

6月2日,《黄侃日记》:“钞《春秋左氏疑义答问又补》,至子夜。”(同上第694页。)

6月3日,黄侃“详读《葑汉昌言》稿竟日”。(同上第694页。)

6月5日,黄侃“抄《昌言》半叶”。(同上第695页。)

6月13日,《黄侃日记》:“抄《昌言》一叶。”(同上第695页。)

6月29日,《黄侃日记》:“鼎丞来送师润笔一千元,托转呈。(予对鼎丞有不宜自白之言,意甚悔之。日来精神真愦乱。)师赐书手稿亦为取去,云录副见还。”(同上第700页。)

7月10日,黄侃上章氏书,《黄侃日记》:“上先生书,乞为念勤取字。”(同上第704页。)

7月19日,黄侃与汪东、殷孟伦去上海。次日,“烈日中诣师,又不获畅意。久坐,乃论及文字。师出所著《三体石经考》,所批薛氏《钟鼎款识》令阅。以说窌(秦盄和钟)为竈,读为造一条最精”。“《汉书》‘类祃厥宗’。师说此伐之意,亦谛。予言字为毌之变,《说文》'丂'下云:'气欲舒出,勹上碍于一。'勹即乃字。此二条,蒙师印可。又说《史记》'卒述陶唐以来,至于麟止','陶唐'八字,即《尚书》、《春秋》之廋词,史公不敢明言述六经,乃婉言之耳。师亟以为然。暮热甚,辞归旅舍,又有雷雨,先饭旅舍中,不饱,又出食于福禄寿,深夜乃反(非昨宿之室,此在三楼)"。(同上第 707 页。)

7 月 21 日,黄侃返宁。7 月 28 日,黄侃"上先生书,并寄《三体石经考》、《太公家教》"。(同上第 709 页。)

11 月 13 日,《复吴承仕书》:

"得书,并先寄《国学丛刊》三册,俱悉。近作《汉儒识古文考》二首,大致谓汉代学者说经或有是非,至于文字,则无臆决之事。一由汉初八体试吏之法尚严,二由汉初古老未尽,故读古文经者,得尽识其事,无所疑滞。逮及元鼎以后,始有古文专家之业。而自儒生以外,吏人犹往往知之,于汉碑可验也。后之于钟鼎释文者,绝无传授,以臆释为何事,此所谓不知而作者矣。"(手迹摄片,见吴承仕:《章炳麟论学集》,北京师范大学出版社 1982 年版。)

12 月 2 日,《复吴承仕书》:

"古庙制宜再精考。韦玄成、刘歆与郑氏义多不同,即《记》称诸侯不敢祖天下,而鲁有周庙,郑祖厉王,亦非记所能通,此事恐须博考经籍,非一家之言所能了。禘祫说鄙人亦不敢专依郑氏,盖三祫五禘之说,不过《公羊》与纬书所言,于鲁且未必然,况可云百王通制耶?审思说礼固自不易。盖孔壁逸经与七十子后学者所撰《礼记》,今皆不存。如近代定海黄氏之伦,研精覃思,亦无过管中窥豹而已。"(同上。)

12 月 3 日,章氏《致黄侃书》:

"季刚足下:前得书,问研究宋、元、明《学案》并及《论语》疑义。宋、元《案》所包者广,其人不尽是理学一流。明《案》稍纯,盖太冲精力在此不在彼也。至宋、元《案》不录孙宣公、黄薇香业已殊难;其于苏子瞻辈,直以异学视之,此尤偏缪。苏氏之学,本世陆敬舆,说经谈理,非其本根。今不论其本而寻其枝,非知人论世之道也。明《案》绿霍韬、席书辈,此乃附会大礼之佞人,因其曾事阳明,遂得与录。文人如王阮亭辈犹知非之,今更无讥焉。又两案所说师友渊源,亦有未尽谛者,如宋、元《案》据山谷传闻之辞,谓刘原父为欧阳弟子,考之两家文集,绝无其征,明《案》以罗达夫为阳明弟子,不知达夫自师季谷平,始终不肯署阳明门下也。理学须取其少支离者,明道、上蔡、象山、慈湖、白沙、阳明,各有独至,皆无支离之病。王门高材多在江西。仆尤喜王塘南,其言'乾为知体,坤为意根',自来绝未有见及此者。苦于执着生儿,不能脱离缠缚。是其见到之处,正其受病之处也。大氐理学高者,皆是走入天乘。世人谓理学是禅,要只佛家所谓四禅、八定,通于外道者。唯杨燕湖、林子春,庶几超出耳。然因是谓理学所废,佛法可以专遵,则又不然。人世纪纲,佛书言之甚略;五戒、十善,不如儒书详备多矣。鲁《论》'期斯已矣'一条,最为难说,俟他日审思之。锦州撤兵,似已有放弃关东之决心。虽会之先生复生,其智谋不过如此也。吾辈但当保存国故,作秦代之伏生耳。此复,即问起居清胜。炳麟白。十二月三日。"

黄侃“案”云:“林子春似有误,或当作林春。”(《黄侃日记》第740—741页。)

1932年(民国二十一年壬申)　六十五岁

2月23日,北上见张学良,《申报》谓其“携眷由沪乘四川轮来青”。(《申报》,1932年2月24日《临时增刊》。)实际章氏并未“携眷”,是和老友龚振鹏一起北上的。龚振鹏,名镇周,安徽人,1913年讨袁之役,龚是柏文蔚部下将领。29日,抵北平,由龚振鹏去找刘文典,刘到南城花园饭店谒章。据刘文典回忆:“章先生看见我,摸摸我的头说,叔雅,你真好!随后就大骂蒋介石不抵抗主义,真是卖国军阀。张学良去见他的时候,我在楼下龚振鹏的房里,听见他大声疾呼,声震屋瓦。那种激昂慷慨的声音,至今还留在我耳朵里。后来他迁居东城永康胡同。”(刘文典:《回忆章太炎先生》,《文汇报》,1957年4月13日。)龚振鹏回忆:“太炎先生跟张汉卿谈话后,张氏头脑立刻清醒,事后却又忘了。下次再谈又感到觉悟些,不久依然淡忘。”(金德建:《章太炎与龚振鹏》,见南京师院:《文教资料简报》1981年第9号。)

3月22日,《黄侃日记》称:“午与检斋同食东亚春,饭罢,趋民国学院,听太炎师讲代议制改良之说,予为以常说重宣之(始讲时,诸生中有畏师揭发党人过失者,喧呼欲予离去师侧,借以起哄,可笑也)。旋送师还永乐胡同寓(与宇澄同住),夜陪师食于东兴楼,尹石公为主人(座中遇杨啸谷、徐森玉)。”(黄侃:《避寇日记》,见《黄侃日记》第769页。)

3月24日,《黄侃日记》:“午赴吴子玉招,太炎师亦在。饭后送师还寓,复随至燕京大学听讲。”(同上第770页。)

3月27日,《黄侃日记》记:“午,陪师食于广和,傅岳棻同坐。食后送师归。”(同上第770页。)

3月28日,《黄侃日记》记:“晡,陆生来,贻刊本钱笺《杜诗》一部,遂偕往中国学院听师说《治国学之根本知识》(一经学,二史学,三文学),为之重宣一过示诸生。旋从师至忠信堂晚饭(中国书院请,遇杨遇夫同座。)夜,附师车归,至四条巷口辞下。”(同上第770页。)

3月29日,《黄侃日记》:“晚,诸生八人(汪绍楹、陆宗达、骆鸿凯、朱家齐、周复、沈仁坚、殷孟伦、谢震孚)请师饭于丰泽园,予与陆生往迎,遇朱、马二人,略谈而解携。上灯开宴,检斋同坐,主客凡十二人。师食量甚豪,谈兴亦高,不常见之嘉会也。十时馀,与师同车,至巷口辞下,醉甚,早眠。”(同上第770—771页。)

3月,章氏在北平,据报载“平津国难会员章太炎等二十六人,向国难会提出:一,驱逐沪淞日军出境,讨伐伪国;二,结束党治,实行民治,半年内制定民治宪法;三,党之决议,对国民不生效力,停支党费等案,倘不克实现,即全体退会”。(《章太炎等提议实行民治》,《苏州明报》,1932年3月18日。)

3月21日,在北京师范大学历史科学门及文学院的国文系、历史系讲演,题为《清代学术之系统》。

4 月 6 日,《黄侃日记》:"午,赴丰盛胡同六号谭赞卿(玉生先生之孙)宅食,陪太炎师也。五主人(杨树达、陈垣、伦明、周叔迦、余嘉锡),肴馔殊精。从太炎师还。闻时事消息劣,讽龚君劝之归沪,予亦将行矣。"(同上第 773 页。)

4 月 7 日,"国难会议"举行前,章太炎发表声明,指斥当事者志在屈伏"。谓:

"承以国难会议会员相属,心虽未许,宜致一言。东事以不抵抗失机于前,今则三省尽陷,寇迫关门;东南濒海,又有倭寇跳梁之势。屈仇则无再振之机,攻守则无兼顾之策。然则两害相校,宜权轻重。海上虽急,其势不能久据;关东则异是,业已树置汉奸,设满蒙新政府,是即永远占据之征。恢复既未易言,即防御不得不急。全国上下所当聚精会神力图攻守者,惟辽西与热河耳。此二区若为敌有,宛平、卢龙即成边徼,黄河以北,必无十年不陷之期。纵联盟不成,诸国群起抗议,但能支持一时,岂得永远调护?欲求自卫,非责之自身而谁?迩者辽西义勇,势孤援绝,犹能人自为战,多所斩馘;而张学良以丧败之馀,居中策应,支诎已甚。此处比于三省全部,其地虽小,若其屏蔽关中,则有重于全部者,乃可责成于一人哉?应速推一威略过人、北方所信者,以为偏帅,如前代帮办军务之例,使驻军滦州,随机应敌,东抚辽西之义勇,北系热河之人心。虽未能驱敌过河,间出袭击,杀伤必众。俟其疲劳,然后与之交涉。辽东、吉林虽难知,辽西必能复我主权,而非徒以片纸接收了事。然后燕蓟一方自有藩翰,河朔诸省无次第崩溃之忧,所谓宜权轻重者此也。此而不为,则是视关东为不毛,抑且视河朔如化外。苟令江左弃地如遗,当国者将何以谢天下乎?若夫断绝国交,则沿海无守卫之术,哀诉联盟,则列强无恤难之情。前者固非计,后者收效亦几何哉?军事贵速,能断则一言而可,不断则众议而无成,纷纷召集,将以奚用?若当事者志在屈伏,而以联盟会议为分谤之机关,仆民国荒夫,焉能为党国诸贤任过也。"(手稿,苏州章氏家藏。)

3—4 月间,章氏旅居北平时,问起鲁迅,据孙伏园《惜别》:太炎先生"最后一次到北平,门徒们公宴席上,问起鲁迅先生说:'豫才现在如何?'答曰:'现在上海,颇被一般人疑为左倾分子。'太炎先生点关道:'他一向研究俄国文学,这误会一定从俄国文学而起。'"

4 月 12 日,《黄侃日记》:"师前日说今学者之蔽:一,好尚新奇;二,专恃智慧;三,倚赖他人;四,偏听偏信。"

4 月 13 日,《黄侃日记》:"夜,谢国桢、刘盼遂招饮同和居,陪太炎剧谈,至子夜始返。"(同上第 775 页。)

4 月 15 日,《黄侃日记》:"禺中、叔海师使车来,属乘以代迎太炎师(以三日什刹海诗呈师),师云侃诗五言在谢、沈之间。遂从师出城至丰泽园食,衮父陪坐(田儿亦侍)。酒半,师以鼻疾,兼昨夕失眠,忽头痛,默坐移时乃略差(为楚宝事,乞师致电居正,予为代发)。"

4 月 16 日,《黄侃日记》:"午赴同和居徐森玉招,陪太炎师,遇遇夫。"(同上第 776 页。)

4 月 18 日,《黄侃日记》:“偶记太炎师八字:戊辰、乙丑(食神);癸卯(食神)、庚申。叔海师生丁巳十一月初三日丑时,命推年命。”“太炎师说挽唐继尧联曰:‘功似周绛侯、才似李西平,僭制既除,独禀义心尊奥主;燕昭晚求仙、齐桓晚好内,雄国一蹶,谁怜敌国起舟中。’”(同上第 777 页。)

4 月 20 日,在北京大学研究所作报告,以《广论语骈枝》为主,因北方人听不懂浙江话,由钱玄同翻译,或作板书。由柴德赓记录,钱玄同修改,题为《清代学术之系统》1934 年发表。

5 月 4 日,函钱玄同:“星期五割后呼吸仍未通,本星期五尚拟割治一次,逮星期日恐尚未合创,启明处或未能赴也。再者,鼻病例须戒酒,启明盛言,殊不克副,烦为道谢。”

5 月,为再传弟子刘赜《音韵学表解》题辞,认为“言古文韵能得大体”,“曲有条理,最便初学”。(《声韵学表解》扉页,国立武汉大学丛书,1934 年 2 月出版。)

5 月,章氏在京,弟子黄侃、钱玄同时相探视,据称:“黄侃有一次在章太炎面前责备钱玄同不继续研究传统的音韵学,要弄注音字母、白话文。钱玄同听了大怒,表示:‘我就是要弄注音字母! 要弄白话文!’并且说了一句骂人的话。章太炎急忙从中调停,说:‘你们还吵什么注音字母、白话文啊! 快要念アイウエオ(日本字母)了啊!’意思是:日寇入侵,国难当关,应该团结救国。但从此黄、钱这两位章门同学就不再见面了。”(曹述敬:《钱玄同年谱》,齐鲁书社 1986 年 8 月版第 113 页。)

《钱玄同年谱》又说:“五月间,章门弟子有几个人在周作人家请章太炎吃饭,钱玄同也在座。饭后,大家请章太炎题字以作纪念。钱玄同请章太炎写‘急就庼’(‘庼’,即‘廎’,音 qǐng,小厅堂的意思)三字的横幅。章太炎问钱玄同,庼在那里? 钱回答说:‘尚无。’章太炎便很风趣地赠题:‘虽有庼名,庼未之有。’按:钱玄同从一九一三年来到北京,当了二十多年大学教授。但却没有买下一间房子,也没有个固定的租赁的住处。”(同上。)

5 月 15 日,在京弟子钱玄同等为太炎先生送别,章氏为沈兼士所藏费玉衡《窥园图》作跋,录如下:

“费玉衡《窥园图》,王西庄作记,江艮庭书。大旨以为藏、修、息‘息’游,皆学之事。余案,杨子称‘公仪子、董仲舒之才之卲也’,公仪有拔园葵事,仲舒不窥园,亦谓不治园圃之业以自殖耳。《潜夫论》称仲舒家给富,故能不窥园,其义愈明,非谓仲舒不游观园林也。吴下风俗,士大夫多置田园,窥园可也。所谓读书先须治生耳,亦岂竟以息、游为学耶? 费君盖识解《汉书》,王、江二公又为辞以缘饰之,美则美矣,殆近郢书而燕说者也。余弟子沈兼士得此卷,属余跋尾,为说其事如此。民国廿一年五月,章炳麟。”

此图后为启功购得,启功弟子朱元麒《元白先生所藏〈窥园图记〉题跋》记其事,并注:章太炎于是年“2 月 23 日避乱北上,在北京讲学,5 月 16 日南返。其在日本流亡期间受业弟子多人,其时均在北京各大学执教,沈兼士即其 1907 年在东京从受文字训诂之弟子,因此在讲学之暇,为此题跋。又据周作人回忆,章太炎离别北京之前的最后一日,还有为在京弟子作书留念事可作参证:‘五月十五日,下午天行来,共磨墨以待,托幼渔以汽车迓太炎先生来。玄同、逖先、兼士、平伯亦来,在院中照一相。又乞书条幅一纸。’”(见朱注,载《文献》2006 年第 2 期。)

7 月 6 日,《致潘景郑书》,谈古文《尚书》,录如下:

“北京大学受东人追胁,令姊丈顾君想已南来,汇刻古文《尚书》之举,究竟有端绪否? 仆自得三体残石及释文残卷后,亦颇欲穷问斯事。古文《尚书》见引于颜氏《匡谬正俗》,其事不诬。至宋次道所得者,晁公武以之刻石;薛士龙以之作训,虽未必枚氏原本,然《经典释文》至开宝始易新本,其未经改窜者,北宋人当见之,如贾昌朝即其一也。宋次道等盖采摭释文原本而为此,虽非枚氏原本,而字体固无异也。若《汗简》所录,则在释文未改之先,亦可信任。东方所谓足利本者,盖亦采摭《释文》原本所成,非必真自唐时携至也。今以莫高窟《释文》残卷与薛氏古文本校,颇有《释文》所引《说文》异字而薛本则据为真者。若足利本果自唐时携至,当一一同于《释文》(残卷)大字,不以所引《说文》乱之。若犹取《说文》异字,则与宋次道本异苔同岑耳。此中源流之辨,一勘即可知也。枚氏书本采石经古文,故当时为人所信。凡此之类,恐枚氏当时已然,非必宋次道等之误,又不知足利本何若也。此事核实,断非难行,但恐今人粗心者,都不能比勘耳。顾君如已南来,即欲与之一叙。望足下为介绍也。书此即问起居康胜。章炳麟顿首。七月六日。”

手迹,潘景郑旧藏。“令姊丈顾君”,顾廷龙,原任哈佛燕京图书馆驻北平采访处主任,旋返沪主持上海合众图书馆,曾与顾颉刚合编《尚书文字合编》,晚近由上海古籍出版社出版,共四册。

7 月 19 日,《黄侃日记》:“奉太炎师十六号书,节录如左:‘孙生来,得所惠《考古》、《博古》二录,欣快之至。款识释文,自昔是非无正,沿袭既久,以为固然。其实,《汗简》尤为荒诞。欲加攻击,必先溃其首都。永叔《集古》不录正文,录正文者,莫先于吕氏。得此,则首都在君掌中也。’”(《寄勤闲日记》,见《黄侃日记》第 801—802 页。)

7 月 29 日,《黄侃日记》:“仍以手批《尔雅》郝《疏》第七册借孟伦。太炎所书称:‘学如元恺方成癖,文到相如始类俳’亦付之。”(同上第 804 页。)

8 月 13 日,《黄侃日记》:“太炎师所书联由沪肆裱成寄到。”(同上第 809 页。)

8 月,金天翮、张一麐等在苏州发起讲学,邀请章氏来苏,报载:“万流景仰之大师馀杭章太炎先生,文章气节,卓绝群伦,此通国皆知者也,最近由北京大学暨青岛大学等校讲学归来,止于沪上,邑人金松岑、张一麐、李根源、金震、王佩诤、胡焕庸、诸祖耿等数十人,因章先生栖栖皇皇,志在以道济天下,我苏又为文化荟萃之区,自明迄今,儒林文苑,史不绝书,发扬国粹,为国家多留几个读书种子,亦当今亟务也。爰组织一学团,不日开会,讨论招待章公办法,约八月十日前后,章先生即可到苏讲学,地点暂假草桥苏州中学,有志国故者,幸勿失良机,以饱领章君宏论也。”(《万流景仰之章太炎将来苏讲学》,《苏州明报》1932 年 8 月 2 日。)

9月6日,《苏州明报》公布章氏来苏讲学时间、地点:“章太炎先生讲学地点:王废基律师公会。日期:九月六日起约三星期,时间:每日下午五时起。听讲费:每人三元。报名处:草桥苏州中学初中部。”(《章太炎先生讲学》,《苏州明报》1932年9月6日。)

9月,章氏来苏讲学,“求附者悉属知名之士”。报载:“朴学大师章太炎先生此次应三吴父老之请,来苏州讲学,俊秀之士求附门墙者,有廿馀人之多,经李印泉、金松岑二先生介绍,于日前执贽章氏门下者,有武进徐震、诸祖耿,金坛吴契宁,镇江戴增元,吴县王謇、金震、傅朝俊、郑伟业等八人。徐震为中大教授,诸、吴、戴均系苏州中学教师,王謇即我苏州考古家王佩诤氏,著有宋平江城坊图考等书,与金震同为金松岑先生之高足。傅则历任苏沪各校教职,与已故名画家顾公柔氏同受业孙伯南先生门下,邃精许学。郑为李印泉门人,曾从吴昌硕学书画金石,现时章氏所用名章,即系郑君所镌者。”(《章太炎门墙桃李芬芳》,《苏州明报》,1932年9月21日。)

9月12日,函吴承仕,谈明季满洲史事。(手迹摄片,见吴承仕藏《章炳麟论学集》,北京师范大学出版社1982年版。)

9月27日,章氏由苏返沪,报载:“当代大师章太炎先生,此次来苏讲学三星期,于经文大概、文字音韵之学,殊多阐发精义。昨日返申,临行时,留诗两首,一题留园,一题门弟子徐沄秋君所绘山水画卷。”其《题留园》云:“见说留园已不留,卅年回首等浮沤。应刘去后陈王老,(曩时同游者黄慕庵等,均已殁。——原注,下同。)啸树仙人是旧游。(林中蓄一老猴,尚是三十年前物。)”《题徐沄秋所绘山水画卷》为:“徐子沄秋,中山三裔孙也。于今为庶而文采尚存,山水之妙亦与曹将军画马何异。壬申秋以是索题,为作口号如右。章炳麟。青山何处不迎人,人入青山便有邻。不用商于采芝去,穹窿亦自可逃秦。”(《章太炎新诗两首》,《苏州日报》,1932年9月28日。)

10月6日,章氏有《与徐哲东论春秋书》,谈到自己治《春秋》的经过,另为徐哲东《公羊榷论》题辞,(徐哲东即徐震,章氏在苏新收门人,中大教授。)曰:

“公羊氏之说《春秋》,事理多有违失,此由生于闾巷,不睹国史使然。要之,所论限于人事,未尝倡神道、著图谶也。观其言,以《春秋》为《春秋》,但恨失于局狭,未尝失于泛滥。如通三统立五始黜周王;鲁为汉制法诸说,皆阴阳家言。公羊尚不采摭群经,岂有妄取阴阳家者?大著八篇,明董、何说皆非《公羊》本义,斯为灼见症结之言。自清道光以来,董、何之学,雾塞一世,得足下参伍比考,发见急慝,真如排云雾而见青天矣。

“鄙人尚谓《左氏春秋》部袠重大,当时见之者希。而铎氏微节略《左氏》,书少易传。《吕览》、《韩非》征引《左氏》,大氐多本于此。虽穀梁、公羊二子,盖亦尝窥其厓略矣。如改矢鱼为观鱼,卫俘为卫宝,大卤为大原,是皆取《左氏传》以改经也。如汉儒读为当为之例,《公羊》称《春秋》伯子男一也,义亦本诸《左氏》。如《内传》云:‘在礼,卿不会诸侯,会伯子男可也。’《外传》云:‘伯子男有大夫无卿。’皆以伯子男为一科。斯即《公羊》所取材者。若云文家五等,质家三等,岂徒非《公羊》意,亦并失《公羊》之语所自出矣。哲东心力精果,他日更能深求之否耶?”(手迹,徐氏家藏。)

12 月 26 日,黄侃赴沪,祝章氏六十五生日,是日日记:"晨至太炎师寓,师犹未起。与鹰若同出买书,顺道诣君素,旋出,食点心于福禄寿,买《四部丛刊》单行《经典释文》及《左传》、《国语》,凑足十五经,以便别庋,且宜于点校。还,为师贺寿(六十五生日)。贺客殊希,有翟公署门之意。"(同上第 840 页。)27 日,黄侃"黎明起,八时诣车站"返。

1933 年(民国二十二年癸酉)　六十六岁

1 月 1 日,苏州娑罗花馆开幕,章氏题词。(《苏州明报》,1933 年 1 月 1 日。)

1 月 6 日,黄侃来函,谈及《春秋答问》。黄侃函为:

"还自上海,受寒苦欶,入夜发热,至今未瘥。东寇侵陵,北方想无术可保。江海间亦或见优,多方误人,侃圈甚多,无处徙避,邦家鼎沸,天地纮张,思之诚悲涕沾衣也。奉尊旨,令更缮录《春秋答问》,谨即开械移写,不敢怠忽。书言古文一字多作数用,洵属精辟紬绎有得,当更请益也。顷借得清雍正中钞本《日知录》中,如素夷狄行乎夷狄一条,全文具在。其他异于今本者,不可悉数。忆顾君诗有云:'忽见奇书出世间,又惊胡骑满江山。'不觉废书兴叹,绕室旁皇也。国论蜩螗,筑室谋道,愿尊风翔千仞,以避险征龙蛰三冬而期时,举惓惓之意,伏求裁鉴。"(手迹二叶,温州市文物管理处藏,末署"一月六日"。同日,《黄侃日记》:"奉太炎师五号,即复。"但未见章书及黄侃复书。《寄勤闲日记》,见《黄侃日记》第 843 页。)

1 月 29 日,《致冯玉祥书》,主张抗日,反对当局"只以规避为能"。函曰:

"定五来,交到手书,悲痛之情,彼此如一。自榆关陷后,弟私念今日可与敌人一决雌雄者,唯兄一人。曾以此告之友人,而不能以告当局。溥泉来沪,即直以此语之,谓舍此一着,更无别法;且将解释猜疑之理种种告之,溥泉极以为是,但未知其能言入当局之听否也。及定五来,始知汉卿已有接洽,而宋、庞、孙三部亦已愿受指挥,一线光明,令人有望。唯当局是何意见,恐难测度。今日所以须疏通当局者,正以平原作战与蔡廷锴等在上海有殊,军械补助最为紧要。闻当局新购高射炮二三百门,望其量与拨给耳。如不为此,且直受汉卿委任,亦何不可?但求立功救国,何论名位高卑乎?观当局处事,只以规避为能,外患方亟,而彼又托名剿共,只身西上。似此情形,恐有如前清西太后所言'宁送朋友,不送家奴'。此虽剖出心肝而与之言,亦未见听从也。汉卿幸能觉悟,在今日真为难得,若能毅然委任,尽力补助,似非不可与从事者。兄为国干城,出于真性。凡在野流辈,平日有怀疑于兄者,至今似已释然,盖明知兄与溥仪势不两立也。坚忍不灰,兄之能事,不待他人教告,但望治军以后稍事宽大。今日为胡林翼之阔则不可,为曾国藩之俭则不宜,如左、李所为,正合中道。此前岁所以语兄者,望时时注意也。"(手迹,原件藏中国第二历史档案馆。)

2 月 3 日,吴承仕来函谈《章氏丛书续编》事:"《春秋答问》副本,前已寄上,谅检收矣。手示丛书补校各条,均照改定,惟八卦方位说,天文地理事编求无所得。按原稿有八卦方位一条,堆于卷末,求不收入《体撰录》中,想由先生误记,故有此言邪?《丛书续编》,开工已久,前已刻竣《广骈枝》一卷,其馀各种,初写早毕,中经玄同复校,阁废数月之久,昨日始将写本交来,一俟改好,即可上木。《石经考》精写将了,全书告成,恐尚须三五月也。此间危迫,能否苟免不可知。然海内已有数本,尚无绝学之忧。承仕寒假中专治《说文》,又以暇时重校《论语》皇《疏》(原注:日本人武内氏以文明本为主,而以九种旧抄本校之,重印行世,今假得一阅)。夷狄有君章疏,与知不足本不异,不知玄同已钞寄否。兹改录呈阅。以外亦有小小佳处,暇当奉闻。"(手迹,二叶,温州市文物管理处藏,末署"二月三日"。)

2月7日,章氏《致黄侃书》:

"季刚足下:前说古文有形音皆同而异字者,今又得数事。如匕为相与比叙,又为饭匙,其实亦为两字。又凵为张口,音口犯切;凵为凵虑,饭器,音去鱼切。此形同、义异而音又相转。如去声之字有猛,盖鱼、模与侵、谈、缉、盍,同是闭口韵也。又彝器甲字作十,十为数之终,又为十干之首。十音本同叶,甲音亦正同狎,是亦形音同而义异者也。若形同而音义皆异者,如王王;士、土;廿、廿(古文疾)之类,又不胜数矣。《日知录》胡服一条,今本所无。《素夷狄行乎夷狄》一条,今本有目无辞。初以为乾隆抽毁,及读潘稼堂原刻,乃亦如是。则潘稼堂负其师深矣。《论语》皇疏《夷狄之有君》章,日本文明本疏义,与知不足斋印本疏义大异。鲍书本进呈者,其改窜又不足怪也。今将文明本皇疏录寄足下,当更以《日知录》二条饷我也。手肃即问春祉。章炳麟白。二月七日。"(见《黄侃日记》第849—850页。)

2月8日,又《致冯玉祥书》,望冯玉祥"苦心屈志以济此难"。函曰:

"南中主持大计者,可谓无一人;而今日与伪主势不两立者,盖唯鄙人与兄而已。外只合肥与孙殿英。中情焦灼既如彼,乐有良将又如此,而到处荆棘,无可告语。窃谓求远不如求近,求甘心放弃者,不如求不得不抵抗者。兄忍辱负重,得之天性,但求立功报国,何计委任之出谁手乎?大约敌人近计,唯在力攻热河,此处得手,则平津已不成问题。至滦州一方,为出入喜峰之孔道,亦不得不注意,此二处非有统帅,则各军散乱,进退不齐,是为至危之事。仆以樗朽,不任执戈,而兄岂可不苦心屈志以济此难乎?事理万端,不能尽说。兹属龚镇洲兄而谈,镇洲忧国有谋之士,可与尽言无隐也。"(手迹,原件藏第二历史档案馆。)

2月22日,与马相伯联名《致张学良书》,推举冯玉祥统军。函曰:

"国联以虚言制日本,日本即以实力对热河,乃必然之因果。然则国联助我不足喜,而自力御侮为必需也。今日之事,饷械固应筹备,将帅尤在得人。闻宋院长到平,犹以迫冯玉祥南行为务,不用之亦已矣,又从而绊其手足,可谓无□加求将帅矣。热河守兵十二万集合三四部成之,□□集之不齐,以此御节制森严之日军,恐非易事,不有良帅以一号令,何以为自守之策耶?宋院长者,固非专精军事之人,以为一将去留,无关成败大计,不知将帅失人,虽有饷械,亦不能运用也。以愚辈所见,今日能统十万军独当一面者,惟冯玉祥一人,其人曾逼溥仪之故,亦不容更有他肠。愚辈虽在草野,为作保证而有馀矣。惜左文襄为官所陷,几罹大辟,赖曾、胡力为营救,非徒免死,且授为湘军副帅,卒成大功。今之冯玉祥,实类于是,而执事岂不能以曾、胡自任乎?二十年以来,军人相忌,日寻干戈,以有今日,命已垂绝,犹作自坏长城之念,亦何心哉!"(《苏州明报》,1933年3月6日。)

3月3日,日本侵略军侵占承德,热河失守,李根源"为之痛哭失声",并以"马、章两先生函稿",录交《苏州明报》披露。《苏州明报》为撰"评论",题为《章、马二公不愧先觉》。(《苏州明报》,1933年3月6日。)

3月5日,《复吴承仕书》:

"来书称古、今《尚书》原本皆古文,传习皆今字,其说近是。鄙意昔人传注本与经文别行,古文家每传一经,计有三部,与近世集钟鼎款识者相类。其原本古文,经师摹写者,则犹彼之摹写款识也。其以今文移书者,则犹彼之书作今隶也。其自为传注,则犹彼之释文也,但彼于一书中分作三列,而此乃分为三书耳。伏书旧简,盖未尝传之其徒,所传者,只其移书今字之本。孔书旧简,虽入秘府,而摹写古文之本,与移书今文之本,必并存之。"(手迹摄片,见吴承仕藏《章炳麟论学集》,北京师范大学出版社1982年版。)

同日,章氏来苏讲学,门人公宴,报载:"昨日午刻,其及门弟子,假座苏高中南圃别墅,公宴其师,并请张仲仁、李根源、陈石遗、金松岑、胡焕庸、丁芷祥等作陪。……又闻明日起,讲学五天,每日下午四时半,在公园图书馆楼上讲厅举行,留心国事者,可往听讲。"(《章太炎明日讲学,及门弟子公宴》,《苏州明报》,1933年3月6日。)

3月11日,在苏州国学会讲《中国历代之兴亡》。报载:

"朴学大师章太炎,昨日在国学会讲《中国历代之兴亡》,听者拥挤,后至者几不能插足。先生首将历代兴亡,叙述大概,次将晋、宋、明三代之亡,详为论比,盖此三代皆亡于外族者也。先生学术渊博,引据确切,字字有本,不同凡音。此种演讲,于后生小子获益诚匪浅鲜也。兹闻于今日经国学会全体挽留,再续讲一天,闻将于明、清两代之社会环境,再详为比较论次云。"(《国学会挽留朴学大师》,《苏州明报》,1933年3月12日。)

3月13日,章氏由苏州赴无锡讲学。报载:

"朴学大师章太炎先生此次来苏,在国学会讲学,有一星期之久,于中国文献,供献实多。前日讲明清两代社会环境之比较,尤于学术风俗士气各方面,详为征引比较,启发后进不少,诚当代学术界之南针也。兹闻于昨日应无锡国学馆之请。"(《章太炎赴锡讲学》,《苏州明报》,1933年3月14日。)

章氏抵锡,于14日在无锡国学专门学校讲演《国学之统宗》;15日,在江苏省立无锡师范学校讲《历史之重要》。(见《章太炎年谱长编》下册原第929—930页,见本书第537页。)

3月16日,章氏在无锡讲学后,回到苏州,继续讲演。报载:

"朴学大师章太炎先生,前日赴锡讲学,全城各中校学生,特为停课两天,前往听讲,士绅等亦热烈欢迎,殊有应接不暇之感。而因此号召效果,锡地学术界之愿加入本埠国学会者,达数十人之多,将来有组织分会之说。兹昨章先生又经图书馆与国学会两团体之请,演讲诸子流别与比较,议论宏深。今日下午四时,拟讲《文学体例》,地点仍在公园图书馆楼上国学会内。”(《章太炎今日讲文学体例》,《苏州明报》,1933 年 3 月 17 日。)

3 月 20 日,复钱玄同:

“烽火迫人,足下等尚能为我校写,可感可喜!书到时,仆正在苏讲学,归沪得书,距发书已两星期矣。字效《流沙坠简》,古雅可贵,长素虽能言之而不能见诸施行,盖广州人习用羊毫,其势不能效古也。得足下成此一艺,亦文学复古之端,字体多宗开成石经,去其泰缪,此亦酌中之术,然亦唯足下能为之尔”。“所询疑事十条,皆为批识于上,改补甚易,唯首条问‘苍颉造大篆’,今《吕览》无其文,按此见张怀瓘《书断》引《吕氏春秋》(怀瓘有驳辨)。今本《君守篇》云:‘苍颉作书’,以《书断》证之,则今本误也。凡引书与今本异者,例须注明出处。段既缺略,仆亦仍之,终于引古之法不合,如能于本章之末加入注语(可由足下自作按语),则了然矣。”“符定一所著《联绵字典》,实校明人《骈雅》为优。去岁在北,渠即属仆与季刚作序,季刚《序》已成,而仆苦思不得一字,以此负之,暇或为作数行耳。”“苏州新收弟子约十馀人,其中素有根柢者凡二三人,馀即未逮,幸其志尚坚,皆可与共学者也。《弟子录》去岁已刻一纸,今春又增入数人,大氐以东京学会为首,次即陆续增之,至近岁而止。其间有学而不终与绝无成就者,今既不能尽记姓名,不妨阙略。所录约计五十人左右,然亦恐有脱失也。”

4 月 4 日,《致宋哲元书》,对宋哲元部在喜峰口阻击日军获胜,“眉目为开”,并赠楹联,函曰:

“近传喜峰大捷,眉目为开。萧、孙二君来,接到手书并战时图略。此次御敌者二十万众,执事军备未充,馈饷全绌,而能挺进肉搏,一战杀敌过万人,岂独甲午以来所未有,即远溯鸦片战争至今,曷尝睹此?敌人知可犯,于是侧击滦东,以图牵制。闻石门寨业已不守,滦州果可得无事否?斯固军事分会之责,然思执事亦不得坐视也。一月以来,枢府虽主力抗,而朝野蜚语亦多。芳泽此来,疑谤更甚。岂敢谓当局爱国之念必不如人?而朝无骨鲠,有可忧惕。事处其极,恐身在阃外者,不得不以便宜从事矣。开战以来,贵军死伤者已四五千人,救护伤兵,事在至急。顷已与相伯先生商之,或不无芥壤之助也。楹语一联,聊致悃款,并嘱萧、孙二君带回,而希哂纳。”(手稿,章氏家藏。)

4 月 8 日,《复张继书》:

“印泉来述弟言,谓‘大哥当安心讲学,勿议时事’。吾老矣,岂复好摘发阴私以示天下不广?顾同盟会之遗老,岂得弁髦视之。曩时所务,惟在排斥满人政权。今满人又复然其死灰,而更挟强国以为重。吾辈往日之业,至今且全堕矣,谁实为之?吾辈安得默尔而息也。吾之于人,不念旧恶,但论今日之是,不言往日之非。五年以来,当局恶贯已盈,道路侧目。及前岁关东事起,吾于往事,即置之不言。幸其兵力尚盛,谓犹有恢复之望也,不图侵寻二岁,动与念违。迩者中日暧昧之议,腾于众口,朝野哗然,不可掩闷。马相伯以九十老人,阮富贵以纺织厂贾人之子(事见《大晚报》),靡不窥其隐慝,愤而疾之。虽金陵仕宦诸子,亦曾不能为尊亲讳也。前月大军北上,处处以奋死抵抗为名,而平、津吏民亦固心知其意。东人之来者何姓何名,此方之所与议者何事,北人类能胪列疏举,校江南言者益为明了。事虽阴秘,举国已明知之,独吾弟尚在枌中,欲为隐其事耳。栋折榱崩,吾辈亦将受压。而弟欲使人人不言,得无效厉王之监谤乎?闻弟近得《日知录》抄本,付季刚校勘。其间如胡服一事,素夷狄行乎夷狄一事,论管仲一事,论公孙宁、仪行父一事,此皆宁人先生发愤之笔,而弟所引为典言者也。尊前贤之论则如此,处今日之事则如彼,此与曾国藩刻《船山遗书》而身为胡清戮力者岂有异邪?吾之持论,特为温润,虽明知当局之有阴私,犹不欲讼言斥之,盖亦宁人先生之志而已。年已耆艾,唯望以中华民国人民之名表吾墓道,乃今亦几不可得。谁使吾辈为小朝廷之民者?谁使同盟会之清名而被人揶揄嘲弄者?愿弟明以教我。”(手稿,苏州章氏家藏。)

5月7日,复杨树达书:

“遇夫兄鉴:得书及说文音韵三首,醇之声义,仆以为得之卤者诚为粗觕,竟谓得之于羹,亦似未谛,恐实得之网耳。慈训爱子,推其声义于子说甚确。鄙意古只有子字耳。爱子即曰子,犹敬老则曰老老,敬长则曰长长。《乐记》:‘易直子谅之心油然生矣’,《中庸》:‘子庶民也’,此皆今之慈字,由子孳乳则为字。小徐本《说文》:‘字,乳也,爱也。’《系传》引大不字小为说,慈之为文,又在字后矣。古音学上有无区别,此固难以质言,今诗词学上去入分用,南北曲则以平上去错杂为韵,不得见南北曲而谓今无上去也。《诗》三百首之谐韵,盖与今之南北曲同,以平上错杂相谐,不得谓古无上声也。烽火中能作此论,兄于治学可谓精专,冀它日为鲁两生尔。书复,即问起居多福。章炳麟顿首。五月七日。”函后,杨树达附志:“廿二年四月,余撰《释慈》、《释醇》、《诗音有上声说》三文,缄呈先生求教,得先生复书如此。日有不居,忽忽将二十年矣。三十八年八月,树达记于麓山。”(据摄片。)

7月,为彭作桢《古今同姓名大辞典》题辞,谓:

“自古姓名同者甚多,以姓氏不过二千有奇,人之取以命名者,又不过五六千字也。姓名繁而难理,加以复重,尤使人瞀乱,有曾参杀人之言而贤愚乱,有士匄请命之辞而官位乱”。《古今同姓名大辞典》“未见其书,读其序例,其言之翔实可知已。前世同时同姓名者,若韩信、严延年、刘歆之论史,皆以类分辨,逮后世乃有混淆者。南宫适与南宫闰,孔宙与孔伷,字本异,王子雍、范蔚宗乃强一之,若仲尼弟子公孙龙与言坚白者相去几二百岁,而张守节以为一人,益州刺史任安、监北军使者任安,《汉书》旧注未尝指为一人,近人亦强合之矣。然则信者传信,疑者传疑,作书者固不得以意必行之也。作桢自述为书之旨颇及于劝惩善恶,然则同姓名异事状者固多矣,窦融之字周公,秦将之有孔子,徒见其不自量,若严君平名遵,子陵初亦名遵,其时代相接,其行义亦相似,而汉、明两胡广,以循默充位相望于千二百年前后,若是者其名实皆同,岂有所摹效而为之乎,将天纵之然也。”(彭作桢:《古今同姓名大辞典题辞》,见该书卷首,北平好望书店1936年3月精装铅字排印本。)

8月30日,《致报馆书》,对当时报纸伪造挽联特为申明:

"径启者:鄙人平日交游虽广,然凡素来相识,与相识而死不赴告者,皆不以挽联致吊。数年中或有假借鄙人名义伪作挽联登之报纸者,如前数年宋子文之母死,谭延闿死,今岁杨铨死,鄙人皆未致挽联,而外间悉有伪造,流传人口,淆惑听闻。又讽议时事之作,鄙人虽时亦有之,然大率多在诗章,辞必雅正,而外间伪作,多猥亵不经之语,尤为荒谬。甚望此后大小报纸欲登录鄙人挽联诗句者,必须以墨迹摄影,使真伪可辨。否则诪张为幻,变乱是非,甚非大雅君子所宜出也。"(手迹,苏州章氏家藏。)

查此函分致各报馆"主笔先生",为当时报纸有伪造章氏挽联而发,信中提到挽宋子文母、挽谭延闿、挽杨铨诸联为伪。另挽孙中山联,亦有伪作,后人不察,以讹传讹,且牵涉到对章太炎的评价问题,应予说明。

《挽孙中山》的伪联是:"举国尽苏联,赤化不如陈独秀;满朝皆义子,碧云应继魏忠贤。"系当时小报伪造,后又录入钱基博《中国现代文学史》。章、孙都是"辛亥旧人",怎会"仇孙"如此之深?章太炎又是著名"国学大师",怎会自比阉党。且孙中山逝世后,章氏亲至孙宅,任追悼会筹备处干事,还写了《祭孙公文》,颇为称誉。(见本书804—805页。)且于4月12日的追悼会中,"壁间悬有唐少川、章太炎之挽联"。(《申报》,1925年4月12日"本埠新闻"《孙公追悼会今日举行》。)章氏所拟挽联为:"孙郎使天下三分,当魏德萌芽,江表岂曾忘袭许;南国本吾家旧物,怨灵修浩荡,武关无故入盟秦。"(收入《蓟汉大师连语》,见《制言》第二十五期。)绝不是"满朝皆义子"云云。章氏既不会祭文推崇,挽联谩骂,既为追悼会筹备会干事,又把甘从"阉党"之联悬于墙壁。

或者说:"孙郎使天下三分"一联,既悬灵壁,又录《连语》,自属可信。"满朝皆义子"一联,则为孙中山奉安时所撰,此语也不可信。孙中山奉安时,章太炎确有挽联,但不是"满朝皆义子",近在苏州章寓,发现《挽孙中山》底稿,联曰:"洪以甲子灭,公以乙丑殂,六十年间成败异;生袭中山称,死傍孝陵葬,一匡天下古今同。"此联未署年月,以"死傍孝陵葬"来看,正是孙中山奉安时所撰,真是奉安时的真联。它以孙中山与洪秀全并列,一为太平天国领导人,一为辛亥革命的领导人,而"六十年间成败异",较洪秀全尤为伟大。以孙中山傍明太祖而葬,"一匡天下古今同",视为民国共和的缔造者。是誉是毁,读者自明。

照此说来,孙中山逝世后,章太炎写过两副对联,一为逝世时,一为奉安后,至"满朝皆义子"一联,则为伪造。《致报馆书》的发现,更确证此联为伪,"变乱是非"。

9月10日,苏州国学会组织读经会。报载:"昨日下午二时,国学会在公园图书馆举行夏季常会,到会员数十人,中央立法委员吕天民由京赶至,由李根源主席,王乘六、徐沄秋记录。""会员章炳麟因事未克来苏,以书面提议,组织读经会等案,均经讨论通过。""闻章太炎已允该会之请,中秋又可到苏州讲学数天。"(《国学会组织读经会》,《苏州明报》,1933年9月11日。)

10月10日,《致冯玉祥书》,谓与友人发起光复学会,"意在以学术振起人心"。函云:

"自察事结束后,华北形势,愈走愈歧,主军政者虽一意媚日,而日又不尽受彼之媚。南方则赤军炽盛,当之辄败,料彼固无自存之理,然继之者亦甚棘手矣。窃意国之存亡,只视人材盛衰,当今可与共安危者,盖亦少数而已。不有人才踵起,危局断难支持。顷与友人发起光复学会,意在以学术振起人心,其效虽缓,然亦可以不敝。即如辛亥革命,实由顾亭林、王船山诸先生倡导于前,其义既深入人心,虽逾二三百年,不患伏火之不爆发。况今之外患,犹未若满清入主之甚,当时收效未必无其希望。以兄热忱爱国,当有同心,特嘱友人陈君翊林趣前候教,有可以补我之短者,望为切实指陈,勿以寻常学社视之也。”(手迹,原件藏中国第二历史档案馆。)

10 月 12 日,在苏州讲学。报载:

“朴学大师章太炎氏,日前偕弟子王颂平、姜亮夫、徐沄秋、贝仲珩等来苏,下榻沧浪亭美专新舍,由李根源、金松岑、颜文樑等接待,于昨日起,每日下午四时,在公园图书馆国学会讲学数天。”(《章太炎等来苏讲学》,《苏州明报》,1933 年 10 月 13 日。)

10 月 16 日,章太炎、唐文治在公园图书馆举行国学演讲。章、唐来苏后,苏炳文、费仲深、李根源、金天翮、张一麐、郭竹书等举行公宴。本日上午九时和下午四时,由唐、章二氏分别宣讲。(《地方士绅公宴章唐》,《苏州明报》,1933 年 10 月 17 日。)

10 月 20 日,章氏仍在苏州公开讲学。(《苏州明报》,1933 年 10 月 20 日。)

10 月 21 日,《复张破浪论医书》,谓过去“《学林》中《医术平议》一卷,昔年妄论。是时犹信《灵素》甲乙所论,经脉流注,以为实然,故所论不能得要领。由今思之,辨藏府之方位,识经脉之起止,西人积验而得之。吾土虽尝有解剖,久乃传伪,必不足以相夺。及乎察病予药,彼善治锢病,独短于伤寒温热,此则适与相反,盖有形与无形异也”。以为“远西之术,诚有不可泯没者矣”。自称:“顷因研究伤寒,私作《时病新论》一卷,亦尚以为未了杂病。独依旧术施治,西医所不治。而不佞能瘳,瘳者盖亦数人,然亦不敢有所论著”云。(张破浪:《暮雨杏花楼笔记》第 4—5 页,松江益智书社 1933 年 11 月铅字排印本。)

10 月 22 日,章氏应唐文治之邀,在无锡国学专门学校讲《适宜于今日之理学》。(见《章太炎年谱长编》下册第 936—937 页。)23 日返苏。24 日起,“下午四时,仍在吴县图书馆讲学”。(《章太炎由锡返苏》,《苏州明报》1933 年 10 月 23 日。)

12 月,撰《孙逊学先生年谱序》,谓:

“孟晋次其尊人仲容先生年谱,余为序之,既复出示其祖逊学先生年谱十卷。逊学先生,晚清特立之儒也,扬历中外,数至监司,以持论侃直,为帅府所沮,置诸列卿散地而归,终已不得不行其志。谱中多述文学,于政事颇略,亦其势然也。……及仲容先生治官礼,欲以经术措诸时用,亦本其先人之训也。”

“孟晋”,孙延钊,孙诒让子。此文载《温州文献丛书》中《孙衣言、孙诒让父子年谱》,末署“民国二十二年十二月”,当 1933 年。《孙仲容先生年谱序》,《长编》已录。

本年,章氏为朱起凤《辞通》撰序:“余未识公,友人朱宇苍持书以来,嘱为题辞……逾一岁始得其究竟,乃题其端如右。”据朱宇苍之子朱怿回忆:朱宇苍“适由太炎先生延聘在家教读其子女,素相往来”,朱宇苍与朱起凤是浙江海宁同乡,“故代将书稿请太炎先生作序”。(朱怿:《章太炎作序文》,见《新民晚报》1988 年 10 月 29 日第五版。)

本年,《章氏丛书续编》在北京刊布,钱玄同、吴承仕整理排校,与潘景郑时相商榷。《续编》搜《广论语骈枝》一卷、《体撰录》一卷、《太史公古文尚书说》一卷、《古文尚书拾遗》二卷、《春秋左氏疑义答问》五卷、《新出三体石经考》一卷、《菿汉昌言》六卷。其中《新出三体石经考》,系钱玄同手书,章氏特写手书题跋:

“吴兴钱夏,前为余写《小学答问》,字体依附正篆,裁别至严,胜于张力臣之写音学五书。忽忽二十馀岁,又为余书是考。时事迁蜕,今兹学者能识正篆者渐希,于是降从开成石经,去其泰甚,勒成一编,斯亦酌古准今,得其中道者矣。稿本尚有数事未谛,夏复为余考核,就稿更正,故喜而识之。夏今名玄同云。”

周作人认为钱玄同“这是文字复古的经验,从极右的写小篆起手,经过种种实验,终于归结到利用今隶、俗字简体”。(《钱玄同的复古与反复古》,《文史资料选辑》第 94 辑,文史资料出版社 1984 年版。)

1934 年(民国二十三年甲戌)　六十七岁

1 月 9 日,《复吴承仕》,询《丛书》出版,望校雠从速。又云“报载仪酋称号,及郑酋国都不变事,令人毛戴。幸而力能拒之,北平市已遭蹂躏,不幸退衄,更何可言”。(手迹摄片,见吴承仕藏《章炳麟论学集》,北京师范大学出版社 1982 年版。)

3 月 14 日,撰《孙衡甫六十寿序》,孙为四明人,习“朱、陆之传”。(《近代名人翰墨》,见沈云龙主编《近代中国史料丛刊续辑》第 630 辑,台版。)

3 月 26 日,由沪来苏讲学,报载:“章太炎先生因应苏州诸弟子之请,于昨日午后五时,乘特别快车抵此。适李印泉先生于是日偕中委程潜氏赴乡游览,乃由章氏弟子王佩诤、王乘六、徐沄秋诸君,迎至十全街李宅小憩,当由章氏谆谆以修德励学相勉,并言本拟早日来苏,因上海马相伯、段合肥两老寿辰,坚留不放,兹来续行讲学。国学会将于今日召开干事会议,商定日期及听讲人数。”(《大师章太炎又应弟子之请来苏讲学》,《苏州明报》,1934 年 3 月 27 日。)

3 月 28 日,在苏州,原定讲《读古书之法》,因大雪延期。报载:章氏来苏后,“苏地学者闻讯往谒者,络绎不绝。昨日午后,李印泉氏于善人桥小王山接得长途电话,即偕同中委程颂云(潜)氏,乘轮船赶回。……王乘六等欢燕大师章太炎、中委程潜等。……国学会昨日下午六时,于公园图书馆召开全体干事会议,决定今日下午四时,请章氏在该会公开讲学,今日讲题为《读古书之法》,因慨于现代学子,好新惊异,经籍文史,束之高阁,故为学者指示一求学途径,开宗明义,借资启发。此次讲学,大约至多一星期,好学有志者,万弗失此良机也”。(《英雄名士共集一堂,章氏今日开讲读古书之法》,《苏州明报》,1934 年 3 月 28 日。)旋因“大雪甚寒,李印泉以章氏年高,力劝停讲”,改于 29 日下午演讲。(《章太炎讲学,今日研读史与国家关系》,《苏州明报》,1934 年 3 月 30 日。)“听者拥挤,立者无数。国学会又以章氏前次在上海各大学教职员联合会演讲《论读史与文化之关系》铅印稿,及读史日程等,遍赠听众。章氏昨日所讲,皆指示学者应具读古书之方法,要点分类之应与不应,及今人知今而不知古之差误,阐发详明,诚后学津梁,解惑析难,道前人所未道。慨夫现在学子,泰半畏于史帙浩繁,废置高阁,历史存亡,千钧一发,再不提倡,行将沦湮。闻今日讲题为《读史与国家之关系》,以资唤起学子之注意,兴废继绝,谆谆不倦,足证章氏关心国运焉。"(同上。)

章氏来苏后,酬酢甚忙,仍不废讲学。报载:"昨章氏身体微有不适,因之停讲一天。是日下午,章夫人携其公子由沪来苏,盖为应其戚畹之邀,到此游览。适文学家金松岑氏,由闽归来,晚间由其弟子王佩诤、王乘六、徐沄秋等设宴十全街李根源公馆。……闻章氏今日应萃英中学之请,拟往讲演一次。下午四时,仍在公园图书馆继续讲演。晚间陈石遗氏设宴私邸,宴请章、金二氏,并宴李。"(《苏州明报》,1934 年 3 月 31 日。)

3 月,撰仲昂庭先生家训序:

"钱塘仲昂庭先生,以医名于清光绪中,非其志也。平生行习二程遗书,兼明水利。今七十,每陟峻阪。殁时,神明不衰。此十二条例,先生中年所作家训也。自谓得之祖父遗言,与世人所习见闻者,故不为高深之论,期子孙易行而已。按古之为家训者,莫著于颜黄门,时代相越,或不能适于今世。宋袁氏世范,切至厌人心,尚苦其说过繁。昆山朱致一所述,简且要矣。中人以下,亦尝有不喻者。先生为是,一以卑近亦之,亦所谓量而后入也。先生于余,为丈人行,少时侍偶,数得闻绪言,今先生殁三十馀岁,遗著盖鲜存者,此十二条,犹豹之一班、凤之一羽也。仲氏群从多贤材,吾知其能师而行之矣。民国二十三年春三月。"(原载《浙江通志馆馆刊》第二卷第一期,1946 年出版,录入《历史档案》二〇一〇年第三期。章氏撰有《仲氏世医记》。)

4 月 3 日,《苏州明报》云:"南京国史馆组织法案,经内、财、教三部审查通过,即将提政院决定,闻馆长职,中央拟以章太炎氏充任说。"(《章太炎将长国史馆,组织法案三部审查》。)

4 月 27 日,又函沈瓞民:"浙江以理学高节著者,应扐谦而外,更有沈昀者,皆不能不录者。江苏惟徐俟斋为第一流,而朱伯庐只在第二流,故存徐而汰朱也。又蕺山门人,本以恽昇为第一(南田之父),其望实皆在黎州上,以其出家为僧,名转被掩。然遭际国变,以僧守节,不应照平世常儒论之,当时也失录也。"(《苏州文史资料第十二辑》。)

7 月 20 日,《致吴承仕书》:"驻苏一月有半,无日不在亢阳之中。江南粳稻殆已槁尽,而北方方苦洚水,气候不均,乃至于此。""学风败坏,殆难振救。在苏新收学子数人,视前者皆不相及,盖根柢素薄使然。季刚、旭初辈在金陵教学数年,学子成就者亦无过三四人,此皆可遇不可求者。人材难得,过于隋珠,未知后起者又何如也。"(手迹摄片,见吴承仕藏《章炳麟论学集》,北京师范大学出版社 1982 年版。又本年尚有"14 日"《致吴承仕》一条,无月份,谈"《丛书》之刻"。)

章氏由沪迁居苏州后,"寓于锦帆路五十号",24 日,寓所被窃。(《国学大师章太炎家中失窃,报请公安局查缉》,《苏州明报》,1934 年 7 月 26 日。)

8月15日,《苏州明报》载《菿汉论医》,谓:"郑文焯曰:'汉以前但言治病,不及脉法。'若然者,秦缓知晋侯之疾在膏肓间,岂无因而妄臆度之耶?扁鹊自言不待切脉,而阳庆传扁鹊之脉书,高后八年,阳庆年七十馀,则生在齐王建时,齐灭为郡,阳庆已三十馀岁,比秦之亡,年几五十矣,庆以脉书,知生死,决嫌疑,定可否,是齐、秦间已有切脉法。阳庆上去扁鹊才百五十馀年,(扁鹊所治齐桓侯,即田和子桓公午,桓公午立六年卒,下尽王建四十四年,凡一百五十八年,时阳庆已长矣。自扁鹊死至阳庆生,则不过一百二十馀年耳。——原注。)时代相接,知非假托其名,扁鹊已有脉书,而云汉以前不及脉法,何哉?

"燕窝、海参,今皆入药,古无其物。寻旧方所用殊品,今世虽识者甚多,此惟有避之不用耳。唐时王焘录方,已有六千馀首,去其方有殊品者,亦自给用。燕窝、海参,乃膏粱所喜啖,医者从谀,强以入药,其稍习汉、唐六书者,固已摈斥不用,不须论辨。药灵篇又云:古方有预知子,今亦无其名。"(徐沄秋记,《苏州明报》,1934年8月15日。)

8月16日,《苏州明报》载《菿汉论医》,谓:"本草自神农以外,有岐伯、黄帝、雷公、桐君、医和、扁鹊、李氏七家。其言主治皆同,而气味与有毒无毒稍异,味者易验,当以口啖而知之。芍药之味,神农云苦,桐君云甘,岐伯云咸,雷公云酸,啖之则知言苦者不误也。附子之味,神农云辛,岐伯、雷公云甘,李氏云苦,啖之则知言辛者不误也。气与有毒无毒者难知,扁鹊云人参有毒,李氏云蓟子大寒,此则较然知其非者,其馀固当以神农为主,以本仲景、元化所集,皆尝合药处方,宜视他人为审。若夫产药之地,古今异处,命药之名,雅俗殊号,视药之状,真伪贸形,斯本草所以有始出今出之记,桐君道其形色相当,吴普说其一物异号,虽旧有成书,固良医所当自治也。"(徐沄秋录,《苏州明报》,1934年8月16日。)

8月17日,《苏州明报》载《菿汉论医》:"六气布濩圆舆之上,有形者皆受之,唯六经亦与相应。经脉周注,始肺终肝,如环无端,皆一血耳。然其含性不同,各应于气者,斯犹海水所在无异,乃有热流寒流之殊。尝试论之,中焦泌漕泊蒸精液,化其精微,上注肺脉,乃化而为血,自尔转注及心,经隧之血,皆出于心,然则缺盆以下,其血顺流,缺盆以上,其血逆流,顺流自寒,逆流自然,观于海水回流,地自温暖,其验也。诸阳脉皆上头,逆流而热,故谓之阳。诸阴脉皆不上头,顺流而寒,故谓之阴。独足厥阴上之颠顶,故独以厥阴名,此阴脉之独异也。经性不同,是故外受六气,入经则从其化,人伤于寒,乃为病热,比入三阴而同感异化者众,斯伤寒之变所以猥多,诸杂病亦仿佛依是,或喻以酒醪醉人,有面赤弃衣乘高骂詈,亦有鼓颔振栗形寒色青者,非酒醪之异性,其受化于人殊也。令无六气转变之道,遇冷者必病寒,伤暍者心病暑,则人人可以为国手,安取黄帝、扁鹊之戋戋者乎?"(徐沄秋记,《苏州明报》,1934年8月17日。)

8月18日,报载国学会又将讲学:"国学会将于十日内举行公开讲学,讲师为章太炎、钱宾四两先生。自青年会暑期学术演讲停止后,好学者必甚渴望也。地点在苏州中学初中部。"(《国学会消息》,《苏州明报》,1934年8月18日。)钱宾四即钱穆。

8月21日,《苏州明报》载《菿汉论医》:"医者苟无切脉望色之能,徒承方技,妄投汤药,鲜不以愈为据、以生为死者矣。古所以通言视病者,名与诊脉相似,《说文》:

‘诊,观也。’(今人犹通言看脉看病,义与古同。——原注。)原夫验病得精,非专切脉而已。《素问》言合色脉,脉则当切,色则当尝,故以视病名,络脉外见,复有五色变异,故以诊脉名,视病诊脉切脉三者,各举一端,非谓举一而废一也。”(徐沄秋记,《苏州明报》,1934 年 8 月 21 日。)

9 月 4 日,黄侃:《量守庐日记》9 月 4 日记:“奉到师手示并赐撰《量守庐记》一首,真可庆悦,凫藻踊跃,喜不自胜。”(《黄侃日记》第 998—999 页。)

9 月 7 日,黄侃:“上先生书,谢撰《量守庐记》,求《汉学论稿》,言秋中奉觐,又以宋影刊夹贡四开本《龙龛手鉴》一函三册呈览。”

9 月 8 日,黄侃“以师书并函并《量守庐记》,付四持往裱肆装成横披,更安玻璃框;又以师书‘守勤闲室’四字并旭初跋语安玻璃框”。拟《上蓟汉师书》:“奉二日手书及赐撰《量守庐记》,欢庆激发,殆不自胜;唯惭粪朽,空劳雕拭,谨当寻绎宝训,守之毕生,不隳师法,以酬恩造。侃以故里榛燕,萍浮已久,爰谋环堵,以芘妻孥。不谓树蔽台南,有似隰斯之宅;潦经堂下,非邻子罕之家,即此蘧庐,尚虞侵夺,九域不靖,一室宁论。但令圭窬筚门,托尊文以见知来叶,斯厚幸也。顺风陈谢,未尽悃款,感厉之忱,伏惟垂鉴。”(同上第 1000 页。)

10 月 1 日,黄侃《量守庐日记》:“有朱姓人录先生近文三首见示,殆奉其命欤?一,《读太史公书》;二,《汉学论》上;三,《汉学论》下。其《汉学论》下于侃之说,有所纠益。手札师文一首。”(《黄侃日记》第 1006 页。)

10 月 1 日起,又在苏州国学会讲学,报载:“吴县图书馆国学会,间日一讲,请章太炎讲师,于十月一日始讲演国学,第一讲题《儒家之利病》,听讲者颇拥挤,嗣后间日一讲(星期一、三、五),每日下午四时开讲,讲期预定四星期。”(《章太炎讲学,间日一讲,讲学四星期》,《苏州明报》,1934 年 10 月 3 日。)

10 月上旬,章氏门人徐沄秋于冷摊购得邹容《革命军》,章氏在封面手识:“是书为革命前驱,今存本已少。民国二十三年国庆,友人拟刻余序,以志革命原始,因为题字如此,愿弗以已陈刍狗视之也。章炳麟识。”(《苏州明报》,1934 年 10 月 10 日。)

11 月初,又在苏州讲学,提倡“儒行”,报载:“馀杭章太炎大师,近日又在公园图书馆楼上公开讲学,听者甚众,尤多学界人士。大师极力提倡《儒行》,曾言东汉之世,学者最重气节,一言一动,必期合于《儒行》。”(《章太炎提倡儒行》,《苏州日报》,1934 年 11 月 3 日。)

11 月 23 日,《黄侃日记》载:“龚未生之嗣子告窆,帖内附有太炎师所作《未生事略》。”(《黄侃日记》第 1018 页。)

12 月 20 日,张继由沪来苏,“访晤旧雨章太炎、李根源等”。(《苏州明报》,1934 年 12 月 23 日。)

本年,朱曼君《桂之华轩遗集》刊于上海,朱系江苏泰兴人,书系其甥郑肇经刊印,内附章氏《朱曼君先生像赞》:“海陵之彦,唯君阔步,训辞深厚,翰音飞翥。以彼良材,屈身戎路,簪笔乐浪,治书玄兔,嘉之解嘲,宏之作赋,才固绝人,庀亦难度。”

1935 年(民国二十四年乙亥)　六十八岁

1 月 4 日,章氏寿诞,段祺瑞、冯玉祥均派代表莅苏祝寿。报载:“朴学大师章太炎,昨为六旬晋七寿辰,贺客盈门,贺联寿幛,琳琅满壁,馀兴有十馀项之多。”“〔来宾提名〕辛亥湖北起义首领开第一炮之龚振鹏军长,段祺瑞代表齐岳英,吴新光,黄复生,于右任代表曾通一,居正,张继夫人崔振华,汪旭初,邹鲁公子、邓家彦、薛笃弼、章士钊、赵恒惕,邵元冲夫人张默君,唐群英、唐三等均亲自由京杭两道来苏登门祝寿。大师夫人汤国梨,与张继夫人、邵元冲夫人,均系前北伐女子队健将,汤夫人担任该队队长。”“〔贺联寿幛〕合肥段祺瑞亲撰之‘惟赫章君,文掩姬汉,躬与鼎革,明昭禹甸,抱道广学,为世大师,黄发骀背,视此祝词’。冯玉祥之‘庭前喜植长春树,堂上高悬寿世图’。吴新光之‘九如’(横额)、薛笃弼之‘以介眉寿’(馀人略)。”(《朴学大师寿诞志盛》,《苏州明报》1935 年 1 月 5 日。)

1 月 8 日,黄侃拟邀章氏来宁讲学,《量守庐日记》是日记:“暮,旭初来,同赴鼎丞之招于聚庆楼,坐有溥泉、右任、孟硕、楚伧、方觉慧、王子壮。席间,以适奉太炎师手书(七日)示鼎丞,且与诸人谈迎师来讲学事。与楚伧言师苏州宅地事及予廪饩事。”(见《黄侃日记》第 1026 页。)

1 月 13 日,《黄侃日记》:“暮,旭初持嘱撰文来,遂冒雨同赴孟硕之约于聚庆,坐有鼎丞、觉生、于(洪起)、王(用宾)、焦(易堂)诸人,席间,以炎师昨书示觉生,并将宅地图托交楚伧。”(同上第 1027 页。)

2 月 9 日,《黄侃日记》:“旭初来午饭,言及有人强馀杭为文,洗雪连罗刹容熛怒事,馀杭不肯。”(同上第 1034 页。)

2 月 18 日,《复蔡元培书》,言光复会事。函曰:

“接示,问光复会缘起。此事发起本无宣言形式,但数人合意为之。至正式成立时,弟已入狱。迨弟之出,则光复会员已大半加入同盟,(焕卿亦加入。——原注。)唯伯荪始终不肯,固由与孙公异意,亦以权智取人,则不可自露也。迨焕卿往南洋,与田梓琴联名宣布孙公罪状后,又有重建光复会之议,而伯荪先已就义,后来加入者虽多,然素无文书凭证,唯彼此相知而已。弟所知如此,以后再得详悉情形,更当续报。大要重建时弟身在东京而易知,初成立时弟不在东京而难悉也。”(手迹,末署“二月十八日”,信封背面邮戳为“廿四年二月十八日”,信寄上海中央研究院蔡孑民收,原件二纸,蔡氏家藏。)

2 月,应上海各大学教职员联合会之请,赴申讲《读史与复兴文化之关系》,“发海潮音,作狮子吼,援证史传往籍,使国人晓然满洲之我疆我理,女真之族类无多,民族自决之说,万无可以假借,而于热、察、绥及炎方丧地之沿革,亦详哉言之。一时听者,无不有日辟日蹙之叹。师意在晓谕国人,故所以征引悉取通俗”。(《读史与复兴文化之关系》,徐沄秋、王乘六记,《苏州明报》,1935 年 2 月 21 日。)

2 月 28 日,《黄侃日记》:“罗家伦以预请太炎师至彼校讲学书托交。”(《黄侃日记》

第 1037 页。)

3 月 10 日,有《答李源澄书》,谈“《左氏》之与《公羊》”,传世不广,录如下:

“李君源澄足下:得第二书,卓然不惑于改制三统之说,使《公羊》解其瘢胝,冒爽晻昧,得耀光明,知公羊子死且瞑目矣。若《左氏》之与《公羊》,其书自有优劣,而足下重微言,轻实事,以《春秋》是经非史,以《左氏》为档案,是犹有啖、赵、庄、刘之见也。古之六艺,《易》与《连山》、《归藏》同列,《诗》犹汉乐府,《书》犹唐大诏令与杂史,《周官》则会典,《礼经》则仪注,如《春秋》者,即后代纪年之史与正史之本纪耳。《七略》以《战国策》、《楚汉春秋》、《太史公》、《冯商》诸书,悉隶春秋家,经史何别矣哉!经史殊流,起晋荀勖《中经簿》,彼见种类多、卷轴广者,即别为一部,非复论其体之异同也。昔太史公自谓继《春秋》而作,班氏作十二帝纪,亦曰‘春秋考记’,自是《晋阳秋》、《汉晋春秋》之论,未尝避其名不敢居。何者?体本无异,顾作者之殊耳。以《春秋》是经非史者,悉晚世经师之遁辞,自刘逢禄始张大之,足下何取焉。纵今分部如此,旷观海外通达之国,国无经而兴者有矣,国无史未有不沦胥以尽者也。夫中国之娄绝复续者,亦国史持之耳。经云,史云,果孰重孰轻耶?档案者,儒生之所轻,而国家之所重。编档案者,非独左氏,马、班、陈、范所录,皆档案也。而温公为《资治通鉴》,其体与《左氏》尤近。然则《穀梁》、《公羊》二体者,得无尹起莘、刘友益之纲目发明耶?足下读宋、元人书,重温公书乎?重尹起莘、刘友益书乎?此不须苦辩者,读书阅世久,自知之也。夫《春秋》者,夫子之文章,非性与天道也。成在垂殁,讲授日浅,即有之,安得所谓微言?称微言者,即孟喜枕膝之诈尔。然二种初不自言,此何足论。《左氏书》简策繁重,传布持诵皆不易,故当时学者鲜窥。称《礼经》五十六篇,学者不能尽观也。乃铎椒删取为四十章,由是支流渐广,免时难之说,亦汉儒拟度言之。时之恶人,最近者莫若陈恒弑君诸讨,载于《论语》遍布其书于七十子之徒,不患陈氏之作难也。近者且然,况其远者,直书且然,又何有于微言耶?必以畏时难阙之,是孔子、丘明之勇,不逮董狐远甚,乃与韩愈之畏史祸等也。杜氏已尝驳之,今亦宜弗复道也。其他古今文之辨,辞绵非要,俟异日论之。”

末署“三月十日”,当 1935 年。查李源澄,四川犍为县人,师从廖平,曾向章氏问学。《与李根源论公羊书》一、二,《年谱长编》曾列目,原载《光华大学半月刊》,最近,台湾中研院文哲研究所林庆彰、蒋秋华主编之《古籍整理丛刊》有《李源澄著作集》,收录此文。此为章氏对《左氏》、《公羊》之最后概括,故录于此。

3 月 12 日,《黄侃日记》:“上先生书,附寄溥泉等一书、中央大学一书。”(黄侃日记第 1040 页)。章氏于 14 日复。(同上第 1041 页。)

3 月 29 日,《黄侃日记》:“四时后,挈田、祥、慈三子,偕鼎臣(又其一戚)赴苏,九时馀到,寓阊门惠中旅馆:癸亥岁旧寓也。即入城视太炎师,乃无病称病耳。出城已深夜。”

3 月 30 日,黄侃“午与鼎丞入城,以中央党部赠章君一万元发票,手交之。午饭有张仲仁、陈石遗作陪。晡与章君、鼎翁游狮子林。旭初亦至,遂同游怡园而返,宿章家”。(同上第1044页。)

3月31日,黄侃“看章君谢中央党部信”。次日,黄侃返宁。(同上第1044页。)

未几“报载章氏讲学广告,有顷以小恙,得中央同人医药费,正好移用语”。(同上第1041页。)

春,致钱玄同书:“鄙人以国学会按期讲习,范围未广,特辑杂志,以博其趣。久稔足下研精覃思,著撰有素,特约足下为撰述人,务望如期赠稿,勿吝金玉为荷!”

4月2日,黄侃五十生日,章氏撰联以贺。

4月20日,黄侃《量守庐日记》:“旭来,与谈蓟汉讲学诸生登广告之失辞。”蓟汉,章氏。(见《黄侃日记》第1048页。)

4月25日,《复沈瓞民书》,谈江苏人物,函曰:

“前三日,吴企云来寓,谈及江苏人物,彼请开录一通,仓猝书三十人,由吴袖去,未尝直交省府,亦不知吴君之交省府否也。江苏人物,不止三十人,由后追思,尚缺陆逊、陆抗、瞿式耜、王念孙四人。王信字莘伯,乃吴人,亲炙二程者。江苏于宋代理学绝少,自当录此一人。陈遇(金陵人)在明祖幕中,与诚意伯齐名,而终身不肯受官,高节尚过于刘。江苏人物,金陵独乏,亦不得不录此一人。谢安、谢玄,自有原籍,但其先业已渡江,二公生长金陵,则不妨从其所居录之,亦犹李纲原籍邵武,而生长无锡,则不妨录为无锡人也。胡安定为宋代大儒,自应补入,陆秀夫、张名振亦宜录焉。若严彭祖之流,书既不传,陆绩《易说》亦无全帙,要之汉人说经,实事求是者亦不多,此辈尽可不录。王锡阐之算学,亦是第二流人物,陈厚耀更无足论矣。惠氏《易说》亦多守汉人陈言,唯《九经古义》、《左传补注》乃真实事求是之书,不容以晚世学者眼光诋为东家丘也。大约江苏人物,必在四十以上矣,第三流犹不数也。

“浙江三十人,亦与屈伯刚商榷书之,其实浙人亦不止此数。来书所录如杭之冯景,绍之陆游、邵念鲁,皆不过第二流,姚信、沈麟士、沈重于经,亦非其最。理学诸儒,宁波应补杨慈湖,绍兴可去王翊,温州永嘉一派,尚有薛季宣,亦宜录入。若吕东莱之在浙,亦犹谢安、谢玄之在苏也。此固当录。(金华派既录宋濂,则金履祥、许谦不容不录。又方孝孺亦宜录入台州人物中。)而陈同甫则险躁无行者,其经济之学,亦多大言,而寡实际,似不足取已。万氏既取充宗,季野亦不可汰,尚有一人,其原籍本河南阳翟,后迁江南,或云丹阳,或云钱唐人,已有异同,则褚遂良是也。故于江浙二省皆以存疑汰去。然褚无量则浙之盐官人,其学长于议礼,《通典》录其语太少,乃应补入者也。”(手迹,沈延国先生藏。)

又拟募修苏州乡贤徐俟斋、惠松崖墓,谓:

“窃思近代人士,节操坚贞,无过俟斋;观其幽栖土室,寄舍僧寮,终身不入城市,虽前世逢萌、范粲之节,无以尚兹。松崖覃思经义,高入两汉儒先之室,风声所被,海内景从,从此皖学继兴,虽自立风俦,稍与松崖殊致,而大体卒莫能外。至如《九经古义》一书,援据精博,绝无虚言,恐皖学者未能继作也。以节行如此,以经术如彼,宜其庙祀百世,永为矜式”,建议募款缮修,“以厉顽之节,系学者之心”。(《募修徐俟斋、惠松崖二先生墓启》,《江苏文献》第九、十期合刊,1942 年 10 月 21 日出版。)

5 月 15 日,《国专月刊》第一卷第三期出版,载章氏《与章松龄论学书》曰:

"问贾护与《汉书》缘起无关,甚是。实斋疏于考索,此类正多。如误认平原君朱建为赵之平原君,亦其例也。皖中陈君,所问老、庄、余阙,是否可引作皖省人物?案老子所生,唐时虽属亳州,今已划入河南,即鹿邑县是也。庄子为宋国蒙人,据《史记集解》谓是梁国蒙县,此乃在今商丘县东北,与安徽之蒙城无关。余阙虽生皖北,其人本非汉种,此三者并不应援引。至于选择人物,各有眼光,未便越俎而谋也。"

5 月 25 日,《黄侃日记》:"旭初云以检斋来书,索刻《章氏丛书续编》公摊刻资各百元,属旭初与书,令先寄书数部、费即措寄。"(《黄侃日记》第 1057 页。)

6 月 18 日,《黄侃日记》:"北京文楷斋寄来《章氏丛书续编》四部。卧看《菿汉昌言》。"同日又记:"晚饭后,惕庵言其亲家翁荆姓欲为其母求铭于太炎(先以求之吴闿生),嫌其价大,拟倩予作之而署太炎名,以五百元归予。予聆之不禁奴且笑也。"(同上第 1063 页。)

7 月 18 日,黄侃上菿汉师快书,(同上第 1071 页。)未见。

7 月,草拟遗嘱,录如下:

"余自六十七岁以来,精力顿减,自分不过三年,便当长别,故书此遗命以付儿辈。

"凡人总以立身为贵,学问尚是其次,不得因富贵而骄矜,因贫困而屈节。其或出洋游学,但有资本者皆可为之,何足矜异,若因此养成傲诞,非吾子也。入官尤须清慎。若异族入主,预须洁身。

"余所有书籍,虽未精美,亦略足备用,其中明版书十馀部,且弗轻视,两男能读则读之,不能读亦不可任其蠹坏。当知此在今日,不过值数千金,逮子孙欲得是书,虽挥斥万金而不足矣。

"余所自著书,《章氏丛书》连史、官堆各一部,《续丛书》凡十馀部,《清建国别记》亦尚存三四部,宜葆藏之勿失。

"余所有勋会证书二件及勋位金章二件,于祭祀时列于祭器之上,纵使国失主权,不可遗弃。

"余所有现款在上海者,及银行股本在上海者,皆预用导、奇两男名字,此后即按名分之可也。丧葬费当以存上海储蓄银行之万二千圆供之(其中有二千圆,当取以偿铎民)。另以存浙江兴业银行之万圆用方定氏名者分与㸚女。其馀杭泰昌有股本八百圆,既署匡记,即归导有之。

"余房屋在苏州者,王废基一宅,导、奇两男共之,其侍其巷一宅,可即出卖。未出卖前,亦由导、奇两男共之。

"余田产在馀杭者,不过三十亩有奇,导、奇两男共之。

"余于器物素不属意。铜器惟秦权一枚、虎錞一具为佳,别有秦诏版一具,秦铁权三具,诏版所信为真耳。瓷器皆平常玩物,惟明制黄地兰花小瓶,乃徐仲荪所赠,明制佛像,乃杨昌白所赠,视之差有古意。玉器存者虽多,惟二琮最佳,又其一圜者,乃瑗之类,亦是汉以上物。螭虎一具,乃唐物也。古钱亦颇丛杂,唯王莽六泉、十布,差足矜贵。在川曾得小泉一拄,约六十枚,此亦以多为佳耳,端砚今所存一方,其馀器不足缕述。以上诸物,两男择其所爱可也。唯龙泉窑一盘,以是窑系宋时章氏所营,宜归之祭器。

"民国廿四年七月,太炎记,时年六十八。"

以上据《章太炎遗嘱》手迹复印件录出,分段分句悉据原件,原件末有"章炳麟"、"太炎"两个印章。

遗嘱中"导",章导,章氏长子;奇,章奇,章氏次子。铎民,朱铎民,章氏三女章珏之夫。

8月4日,《黄侃日记》:"奉先生三日书,记王謇儿事,即令石禅持书示龚女士。"(《黄侃日记》第1075页。)

8月8日,《黄侃日记》:"上先生书,附呈龚女士信及吴闿生《荆母夏氏墓表》。"(《黄侃日记》第1076页。)

8月12日,黄侃寄二百元与吴承仕,作为《章氏丛书续编》印刷费。同日,得章氏书,"属为《制言》(其所主编半月刊也)撰文"。(同上第1077页。)次日,又记:"奉先生油印札并银十元,命为《制言》杂志撰文。"(同上。)

9月16日,《制言》半月刊创刊,共出六十三期。沈延国:《章太炎先生在苏州》记:"《制言》编印六十三期,每期刊载先生撰述书札。如以先生名义撰文,未刊入《制言》,又未收入《太炎文录续编》者,除零星作品散藏各家外,其有未编刊者,多半系代作,如《华国发刊词》,汪旭初(东)执笔,《太炎文录续编》不收。《制言》在苏州出版四十七期。第四十七期扉页刊登抗日歌和歌谱。苏州沦陷,移上海出版,改为月刊,至六十三期停刊。专以阐扬国故为主,出版六十三期之多,海内罕见者也。"(《苏州文史资料选辑》,1984年9月版。)

10月6日,黄侃作《乙亥九日》诗:"秋风侵怀正郁陶,兹辰倍欲却登高。应将丛菊沾双泪,漫借清尊慰二毛。青冢霜寒驱旅雁,蓬山风急抃灵鳌。神方不救群生厄,独佩茱囊未足豪。"章氏评语曰:"此季刚绝笔诗也,意气未衰而诗句已成预兆,曾不知其所以至此。章炳麟。"(《黄侃日记》第1092页。)

11月4日,《与邵伯褧书》:

"壬申春北平一晤,于时杂宾满座,未能尽抒衷曲。别后四年,国势愈险,宫驼委棘,且将亲睹,其祥真不如速朽之为愈也。讲学吴中,借以辅存国故,诚知大夏将圮,非一木所能支,自靖自献,计无出此。

"顷博山来,奉到手书及《半岩庐所著书》十二册,《云淙琴趣》四册,仆于燕乐素未窥其樊庑,以粗解文义,略知比兴,展卷卒读如鯈鱼之辨,宫商所谓'但识琴中趣,何劳弦上音'者,亦自不知其所以然矣。尊祖书礼之说,素尝刘览,唯《简明目录标注》今始得读,乃不知刊行已逮二纪,一朝快睹,欣幸何似!

"兄植根北土,已有卅年,南方卑湿,气体或有未宜。以近势揣之,蓟门内外,固已不隶尧时,而南土亦未有茂弘、安石,足以支持危局者,唯有委心任之耳。仆自民国肇兴以后,睹人物之衰颓,业知运服不能久长,一行作吏,不逮半年,然犹遍历西南各省,冀得一可与者,久之卒无所觏,返遂初服,逮兹浃辰矣。忧患之馀,所得者独《春秋》一经,近更研治《尚书》,前后已刊行未刊行者,约得百馀事,要使文义条达,章句不芜,略与高邮《述闻》、瑞安《骈枝》骖驾而已,未敢云疏通知远也。国家兴废,既与秦汉不同,今虽有张苍、伏生之寿,欲何所待,且效宋元间金华诸子保其残绪耳。兄闻之当不以为笑也。”(《实报》半月刊,第十八期影印原件,1936 年出版。)

12 月 26 日,冯玉祥《致章太炎先生》书,以章氏寿诞将到,并于是日为长子章导“行结婚嘉礼”,自己“远在金陵,未能躬亲祝贺,谨书联语,并备贺幛一悬”。(《冯玉祥书函集》第 707 页。)

本年,有《致吴承仕书》数通,其一询《丛书续编》出书事(2 月 16 日)。其二谓接吴承仕 22 日书后,“乃知书未刻成之由。玄同杂务本较人为多,事既延缓至此,不得不交足下专办。凡事独任则速成,两任则中堕,亦必然之势也”。(2 月 25 日)其三系接钱玄同书后续谈《丛书续编》(3 月 3 日)。其四答复所询“《易》义、卦气、纳甲之与先天,其为方士传会则同,理堂所说得之矣”。(3 月 15 日)其五谈文字训诂(5 月 7 日)。其六系接获《丛书续编》后发(5 月 23 日)其七曰:“变乱以来,未通尺札,闻北京大学受东人威胁,有意南迁。如玄同辈于北平植根已深,恐不能舍之他去。若夫己氏者,颇有邦汋之名,疑其乐处北平,而南迁则虚语也。五四运动一案,此曹自谓间世奇功,其实当时危急,本非南宋之比。而曹、章辈亦未至如汪、黄之甚。击之者,虽云义愤,固不可与陈东同论。今则汪、黄果再见矣,而竟未闻有击之者,然则前功固已尽弃,乃夫己氏得意之秋也。”(7 月 4 日)。其八曰:“季刚突于昨日去世,深有祝予之叹。其弟子传业者,亦尚有一二人,遗学不至泯绝。而自后著述无传,亦由闭距太严之过,真可为太息者也。”(10 月 9 日)其九曰:“得复,于中央作教事,尚有踌躇。在足下或以舍旧图新,不幸挫折,反成笑柄为虑,此则计虑太周矣。南都学风较北京为平正,学潮既少,学者于闻望素深之人,亦皆帖服。”(10 月 20 日)所谓“于中央作教事”,指章氏曾拟介绍吴承仕至南京中央大学任教,而为吴承仕辞谢。(以上均见吴承仕藏《章炳麟论学集》,北京师范大学出版社 1982 年版。)

本年,章氏在星期讲习会讲演九期,内六期印出讲稿,另三期未刊。印出者为:

《说文解字序》(王謇、王乘六等记录)

《白话与文言文关系》(王謇等记录)

《论读经有益而无弊》(王謇等记录)

《论经史实录不应无故怀疑》(王謇等记录)

《再释读经之异议》(王謇等记录)

《论经史儒之分合》(王謇等记录)

未刊者为:

《论读史之利益》(王謇等记录)

《略论读史之法》(王謇等记录)

《文学略说》(王乘六、诸祖耿记录)

又,章氏暑期讲习会有讲稿二,一为《孝经讲义》(诸祖耿记录),一为《吕氏春秋行览与孝经之关系》(沈延国记录),未刊。

1936 年(民国二十五年丙子)　六十九岁

1 月 29 日,《致冯玉祥书》:

“前《密勒报》传东方消息,溥仪定三月一日入北平,方谓道路传闻,无足注意,最近闻张垣小变,乃知此说实有因缘。北平孤危已甚,以明轩局促之势,伪主果来,是否能领兵痛拒,中枢对此,果作何等主张。若恣其所为,当未必阘茸至此。至于大举作战,闻中枢亦渐有经画,然其所注重者,盖唯在购械练兵而已。械不精兵不练,中国百年以来已然,而当时虽有小挫未至受人陵侮如此,则知今之所以致此者,非徒在兵械二事,敌人所以侮我者,亦非械窳兵羸之由也。一者上下相疑,二者人心渐去,三者赏罚倒置,有一于此,尚为强邻所侮,况三者完具,将何以战?盖前清势处积弱,而中枢之与督抚,犹未相猜,一闻征调,虽懦夫莫敢逗留。今此势复可得耶?兵渡黄河,疑虑者已如云而起,纵令械精兵练,适为渊驱鱼、为丛驱雀耳。夫有大功而肯束手受戮者,自古惟蒙恬、岳飞二人,蒙、岳之行可复望于今之将帅哉!故今之所患非战败也,患其欲致败而有不可得者,此上下相疑使然也。明崇祯时备辽剿寇,征敛日甚,犹未如今日之烦也,然闯贼檄文已云‘民有偕亡之恨’。今北方言御敌者,独一二慷慨之士与年少之学生耳,蚩蚩群氓固已望敌之入矣。方恐波流所及,渐染南方,人情不同,虽劲兵岂能独守?说者犹云,以壮丁七千万与敌一决,未知此七千万人者,果为刘氏左袒否耶?此人心渐去使然也。乃若赏罚倒置,兄所稔知。日日言军饷不足,而保护败将,使其坐拥二十万人,此饷不可省乎?日日言国无勇士,而如蔡廷锴辈,偶一方命,终身不齿,又孰肯为勇士者乎?三者不除,只忧兵械之乏,国且不保,何有于战。今尽一年以内,捐猜疑,除苛政,明赏罚,应之以实不以文,行之以诚不以诈,此亦在反掌间耳。如是而兵练械精固可为也。虽有少乏,敌之侮我,必不敢如今日甚也。鄙人前以北平有失,因思齐、鲁不全,江南必成瓦解。曾欲言‘力顾山东,厚树屏障’,斯语未发,外侮之来急于震电,遂不得不尽情陈此。介公于我,亦无甚猜嫌,常虑其以迂儒视我,故不欲轻进,而以此质之于兄,能为转达则上也,如不能亦遂已矣。协和想常相见,更望示之。”(手迹,中国第二历史档案馆藏。)

2 月 23 日,冯玉祥上书蒋介石,以“国事殷繁,岂止一端,此后应如何主持,应如何实行,应如何改良”,为“先言其要”。其中第五点为:“章太炎先生,学问道德,冠绝一时,昔年革命,尤著荩筹。闻其讲学苏州,生活殊感拮据,是诚勇于谋国,拙于谋身,忠实之同志,刚介之君子也。晚年困厄,不胜感叹。明公革命半生,甘苦毕悉,于其贫老交迫之际,拟请每年由国库提赠三万元或五万元,以公之名义致之,以为维持之费。谓之为尊贤也可,谓之为敬老也亦可。面面俱到,宜若可为,惟仍以秘而不宣为是。”(《冯玉祥书函集》第 832 页。)

3 月 1 日,复钱玄同:“拙著写本浏览一过,想已无差谬处,得于阴历三月杪出书,吾心慰矣。来书述朋友雕残之痛,一岁中频见有是,诚令人神采索然。足下年正五十,尚未大衰,山阳闻笛,悲自中来,宿草止哀,亦有旧则。唯往者奄然,来者不可复继,殊令人恻怆无已耳。半农亡后,欲致一辞,竟窘迫不可得暇,闻已致挽联,其人外和内介,有欲属仆铭墓者,而颇艰于下笔,定哀微辞,诚难措手矣。”

3 月 2 日,《致冯玉祥书》:

“日事变后,印泉奋袂抵掌,谓施以反间,可使彼中崩溃。弟谓此诚良策,然须一方固己国之人心,一方斗敌国之人心,方有可恃。盖内有陆贽之固根本,外有陈平之施方略,双管齐下,始能尽善。因以此义陈之介公,既是密谋,仍当由军事机关递致,故将此件封寄左右,务祈转达为幸。”(同上第 841 页。)

3 月 17 日,冯玉祥上书蒋介石,以“前日所言,(按指 2 月 23 日书。)多关大局,谨将原意录出”。其第六点为:“章太炎先生为国家人瑞,士子师表,尊之养之,理所应尔,且以示尊贤敬老之意,感佩何已。”(同上第 877—881 页。)

4 月 13 日,《致冯玉祥书》:

“前闻北平学界因开郭清追悼会,被捕五十馀人。郭清本非有重要事故,追悼亦属恒情,而逮捕如此其广,且羁之陆军监狱,殊不可解。如以为别有阴谋,则防范不妨加紧,而处置务必从宽。若屡作过分之事,从此政界学界,势如水火,虽小事必化大事矣。明轩似未悟此。弟以事非紧急,亦不欲琐琐言之。兄宜婉为劝解,非只为学子求全,而为明轩开除荆棘亦不少也。”(同上第 912—913 页,原件中国第二历史档案馆藏。)

4 月,朱偰伴随父亲朱希祖“至苏州国学讲习会讲学,谒先生于锦帆路寓庐。时阴雨连绵,春寒料峭,先生御玄色狐皮长袍,款客于其藏书楼中,四壁图书,一窗风雨。先生别无寒暄语,惟一谈及学艺,则证今博古,滔滔不绝,其记忆力之强,令吾辈为之惊异不止”。朱氏“询先生幼年事迹”,章氏“慨然道之”。(朱偰:《人海沧桑》,见《学林漫录》第十七集,中华书局 2009 年 5 月版。)章氏所述,见朱希祖《本师章太炎先生口授少年事迹笔记》,载《制言》第二十五期《太炎先生纪念专号》,已录入本书。

5 月 5 日,复钱玄同:“兄自去岁患慢性气管支炎,病与哮喘略相似,西医亦无效方,唯起居尚无大异而已。徙苏州后,亦尚从事讲学,然今学子根柢浅薄,求如东京时之盛,不可得已。”

5 月中旬,章氏已患病,上海大夏大学艺术科教师宋人英专程来苏州探视病情,并盛赞章氏书法,恳其题字,章氏即在床侧倚桌铺纸挥七绝诗一首:“疏影斜偎水竹丛,东风先吐一枝红。莫跨姑射如冰雪,得妇真怜似潞公。”(上海《立报》1936 年 6 月 22 日《花果山》副刊。)

5 月 22 日,复钱玄同书:

“国学讲习会前二岁在苏州,本开春、节二次,近亦随例开讲,或以随时演讲不成片段为病,因改定简章,期以二岁毕业。此事当于秋后举行,至能否成就人材,则今亦未能预计也,往时见大学诸师,辄讲经学、史学概论,弟子既未读经史,闻讲概论、亦如老妪听讲法华经耳。史既无暇卒读,经书稍简,讽诵非难,久欲仿亭林读经会为之,倡议三载,和者终鲜。今岁湘粤诸校,皆有读经之议,人心稍转,此举亦遂如志。目前每星期讲演一次,课诵经文一次(皆曾诵经文者),至秋后更当扩充之也。简章尚甚疏略,将来容有改定,今先寄去一通。"

章氏晚年撰有《题阅微草堂笔记》,《文录续编》未收,录如下:

"晓岚与戴东原同时相善,皆不慊宋儒。顾东原所以诋宋儒者,曰责人求备,不本忠恕而已。周、程诸公虽无此,而末流如此者固多也。晓岚则抉人隐微,唯恐不尽,迹虽不害,必诛其心,不能托明鉴于人,乃托明鉴于鬼神,使鬼神非聪明正直邪,存其事何益。使鬼神果聪明正直耶,则人正当效此明鉴也。由其说,使人契刻之心,转甚于宋儒末流,而与东原正相反矣。不悟以此持世,机械日深,彼此相斗,虽契刻亦不足以御千万人之黠慧也。老子云:'善者吾善之,不善者吾亦善之,德善。信者吾信之,不信者吾亦信之,德信。'是岂晓岚所知。"(《群雅》第一卷卷五,1940 年 8 月 1 日出版。)

章氏逝世前,曾致吴承仕数书,其一为:"客腊旭初来,言足下已允就中央大学之聘,喜甚。此间自去岁设国学讲习会,五经、子、史皆错杂讲解。虽日不暇给,意谓聊胜于无,经部《尚书》、《春秋》由仆自行演讲,《诗》、《易》亦尚有人任之。唯三《礼》非足下不可,然亦不务繁博,以大体疏通为主。自金陵至苏,道途非远,星期一日,足下中央无课,务请每月来此两次,车费当由会中支付,万望勿却。"(1 月 30 日)其二"望更为寄一二十部"《丛书续编》,又再论古文《尚书》(无月日),其三、其四亦论古文《尚书》(3 月 11 日、4 月 13 日),其五为"得《经籍旧音辨证》、《论衡举正》"二种而复,谓:"足下于旧音用功完密,所发正五百馀事,洵为精善,是书即付单行可也。然前所采摭二十五卷,功力既勤,弃之可惜。且无是则旧音不全,仍宜集为一部。其有辨证者,条下注'有辨证'三字,两书各自为编,互相检核,庶几尽善。"(5 月 24 日)(以上手迹摄片,均见吴承仕藏《章炳麟论学集》,北京师范大学出版社 1982 年版。)

6 月 9 日,朱希祖谒见章氏,"去太炎先生逝世之日(6 月 14 日)不过五日耳。"朱氏《日记》载:"上午,李印泉先生来,共在先生处谈天,并劝先生进牛奶面包。因先生面色瘦削而惨白,病容颇深,故李先生劝其多食滋养料。午后二时,辞先生回京,先生因病倚沙发而坐,临行先生尚起立而送。三时乘京沪特别快车回京。"(朱偰:《人海沧桑》。)

6 月 14 日,章氏逝世。16 日,香港《生活日报》发表署名"风"的《悼太炎先生》:"太炎先生过去在中国学术上的贡献以及对辛亥革命的帮助,这些劳绩,已用不着我们去表彰,有他的事实去说明。我们对太炎先生特别致敬的,是他最近的言论,最近对北平学生救亡运动发表的意见。他在致宋哲元将军的电中,已说出他主张:放弃成见,共同救亡,不应随便加学生以红帽子。他说:'不管共产党,不共产党,只看他现在的行动怎样,是否真的是在爱国。'这话说得何等明白、正确。现在太炎先生死了,六十九岁而死,并不能算短寿,但恨他不能在当时救亡运动中再给我们以助力。我们悼太炎先生,我们同时希望太炎先生遍天下的门弟子,实践先生最近之言论,为民族尽一点力,对那些假国学之名,为敌人张目的民贼,要赶快出来说话,揭破他们的真面具,使国家永远保存民族光辉的价值。"

7 月 8 日,巴黎《救国时报》发表署名"田"的《悼章太炎先生》:

"接到国内报纸,知道讲学苏州的章太炎先生,在这国难方殷之日,竟因重病不治而逝世了。我想,凡是有着"人之云亡"的感念的人,凡是为国家而惜老成的人,在这一噩耗里总不能不想起先生对于国事的最近主张吧!

"在去年之末、今年之初,平津学生因为反对日寇加紧亡我,在北方所发动的'防共自治运动',奋起救国,宋哲元秉承日寇意旨,扬言学生救国运动受共产党指使,迫害颇烈。先生这时便从苏州发出电报,说'学生救国,事出公诚。纵有共党,但问今日之主张,何论其平昔'。同时还发表和这主张相同的谈话。日寇正借口反共而进攻我国,蒋介石正借反共而极力破坏全国人民统一救国战线,宋哲元正借口反共而秉承日寇摧残爱国青年,在国民党统治之下受着压迫而寂处已久的先生,再也按纳不住他的义愤,竟然以国学之大师,作狮子之巨吼,向蒋、宋之类严厉地教训着说,对于共党,'但问今之主张,何论其平昔'。先生的这一态度,正是我们今日全国团结的必要的态度,先生的这一主张,正是我们今日抗日救国的正当主张,老成谋国,我可以想见他是如何地以国家利益为前提,要是再一计算他是一向被称为很守旧的人,他是对于时局久已绝口不谈的人,那我们更可想见,他之决然提出这一主张,是如何痛感于国难当前,非说不可,非说出这样的主张不可。

"先生早年便是以民族的斗士而知名于我国的学术界、政治界和新闻界的人,他在'《苏报》事件'上曾因吴稚晖向满洲官吏告密而长期被囚,他在'洪宪之役'的前夕,又曾被袁世凯所囚,在蒋介石政变、南京政府局势大定以后,他又被迫匿于天津很久。但他始终未改变他的民族斗士的态度,他反对'宁赠友邦,不予家奴'的清政府,他反对接收日本二十一条的袁世凯,他现在又反满仇共降敌、出卖祖国的汉奸举动。先生说学生救国,事出公诚,其实先生的主张也同样是事出公诚。可惜先生来不及尽量发挥他的主张便溘然长逝了。但我们综观先生的生平及他的近状,我们当更可了然于他的遗言价值之所在,为了纪念先生,我们即应该来接受和发挥他的遗言。"

7 月 9 日,南京国民政府颁布《国葬章炳麟令》:

"宿儒章炳麟,性行耿介,学问淹通。早岁以文字提倡民族革命,身遭幽系,义无屈挠。嗣后抗拒帝制,奔走护法,备尝艰险,弥著坚贞。居恒研精经术,抉奥钩玄,究其诣极,有逾往哲。所至以讲学为事,岿然儒宗,士林推重。兹闻溘逝,轸惜实深!应即依照国葬法特予国葬。生平事迹存备宣付史馆。用示国家崇礼耆宿之至意。此令。七月九日。"(《中央日报》,1936 年 7 月 10 日。)

7 月 18 日,蔡元培《挽章太炎联》:"后太冲、炎武且二百馀年,驱鞑复华,窃比遗老;与曲园、仲容兼师友风义,甄微广学,自成一家。"(手稿。)

先是,1933年,章氏弟子吴承仕、钱玄同等校刊《章氏丛书续编》,"获侍"章氏十年的孙世扬也将章氏在《华国月刊》和《制言》等文"汇刻"为《太炎文录续编》,撰《钞校编印〈太炎文录续编〉始末记》,录如下:

"章氏晚年著述有《章氏丛书续编》七种,既雕版于北平。而《古文尚书拾遗》一种,复有增损。逮公寝疾之日,乃写成定本。公薨后,章氏国学讲习会用活字印之矣。其馀单篇诗文,自《太炎文录初编》及《补编》后,随时付之《华国月刊》及《制言》半月刊,未尝汇刻。唯六十岁时手写《民国五年以后所作诗二十八首》付之装潢。六十后作诗不多,亦未尝写定也。

"世扬获侍于公者十年,每逢公单篇之作,则为缮写,而以草稿藏之,积所得近百首。公薨后,沈延国理遗稿以作目录,更得单篇手稿,向未移录者十馀首。而《制言》社复有所征集。于是议以《华国》、《制言》所刊合之为《文录续编》。而刘化一、杨耐冬、曹依仁、文玉笙、张瑞麟、王守直、刘济生、金玉旋、叶芳炎分任缮写。其事未集,苏州被寇。世扬携稿而入穹窿山。朝夜怵惕于飞机炮弹之响,不复能从事编校,但以《华国》之稿付王乘六就小王山校之。至城陷前五日之夜,世扬请于李公印泉,得车以走无锡,遂至南京。亦将所藏稿与俱,唯《华国》之稿未及收还耳。

"既转徙至武昌,主刘博平,始与共事校勘。更就徐行可先生借《华国》,乞博平之弟若女汇抄之。时李劝世扬如昆明。而章公子婿朱君铎民与公之故旧门人在巴者,则劝之西。世扬闻昆明印书不易,又疲于津梁,难更远役,亦未能应也。

"会李公见黎君重光,从容道及是事。黎君愿斥银币五百,为印书之资,俾就汉口印之。于是略依桐城姚氏分类之例,编次文为七卷,而以诗列其后。用活字印为五百部。

"其有民国初年之作,既为《初编》、《补编》所不收,则不敢续录。更有较晚,而不知其来历者,亦不敢阑入焉。书札泰多,拟别为编,继此付印,故一切不录,世扬窃与于抄校编印之役,因详著其始末始此,庶以征信。乌乎!倭寇海堧,东南焦烂,文献之沦丧者何可胜数。公之遗稿而得于是时刊布,是唯李公、黎君之力哉!亦天之未丧斯文也!民国二十七年二月,孙世扬记。"(《太炎文录续编》卷首。)

附:与龚宝清书:

瀓伯长兄左右:

前承尊旨,以大著《陇笑馆杂稿》属为删定,代匠斫削,诚恐伤指;亦谓慌人善涂,足当臣质,故不欲以不文辞。此已籀览一匝,粗为加墨。论缫丝书,平彻闲雅,可见施行,书腘客事,质而不俚,戴某传赞,杨某事略,数显佯幽,庶几茗柯。《周维城传》、《祭梅庵先生文》及《陈府君姜孺人传》,竺挚有体,事复明绚,皆集中佳者。其他繁杀雅郑,未能一涂;而语率副情,绝去模拟,亦云可尚。比于近世作者,最似安吴。安吴知类通达,善言事情,碑传诸作,复非谀墓,斯亦君所具体也。乃糅杂古近,鲜所洮汰,芜音累气,往往而有,九京复作,亦有同病之叹矣。安吴品藻前哲,最重昆山,吐辞朗畅,故亦雁行,文质相宜,乃非伦比。君宜以亭林文集,化其粗章,成其安雅,庶几远于凡俗。亭林旨在明道,鲜作碑志。君于叙事,是帷擅场。又当参以大虑,令就隐括,若湘乡之曾、无锡之薛,虽细大不同,要其记事翔尽,并可楷式。非谓百年作者,尽此数公,唯君体性,习斯为近,故不欲滥举百家,妄下砭艾。计念温雪,目击道存,宜有契鄙言,勿云澜语者矣。鄙人少耽训诂,擂哜秦汉。模拟数年,乃成伪体。由是泄以王欧,荡以方、姚,每念灵皋,揭橥理学;誉者以为周情孔思之体,毁者以为腐木泾鼓之音;抑扬佚仰,多非其实。所定格律,故不可逾,若其訾言洛闽,挟义自重,斯则艾英氏之故智,梨洲已犁其庭扫其穴矣。于是思恽子居言,上窥诸子,以捄八家。亦曾籀绎百书,董理哲学。九流绪言,于兹为近。乃复刻意数稔,《铸万潜书》、《台山文集》,咸有取焉。然犹自守矩度,不为哇咬,并世文士,乃誉以双料定庵,斯则缪矣。自岭南诸子,昌言龚、魏,二家文笔。本多伪词,学龚不至,体骰愈甚;万窍同风,思革其敝,乃复职志退之,辅以临川,朝夕循讽,不去几案,谓可以变革吊诡,抑止流荡。顷岁以来,私谓朱公梅崖,独窥秘奥,惜其读书过少,积理未富,发为篇章,文肆质劣。吾虽谫陋,幸谢斯短焉。综述平生,徽帜四易,与左右所学,轨辙或殊。今为点定,譬之移植相黎,以附橘柚;裁剪貂鼲,往施纱縠,异章殊味,庸其当乎。言之不惭,惟恃知我。附去大著两册,即望检收。临颍神驰,敬颂万福。章绛谨再拜,九月初九日。(原载《浙江通志馆馆刊》第一卷第三期,1945年出版,录入《历史档案》2010年第三期。龚宝清,字澄伯,馀杭诸生。末署"九月初九日",无年份,故附于此。)